Antonio Merlino

Montesquieu

Antonio Merlino

Montesquieu

Eine Perspektive

DE GRUYTER

Priv.Doz. DDr. *Antonio Merlino*, Universität Salzburg und Trient

ISBN 978-3-11-067295-4
e-ISBN (PDF)978-3-11-067303-6
e-ISBN (EPUB) 978-3-11-067310-4

Library of Congress Control Number: 2019949156

Bibliographic information published by the Deutsche Nationalbibliothek
The Deutsche Nationalbibliothek lists this publication in the Deutsche Nationalbibliografie; detailed bibliographic data are available on the Internet at http://dnb.dnb.de.

Printing and binding: CPI books GmbH, Leck

www.degruyter.com

Inhalt

Nur eine Perspektive

Eine Arbeit wie diese möchte ich nicht beginnen, ohne ihr einige Worte des Dankes voranzustellen. Die auf den Seiten dieses Buches präsentierte Forschung hat finanzielle Unterstützung des Fonds zur Förderung der wissenschaftlichen Forschung (FWF) erhalten und hat zu verschiedenen Publikationen geführt, von denen ich insbesondere das italienische Buch *Interpretazioni di Montesquieu* hervorheben möchte. Diese Monographie ist in der von Professor Diego Quaglioni geleiteten und angesehenen Reihe „Piccola Biblioteca del Pensiero Giuridico" erschienen und wurde von dem Verlag „Il Formichiere" herausgegeben.

Die Forschungsarbeit, aus der das vorliegende Buch hervorgegangen ist, zog sich über einen Zeitraum mehrerer Jahre akademischer Tätigkeit als FWF-Projektmitarbeiter und als Dozent an der Universität Salzburg.

Ich möchte mich bei Herrn Professor Michael J. Rainer für seine freundliche Einladung bedanken und die Möglichkeit, dieser anspruchsvollen Forschung in Salzburg nachgehen zu können: Seine Betreuung in diesen Jahren, in denen ich als Forscher im Rahmen des Montesquieu-Projekts gearbeitet habe, weiß ich sehr zu schätzen.

Ich danke Herrn Professor Stephan Kirste für das Lesen meiner Arbeit, seine wertvollen Anmerkungen und die Aufforderung, meine Forschungsarbeit fortzuführen. Ohne seine Ratschläge wäre diese Arbeit in der Form nicht möglich gewesen.

Herrn Professor Diego Quaglioni gilt mein Dank für den langjährigen Dialog, in dem ich seit Beginn meiner Diplomarbeit in Trient mit ihm stehen durfte und für seine Lehre, die er großzügig mit mir geteilt hat und mich stark beeinflusst hat.

Last but not least möchte ich mich bei Herrn Professor Michael Thaler für seine beständige moralische Unterstützung und für unsere zahlreichen Gespräche bedanken, die wir im Laufe meines zehn Jahre dauernden Aufenthalts in Salzburg geführt haben.

Mein Dank für die Annahme dieses Buches geht an den renommierten Verlag De Gruyter und ganz besonders an Herrn Rechtsanwalt Christian Klinkert für seine tatkräftige Unterstützung in der Vorbereitung dieser Ausgabe.

Schließlich möchte ich mich herzlich bei Frau Katharina Weinmann bedanken, die mir – einem italienischen Wissenschaftler, der in deutscher Sprache schreibt – mit ihrer sprachlichen Kompetenz stets zur Seite stand.

Diese Arbeit ist von der Überzeugung geprägt, dass Europa durch einen gemeinsamen Geist verbunden ist, der auf eine lange Geschichte zurückgeht. In Zeiten von besorgniserregenden neuen Nationalismen ist diese Arbeit von einem tief überzeugten Europäer verfasst worden, der seiner Forschung über einen

https://doi.org/10.1515/9783110673036-001

französischen Autor wie Montesquieu vor allem in Österreich, aber auch in Frankreich und Italien nachgegangen ist. Die vorliegende Arbeit beleuchtet die Rechtsphilosophie ausgehend von einer historischen Perspektive und ist vor dem Hintergrund der Überzeugung entstanden, dass eine Philosophie auf keinen Fall abstrakt und außerhalb eines geschichtlichen Kontexts existiert, sondern nur innerhalb ihres historischen Zusammenhangs verstanden werden kann. Die Forschung wurde sowohl synchronisch als auch diachronisch geführt – eine Methode, die von Autoren wie Montesquieu und Tocqueville selbst verwendet wurde. Diese Herangehensweise setzt die Auseinandersetzung mit den Quellen in ihrer ursprünglichen Sprache voraus und erfordert in diesem Fall die Übertragung der Ergebnisse in die deutsche Sprache. Die Arbeit beabsichtigt nicht etwa, ein letztes Wort über Montesquieus Gedanken auszusprechen. Stattdessen werden einige Gemeinplätze durch die diachronische und synchronische Methode infrage gestellt, womit der Weg für eine neue Perspektive auf Montesquieu freigemacht werden soll. Den wertvollen Beitrag, welchen Montesquieu für das heutige öffentliche Recht leistet, kann nur richtig eingeordnet werden, wenn der französische Gelehrte und seine Schriften vor dem Hintergrund der historischen Rahmenbedingungen gelesen werden. Das Verständnis der und das Bewusstsein für die Geschichte ist besonders in Zeiten der Vereinfachung juristischer Fragestellungen und im „Augenblick einer Gefahr" (der Ausdruck stammt von Walter Benjamin) neuer despotischer Tendenzen im Rahmen der demokratischen Rechtsordnung von unschätzbarem Wert. In Anbetracht des oben genannten europäischen Geistes widme ich diese „Perspektive" den Erasmus-Studierenden, die in den letzten zehn Jahren meine Lehrveranstaltungen über vergleichendes Verfassungsrecht an der Universität Salzburg besucht haben.

Vorwort

Charles Louis Secondat Baron de la Brède et Montesquieu war zweifellos einer der bedeutendsten, innovativsten und nachhaltigsten Denker und Intellektuellen des 18. Jahrhunderts. Selbst Jurist der Ausbildung nach wurde er zum maßgeblichen Erforscher der Staaten und Gesellschaften in ihrer organisch-historischen Entwicklung und zum Erfinder der Gewaltentrennung. Damit muss er als einflussreichster Staatsphilosoph der Moderne angesehen werden. Die amerikanische Verfassung und das amerikanische Staatsverständnis wären bis auf den heutigen Tag ohne sein fundamentales Werk *De l'Esprit des Loix* undenkbar. Die tragischen und beklemmenden Ereignisse des 20. Jahrhunderts haben seine Lehren bezüglich Machtmissbrauch und Despotismus erneut in den Mittelpunkt staatstheoretischer Reflexion gerückt. Doch Montesquieu war auch ein begnadeter Essayist, Schriftsteller und Dichter. Sein erstes bedeutsames und bis heute fundamentales Werk, die *Lettres Persanes* sind eine in die literarische Form von Briefen gekleidete Gesellschafts-und Politik-Kritik. Theaterstücke und Reiseberichte sowie oftmals besonders treffliche Aphorismen, wie *Mes Pensées*, vervollständigen ein gewaltiges Oeuvre. Montesquieu hat sich mit zahlreichen Wissenschaftsdisziplinen beschäftigt: Was Literatur, Geschichte, Recht, Ethnologie, Soziologie, Religion und natürlich Philosophie anbelangt, überall wird man bei Montesquieu fündig werden und selten von seiner Auffassungsgabe und Geistesschärfe enttäuscht werden. Die seit 1987 bestehende Société Montesquieu unter der Leitung von Catherine Volpilhac-Auger und Jean Ehrard hat sich große Verdienste um die Präzisierung eines Gesamtbildes von Montesquieu erworben, im deutschen Sprachraum konnte man lange Zeit ein Verharren beobachten bis in jüngster Zeit Alfred Noll durch mehrere Publikationen insbesondere durch sein aus über 1000 Seiten bestehendem opus magnum „Absolute Mäßigung Montesquieu und sein Esprit des Loix" neue Maßstäbe schuf. Antonio Merlinos Buch entstand in seiner Zeit als Post-Doc-Forschungsassistent des österreichischen FWF an der Universität Salzburg unter meiner Betreuung. Auf der Grundlage dieses Buches wurde Merlino in Italien für Rechtsgeschichte habilitiert. Auch daran mag man die höchst verdienstvolle Rolle des FWF in der internationalen Grundlagenforschung erkennen. Die Ansätze sind in jeder Hinsicht innovativ: Montesquieu als Leser von Tacitus und die Rolle des Tacitus bei der Verfassung des *Esprit des Loix*, eine Neuinterpretation der Abhängigkeit Montesquieus von der Geschichte, dem Staatsrecht und der Verfassungswirklichkeit der Römischen Republik sowie die Rolle Toquevilles in der Nachfolge Montesquieus. Jedes der drei großen Kapitel ist in sich abgeschlossen und doch bilden sie eine Einheit, die dem Leser erst am Ende der Lektüre bewusst wird. Die drei Kapitel mögen scheinbar nicht zusam-

https://doi.org/10.1515/9783110673036-002

menhängen, aber eben nur scheinbar, da sie wichtige Aspekte von Montesquieus Denken und Nachwirken in sehr detailreicher und kundiger Weise einer Gesamtanalyse vermitteln. Hinzu kommen Vertiefungen und Verdichtungen wie jene die römische Religion, den Föderalismus oder den Epikureismus betreffend. Merlinos Stil wirkt essayistisch und ist es vielfach auch, gewiss ist es zum einen der Stil des italienischen Forschers, der in deutscher Sprache denkt, analysiert und seine Gedanken bezüglich der Interpretation Montesquieus niederschreibt, zum anderen auch ein sehr getreues Spiegelbild der Denkweise und insbesondere der stilistischen Vorgehensweise des Meisters aus La Brède, zu dessen Erhellung und besserem Verständnis dieses Buch einen wertvollen Beitrag leistet.

J. Michael Rainer

Einleitung

Diese Schrift arbeitet die Grundgedanken und die juristische Bedeutung der Lehre Montesquieus heraus, eruiert ihre historischen Ursprünge und rekonstruiert ihre Auswirkungen in der postrevolutionären Nachwelt Frankreichs. Hauptthese dieser Arbeit ist, dass die Entwicklung der Rechtslehre Montesquieus nicht maßgeblich unter dem Einfluss des englischen konstitutionellen Modells der Gewaltenteilung stand, sondern vorwiegend von der Lehre der geteilten Souveränität inspiriert wurde, die in der juristischen Tradition wurzelt.

Entsprechend der herrschenden Interpretation hat Montesquieu in der damaligen englischen Rechtsordnung das System der Gewaltenteilung entdeckt und an ihrem Beispiel die Aufteilung der Staatsgewalt in exekutive, legislative und judikative Gewalt vorgenommen. Montesquieu habe, so die verbreitete Auslegung, die Unterwerfung der judikativen unter die legislative Gewalt beabsichtigt und sie willentlich zum „Mund des Gesetzes" herabgesetzt. Die These der juristisch-traditionellen Wurzeln der Lehre Montesquieus, deren Bestätigung innerhalb dieser Arbeit angestrebt wird, ist unvereinbar mit der herrschenden Lesart des französischen Denkers. Die Annahme, Montesquieu wäre ein Unterstützer der englischen Gewaltenteilung gewesen, ist mit beachtlichen Konsequenzen für die Auslegung seiner Rechtslehre verbunden. In einem besonders widersprüchlichen Verhältnis stehen die beiden Interpretationslinien in Bezug auf die Rolle des Richters. Die dominante englische Auslegung meint, dass Montesquieu für diesen lediglich die Funktion einer bloßen Wiederholung des gesetzgeberischen Willens vorgesehen hätte. Dies wäre eine Degradierung der judikativen Gewalt zu einem ohnmächtigen Sprachrohr des Gesetzgebers. Im Gegensatz zu der englischen Interpretation der Gewaltenteilung zeigt die Beschäftigung mit ihren, in der Tradition verhafteten Wurzeln jedoch, dass Montesquieu keinesfalls eine Unterwerfung der judikativen unter die legislative Gewalt im Sinn hatte. Die hier ausgearbeitete Suche nach dem originären Ursprung und der substanziellen Bedeutung der montesquieuischen Lehre gliedert sich in folgende drei Teile:

1. Anfänglich werden die Quellen Montesquieus vorgestellt, die seine geistige Ausbildung entscheidend beeinflusst haben. Dabei wird schwerpunktmäßig der Frage nachgegangen, ob das englische verfassungsrechtliche Modell tatsächlich, wie weithin angenommen, den wesentlichen Bezugspunkt für Montesquieu darstellte, oder ob diese Rolle nicht zu Recht der römischen Geschichtsschreibung zuzuschreiben wäre.

2. Im zweiten Teil wird nachvollzogen, inwiefern das Modell der römischen Republik Montesquieu als Vorbild für die Entwicklung seiner Verfassungslehre gedient hat. Für diesen Zweck werden die römische Geschichte und insbesondere

https://doi.org/10.1515/9783110673036-003

die Entwicklung der römischen Republik einer näheren Betrachtung unterzogen. Es werden ihre verfassungsrechtlichen Grundlagen erörtert und beleuchtet, wie sich die Geschichtsschreibung dieser Ereignisse in den Werken Montesquieus widerspiegelt.

3. Thema des dritten Teils sind die Beschränkungen, die Montesquieu aufgezeigt hat, um das zunehmend zentralistische Frankreich vor einem drohenden Despotismus zu bewahren. Auch Alexis de Tocqueville, der als sein geistiger Erbe betrachtet werden kann, begab sich auf die Suche nach Beschränkungen der politischen Macht. Es wird diskutiert, ob die Beschränkungen, welche Montesquieu in der juristischen Tradition gefunden hatte, von Tocqueville übernommen und an die Erfordernisse des demokratischen Szenarios angepasst wurden. Die Sichtweise Tocquevilles nachzuvollziehen, heißt, das Verständnis für die zentralen Merkmale der Lehre Montesquieus zu erweitern und die Bedeutung der römischen Quellen und ihrer Tradition in der Ausbildung seiner Gedanken zu erkennen.

I

Teil eins stellt die herrschende Interpretation der montesquieuischen Lehre und ihre vermeintlich zugrundeliegende englische Quelle infrage, der zufolge der französische Denker, als er das berühmte Kapitel über die Gewaltenteilung (Buch XI, Kapitel 6) verfasste, unmittelbar unter dem Einfluss des Aufenthalts in England gestanden haben soll.

Die Gewaltenteilung, wie sie von Montesquieu angedacht wurde, hat die Dreiteilung der Staatsgewalt zum Inhalt: Die exekutive Gewalt wird durch den König vertreten, die legislative Gewalt von der erblichen Kammer und den gewählten Bürgern und die judikative Gewalt steht dem Richterstand zu. Letztere erhält von Montesquieu die Bezeichnung „Mund des Gesetzes“[1], aus der sich wortgetreu ableiten ließe, dass dieses Schema für den Richter keine eigentliche Gewalt vorsieht, sondern ihm lediglich die Aufgabe zuteilwerden lässt, den Willlen des Gesetzgebers unverändert wiederzugeben, ohne ihm die Möglichkeit des Widerstandes oder der Interpretation einzuräumen. Die Titelwahl des Kapitels

1 Montesquieu, *De l'Esprit des lois* in *Œuvres complètes*, II, hrsg. von R. Caillois der gesamten Werke Montesqiueu, Paris, Gallimard, 1949–1951, S. 396–397. In dieser Arbeit wird immer aus dieser Ausgabe der gesamten Werke zitiert, falls nichts Gegenteiliges genannt wird. Für die deutsche Übersetzung des *Esprit des Lois* beziehe ich mich auf die Ausgabe von Reclam, hrsg. von Kurt Weigand. Da diese Ausgbabe nicht vollständig ist übersetze ich selbst die Zitate der fehlenden Kapitel.

über die Gewaltenteilung (*De la constitution d'Angleterre*), die Bewunderung Montesquieus für den englischen Autor John Bolingbroke und der Aufenthalt Montesquieus in England vor der Anfertigung dieses Kapitels werden als unterstützende Argumente für die englische These vorgetragen. Die Annahme der englischen Quelle für Montesquieus Auffassung der Gewaltenteilung hat konkrete juristische Implikationen. Demnach muss davon ausgegangen werden, dass Montesquieu die Judikative der Legislative unterordnen wollte und beabsichtigte, das Parlament als einziges Organ mit der Aufgabe der Gesetzesentwicklung zu betrauen. Sollte diese Lesart des montesquieuischen Wortlauts tatsächlich stimmen, ergäbe sich daraus die Unterwerfung der judikativen Gewalt unter die Legislative. Die englische Interpretation ist mit Konsequenzen verbunden, die untrennbar mit einer Rechtslehre in Zusammenhang stehen, die seit Beginn der Französischen Revolution die unbeschränkte Souveränität der legislativen Gewalt unterstützt hatte.

Der erste Teil dieser Arbeit wird den Einfluss des englischen Verfassungsrechts auf Montesquieu kritisch hinterfragen und die zentralen Quellen seiner Gedanken aufdecken. Dabei werden insbesondere die römische Geschichte und das römische Recht in ihrer Bedeutung für die Entwicklung der Lehre Montesquieus hervorgehoben. Die Ablehnung des englischen Modells zugunsten der römischen Quelle führt zu dem Schluss, dass Montesquieu keineswegs eine Unterwerfung der judikativen Gewalt intendierte. Stattdessen ist er Vertreter eines Modells der geteilten Souveränität, in dem sich gegensätzliche Kräfte wechselseitig in einem Balanceakt beschränken, um die Entstehung einer absoluten Macht zu verhindern.[2] Dieser Lesart zufolge stand Montesquieu im Widerspruch zu dem *esprit philosophique* seiner Zeit, welcher den geistigen Boden für die Revolution bereitet hatte.[3] Lässt sich seine Lehre tatsächlich auf die römische juristische Tradition zurückführen, würde dies Montesquieu als Vertreter einer traditionellen Lehre der geteilten Souveränität kenntlich machen. Aus dieser Perspektive betrachtet, hatte Montesquieu die judikative Gewalt keineswegs zu

---

2 Für eine Rekonstruktion der Theorie der geteilten Souveränität siehe M. Isnardi Parente, *La 'metabolaí politeiôn' rivisitate (Bodin, République, IV)*, in *Rinascimento politico in Europa* hrsg. von D. Quaglioni und P. Carta, Padua, Cedam, 2008, S. 151–157. Vergleiche mit D. Quaglioni, *La souveraineté partagée au Moyen Age*, in *Le Gouvernement mixte. De l'idéal politique au monstre constitutionnel en Europe (XIIIe–XVIIe siècle)*, hrsg. von M. G. Nikodimov, Saint-Étienne, Publications de l'Université de Saint-Étienne, 2005, S. 15–24.

3 In Bezug auf den *esprit philosophique* als geistiger Nährboden für die Französische Revolution siehe P. Gaxotte, *La Révolution française*, Paris, Fayard, 1970 (1928), S. 57–81. Gaxotte konnte beweisen, dass die Philosophie des 18. Jahrhunderts (vor allem von Rousseau) maßgeblich zur Entstehung der Revolution und zum Zerfall des alten Staates beitrug.

einer machtlosen, unterworfenen und sekundären Gewalt degradiert, sondern stattdessen als essentielle Gegengewalt begriffen, die über einen gleichberechtigten Anteil an der Souveränität verfügen sollte. Unterstützung erfährt diese These durch den römischen Autor Tacitus, der von der konventionellen Interpretation weitestgehend unberücksichtigt blieb.

Es wird untersucht, ob es sich bei diesem, als Verfasser der *De origine et situ Germanorum* (*Germania*) bekannt gewordenen Autor, um die wesentliche Referenz Montesquieus handelt. Tacitus beschreibt in diesem Werk die barbarische Welt der Germanen, in der Montesquieu ein Mittel gegen die absolute Souveränität gefunden haben könnte. Der erste Teil der Arbeit wird die *Germania* von Tacitus als primäre Quelle für die Theorie der geteilten Souveränität bestätigen, und es wird der Tragweite nachgegangen, die eine solche Bezugnahme in Frankreich während des 18. Jahrhunderts gehabt haben dürfte. Den Spuren des tacitistischen Einflusses folgend werden einige der grundlegenden Werke Montesquieus herangezogen, um der Frage nachzugehen, ob Montesquieu die tacitistische Quelle möglicherweise nicht nur als Ausgangspunkt für das Kapitel über die Gewaltenteilung behilflich war, sondern darüber hinaus auch für seine Suche nach Beschränkungen der staatlichen Macht.

Um Tacitus als zentrale Quelle für Montesquieu zu belegen, werden die folgenden Punkte erörtert:

1. Tacitus' Lob der Germanen hat einen juristischen Wert für Montesquieu und verbirgt sich hinter dem Titel des Kapitels *De la constitution d'Angleterre*. Es wird die These entwickelt, dass der Ursprung der Gewaltenteilung in der Bewunderung Montesquieus für Tacitus' *Germania* und nicht in der englischen Rechtsordnung liegt.

2. Das antiabsolutistische, politische Modell der freien Germanen, die die Gewalt kollektiv verwaltet haben, fungiert als Spiegel für die politische Freiheit, die sich Montesquieu für das damalige Frankreich wünschte. Dieser Vergleich wird angestrebt, um Tacitus als wichtige Referenz für Montesquieu zu belegen.

3. Es wird untersucht, ob sich der Einfluss Tacitus' als historiographisches, antiabsolutistisches Vorbild über die Gewaltenteilung hinaus erstreckt und auch in Verbindung mit der Geschichtsschreibung zur Zeit Montesquieus stehen könnte. Zu diesem Zweck wird die Debatte über den Ursprung der französischen Monarchie in ihren Grundzügen rekonstruiert und auf die Position Montesquieus hingewiesen. Ohne diese historiographischen Kenntnisse wäre es unmöglich, Tacitus und die Wirkung seines Schaffens richtig einzuordnen. Es wird die These vorgestellt, der zufolge die Germanen, die Ahnen der Franken, die im 5. Jahrhundert Gallien erobert hatten, nicht nur das rein akademische Interesse Montesquieus weckten, sondern ihm ein politisches Potenzial offenbarten, welches ihn zu der Entwicklung wesentlicher Teile seiner Lehre anregte. In diesem Sinne

entsprachen die Germanen und ihre Rechtsordnung dem Bild der ursprünglichen französischen Rechtsordnung. Das Wissen um den historiographischen Standpunkt Montesquieus innerhalb dieses Diskurses ist unverzichtbar, um sein politisches Denken verstehen zu können, welches seine Form der eingehenden Beschäftigung mit der römischen Geschichte verdankt.

4. Das Werk Tacitus' diente Montesquieu als historiographisches Beispiel und als argumentative Grundlage, um die militante Geschichtsschreibung der königlichen Seite zu entkräften. Die teleologisch fundierte Historiographie fand in den Schriften von Jacques Bénigne Bossuet seinen wichtigsten Vertreter und wurde mit dem ideologischen Ziel entwickelt, Staat und katholische Religion zu vereinen. Es wird der Frage nachgegangen, ob die Auffassung der Historiographie Montesquieus politische und juristische Implikationen trägt, und ob sie darüber hinaus den Versuch darstellen könnte, die Religionsfreiheit zu schützen.

5. Einen weiteren Hinweis auf Tacitus bei Montesquieu lässt sich in dem Ausdruck *esprit général* finden, der die Verflechtung zwischen Recht und Gesellschaft beschreibt.[4] Auch die Bewertung Montesquieus der wirtschaftlichen Entwicklung seiner Zeit spricht für einen tacitistischen Einfluss: Tacitus lobt die Bescheidenheit der Germanen, welche auch von Montesquieu bewundernd hervorgehoben wurde. Die Wertschätzung der germanischen Sitten kann als Kritik Montesquieus an der wirtschaftlichen Entwicklung Frankreichs gedeutet werden. Der Beweis dieser These wäre ein zusätzliches Argument, um die Bedeutung des englischen Modells in Abrede zu stellen, da England im 18. Jahrhundert das auf wirtschaftlichen Profit ausgerichtete Land par excellence darstellte.

Am Ende des ersten Teils wird schlussendlich die Behauptung diskutiert, derzufolge Montesquieu von Henry St. John, 1. Viscount Bolingbroke beeinflusst wurde, der sich im Rahmen seiner Schriften mehrfach auf die gemischte Verfas-

---

4 Montesquieu, *De l'Esprit des lois*, L. XIX, c. IV, ebenda, S. 558: „Plusieurs choses gouvernent les hommes: le climat, la religion, les lois, les maximes du gouvernement, les exemples des choses passées, les mœurs, les manières; d'où il se forme un esprit général qui en résulte. À mesure que, dans chaque nation, une de ces causes agit avec plus de force, les autres lui cèdent d'autant. La nature et le climat dominent presque seuls sur les sauvages; les manières gouvernent les Chinois; les lois tyrannisent le Japon; les mœurs donnoient autrefois le ton dans Lacédémone; les maximes du gouvernement et les mœurs anciennes le donnoient dans Rome." *Vom Geist der Gesetze*, Auswahl, Übersetzung und Einleitung von K. Weigand, Stuttgart, Reclam, 1994, S. 295: „Mehrere Dinge regieren die Menschen: Klima, Religion, Gesetze, Staatsmaximen, Beispiele aus der Geschichte, Sitten, Lebensstil. Aus all dem bildet sich als ihr Ergebnis ein Gemeingeist. In dem Maße, wie bei jeder Nation eine dieser Ursachen mit grösserer Stärke einwirkt, werden die anderen dementsprechend zurückgedrängt. Über die Wilden herrschen fast ausschließlich Natur und Klima. Die Chinesen werden vom Lebensstil regiert, die Japaner von den Gesetzen tyrannisiert. In Sparta gaben einst die Sitten den Ton an, in Rom taten es die Sitten und die Staatsmaximen."

sung Englands bezog. Diese These, die vor allem von dem Interpreten Robert Shackleton vertreten wurde, wird in dieser Arbeit auf den Prüfstand gestellt, und zu ihrer Widerlegung werden folgende Gegenargumente ins Feld geführt: 1. Bolingbroke erkannte England nicht als gemischte Rechtsordnung an, sondern verachtete sie als korrupte Despotie. 2. Im Gegenteil zu Montesquieu verfolgte der Politiker Bolingbroke den Anspruch auf absolute Herrschaft und hatte nicht die Absicht ein politisches Gleichgewicht zu verwirklichen. 3. Geht man von einem Einflussverhältnis der beiden aus, dann dergestalt, dass Montesquieu Einfluss auf Bolingbroke nahm und nicht andersherum. Der Einfluss Montesquieus wird vor allem in dem literarischen Stil Bolingbrokes sichtbar und ergibt sich aus einer chronologischen Betrachtung der Ereignisse.

Die Ablehnung der englischen Interpretation Montesquieus zugunsten der tacitistischen Quelle seiner Gedanken bedeutet, dass sein Beitrag zu der philosophischen und juristischen Lehre vielmehr in der fernen Vergangenheit – also in der Geschichte – wurzelt, als in dem philosophischen Zusammenhang des *esprit philosophique* seiner Zeit.[5] Die Einbeziehung der tacitistischen Referenz kann darüber hinaus die These stützen, derzufolge Montesquieu keinesfalls die Unterwerfung der Gerichtsbarkeit unter den Gesetzgeber propagierte, sondern stattdessen die Teilung der politischen Macht mit dem Vorsatz, den zentralistischen und despotischen Tendenzen des französischen Königs entgegenzuwirken. In diesem Fall hätte die judikative Gewalt nicht die Funktion eines untergeordneten Organs, welches die bloße Wiederholung des Willens des Gesetzgebers zur Aufgabe hätte, sondern sie wäre eine echte Gegengewalt, der eine gleichwertige Teilhabe an der Souveränität zustünde.

5 Betreffend der Auffassung der Geschichte beziehe ich mich auf Walter Benjamin, *Über den Begriff der Geschichte* (1940), in *Werke und Nachlass – Kritische Gesamtausgabe*, Bd. 19, hrsg. von Gérard Raulet, Suhrkamp, Berlin, 2010; M. Bloch, *Apologie de l'histoire ou métier d'historien*, mit einer Einleitung von J. Le Goff, Malakoff, A. Colin, 2018 (1949); B. Croce, *La storia come pensiero e come azione*, Bari, Laterza, 1957 (1938). Für eine historische Perspektive auf die Rechtswissenschaften beziehe ich mich auf Harold J. Berman, *Law and Revolution, I. The Formation of the Western Legal Tradition*, Cambridge (Mass.) und London, University Press, 1983 und *Law and Revolution, II. The Impact of the Protestant Reformations on the Western Legal Tradition*, Cambridge (Mass.) und London, Harvard University Press, 2003; D. Quaglioni, *La giustizia nel medioevo e nella prima età moderna*, Bologna, Il Mulino, 2004; und vom selben Autor *La sovranità*, Rom – Bari, Laterza, 2004.

II

Innerhalb des zweiten Teils wird ein weiteres Argument behandelt, welches die These der englischen Wurzeln der Gedanken Montesquieus widerlegen kann. Es wird untersucht, ob nicht nur die römische Geschichtsschreibung eine Quelle für Montesquieu darstellte, sondern ob darüber hinaus auch das juristische Modell der römisch-republikanischen Rechtsordnung in seine Lehre eingeflossen ist. Für diese Vermutung spricht die Ausbildung Montesquieus, in der sich dieser, neben der römischen Geschichtsschreibung, auch intensiv mit dem römischen Recht auseinandersetzte. Um diese These zu bestätigen, wird sowohl die Ausbildung Montesquieus skizziert, als auch die Entstehung der römischen Republik, welche er vor allem anhand der Autorität von Titus Livius rekonstruiert. War es möglicherweise die konkrete historische Erfahrung und keine rein rationale, theoretische und „aufgeklärte" Überlegung, die Montesquieu zu der Entwicklung seiner Rechtslehre führte?

Im Rahmen der Untersuchung der historischen Wurzeln der montesquieuischen Gedanken wird auf die Konzeption der gemischten Verfassung von Polybios aufmerksam gemacht und darauf, wie sich diese auf seine Ideenentwicklung ausgewirkt haben könnte. In diesem Zusammenhang wird der Vermutung nachgegangen, laut der Montesquieu maßgeblich von einer Tradition geprägt wurde, die vor allem mit Polybios ihren Anfang nahm, von Cicero rezipiert wurde und Eingang in das Werk von Machiavelli *Discorsi sopra la prima deca di Tito Livio* gefunden hat. Darüber hinaus wird ein weiteres Argument vorgestellt, wonach die Studien Roms zu der Entstehung der Kerngedanken Montesquieus geführt und das Fundament für die Theorie der Gewaltenteilung im öffentlichen Recht bereitet haben. Um die Plausibilität dieser Annahme zu verdeutlichen, genügt es, einen Blick auf die kulturellen Gewohnheiten in Frankreich zur Zeit Montesquieus zu werfen. Rom war eine gewöhnliche und häufig herangezogene Referenz für Generationen von Wissenschaftlern vor und während Montesquieus Lebzeiten.

In welchem Maße ist die Auseinandersetzung Montesquieus mit Rom in diesem Sinne also originell und innovativ? Um diese Frage zu beantworten, ist es hilfreich, sich mit dem Denken des einflussreichsten Juristen der vorhergehenden Generation Montesquieus zu befassen: Jean Domat. Domat wie auch Montesquieu begründeten ihre Rechtslehre auf dem Fundament römischen Rechts, das ihnen ermöglichte, Beschränkungen für die politische Macht abzuleiten. Domats Bezug auf das römische Recht als vernunftbasierte Grundlage der Rechtswissenschaft und als Beschränkung für den Gesetzgeber betrifft ausschließlich den Bereich des Privatrechts, während das öffentliche Recht bei ihm der Willkür des Gesetzgebers ausgeliefert bleibt. Die These der zentralen Bedeutung der römischen Quelle der Gedanken Montesquieus kann durch die Beschäftigung mit der Rechtslehre Do-

mats erhärtet werden. Diese Arbeit wird argumentieren, dass Montesquieu bestrebt war, die Lücke des öffentlichen Rechts, die Domat unbesetzt gelassen hatte, durch ein System von rechtlichen Begrenzungen der Macht zu vervollständigen. Auch in diesem Fall ergibt sich die Frage, ob Montesquieus Gedanken nicht vielmehr in der juristischen Tradition verankert sind, als in dem zeitgenössischen Modell Englands.

Die Übernahme des englischen Standpunkts reduziert die Rechtslehre Montesquieus auf das Niveau einer rein institutionellen, staatlichen Verfassungstheorie der Gewaltenteilung. Es wird ermittelt, ob Montesquieu die Gewährleistung der politischen Freiheit nicht stattdessen durch ein Zusammenspiel aus mehreren Faktoren zu erreichen versuchte und sich nicht auf rein verfassungsrechtliche, konstitutionelle Aspekte verließ. Zu diesem Zweck wird auf den außergewöhnlichen Umgang der Römer mit der Religion hingewiesen, der als Exempel für die Religionsfreiheit angesehen werden kann und Montesquieu zu der Ableitung von Beschränkungen für die politische Macht geführt haben könnte.

Es ist bekannt, dass Montesquieu keinen Katalog grundlegender Rechte vorlegte – weder für die Menschen insgesamt, noch für die Bürger Frankreichs. Trotzdem lässt sich die Frage stellen, ob er vergleichbare Rechte unter dem Ausdruck der „politischen Freiheit“, womöglich mithilfe der Erkenntnisse, welche er der Geschichte entnahm, verteidigen wollte. Der Umgang der Römer mit der Religion wäre in diesem Sinne als prototypisches Modell der Religionsfreiheit zu interpretieren.

Die Teilung der Souveränität hat für Montesquieu die Sicherstellung der politischen Freiheit zur Aufgabe, die er sowohl durch die Separation der Gewalten, als auch durch den Föderalismus zu verwirklichen suchte. Montesquieus Versuch, die Souveränität zu teilen, beschränkte sich nicht auf die horizontale Ebene, sondern schloss die vertikale Ebene mit ein. Es ergibt sich die Frage, ob der Versuch der Beschränkung der Macht durch eine vertikale Dezentralisierung nicht ebenfalls in der römischen Geschichte gründen könnte. Auch wird diskutiert, ob die römische Geschichte als Grundlage für eine Kritik des Zentralismus fungiert haben könnte und darüber hinaus die Idee des Föderalismus, als Mittel gegen absolute, zentralisierte Macht evoziert haben könnte. Mit besonderem Fokus auf das Werk *Considérations sur les causes de la grandeur des Romains et de leur décadence* wird schließlich der Frage nachgegangen, ob die Expansion Roms („grandeur“) und die damit verbundene Zentralisierung der politischen Macht unter das Kaisertum von Montesquieu für die politische und moralische Dekadenz („décadence“) der Römer verantwortlich gemacht wurde. Man kann sich fragen, ob das Begriffspaar der „Größe“ und der „Dekadenz“ als Gleichung – „Größe“ ist gleich „Dekadenz“ – interpretiert werden kann.

III

Der dritte Teil dieser Arbeit bemüht sich, am Beispiel von Alexis de Tocqueville um eine Nachverfolgung der Auswirkungen der Lehre Montesquieus in der Nachwelt. Es wird untersucht, ob die in den zwei Bänden der *Démocratie en Amérique* enthaltenen Überlegungen Tocquevilles als Bestätigung für die römische Herkunft des Systems von Beschränkungen gelten könnten, welches Montesquieu für Frankreich vorgeschlagen hatte. Die Auseinandersetzung mit der Rechtslehre Tocquevilles, welche große Übereinstimmung mit den vorgebrachten Argumenten Montesquieus aufweist, untermauert die Tragweite der römischen Quelle Montesquieus.

Die herrschende Verfassungslehre des 19. Jahrhunderts in Frankreich hatte die englische Interpretation Montesquieus aus strategischen Gründen unterstützt, da sie sich für eine Kombination zwischen monarchischem (König als Träger der exekutiven Gewalt), aristokratischem (eine hohe Erbschaftskammer) und demokratischem (gewählte Kammer von Bürgern) Element eingesetzt hatte. Die wichtigsten Vertreter der verfassungsrechtlichen Wissenschaft, wie Benjamin Constant, Pierre-Paul Royer-Collard und François Guizot, hoben das englische Vorbild als den zentralen Bezugspunkt der Lehre Montesquieus hervor, mit der Absicht, einen politischen Kompromiss zwischen Nostalgikern des alten Staates (Monarchie und Aristokratie) und Verteidigern der Volkssouveränität (Demokratie) für Frankreich nach der Französischen Revolution zu finden.[6] Es wird erörtert, ob die Annahme der englischen These möglicherweise Ausdruck eines politischen und ideologischen Bedürfnisses ihrer Anhänger sein könnte. Dass die englische Interpretationslinie keinesfalls nur einer naiven Fehlinterpretation von Montesquieus Geisteshaltung entspricht, ergibt sich auch aus der folgenden Konsequenz, die aus der Annahme der englischen These hervorgeht: Demnach wären die Richter nur „Mund des Gesetzes". Ihnen stünden keine Möglichkeiten zu Verfügung, der politischen Macht zu widerstehen – sie wären kein reales Gegengewicht zur politischen Macht. Dies hätte die Abwesenheit jeglicher institutionellen Beschränkung der politischen, legislativen Macht zur Folge.

Um diese englischen Interpretation zu falsifizieren, wird unterstützend Tocqueville herangezogen. Die eingehende Beschäftigung mit seiner Rechtslehre deckt auf, welche Elemente der montesquieuischen Philosophie in der demokratischen Nachwelt Wirkung entfaltet haben. Die zu beweisende These lautet:

6 Siehe dabei insbesondere B. Constant, *Principes de politique applicables a tous les gouvernemens représentatifs et particulèrement a la constitution actuelle de la France*, Paris, A. Eymery, 1815, S. 15–29.

Tocqueville nahm nicht die Theorie der Gewaltenteilung englischen Ursprungs in seine Analysen auf, sondern die Beschränkungen der politischen Macht, wie sie Montesquieu in der römischen Tradition gefunden hatte. Betrachtet man den Einfluss Montesquieus auf die Nachwelt, so lässt sich erkennen, dass die verfassungsrechtlichen Beschränkungen nicht auf dem Gewaltenteilungsschema englischer Herkunft beruhen, sondern in der Summe von Beschränkungen liegen, deren Ursprünge bis in eine Zeit vor der Französischen Revolution, während des alten Staates, zurückreichen. Es werden die demokratischen Umstände erläutert, wie sie Tocqueville in Amerika vorfand und welche er für die Zukunft Europas hielt. Tocqueville sah eine globale demokratische Entwicklung voraus, die sich nicht auf den amerikanischen Raum beschränkte, sondern sich auch innerhalb Europas, und vor allem in Frankreich, vollziehen sollte. Die Wissenschaftler seiner Zeit hingegen, die unter dem Eindruck des geistigen Klimas der Restauration standen, wollten Aristokratie und Monarchie wiederherstellen. Da Tocqueville von dem endgültigen Ableben dieser beiden Elemente überzeugt war, musste er seiner Suche nach Beschränkungen der politischen Macht außerhalb des englischen konstitutionellen Modells nachgehen.

Tocqueville schreibt in einem Brief an seinen Freund Bouchitté, dass Montesquieu England besucht hätte, ohne tatsächlich etwas gesehen zu haben.[7] Es wird erörtert, ob diese Aussage als Geringschätzung der Beobachtungsgabe Montesquieus zu verstehen ist oder ob sich dahinter eine Kritik an der englischen Interpretation verbergen könnte. Auch wird untersucht, ob Tocqueville, in der Manier von Montesquieu, die rechtsvergleichende Methode angewandt hatte, um das demokratische Szenario nicht nur rein rechtlich, sondern auch als komplexe Verflechtung zwischen Recht und Gesellschaft zu erfassen. Alles deutet darauf hin, daß Montesquieu und Tocqueville dieselbe Furcht geplagt hatte: der Despotismus. Diese Vermutung setzt die Kenntnis der toquevillianischen Definition von Despotismus voraus, die sich innerhalb der zwei Bände der *Démocratie en Amérique* weiterentwickelt. Dieser Bedeutungswandel ist wesentlich, um den Einfluss Montesquieus zu erkennen, den dieser als „Leser von Tacitus“ und nicht als Interpret der englischen Rechtsordnung auf Tocqueville ausübte. Die Furcht Montesquieus bezog sich auf eine mögliche Degeneration der Monarchie in einen Despotismus. Tocqueville hingegen hatte ein demokratisches Szenario vor Augen und fürchtete die despotische Allmacht der Mehrheit. Montesquieu wollte die Macht des Königs beschneiden und Tocqueville die unbeschränkte Volkssouve-

7 A. de Tocqueville, *Lettre à M. Bouchitté* (9. August 1956), in *Œuvres complètes de Tocqueville*, VII, hrsg. von Mme. de Tocqueville und G. Beaumont, Paris, Michel Lévy Frères, 1864–1866, S. 400–402.

ränität verhindern. Dieser abschließende Teil der Arbeit widmet sich der Frage, ob Tocqueville eine Aktualisierung der Lehre Montesquieus vorgenommen hat, um diese an die Erfordernisse des demokratischen Zeitalters anzupassen, und ob sich daraus eine Übernahme Tocquevilles der traditionellen Lehre der geteilten Souveränität und folglich eine Bestätigung der tacitistischen Interpretation ableiten lässt.

Biografische Aspekte

Montesquieu wird im Januar 1689 in der Nähe von Bordeaux auf dem Schloss von La Brède geboren. Da seine Eltern – Chaques de Secondat, Baron von Montesquieu und Marie-Françoise de La Brède – Angehörige der *noblesse de robe* sind, wächst Montesquieu unter privilegierten Umständen auf. Die schulische Ausbildung beginnt er an dem berühmten Collège de Juilly, worauf ein juristisches Studium folgt, das bis ins Jahr 1708 andauert.

1714 wird Montesquieu Mitglied des Parlamentsgerichtshofes in Bordeaux und heiratet im darauffolgenden Jahr Jean de Lartigue, die einer hugenottischen Familie angehört und ihm eine stattliche Mitgift einbringt.

Im Jahr zuvor erlässt der Papst Clemens XI. die Bulle *Unigenitus Dei filius*. In der in ihr enthaltenen Aufforderung an Ludwig XIV., den Jansenismus in Frankreich zu bekämpfen, lässt sich der Wunsch des Autors erkennen, den Katholizismus zur Staatsreligion zu erheben.[8]

Der Tod Ludwig XIV. im Jahr 1715 zieht gravierende Folgen nach sich[9]: Es muss eine eine Regentenregierung geschaffen werden, da der Thronfolger auf Grund

---

8 Siehe die *Bulla Unigenitus Dei filius*, in *Bullarium romanum*, Bd. XXI, Teil IV, 1871, S. 568–575. Der Verdacht auf Häresie und das Urteil der Blasphemie betreffend den Jansenisten war die Folge der Publikation von *Le Nouveau Testament en français avec des Réflexions Morales sur chaque verset* (Paris, 1699) und vom *Abrégé de la morale de l'Evangile, des Actes des Apôtres, des épîtres de Saint-Paul, des épîtres canoniques, et de l'Apocalyphese: ou pensées chrétiennes sur le texte des livres sacrés* (1694). Diese Werke wurden von dem Jansenisten Pasquier Quesnel verfasst. Die Bulle *Unigenitus* enthält die Verurteilung von zehn Thesen seines Werkes.

9 P. Gaxotte, *Louis XV*, Paris, Fayard, 1958, S. 340; A. Cobban, *The „Parlements" of France in the Eighteenth Century*, „History", 1950, S. 64–80; F. Ford, *Robe and Sword. The Regrouping of the French Aristocracy after Louis XIV*, Cambridge, Harvard University Press, 1953; E. Préclin-V.L. Tapié, *Le XVIIIè siècle, I: La France et le monde de 1715 à 1789*, Paris, Presses Universitaires de France, 1952, S. 4–25; F. Bluche, *L'origine des magistrats du Parlement de Paris au XVIIIe siècle*, Paris, Klincksieck, 1956, S. 12–13; J. Egret, *Louis XV et l'opposition parlementaire. 1715–1774*, Paris, Armand Colin, 1970, S. 9–232; R. Mousnier, *La participation des gouvernés à l'activité des gouvernants dans la France des XVIIe et XVIIIe siècles* in *La plume, la faucille et le marteau. Institutions et société en France du Moyen Age à la Révolution*, Paris, Presses Universitaires de France, 1970, S. 53–54; Vergleiche mit F. Furet-D. Richet, *Die französische Revolution*, Frankfurt am Main, Fischer, 1989, S. 54–55 (F. Furet-D. Richet, *La Révolution française*, ebenda, S. 54). So Furet und Richet: „Im 17. Jahrhundert war die technische Unabhängigkeit der öffentlichen Ämter durch die vom König geforderte politische Unterwerfung aufgewogen worden. Im 18. Jahrhundert dagegen summieren sich technische und politische Unabhängigkeit; denn gerade über die hohen Beamten des Reiches, vor allem über die adeligen Mitglieder der Parlamentsgerichtshöfe, findet die Opposition ihren Ausdruck. Sofort nach dem Tode Ludwigs XIV. greifen die Parlamentsgerichtshöfe (allen voran der Pariser als der wichtigste mit seinem großen Zuständigkeitsbereich) die vom

https://doi.org/10.1515/9783110673036-004

seines Alters von nur fünf Jahren das Amt nicht übernehmen kann. Diese Aufgabe fällt dem Regenten zu. Unter diesen veränderten Umständen erlangen die Parlamentsgerichtshöfe das *droit de remontrance* wieder (das Recht, die königlichen *ordonnances* nicht zu registrieren, falls diese nicht mit den grundlegenden Gesetzen des Reiches vereinbar sind). Mit diesem Schritt gelingt es den Parlamentsgerichtshöfen sich aus ihrer despotischen Unterdrückung zu befreien, womit eine lange Regierung des Sonnenkönigs – eine Periode des starken politischen Zentralismus – vorübergeht.

1716 verstirbt Montesquieus Onkel, woraufhin er dessen Vermögen, Titel und Vorsitz am Parlamentsgerichtshof in Bordeaux erbt.[10] Er wird anerkanntes Mitglied der Akademie der Wissenschaften in Bordeaux und hält in diesem Rahmen mehrere naturwissenschaftliche Vorträge.

1716 befasst er sich mit dem ungewöhnlichen Umgang der Römer mit der Religion und widmet sich im darauffolgenden Jahr dem Stoizismus Ciceros.[11] Das Ergebnis dieser letzten Untersuchung wird unter dem Titel *Discours sur Cicéron* veröffentlicht. [12] Beide Studien nehmen maßgeblich Einfluss auf seinen juristischen Standpunkt.

Die Publikation der *Lettres persanes*[13] von 1721 verschafft Montesquieu schließlich landesweiten Ruhm.[14] Der Briefroman handelt von einer imaginären

Sonnenkönig unterbrochene Tradition wieder auf: diese bedeutenden Gerichtsversammlungen werden wieder die Vorkämpfer des Anti-Absolutismus. Einer Öffentlichkeit, die Vertrauensleute sucht, bietet der hohe Amtsadel den von Fall verschiedenen, aber beständigen Ausdruck für einen antiabsolutistischen Anspruch, in dem sich die Aristokratie und die Besitzbürger des Dritten Standes einig sind. Der Amtsadel ist bestrebt, die legislative Kontrolle durch die Parlamentsgerichtshöfe zu einem ‚Grundgesetz des Reiches' zu machen, das über dem Willen des Königs stehen soll. So treffen alle Umstände zusammen, um den König von Frankreich zu schwächen und zu isolieren: der Fortschritt in der Verwaltungstheorie und -praxis ebenso wie das überlebte, altväterliche Regierungssystem, der politische Ehrgeiz des Bürgertums ebenso wie die aristokratische Reaktion. Die Nation bleibt ganz und gar monarchisch und ist zugleich anti-absolutistisch geworden. Schon vor 1789 gibt es die absolute Monarchie nur noch dem Buchstaben, nicht mehr der Sache nach. Und die Finanzkrise wird sie vollends dahinraffen."

10 Siehe dazu P. Barrière, *Un grand Provincial: Charles Louis de Secondat, Baron de la Brède et de Montesquieu*, Bordeaux, Delmas, 1946, S. 123.

11 C. Larrère, *Le stoïcisme dans les œuvres de jeunesse de Montesquieu*, in „Cahiers Montesqueiu", 1999, S. 163–183.

12 Montesquieu, *Discours sur Cicéron*, in *Œuvres complètes*, I, ebenda, S. 93–98.

13 Montesquieu, *Lettres persanes*, Lettre XXIV, in *Œuvres complètes*, I, ebenda, S. 133–388.

14 Siehe A. Merlino, *Interpretazioni di Montesquieu*, mit einer Einleitung von D. Quaglioni, Foligno, Il Formichiere, 2018, S. 9–22. Siehe dazu auch A. Merlino, *Montesquieu and Myth of the Troglodytes*, in Myty o Prave, Myty v Prave, hrsg. von T. Gabris and A. Kluknavská, Bratislava, Wolters Kluver, 2018, S. 110–123.

Reise zweier Perser durch Europa, wobei es sich besonders auf ihren Aufenthalt in Frankreich konzentriert. Durch die Augen seiner Protagonisten Usbek und Rica skizziert Montesquieu darin, mit dem Scharfsinn eines fremden Beobachters, Frankreich während des 18. Jahrhunderts.[15]

1725 veröffentlicht Montesquieu die Schrift *Analyse du Traité des devoirs*[16] – in dem der Einfluss Ciceros unverkennbar ist –, sowie den kurzen Essay *De la politique.*[17]

Ein Jahr später verkauft Montesquieu sein Amt des Vorsitzenden und beginnt 1728 eine Reise durch Österreich-Ungarn, Italien, Deutschland, Niederlande und vor allem auch England, wo er die längste Zeit verbringt (von Ende 1729 bis Mai 1731).[18] Im Anschluss an seine Auslandsreise schreibt er die *Notes sur l'Angleterre*[19] und veröffentlicht, im Jahr 1734, das Werk *Considérations sur les causes de la grandeur des Romains et de leur décadence*[20]. Auch die Schrift *Réfexions sur la monarchie universelle*[21], die ursprünglich ein Teil der *Considérations* sein sollte, verfasst er in diesem Jahr. 1748 schließlich, erscheint dann *De l'Esprit de lois*[22], das bekannteste Werk Montesquieus.

---

15 Siehe dazu P. Vernière, *Préface* in Montesquieu, *Lettres Persanes*, Paris, Garnier, 1960, S. I-XLV.

16 Montesquieu, *Analyse du Traité des devoirs*, in *Œuvres complètes*, I, ebenda, S. 108 – 111.

17 Montesquieu, *De la politique*, in *Œuvres complètes*, I, ebenda, S. 112 – 119.

18 Montesquieus Auslandsreisen wurden von ihm selbst dokumentiert, siehe *Voyage* in *Œuvres complètes*, I, ebenda, S. 533 – 874.

19 Montesquieu, *Notes sur l'Angleterre*, in *Œuvres complètes*, I, ebenda, S. 875 – 884.

20 Montesquieu, *Considérations sur les causes de la grandeur des Romains et de leur décadence*, in *Œuvres complètes*, II, ebenda, S. 68 – 224.

21 Montesquieu, *Réfexions sur la monarchie universelle*, in *Œuvres complètes*, II, ebenda, S. 19 – 38.

22 Montesquieu, *De l'Esprit des lois* in *Œuvres complètes*, II, ebenda, S. 225 – 1117.

I. Montesquieu als Leser von Tacitus. Die „Germania“ als primäre Quelle für die Interpretation des *Esprit des lois*

1 England als Quelle für Montesquieu?

Eingangs wird nun die vorherrschende Interpretation und die entsprechenden Argumente vorgestellt, welche den dominanten Einfluss der englischen zeitgenössischen Rechtsordnung auf das Kapitel VI des XI. Buches des *Esprit des lois* beweisen wollen. Es wird gezeigt welche ideologischen Wurzeln dieser Argumentation zugrunde liegen, um schließlich Belege für eine Position vorzulegen, die einer englischen Interpretationsweise widersprechen und in eine gänzlich andere Richtung weisen, nämlich in die römische Geschichte und ihre Tradition.

1.1 Die herrschende Interpretation: Die englischen Wurzeln der Gewaltenteilung

Die herrschende Interpretation betrachtet Montesquieu als Vertreter eines Prinzips der Gewaltenteilung, das die Aufteilung der Staatsgewalt in exekutive, legislative und judikative Gewalt vorsieht.[23] Diese Dreiteilung beschreibt Montesquieu in dem Kapitel VI des XI. Buches des *Esprit de lois*. Die folgende Passage, ein

---

23 Siehe dazu: J. Dedieu, *Montesquieu et la tradition politique anglaise en France. Les sources anglaises de l'Esprit des Lois*, Thèse Lettres Bordeaux, Paris, Lecoffre-Gabalda, 1909, S. 131–159; S. Cotta, *Montesquieu, la séparation des pouvoirs et la constitution fédérale des Etas-Unis*, „Revue Internationale d'histoire politique et constitutionelle", Nr. 3–4, 1951, S. 225–247; R. Caillois, *Préface* zu Montesquieu, *Œuvres complètes*, I, ebenda, S. IX–XXXI; L. Desgraves, *Montesquieu*, Fayard, Paris, 1986, S. 234 ff.; R. Shackleton, *Montesquieu. A Critical Biography*, New York, Oxford University Press, 1961, S. 117–145; G. Tarello, *Per una interpretazione sistematica di Montesquieu*, „Materiali per una storia della cultura giuridica", Bd. I, 1971, S. 11–53; S. Goyard-Fabre, *La philosophie du droit de Montesquieu*, Paris, Libraire Klincksieck, 1973, S. 1–363; M. Richter, *The Political Theory of Montesquieu*, Cambridge University Press, 1977, S. 85–93; S. Mastellone, *Storia ideologica dell'Europa da Savonarola a Adam Smith*, Florenz, Sansoni, 1979, S. 305–313; L. Althusser, *Montesquieu, la politique, l'histoire*, Paris, Presses Universitaires de France, 1959, S. 81 f.; deutsche Übersetzung: *Machiavelli – Montesquieu – Rousseau. Zur politischen Philosophie der Neuzeit*, Hamburg, Argument Verlag, 1987, S. 79 f.; J. Brèthe de la Gressaye, *Buchbesprechung* von S. Goyard-Fabre, *La philosophie du droit de Montesquieu*, Paris, Libraire Klincksieck in „Revue internationale de droit comparé", 1974, S. 689 f.; A. Riklin, *Montesquieu freiheitliches Staatsmodell. Die Identität von Machtteilung und Mischverfassung*, in *„Politische Vierteljahresschrift"*, 1989, S. 425–430; M. Hereth, *Montesquieu zur Einführung*, Hamburg, Junius, 1995, S. 80 f.; Goyard-Fabre, *Montesquieu ou la Constitution de la liberté*, Paris, Ellipses, 1997, S. 12 f.; C. Spector, *Montesquieu. Liberté, droit et histoire*, Paris, Michalon, 2010, S. 89 f.; S. Cotta, *Separazione dei poteri e libertà politica. Leggere lo spirito delle leggi di Montesquieu*, Bd. I, Mailand, Mimesis, 2010, S. 209–236; B. Binoche, *Introduction à De l'Esprit des lois de Montesquieu*, Paris, Publication de la Sorbonne, 2015, S. 301 f.

https://doi.org/10.1515/9783110673036-005

Auszug aus diesem Kapitel, hat besonders das Interesse der Richterschaft geweckt:[24]

> „Es gibt in jedem Staat drei Arten von Vollmacht: die legislative Befugnis, die exekutive Befugnis in Sachen, die vom Völkerrecht abhängen, und die exekutive Befugnis in Sachen, die vom Zivilrecht abhängen. Auf Grund der ersteren schafft der Herrscher oder Magistrat Gesetze auf Zeit oder für die Dauer, ändert geltende Gesetze oder schafft sie ab. Auf Grund der zweiten stiftet er Frieden oder Krieg, sendet oder empfängt Botschaften, stellt die Sicherheit her, sorgt gegen Einfälle vor. Auf Grund der dritten bestraft er Verbrechen oder sitzt zu Gericht über die Streitfälle der Einzelpersonen. Diese letztere soll richterliche Befugnis heißen, und die andere schlichtweg exekutive Befugnis des Staates."

Sinn der verfassungsrechtlichen Gewaltenteilung ist die wechselseitige Beschränkung der vorhandenen Gewalten, mit der Absicht einem potenziellen Machtmissbrauch entgegenzuwirken:[25]

> „Damit die Macht nicht mißbraucht werden kann, ist es nötig, durch die Anordnung der Dinge zu bewirken, daß die Macht die Macht bremse. Ein Staat kann so aufgebaut werden, daß niemand gezwungen ist, etwas zu tun, wozu er nach dem Gesetz nicht verpflichtet ist, und niemand gezwungen ist, etwas zu unterlassen, was das Gesetz gestattet."

Dem Wortlaut entsprechend definiert Montesquieu die judikative Gewalt nicht als Gewalt im eigentlichen Sinne. Ihre Funktion beschränkt sich auf die Durchsetzung der bestehenden Gesetze und würde mit der vollständigen Unterordnung der judikativen Gewalt unter den Gesetzgeber einhergehen. Diese Betrachtungsweise führt notgedrungen zu der Annahme, dass Montesquieu für die Judikative keinen Anteil an der staatlichen Souveränität vorgesehen hatte und nur die Legislative und die Exekutive den Status einer Gewalt im eigentlichen Sinne für sich beanspruchen können. Die Bezeichnung der Richter als „Mund des Gesetzes" und als „Wesen ohne Seele" wird als Beleg für das Prinzip der Unterwerfung der

24 Montesquieu, *Vom Geist der Gesetze*, ebenda, S. 216–217; *De l'Esprit des lois*, L. XI, c. 6, ebenda, S. 396–397: „Il y a dans chaque État trois sortes de pouvoirs: la puissance législative, la puissance exécutrice des choses qui dépendent du droit des gens, et la puissance exécutrice qui dépendent du droit civil. Par la première, le prince ou le magistrat fait des lois pour un temps ou pour toujours, et corrige ou abroge celles qui sont faites. Par la seconde, il fait la paix ou la guerre, envoie ou reçoit des ambassades, établit la sûreté, prévient les invasions. Par la troisième, il punit les crimes, ou juge les différends des particuliers. On appellera cette dernière la puissance de juger, et l'autre, simplement la puissance exécutrice de l'État."

25 Montesquieu, *Vom Geist der Gesetze*, ebenda, S. 215; *De l'Esprit des lois*, L. XI, c. 4, ebenda, S. 395: „Pour qu'on ne puisse abuser du pouvoir, il faut que, par la disposition des choses, le pouvoir arrête le pouvoir. Une constitution peut être telle que personne ne sera contraint de faire les choses auxquelles la loi ne l'oblige pas, et à ne point faire celles que la loi lui permet."

Richter unter das Gesetz angeführt. Die judikative wäre – ohne eigenen Handlungsspielraum – an die legislative Gewalt gebunden, was sie in eine sekundäre und vor allem abhängige Position versetzen würde. Argumente dieses Standpunktes stützen sich auf diese Aussage Montesquieus:[26]

> „Doch die Richter der Nation sind, wie gesagt, lediglich der Mund, der den Wortlaut des Gesetzes spricht, Wesen ohne Seele gleichsam, die weder die Stärke noch die Strenge des Gesetzes mäßigen können."

Montesquieu bezeichnet sie, die Richter, darüber hinaus als „unsichtbare" und „nichtige Gewalt".[27] „Unter den drei von uns besprochenen Befugnissen" – führt Montesquieu im selbigen Kapitel fort – „ist die richterliche gewissermaßen gar keine".[28] Was aber meint Montesquieu tatsächlich, wenn er die judikative Gewalt für unsichtbar und nichtig erklärt? Beschränkt man sich lediglich auf die wörtliche Formulierung dieser Aussage wäre es richtig folgende Schlüsse zu ziehen: Montesquieu ist Begründer eines Modells der Gewaltenteilung, welches für das öffentliche Recht entwickelt wurde und in dessen Rahmen die exekutive und die legislative Gewalt die führenden Rollen einnehmen, während die Hände der judikativen Gewalt, metaphorisch gesprochen, gebunden sind. Zugespitzt formuliert spielen die Richter im Rahmen der Rechtsordnung überhaupt keine aktive Rolle, sondern sind dazu verpflichtet den Willen des Gesetzgebers unhinterfragt zu befolgen und eine wortgetreue Herstellung desselbigen zu gewährleisten. Diese Lesart entspricht der herrschenden Interpretation Montesquieus, die auf der Überzeugung fußt, der französische Autor hätte dieses Modell von der englischen verfassungsrechtlichen Erfahrung abgeleitet.[29] Die Argumente dieser englischen These lassen sich folgendermaßen zusammenfassen:

---

26 Montesquieu, *Vom Geist der Gesetze*, ebenda, S. 221; *De l'Esprit des lois*, L. XI, c. 4, ebenda, S. 404. „Mais les juges de la nation ne sont, comme nous avons dit, que la bouche qui prononce les paroles de la loi; des êtres inanimés, qui n'en peuvent modérer ni la force ni la rigueur."

27 Montesquieu, *Vom Geist der Gesetze*, ebenda, S. 218; Montesquieu, *De l'Esprit des lois*, L. XI, c. 6, ebenda, S. 398.

28 Montesquieu, *Vom Geist der Gesetze*, ebenda, S. 221; Montesquieu, *De l'Esprit des lois*, L. XI, c. 6, ebenda, S. 401: „Des trois puissances dont nous avons parlé, celle de juger est en quelque façon nulle." Eine dem heutigen Erkenntnisstand entsprechende Behandlung des Problems der Interpretation findet sich in S. Kirste, *Einführung in die Rechtsphilosophie*, Darmstadt, WBG, 2010, S. 51–61.

29 Maßgeblich und einflussreich ist in dieser Hinsicht auch die Meinung von R. Shackleton, *Montesquieu. A Critical Biography*, ebenda, 1961, S. 117–145. Vergleiche mit R. Shackleton, *Montesquieu, Bolingbroke and the Separation of Powers*, „French Studies", 1949, S. 25–38. Siehe zudem auch P. Janet, *Histoire de la science politique dans ses rapports avec la morale*, Paris, F. Alcan, 1887, S. 1–173 und insbesondere S. 465–477; J. Dedieu, *Montesquieu et la tradition politique*

1. Die Bezeichnung des Kapitels, in dem er sein Konzept der Gewaltenteilung vorstellt, *De la constitution d'Angleterre*, legt bereits die englische Bezugnahme nahe. Auch im Text selbst finden sich mehrere Aussagen, die als Lob der englischen Verfassung ausgelegt werden können. Da die englische Verfassung zwischen einer exekutiven (dem König), einer legislativen (dem Parlament, das in zwei Kammern geteilt ist) und einer judikativen Gewalt (den Richtern) unterscheidet, wäre laut Montesquieu die Gewaltenteilung hier bereits vollzogen worden.[30] Seine Sympathie für die englische Verfassung drückt er auch in anderen Schriften aus, wie zum Beispiel den *Notes sur l'Angleterre* (jene Notizen, die Montesquieu im Laufe seines Aufenthalts in England niederschrieb).[31] Dort bezeichnet er England als das „freieste Land der Welt", da es eine Teilung der politischen Macht bereits verwirklicht hätte.[32]

2. Das Werk *De l'Esprit des lois* wurde 1748 veröffentlicht. Brèthe de la Gressaye konnte beweisen, dass Montesquieu das Kapitel VI des XI. Buches des *Esprit des lois* bereits 1734, während und infolge seines Aufenthaltes in England (von Oktober 1729 bis Mai 1731) verfasste.[33] Diese zeitliche Überschneidung des Aufenthalts und der Niederschrift bekräftigt die Annahme, die englischen Verfassung hätte entscheidend bei seiner Ideenentwicklung mitgewirkt. Die englische Rechtsordnung ist demnach die Quelle der Gewaltenteilung und das englische Vorbild jene Alternative, die Montesquieu als politisches Modell für das zeitgenössische Frankreich empfohlen hat.

3. Ein weiteres Argument ist die Bewunderung Montesquieus für den politischen Denker und Vertreter der Tory Partei, Henry St. John, 1. Viscount Boling-

---

anglaise en France. Les sources anglaises de l'Esprit des Lois, ebenda, 1909, S. 131–159; J. Dedieu, *Montesquieu*, Paris, Alcan, 1913, S. 26–28; J. Dedieu, *Montesquieu, l'homme et l'oeuvre*, Paris, Boivin, 1943; J. Brèthe de la Gressaye, *Introduction* zu *De l'Esprit des lois*, I, Paris, Les Belles Lettres, 1950–1961, S. II-XXXV; G. Benerkassa, *Montesquieu*, Paris, Puf, 1968, S. 38 und 60; R. Shackleton, *Le genèse de „L'Esprit des Lois"*, „Revue d'histoire littéraire de la France", 1952, S. 425–438; J. J. Granpré-Molière, *La théorie de la constitution anglaise chez Montesquieu*, Leide, Presse universitaire, 1972, S. 161–176; M. Hulliung, *Montesquieu and the Old Regime*, Berkeley – Los Angeles – London, University of California Press, 1976, S. 86–87; L. Landi, *L'Inghilterra e il pensiero politico di Montesquieu*, Padua, Cedam, 1981, hierbei vor allem S. 5–6; S. Goyard-Fabre, *Montesquieu ou la Constitution de la liberté*, ebenda, S. 12–13; U. Haskins Gonthier, *Montesquieu and England: Enlightened Exchanges*, London, Pickering and Chatto, 2010, S. 80–81.

30 Montesquieu, *De l'Esprit des lois*, L. XI, c. 6, ebenda, S. 400–402.

31 Montesquieu, *Notes sur l'Angleterre*, in *Œuvres complètes*, Bd. I, ebenda, S. 875–884.

32 Ebenda, S. 884. „L'Angleterre est à présent le plus libre pays qui soit au monde..."

33 J. Brèthe de la Gressaye, *Introduction* zu *De l'Esprit des lois*, ebenda.

broke, den er während dessen Exil in Frankreich kennenlernte und der sich ebenfalls für eine Trennung der Gewalten aussprach.[34]

4. Die Anhänger dieser Interpretationslinie gehen davon aus, dass Bolingbroke als wesentliche Quelle Montesquieus zu betrachten ist. In einem Artikel, erschienen in der englischen Zeitschrift *The Craftsman*, übte Bolingbroke Kritik an der zentralistischen Politik des englischen Staatskanzlers Robert Walpole.[35] Als Lösung des Problems schlägt er eine gemischte Verfassung vor. Zudem hat sich Montesquieu in den *Notes sur l'Angleterre* mehrfach auf Bolingbrokes Schriften berufen und es liegt die Schlussfolgerung nahe, er habe sich von dessen Theorie der gemischten Verfassung inspirieren lassen.[36]

5. Dem Kapitel über die Verfassung Englands folgend, setzte sich Montesquieu für ein Modell der Gewaltenteilung ein, in welchem, wie in England, der König die exekutive Gewalt verkörpert und die zwei Kammern der legislativen und der Richterstand der judikativen Gewalt entsprechen.[37]

---

34 Das Argument der Freundschaft zwischen Montesquieu und Bolingbroke wurde am stärksten von R. Shackleton betont. *Montesquieu, Bolingbroke and the Separation of Powers*, ebenda, S. 25–38. Shackleton hält den Einfluss Bolingbrokes auf Montesquieu für das zentrale Element für die Entstehung der Theorie der Gewaltenteilung. Siehe auch M. Hereth, *Montesquieu zur Einführung*, ebenda, S. 80–82; Vergleiche mit A. Rikklin, *Montesquieus freiheitliches Staatsmodell. Die Identität von Machtteilung und Mischverfassung*, ebenda, S. 425–427; siehe dazu M. Richter, *The Political Theory of Montesquieu*, Cambridge University Press, 1977, S. 85–87.

35 Betreffend Bolingbroke siehe vor allem I. Kramnick, *Bolingbroke and His Circle: The Politics of Nostalgia in the Age of Walpole*, Ithaca-London, Cornell University Press, 1968, S. 145–147. Siehe die Zeitschrift *The Craftsman* vom 27. Juni 1730. Ein Argument für diese Interpretation findet sich in der Ausgabe von *The Craftsman* vom 13. Juni 1730. In einem Beitrag dieser Zeitschrift schreibt Bolingbroke, dass die Bestrebungen der Macht „natural and insatiable" wären; „power is one thing of the most intoxicating nature, it always ought to have some checks on it." Siehe auch *The Craftsman*, 27. Juni 1730; in einem Beitrag dieser Ausgabe betont Bolingbroke die Notwendigkeit des Gleichgewichts und der Trennung der Gewalten: „In a constitution like ours the safety of the whole depends on the balance of the parts and on their mutual independency on one other." Gemäß der These der englischen Wurzeln der Lehre Montesquieus war Montesquieu 1730 in England, er hat die Beiträge Bolingbrokes gelesen und inhaltlich übernommen, bzw. sie in seine Theorie der Beschränkung der Macht durch die Macht (bzw. der Ausbalancierung der Staatsgewalten) übersetzt.

36 Siehe dazu Montesquieu, *Notes sur l'Angleterre*, ebenda, S. 876 und 881.

37 Siehe dazu Montesquieu, *De l'Esprit des lois*, L. XI, c. 6, ebenda, S. 399–401. Montesquieu fasst das englische Modell folgendermaßen zusammen: Dem König steht die exekutive Gewalt zu, der darüber hinaus über ein Vetorecht verfügt, um die Gesetze des Parlaments verhindern zu können. Das Parlament besteht aus zwei Kammern, einer niedergestellten Kammer, welche gewählt wird und die *faculté de statuer* (Entscheidungsrecht) besitzt und einer hochgestellten Kammer, welche einer erblichen Gewalt entspricht und die *faculté d'êmpecher* (Verhinderungsrecht) innehat. Es ist auffallend, dass die Gewaltentrennung in diesem Sinne keine tatsächliche

6. Montesquieu hat den Einfluss des politischen Systems Englands auf dessen Wirtschaft begrüßt. Da der Handel mit der Macht (*puissance*) des Staates korreliere und eine militärische Eroberung ersetzen würde, lobt Montesquieu England als politisch und wirtschaftlich erfolgreiches Land. Die wirtschaftliche Entwicklung und die politische Freiheit eines Landes würden sich wechselseitig bedingen und ihre Entfaltung könnte nur parallel verlaufen.[38]

Zusammenfassung

Die Annahme des englischen Modells, als bedeutenste Quelle für Montesquieus juristische Lehre, ist nicht neutral, akademisch oder rein historisch, sondern mit weitreichenden juristischen Konsequenzen verbunden. Die Gewaltenteilung, im Sinne der dargelegten, englischen Interpretation, besteht aus zwei wahren Gewalten, nämlich der exekutiven und der legislativen Gewalt und einer untergeordneten und „nichtigen", der letzteren unterworfenen Gewalt, die die Herstellung des Willens des Gesetzgebers gewährleisten soll: die judikative Gewalt.

1.2 Die historischen Hintergründe der englischen Interpretation

Die so eben geschilderte, englische Interpretation Montesquieus ist mit ideologischen Motiven verbunden, die erst bei näherer Betrachtung deutlich werden. Sie hat sich im Laufe und nach der Französischen Revolution entwickelt und verfolgte politische sowie ideologische Absichten. Um diese nachzuvollziehen, muss ein Blick auf die politische Situation zu Beginn der Französischen Revolution geworfen werden. Die anschließende Erörterung dieser Gründe offenbart eine unwissenschaftliche, ideologische Basis des englischen Mythos und lässt begründete Zweifel an ihrer Richtigkeit entstehen.

Wir befinden uns in der ersten Phase der Französischen Revolution. Die moderaten Vertreter der sogenannten „englischen Partei" (*partie anglaise*) berufen sich im Rahmen der Nationalversammlung auf die Autorität Montesquieus. Die „englische Partei", deren Mitglieder als *Monarchiens* bezeichnet werden, wird von Jean-Joseph Mounier und Gérard de Lally-Tollendal angeführt. Den Namen

---

Trennung ist. Durch das Vetorecht üben der König und die erbliche Kammer gleichermaßen die legislative Gewalt aus.

38 Siehe dazu Montesquieu, *Notes sur l'Angleterre*, ebenda, S. 875–884 und insbesondere S. 884, als Referenz für dieses Argument.

haben sie sich durch den Vorschlag verdient, den sie nach Abschaffung des alten Staates am 4. August 1789 unterbreitet hatten, das politische Modell Englands auch in Frankreich umzusetzen.[39] Mounier hatte im Rahmen der Nationalversammlung das Modell der gemischten Verfassung Englands als Option für Frankreich vorgestellt und gehofft damit den Radikalismus der republikanischen Partei mildern und dem König einen Platz innerhalb der veränderten politischen Struktur Frankreichs nach der Revolution sichern zu können. Um seinen politischen Standpunkt zu untermauern bedient sich Mounier an der *sagesse* (Weisheit) und wissenschaftlichen Autorität Montesquieus. Dieser Schachzug war nötig, denn die *Monarchiens* sehen sich einem starken Gegner gegenüber, nämlich dem Abt von Sieyès. Sieyès, ein Verfechter der absoluten Herrschaft des dritten Standes, als Vertreter der ganzen Nation, also einer einheitlichen Souveränität. Aus diesem Grund lehnt er das gemischte Modell der englischen Verfassung und die Kombination zwischen monarchischem, aristokratischem und demokratischem Element ab, denn sie entsprach einer Teilung der öffentlichen Gewalt. In seiner Schrift *Qu'est-ce que le Tiers État?* übt Sieyès scharfe Kritik an Montesquieu und unterstellt ihm, dass er das englische Modell unterstützen würde, um die Interessen des Adels zu schützen. Das englische Modell wäre laut Sieyès eine wissenschaftliche Ausrede, um den alten Staat und seine Privilegien zu reanimieren. Am 10. September 1789, fast zwei Monate nach Beginn der Französischen Revolution, wird der Vorschlag der englischen Partei, einer gemischten Verfassung, aus dem Gespräch ausgeschlossen.[40] Die Nationalversammlung stellt sich gegen das Modell des englischen Bikameralismus (eine Erbschaftskammer und eine vom Volk gewählte Kammer) und übernimmt stattdessen den Standpunkt von Mirabeau und Sieyès und spricht sich damit für einen radikalen Monokameralismus aus: einer einzigen Kammer (die *Assemblée nationale)*, die vertretend für die gesamte Nation stehen und souverän sein sollte. Darüber hinaus wird dem König am 15. September das Vetorecht vorenthalten.[41] Ende September 1789 beginnt eine ideologische Verfolgung der *Monarchiens:* Jean-Paul Marat, ein anderer Vertreter der absoluten Herrschaft der Nationalversammlung, attackiert diese in seiner populären Zeitung *L'amie du peuple* mit heftigen Worten.[42] Mounier und

---

39 Siehe dazu: J. Israel, *Revolutionary Ideas. An Intellectual History of the French Revolution from The Rights of Man to Robespierre*, Princeton University Press, 2014, S. 86–90.

40 Ebenda, S. 90 f.

41 Dem König wurde lediglich ein suspensives Vetorecht zugestanden, welches für die Radikalen nicht im Gegensatz zu dem Prinzip der absoluten Herrschaft des Volkswillens stand.

42 J.P. Marat, in *L'ami du peuple,* Nr. 12, 22. September 1789, S. 107 ff. und Nr. 13, 23. September 1789, S. 114 f.

andere Mitglieder der englischen Partei sehen sich gezwungen Frankreich zu verlassen. Die Revolution hatte begonnen ihre Feinde zu verfolgen.

Der Nachlass Montesquieus in dieser Phase der Revolution zeigt, dass die Revolutionäre Montesquieu als Verteter des alten Staates betrachteten und dass die moderaten Kräfte innerhalb der Nationalversammlung seine Gedanken in der Hoffnung verwendeten, die Allmacht der Nationalversammlung Einhalt gebieten zu können.

Der Standpunkt der *Monarchiens* wird nach der Französischen Revolution und zur Zeit der Restauration erneut ins Leben gerufen, mit dem Ziel monarchisches und aristokratisches Prinzip wiederherzustellen. Im selben Jahr des Wiener Kongresses (1815) veröffentlicht der damals wichtigste Verfassungsrechtler Frankreichs, Benjamin Constant, sein Werk *Principes de politique applicables a tous les gouvernemens représentatifs et particulèrement a la constitution actuelle de la France.* Darin verleiht er seiner Angst vor unbegrenzter Souveränität des Volkes Ausdruck, die in der „menschlichen Gesellschaft" einen zu hohen Grad der Macht besäße. Diese Macht ist laut Constant „etwas von sich aus Schlechtes".[43] Von den Gedanken Montesquieus übernimmt er ausschließlich die Beschreibung der englischen Rechtsordnung, denn nur diese passt zu der neuen Rechtswirklichkeit der Restauration. Constant sucht in dem institutionellen Schema Montesquieus nach einer Lösung des Konflikts zwischen Nostalgikern des alten Staates und Vertretern der Volkssouveränität. Auf den ersten Seiten des *Principes de politique* unterstützt Constant das englische Modell Montesquieus, um innerhalb der Monarchie einen Bikameralismus zu rechtfertigen, der aus einer Erbschaftskammer und aus einer vom Volk gewählten, demokratischen Kammer bestehen sollte.[44] Diese Idee wurde auch François Goizot[45] und Royer-Collard unterstützt.[46] Alle diese Autoren der liberalen Schule hatten mit Hilfe von Mon-

---

43 B. Constant, *Principes de politique applicables a tous les gouvernemens représentatifs et particulèrement a la constitution actuelle de la France*, Paris, A. Eymery, 1815, S. 15–29: „Lorsqu'on établit que la souveraineté du peuple est illimité, on crée et l'on jette au hasard dans la société humaine un degré de pouvoir trop grand par lui-même, et qui est un mal, en quelques mains qu'on la place. Confiez-le à un seul, à plusieurs, à tous, vous le trouverez également un mal."

44 Ebenda, S. 15: „Dans une monarchie héréditaire, l'hérédité d'une classe est indispensable. Il est imposible de concevoir comment, dans un pays où toute distinction de naissance serait rejetée, on consacrerait ce privilège pour la transmission la plus importante, pour celle de la fonction qui intéresse le plus essentiellement le repos et la vie des citoyens. Pour que le gouvernement d'un seul subsiste sans classe héréditaire, il faut que se soit un pur dispotisme."

45 F. Guizot, *Des moyens de gouvernement et d'opposition dans l'état actuel de la France*, Paris, l'Advocat, 1821, S. 144–147.

46 P.-P. Royer-Collard, *Discours sur l'hérédité de la Parie*, Paris, A. Henri, Impr. De la Chambre des Députés, séance du 4 octobre 1831, S. 12–18.

tesquieus Lehre versucht die Gefahr der Allmacht einer einzigen Kammer (des Volkes) zu verhindern.[47] Ziel und Zweck ihrer politischen Schriften bestand darin, dem Schatten der Französischen Revolution und der damit verbundenen Angst vor der unbeschränkten Volkssouveränität zu entkommen. Es ließe sich argumentieren, dass diese Autoren die englischen Wurzeln der Gedanken Montesquieus erkannten und seine Lehre nutzten, um die Restauration und den politischen Kompromiss zwischen König, Adel und Volk zu befördern. Allerdings lässt sich entgegnen, dass Montesquieu seine Gedanken im Rahmen des alten Staates entwickelte und nicht von einer Veränderung der monarchischen Strukturen ausging. Deshalb stellt sich die Frage, ob sich das englische Modell tatsächlich in den Gedanken Montesquieus widerspiegelt oder dies lediglich eine wünschenswerte Deutung für die Anliegen der aufgeführten Vertreter darstellte. Die *Monarchiens*, so die hier vertretene These, benutzten die Autorität Montesquieus und schlossen sich der englischen Interpretation an, um ihre Überzeugungen schlagkräftig untermauern zu können.

Zusammenfassung

Die derzeit herrschende Interpretation Montesquieus[48] entwickelte sich im Laufe der Revolution und der anschließenden Restauration und hat einen unübersehbar politischen und ideologischen Hintergrund. Die Theorie der englischen Wurzeln der Gewaltenteilung wurde von den *Monarchiens* benutzt, um die revo-

---

47 Betreffend Tocqueville und die Politik seiner Zeit siehe A. Jardin, *Tocqueville, homme politique*, in *Alexis de Tocqueville. Zur Politik in der Demokratie*, Baden-Baden, Nomos, 1981, S. 93–114; S. Drescher, *Tocqueville: homme politique*, in *Alexis de Tocqueville. Zur Politik in der Demokratie*, ebenda, S. 115–119.

48 Siehe dazu u. a. die folgende Literatur: J. Dedieu, *Montesquieu*, ebenda; A. Steinwenter, *Nomos empsychos. Zur Geschichte einer politischen Theorie*, Wien, Akademie der Wissenschaften, 1946; J. Starobinski, *Montesquieu par lui même*, Paris, Seuil, 1994 (1959); E. Carcassonne, *Montesquieu et le problème de la constitution française au XVIII siècle*, Genf, Slatkine Reprints, 1978; G. Tarello, *Storia della cultura giuridica moderna. Assolutismo e codificazione del diritto*, Bologna, Il Mulino, 1979; L. Desgraves, *Montesquieu*, Fayard, Paris, 1986; M. Hereth, *Montesquieu zur Einführung*, ebenda; J. Ehrard, *L'Esprit des mots, Montesquieu en lui même et parmi les siens*, Genf, Droz, 1998; K. M. Schönfeld, *La fortune d'Aristote: Nochmals Montesquieu und la bouche de la lois*, in *Montesquieu – 250 Jahre „Geist der Gesetze"*, hrsg. von P.L. Weinacht, Baden-Baden, Nomos, 1999, S. 63–71; P. Pescatore, *La Séparation des pouvoirs et l'office du juge de Montesquieu à Portalis*, Bruxelles, Bruylant, 2009; A. Cambier, *Montesquieu et la liberté. Essai sur* De l'esprit des lois, Paris, Hermann, 2010; B. Binoche, *Introduction à de l'esprit des lois de Montesquieu*, Paris, Publications de la Sorbonne, 2015.

lutionären Kräfte zu bannen und im Anschluss von den liberalen Juristen des 19. Jahrhunderts aufgegriffen, um eine erneute Revolution zu verhindern.

Die Enthüllung des Ursprungs der Lehre Montesquieus ist unverzichtbar, damit eine richtige Einordnung und Interpretation seiner Werke gelingen kann. So gibt es, und dies soll in dieser Arbeit deutlich herausgearbeitet werden, neben der englischen Verfassung noch weitere, weitaus bedeutendere Einflussquellen, die auf den montesquieuischen Geist eingewirkt haben. Die hier vertretene These ist zudem, dass es Montesquieu im Grunde nicht einzig und allein um eine funktionelle Teilung einer einheitlichen Souveränität in verschiedene staatliche Organe ging, sondern um die Teilung der Souveränität selbst.[49] Um diese Annahme bestätigen zu können werden nun, in einem vorhergehenden Schritt, die ersten Argumente gesammelt, welche auf eine traditionelle Verankerung seiner Lehre hinweisen.

1.3 Gegenargumente zu der englischen Interpretation: Die römische Geschichtsschreibung als Quelle für Montesquieu

In diesem Abschnitt werden drei Gegenargumente aufgeführt, die der These des dominanten englischen Einflusses auf Montesquieu widersprechen. Daraus sollte deutlich hervorgehen, dass Montesquieu vor allem von der römischen Geschichte und ihrer Tradition und weit aus weniger von seiner Erfahrung in England beeinflusst wurde.

Die Tatsache, dass das elfte Buch des *Esprit des lois* infolge der Auslandsreise geschrieben wurde ist kein ausreichendes Argument für die Schlussfolgerung, die Theorie der Dreiteilung der Staatsgewalt sei aus den Erfahrungen in England hervorgegangen. Die folgende Darstellung wird beweisen, dass die These der

49 Siehe dazu P. Kondylis, *Montesquieu und der Geist der Gesetze*, Berlin, Akademie Verlag, 1996, S. 86–97; A. Riklin, *Was Montesquieu noch nicht wissen konnte. Überlegungen zur Revision der Gewaltenteilungslehre*, in *Montesquieu zwischen den Disziplinen. Einzel- und kulturwissenschaftliche Zugriffe*, ebenda, S. 239. In dem deutschsprachigen Raum war Hegel der erste, der eine „funktionale" Gewaltenteilung vorgeschlagen hat. Diese rechtsphilosophische Idee hatte einen enormen Einfluss auf die deutschen Juristen. Siehe Hegel, *Grundlinien der Philosophie des Rechts*, § 273 in *Werke*. Auf der Grundlage der Werke von 1832–1845 neu editierte Ausgabe, Bd. 7, Frankfurt am Main, Suhrkamp, 1979. Für eine Vertiefung der Gewaltenteilung Montesquieus in der hegelianischen Rechtsphilosophie verweise ich auf meinen Beitrag A. Merlino, *Hegel and the „functional" Division of Powers* in *Milestones of Law in the Area of Central Europe*, Bratislava, Univerzita Komenského v Bratislave Právnická fakulta, 2019.

englischen Wurzeln der Gewaltenteilung irreführend ist und aufzeigen, inwiefern der englische Interpretationsansatz zu einem eindimensionalen Verständnis der Verfassungslehre Montesquieus führt. Dabei geht es um die Herausarbeitung eines Gesamtbildes, welches der Komplexität von Montesquieus verfassungsrechtlicher Theorie gerecht wird, indem bisher unberücksichtigte Quellen seiner Theorieentwicklung beschrieben und integriert werden. Welche neue Bedeutungsdimension sein Denken gewinnt, wenn die Geschichte Roms und nicht England die Quelle für Montesquieus ist, soll sich im Folgenden erweisen. Die Beweisführung wird anhand folgender Argumente entwickelt:

1. Im Kapitel über die Verfassung Englands befindet sich eine entscheidende, von den Interpreten jedoch vernachlässigte Passage.[50] Sie stellt die englische These eindeutig infrage. Montesquieu äußert sich dort mit klaren Worten zur Herkunft seines vermeintlich englischen Gewaltenteilungsmodells. Er gibt die barbarische Welt der Germanen, wie sie von Tacitus in dem berühmten Werk *De origine et situ Germanorum* beschrieben wurde, als seine Quelle an und drückt damit unmissverständlich aus, dass sein System der Gewaltenteilung in den Seiten des römischen Historikers Tacitus wurzelt.[51]

2. Nach dem Aufenthalt in England entstand zeitnah zu dem Kapitel über die Gewaltenteilung und die Verfassung Englands ein weiteres maßgebliches Werk: die *Considérations sur les causes de la grandeur des Romains et de leur décadence.*[52] In diesem Werk kann eine weitere Erkenntnisquelle für das politische und

---

50 Brèthe de la Gressaye leugnet den politischen und juristischen Einfluss von Tacitus auf Montesquieu, zugunsten der englischen These. Siehe dazu Montesquieu, *De l'Esprit des loix*, II, hsrg. von Brèthe de la Gressaye, Paris, Les Belles Lettres, 1961, S. 349. Im Beitrag *Tacite et Montesquieu* von C. Volpilhac-Auger (Oxford, Voltaire Foundation, 1985) wird Tacitus nicht als juristisches Vorbild Montesquieus verstanden. Siehe dazu E. Mass, *Montesquieus Freiheit der Wälder. Germanen, Troglodyten das frühe Recht und ein Werkstattbericht*, in *Arkadien in den romanischen Literaturen. Zu Ehren von Sebastian Neumeister zum 70. Geburtstag*, hrsg. von R. Friedlein – G. Poppenberg – A. Volmer, Heidelberg, Winter 2008, S. 130. Die meisten Autoren, die die tacitistische Quelle nicht ignoriert haben, verkannten ihre Bedeutung und es gelang ihnen nicht, die juristische Bedeutung der Germania richtig einzuordnen. Über die *Germania* von Tacitus schweigt auch J. Stackelberg, *Tacitus in der Romania. Studien zur literarischen Rezeption des Tacitus in Italien und Frankreich*, Tübingen, Max Niemeyer Verlag, 1960, S. 1–298. Für eine andere Einschätzung verweise ich auf A. Merlino, *Interpretazioni di Montesquieu*, ebenda, S. 9–58.

51 Montesquieu, *De l'Esprit des lois*, L. XI, c. 6, S. 407.

52 O. Behrends, *Der römische Gesetzesbegriff und das Prinzip der Gewaltenteilung*, in *Zum römischen und neuzeitlichen Gesetzesbegriff, 1. Symposion der Kommission, „Die Funktion des Gesetzes in Geschichte und Gegenwart"*, vom 26. und 27. April 1985, hrsg. von O. Behrends und C. Link, Vandenhoeck & Ruprecht, Göttingen, 1987, S. 34–122; M. Pani, *Il costituzionalismo di Roma antica*, Bari, Laterza, 2010, S. 52–57; M. J. Rainer, *Die Römische Republik, Montesquieu und die Ameri-*

juristische Verständnis Montesquieus ermittelt werden. Rom war für Montesquieu kein wissenschaftlich neutrales Forschungsgebiet. Die früh einsetzende und tiefe Auseinandersetzung mit der römischen Geschichte und ihrer Tradition durchzieht die geistige Entwicklung Montesquieus wie ein roter Faden und führt ihn letztlich zu der Ableitung juristischer Beschränkungen der absoluten Macht für das vorrevolutionäre Frankreich.

3. Die republikanische Rechtsordnung Roms sowie die barbarische Rechtsordnung der Germanen waren laut Montesquieu Manifestationen der geteilten und beschränkten Souveränität und standen im Gegensatz zu einer einheitlichen Souveränität. Der Ansatz des Richters als „bouche de la loi", den Montesquieu in England wiederfand, muss im Hinblick auf die römische Erfahrung (re)interpretiert und das Modell der Gewaltenteilung neu ausgelegt werden. Im Rahmen eines Modells des Gleichgewichts, in dessen Zentrum die gegenseitige Beschränkung der verschiedenen Gewalten steht, kann der judikativen Gewalt nicht die Rolle einer bloßen und nichtigen Gewalt zugespielt werden. Stattdessen muss ihr die Funktion eines aktiven Gegengewichts zur politischen Macht zugeschrieben werden.

Zusammenfassung

Die aufgeworfenen Punkte, welche im Anschluss aufgegriffen und vertieft werden, sind die folgenden:

1. Tacitus ist die wahre und gleichzeitig meist vernachlässigte Quelle Montesquieus Rechtslehre.
2. Die Geschichte Roms muss als zentrale Einflussquelle für die politische und juristische Ausbildung Montesquieus betrachtet werden.
3. Die republikanische Rechtsordnung Roms hat Montesquieu als politisches und historisches Beispiel für die Verwirklichung der geteilten Souveränität gedient.

Diese Punkte weisen Montesquieu als Vertreter der geteilten Souveränität römischen Ursprungs aus und negieren die Annahme, er hätte, inspiriert von dem englischen Modell, eine funktionale, abstrakte Gewaltenteilung verteidigt.

---

kanische Verfassung, in *Calamus. Festschrift für Herbert Graßl zum 65. Geburtstag*, hrsg. von R. Breitwieser, M. Frass und G. Nightingale, Wiesbaden, Harrossowitz Verlag, 2013, S. 394–402.

2 Tacitus als Quelle für Montesquieu

2.1. Die tacitische Interpretation

Die Anerkennung Tacitus' als Quelle von Montesquieu stützt sich vor allem auf die Forschungen von Anna Maria Battista.[54]

Der Einfluss Tacitus' auf Montesquieu, der in diesem Abschnitt illustriert wird, wirkt sich in vielfältige Richtungen aus:

1. Tacitus' *Germania* ist eine konstante Referenz Montesquieus im *Esprit des lois*. In der von Tacitus beschriebenen Rechtsordnung der Germanen spiegelt sich die ursprüngliche französische Monarchie wider, wie sie Montesquieu herbeisehnte.

2. Tacitus' *Germania* ist Grundlage eines antiabsolutistischen und politischen Modells der geteilten Souveränität.[55]

3. Tacitus' *Germania* dient Montesquieu in der Debatte über den Ursprung der französischen Monarchie als historiographische Grundlage.[56]

4. Tacitus' Darstellung der Geschichte führt Montesquieu als Argument an, um die teleologische und an einer Staatsreligion orientierte Historiographie Bossuets zu kritisieren und die Religionsfreiheit gegen den politischen Einfluss der absoluten Macht zu verteidigen.[57]

5. Mithilfe von Tacitus tadelt Montesquieu auch den wirtschaftlichen Expansionismus Frankreichs. Das Lob der Sitten und Bräuche (*mores*) der Germanen stellt eine indirekte Missbilligung der französischen, bürgerlichen Gesellschaft dar, die sich im Laufe des 18. Jahrhunderts herausgebildet hatte.[58]

---

54 D. Quaglioni, *„Suivant Tacite". Anna Maria Battista e la ‚questione germanica' nella Francia illuminista* in A. M. Battista, *La "Germania" di Tacito nella Francia illuminista*, Urbino QuattroVenti, 1999, S. 5–19; P. Martin, *Tacite, source privilégiée de Montesquieu*, in *Présence de Tacite. Hommage au Professeur G. Radke*, Tours, Service Publications, 1992, S. 165–188.

55 H. Ottmann, *Geschichte des politischen Denkens. Die Römer*, Stuttgart – Weimar, Metzler, 2002, S. 52–54; M. Isnardi Parente, *La 'metabolaí politeiôn' rivisitate (Bodin, République, IV)*, in *Rinascimento politico in Europa*, ebenda, S. 155–156.

56 Siehe dazu F. Markovits, *Montesquieu, le droit et l'histoire*, Paris, Vrin, 2011, S. 13–22.

57 Im Hinblick auf Bossuet siehe P. Andrivet, *La liberté coupable ou Les anciens Romains selon Bossuet*, Orléans, Éditions Paradigme, 2006, S. 1–240; V. de Senarclens, *Montesquieu historien de Rome. Un tournant pour la réflexion sur le statut de l'histoire au XVIIIe siècle*, Genf, Librairie Droz, 2003, S. 36–37.

58 E. Pii, *L'„Esprit de commerce" nel pensiero politico di Montesquieu*, in *Studi politici in onore di Luigi Firpo*, II, hrsg. von S. Rota Ghibaudi und F. Barcia, Mailand, F. Angeli, 1990, S. 601–618.

https://doi.org/10.1515/9783110673036-006

6. Tacitus bildet die Grundlage für Montesquieus Interpretation der römischen Geschichte. Seine Beurteilung des römischen Kaisertums, wie auch seine Kritik an dem politischen Expansionismus, fußt auf Tacitus.[59]

Die aufgeführten Thesen werden in diesem Kapitel nun näher beleuchtet und schlagkräftig untermauert.

2.1.1 Die Rechtsordnung der Germanen als Modell der ursprünglichen Monarchie und als Beispiel der Gewaltenteilung

Dieser Abschnitt wird bestätigen, dass sich hinter dem Trugbild der englischen Einflussnahme die *Germania* von Tacitus als konstante Referenz für Montesquieu versteckt. Sie stellt den wahren Ursprung seiner Gedanken dar.

Die Bewunderung für Tacitus prägt das gesamte Werk des *Esprit des lois*. Er wird immer wieder als Vergleichsmodell herangezogen. Besonders deutlich zeigt sich dies in einer Passage, die sich am Ende des Kapitels VI des XI. Buches befindet und von den meisten Interpreten[60] keinerlei Beachtung erfahren hat:[61]

---

59 Betreffend Tacitus und seiner Kritik am Kaisertum siehe F. Klingner, *Römische Geisteswelt*, München, Ellermann, 1965, S. 483–484. Vergleiche mit C. Strosetzki, *Die Dekadenz Roms, ihre Ursachen und ihre Dialektik bei Montesquieu*, in *Montesquieu zwischen den Disziplinen. Einzel- und kulturwissenschaftliche Zugriffe*, ebenda, S. 74: „Tacitus entlarvt die Geschichte Roms seit Augustus als Zwangsherrschaft. Bereits bei Tacitus' Darstellung des Augustus überwiegt das Negative. Positives führt er zu Beginn an, um es dann durch Negatives so gründlich zu entkräften, dass Augustus zur ‚fragwürdigen Figur' wird."

60 Der Hinweis auf folgende Ausnahmen: A. M. Battista, *La "Germania" di Tacito nella Francia illuminista*, in *La fortuna di Tacito dal sec. XV ad oggi*, in „Atti del colloquio di Urbino, 9–11 ottobre 1978", hrsg. von F. Gori und C. Questa, „Studi Urbinati", LIII, 1979, S. 9–61 und in einer unabhängigen Veröffentlichung neu gedruckt: hrsg. von B. Consarelli und mit einer Einleitung von D. Quaglioni, Urbino, QuattroVenti, 1999, S. 19–61. Siehe außerdem: K. Weigand, *Einleitung* zu Montesquieu, *Vom Geist der Gesetze*, Stuttgart, Reclam, 1965, S. 73–74; P. Martin, in *Tacite, source privilégée de Montesquieu*, in *Présence de Tacite. Hommage au Professeur G. Radke*, ebenda, S. 172–173; U. Roberto, *Montesquieu, i Germani e l'Identità Politica Europea*, in *Libertà, necessità e storia. Percosi dell' Esprit des lois di Montesquieu*, hrsg. von D. Felice, Neapel, Bibliopolis, 2003, S. 277–279. Starobinski bezeichnet Montesquieu als „ésprit tacitien" und spielt damit auf eine Methode der Geschichtsschreibung an, welche beide Autoren zu vereinen scheint. Er vertieft die Bedeutung seiner Aussage aber nicht weiter. Siehe J. Starobinski, *Montesquieu par lui même*, ebenda, S. 39. Die tacitistische Quelle wurde auch von Ottmann erkannt, aber nicht in Zusammenhang mit der Gewaltenteilung gebracht. Siehe dazu: H. Ottmann, *Geschichte des politischen Denkens. Neuzeit*, Berlin – Heidelberg, Springer, 2008, S. 450. Montesquieus Geschichtsverständnis betreffend, mit besonderer Aufmerksamkeit der römischen Republik, siehe: O. Behrends, *Der römische Gesetzesbegriff und das Prinzip der Gewaltenteilung*, ebenda S. 34–122. Siehe auch E. Hölzle, *Die Idee einer altgermanischen Freiheit vor Montesquieu. Fragmente aus der Geschichte politischer Freiheitsbe-*

„Wollte man sich bequemen, das bewundernswerte Werk des Tacitus über die Sitten der Germanen zu lesen, so würde man daraus ersehen, daß die Engländer die Idee ihrer Staatsregierung von diesen Germanen bezogen haben. Dies herrliche System wurde in den Wäldern erfunden."

Dieses Zitat ist ein deutlicher Beleg für Tacitus, als Quelle für Montesquieus Rechtslehre. Tacitus ist allgegenwärtiger Bezugspunkt und verbirgt sich hinter der Beschreibung der englischen Verfassung. Der wahre Ursprung des Systems der Gewaltenteilung ist das politische und juristische System der Germanen. An einer anderen Stelle, in Kapitel VIII des XI. Buches, beschreibt Montesquieu die Entstehung der ursprünglichen französischen Verfassung:[62]

„Der Grundstein zu einer der Monarchien, wie wir sie kennen, wurde so gelegt: Die germanischen Völkerschaften, die das römische Reich eroberten, waren, wie man weiß, sehr freiheitlich. Man braucht darüber nur des Tacitus *Über die Sitten der Germanen* zu vergleichen. Die Eroberer ergossen sich in das Land, ließen sich in den Landgebieten nieder, in den Städten kaum. Als sie noch in Germanien lebten, war es der ganzen Nation möglich gewesen zusammenzukommen. Als sie dann bei der Eroberung zerstreut wurden, war das nicht mehr möglich. Trotzdem mußte die Nation, wie vor der Eroberung, über ihre Angelegenheiten abstimmen. Das geschah durch Abgeordnete. So verlief bei uns die Entstehung der gotischen Regierung. Zunächst war sie aus Aristokratie und Monarchie gemischt."

strebungen in Deutschland, England und Frankreich vom *16.–18. Jahrhundert*, „Historische Zeitschrift", 1925, S. 6–116. Hölzle betont aber die nationalistische Bedeutung des Verweises auf Tacitus' Germania, zugunsten der Bildung einer „deutschen Identität". Ein nationalistisches Argument in den Gedanken Montesquieus ist aus zwei Gründen nicht auszumachen. Erstens hat er den Ursprung der französischen Monarchie in einer, der französischen Tradition fremden, barbarischen Welt erkannt und zweitens bezeichnete er die Franzosen – und nicht die Deutschen – als Nachfolger der Germanen. Der Beitrag Hölzles ist also von einer düsteren Ideologie gefärbt. Schlussendlich siehe auch E. Mass, *Montesquieus Freiheit der Wälder. Germanen, Troglodyten das frühe Recht und ein Werkstattbericht*, in *Arkadien in den romanischen Literaturen. Zu Ehren von Sebastian Neumeister zum 70. Geburtstag*, ebenda, S. 125–144.

61 Montesquieu, *Vom Geist der Gesetze*, ebenda, S. 229; *De l'Esprit des lois*, L. XI, Kapitel 6, S. 407: „Si l'on veut lire l'admirable ouvrage de Tacite *sur les mœurs des Germains*, on verra que c'est d'eux que les Anglois ont tiré l'idée de leur gouvernement politique. Ce beau système a été trouvé dans les bois."

62 Montesquieu, *Vom Geist der Gesetze*, ebenda, S. 231; *De l'Esprit des lois*, L. XI, c. 8, S. 409: „Voici comment se forma le premier plan des monarchies que nous connoissons. Les nations germaniques, qui conquirent l'empire romain étoient, comme l'on sait, très libres. On n'a qu'à voir là-dessus Tacite *sur les mœurs des Germains*. Les conquérants se répandirent dans le pays; ils habitoient les campagnes, et peu les villes. Quand ils étoient en Germanie, toute la nation pouvoit s'assembler. Lorsqu'ils furent dispersés dans la conquête, ils ne le purent plus. Il falloit pourtant que la nation délibérât sur ses affaires, comme elle avoit fait avant la conquête: elle le fit par des représentans. Voilà l'origine du gouvernement gothique parmi nous. Il fut d'abord mêlé de l'aristocratie & de la monarchie."

Dieses Zitat lässt erkennen, dass Montesquieu eine Kontinuität zwischen Germanen und Franken ausmacht. Das heißt, es gab in diesem politischen System ein Gleichgewicht zwischen Aristokratie und Monarchie, das geeignet war die Entstehung einer absoluten Macht zu verhindern. An anderer Stelle im *Esprit des lois* lassen sich folgende Worte Montesquieus finden:[63]

> „Tacitus verfaßte ein besonderes Werk über die Sitten der Germanen. Es ist kurz, dieses Werk, aber ein Werk des Tacitus, der alles kurz darstellte, weil er alles sah. Diese beiden Verfasser befinden sich mit den uns erhaltenen Gesetzbüchern der Barbarenvölker so sehr im Einklang, daß man beim Lesen von Cäsar und Tacitus überall die Gesetzbücher und beim Lesen dieser Gesetzbücher überall Cäsar und Tacitus wiedererkennt."

Diese Passage bezeugt erneut die Bewunderung Montesquieus für Tacitus, welcher in der Beschreibung der barbarischen Rechtsordnung „alles sah". In den Germanen, die Tacitus beschreibt, erkennt Montesquieu die Ahnen der Franken, welche unter Chlodwig, am Ende des 5. Jahrhunderts n.Chr., Frankreich erobert und die erste ursprüngliche Monarchie gegründet hatten. In den von Tacitus beschriebenen Germanen bzw. in den Ahnen der ersten Franken erkennt Montesquieu ein freies Volk, das sich mittels kollektiver Entscheidungsprozesse und durch das Gleichgewicht zwischen Aristokratie und Monarchie selbst verwaltet und eine nüchterne und bescheidene Moral gepflegt hat. Dieses Bild der Monarchie der Gründerzeiten wurde laut Montesquieu nach und nach durch die französischen Könige verraten. Die ursprüngliche Monarchie degenerierte durch die fortschreitende Zentralisierung der Macht.[64]

---

63 Montesquieu, *Vom Geist der Gesetze*, ebenda, Bd II, S. 374; *De l'Esprit des lois*, L. XXX, c. 2, S. 884: „Tacite fait un ouvrage exprès sur les mœurs des Germains. Il est court, cet ouvrage; mais c'est l'ouvrage de Tacite, qui abrégeoit tout, parce qu'il voyoit tout. Ces deux auteurs se trouvent dans un tel concert avec les codes des lois des peuples barbares que nous avons, qu'en lisant César et Tacite on trouve partout ces codes, et qu'en lisant ces codes on trouve partout César et Tacite."

64 Siehe A. M. Battista, *La "Germania" di Tacito nella Francia illuminista*, in *La fortuna di Tacito dal sec. XV ad oggi*, ebenda. Es wäre anachronistisch Montesquieu vorzuwerfen, er wäre konservativ gewesen, weil er die Monarchie verteidigte. Dieser Vorwurf wurde vor allem von Louis Althusser vorgebracht. Althusser hat das Streben nach der Beschränkung der Macht, welches sich im Rahmen der Monarchie bewegt, nicht verstanden. Er ging falsch in der Annahme, dass Montesquieu ein konservativer Unterstützer der Monarchie gewesen wäre. Montesquieu war nicht in der Lage sich ein alternatives politisches Modell vorzustellen, denn eine solche Möglichkeit hätte die Absehbarkeit der Französischen Revolution und das Wissen um eine nachfolgende demokratische Entwicklung vorausgesetzt. Die Französische Revolution war jedoch zur Zeit Montesquieus undenkbar. Siehe dazu: L. Althusser, *Montesquieu, la politique, l'histoire*, ebenda, S. 70 – 72. „La loi fondamentale c'est donc la fixité et la constance d'un régime" (S. 73). Sowie: „Pour l'essentiel ces lois fixes et établies ne sont que la fixité de l'établissement de la noblesse et

Die Bewunderung für die politische Dezentralisierung der politischen Macht, innerhalb der ursprünglichen Monarchie der Franken, entspricht einer indirekten Kritik an dem politischen Zentralismus der Politik des französischen Königs im 18. Jahrhundert. Montesquieu hält eine Entartung der Monarchie für unausweichlich, wenn ein Herrscher seine Macht einzig mit dem Zweck ausübe eine Veränderung der „Anordnung der Dinge“ zu erreichen, anstatt auch seinerseits eine Anpassung an die Dinge zu erbringen. Wenn der Herrscher sich als alleiniges Zentrum versteht und den gesamten Staat als seine Hauptstadt, die Hauptstadt als seinen Hof und den Hof auf seine Person reduziert, wenn ein Herrscher zudem seine Autorität missbraucht und die Achtung dem Volk gegenüber verliert, so wäre die Monarchie zum Scheitern verurteilt.[65] Laut Montesquieu entspricht politischer Zentralismus einer Pervertierung der Anordnung der Dinge („ordre des choses“) und ist ein Verrat an der Tradition. Dies wirft die Frage auf, ob Montesquieu tatsächlich ein innovativer Denker war oder ob er nicht vielmehr bemüht war – treu der Tradition – Elemente aus vergangenen Zeiten in das zeitgenössische System zu reintegrieren. Tatsächlich lässt sich vermuten, dass sich Montesquieu, der in der Missachtung der Tradition einen Verrat an der Geschichte und eine Gefahr für die Zukunft sah, vielmehr der Vergangenheit verpflichtet sah, anstatt in dem zeitgenössischen, neuen System Englands nach Lösungsansätzen zu suchen.[66]

Der Absolutismus barg für Montesquieu die Gefahr einer möglichen Knechtschaft und Erniedrigung der höchsten Funktionsträger eines Staates („premières dignités“) unter den Monarchen. Mit einem absolutistischen Monarchen ginge der

du clergé“ (S. 74). Und schließlich: „Telle est la monarchie. Un prince protégé de ses excès par des ordres privilégiés“ (S. 81). Althusser hatte den Verdacht, dass sich hinter Montesquieus Verweis auf die Gesetze der Geschichte, seine Vorliebe für die Monarchie verstecke. Eine ähnliche Interpretation wurde von Giovanni Tarello unterstützt: G. Tarello, *Storia della cultura giuridica moderna. Assolutismo e cofidicazione del diritto*, ebenda, S. 286–288. Laut Tarello vereint Montesquieu zwei widersprüchliche Elemente. Er sei Aufklärer und gleichzeitig Vertreter der Monarchie gewesen. Einerseits wäre er der Vater des modernen Legalitätsprinzips, andererseits ein Konservativer, der sich für den Erhalt des Status quo (die Monarchie) einsetzte.

65 Montesquieu, *De l'Esprit des lois*, L. VIII c. 6, ebenda, S. 354: „La monarchie se perd, lorsqu'un prince croit qu'il montre plus la puissance en changeant l'ordre des choses qu'en le suivant; lorsqu'il ôte les fonctions naturelles des uns pour les donner arbitrairement à d'autres, et lorsqu'il est plus amoureux de ses fantaisies que de ses volontés. La monarchie se perd, lorsque le prince, rapportant tout uniquement à lui, appelle l'Etat à sa capitale, la capitale à sa cour, et la cour à sa seule personne. Enfin elle se perd, lorsqu'un prince méconnoît son autorité, sa situation, l'amour de ses peuples; et lorsqu'il ne sent pas bien qu'un monarque doit se juger en sûreté, comme un despote doit se croire en péril.“

66 Das Verhältnis zwischen politischer Freiheit und altem Staat bei Montesquieu betreffend siehe M. Richter, *Political Theory bei Montesquieu*, Cambridge, 1977, S. 107 ff.

Verlust der Achtung der großen Zwischenkörper („les grands corps“) innerhalb des Volkes einher. Das Prinzip der Monarchie, nämlich die Ehre[67], setzt die Existenz der Zwischenkörper voraus.[68] Durch die Degradierung dieser wichtigen Funktionsträger zu bloßen Instrumenten, die er nach Lust und Laune für eigene Zwecke einsetzen kann, verrät der Monarch das Prinzip seiner Herrschaft und zerstört in letzter Konsequenz die Existenzgrundlage der Monarchie.

Montesquieu war nicht in erster Linie an einer Abgrenzung zwischen Monarchie und Republik interessiert, sondern an der Gestalt und Beschaffenheit der Monarchie. Er unterschied zwischen einer wohl geordneten, „tacitistischen“ bzw. „gotischen“ und einer absoluten Monarchie. Letztere betrachtete er, auf Grund der unbeschränkten Macht des Königs und der Nivellierung aller Bürger, als Bedrohung für das monarchische System. Eine Monarchie, deren Machtzentrum sich immer stärker auf einen Punkt konzentriert, würde ihr eigenes Überleben gefährden.

Zusammenfassung

Der Schlüssel für die politische Freiheit lässt sich nach Montesquieu nur durch die Rückbesinnung auf die Tradition und den Einbezug der Erkenntnisse finden, die uns die Geschichte gelehrt hat. Obwohl Tacitus von Montesquieu in aller Offenheit als wichtigste Quelle des englischen Modells hervorgehoben wird, hat

---

67 Der Natur dieser drei Regierungsformen (Monarchie, Republik und Despotismus) entsprechen drei Prinzipien, deren Behandlung Gegenstand des dritten Buchs des *Esprit des lois* ist. Tugend ist demnach das Prinzip der republikanischen Regierung, Ehre jenes der monarchischen, und das Prinzip der Angst ist der despotischen Regierung inhärent. Siehe Montesquieu, *De l'Esprit des lois*, L. III, c. 1, S. 250 – 251: „Il y a cette différence entre la nature du gouvernement et son principe, que sa nature est ce qui le fait être tel, et son principe ce qui le fait agir. L'une est sa structure particulière, et l'autre les passions humaines qui le font mouvoir.“ *Vom Geist der Gesetze*, S. 119: „Zwischen der Natur und dem Prinzip der Regierung besteht folgender Unterschied: Ihre Natur macht sie zu dem, was sie ist, ihr Prinzip bringt sie zum Handeln. Das eine ist ihre besondere Struktur, das andere sind die menschlichen Leidenschaften, die sie in Bewegung setzen.“ Das Prinzip der Ehre betreffend siehe M. Mosher, *Monarchy's Paradox: Honor in the Face of Sovereign Power*, in *Montesquieu's Science of Politics. Essay on the Spirit of the Laws*, hsrg. von D.W. Carrithers, M. Mosher, P.A. Rahe, Boston, Rowman & Littlefield, 2001, S. 150 – 151.

68 Ebenda, L. VIII, c. 7, S. 355: „Le principe de la monarchie se corrompt lorsque les premières dignités sont les marques de première servitude, lorsqu'on ôte aux grands le respect des peuples, et qu'on les rend de vils instruments du pouvoir arbitraire. Il se corrompt encore plus, lorsque l'honneur a été mis en contradiction avec les honneurs, et que l'on peut être à la fois couvert d'infamie et de dignités.“ Es ist kein Zufall, dass Montesquieu in der Fußnote der zitierten Passage die *Annalen* von Tacitus anführt (*Annales*, XIII).

diese unmissverständlich formulierte Aussage bisher kaum Beachtung erfahren. Ein möglicher Grund für diese Missachtung führt uns zu Voltaire. Voltaire, einer der wichtigsten Persönlichkeiten der Aufklärung, hat Montesquieus Sympathie für die Vergangenheit verspottet. Voltaire richtete sich gegen die Tradition, zugunsten einer neuen, aufgeklärten und von Vernunft bewegten Ideologie.

2.1.2 Eine mögliche Erklärung für die Vernachlässigung der tacitistischen Quelle

Der Siegeszug der englischen Interpretation geht bis auf Voltaire zurück. Er hat die Aussage Montesquieus, Tacitus' *Germania* hätte sich in seinem Denken niedergeschlagen, abgelehnt. Die heutige Missachtung und Verdrängung der tacitistischen Quelle geht auf eine lange Tradition zurück und hat ihren Ursprung in den knapp 250 Jahre alten Schriften Voltaires.

In dem *Commentaire sur l'Esprit des lois* (1777) wehrt er sich dagegen, die *Germania* als ernstzunehmende Quelle Montesquieus anzuerkennen:[69]

> „Ist es denn möglich, dass das Oberhaus sowie das Unterhaus und das *Equity*-Gericht, sowie auch das Gericht der Admiralität aus dem Schwarzwald abstammen? Das Oberhaus und das Unterhaus, sowie auch der Gerichtshof sollen also in den Wäldern aufgefunden worden sein! Wer hätte das jemals gedacht? [...] Zudem muss man wohl auch glauben, dass die kostbare englische Manufaktur auf die lobenswerten Sitten der Germanen zurückzuführen ist, welche es bevorzugten, von Raubüberfällen zu leben anstatt zu arbeiten, wie Tacitus sagte! Warum wurde denn nicht der Regensburger Reichstag oder das britische Parlament in den Wäldern Deutschlands aufgefunden? Regensburg muss mehr als London von einem in Deutschland entdeckten System profitiert haben."

Die Polemik in den Worten Voltaires könnte mit dem Unwillen zusammenhängen, welchen dieser bei dem Gedanken verspürte, dass ein rationales und abstraktes Modell der Gewaltenteilung der „wilden, barbarischen Welt" der Germanen entsprungen sein sollte. Voltaires Ironie überschattet die wahre Bedeutung der *moeurs des Germains* von Tacitus und zieht die Sinnhaftigkeit dieser „unaufgeklär-

69 Voltaire, eigene deutsche Übersetzung aus dem *Commentaire sur l'Esprit des lois*, in *Œuvres complètes*, Bd. XXX, Paris, Garnier, 1880, S. 435: „Est-il possible qu'en effet la chambre des pairs, celle des communes, la cour d'équité, la cour de amirauté, viennent de la forêt Noire? [...] Les manufactures de draps d'Angleterre n'ont elles pas été trouvées aussi dans les bois où les Germains aimaient mieux vivre de rapine que de travailler, comme le dit Tacite? Pouquoi n'avoir pas trouvé plutôt la diète de Ratisbonne que le Parlement d'Angleterre dans les forêts d'Allemagne? Ratisbonne doit avoir profité, plutôt que Londres, d'un système trouvé en Germanie." Siehe D. Felice, *Introduzione* zu Voltaire, *Commentario sullo „Spirito delle leggi"*, Pisa, Ets, 2011, S. 25.

ten" und unzeitgemäßen Referenz in Zweifel. Die *Germania* war unvereinbar mit dem aufgeklärten *esprit philosophique*, dem Voltaire gänzlich verfallen war. Die mangelnde Beachtung des Werkes Tacitus' zeigt sich auch in dem *Dictionnaire historique et critique* des Frühaufklärers Pierre Bayle.[70] In dem Eintrag über Tacitus bleibt die *Germania* unerwähnt, als ob dieses Werk nie geschrieben worden wäre. Die Tatsache, dass Montesquieu sich auf die *Germania* berief und versuchte das dort beschriebene Verfassungsrecht zu aktualisieren, verstoß gegen die philosophischen Ansätze der Aufklärung.[71]

Die Tatsache, dass Montesquieu den Ursprung seines „schönen Systems" auf die in von Tacitus verfassten *Germania* „beschriebenen Wälder" zurückgehen lässt, wird seit Voltaire verschleiert. Zehn Jahre nach dem ironischen Kommentar Voltaires beginnt sich der englische Mythos im Laufe der Französischen Revolution durchzusetzen. Mit der Radikalisierung der politischen Wende in Frankreich, am Ende des Jahrhunderts, verliert sich die Bedeutung der Passage über Tacitus.

Doch wer die entsprechende Passage des *Esprit des lois* ironisiert, verkennt ihre Schlüsselfunktion, die ihr innerhalb Montesquieus Denken zukommt. Erst wenn man ihrer tatsächlichen Bedeutung gewahr wird, kann der Zugang zu Montesquieus gesamtem literarischen Werk gelingen. Erst dann ist die adäquate Einordnung seiner Theorien, wie auch die Verortung seines antiabsolutistischen Standpunkts, möglich.[72]

---

70 P. Bayle, *Dictionnaire historique et critique*, Rotterdam, Fabri et Barillot, 1715, S. 668–669.

71 Die Kritik Voltaires scheint bis auf die heutigen Interpreten Einfluss zu nehmen. Unter anderem ist hier Thomas Chaimowicz zu nennen, der zu den wenigen gehört, die Tacitus überhaupt als glaubwürdige Quelle von Montesquieu identifiziert haben. Chaimowicz versteht Tacitus zwar als Ausgangspunkt für Montesquieu, ging aber fehl in der Annahme, die *Annales* und nicht die *Germania* wäre seine Quelle. Siehe T. Chaimowicz, *Freiheit und Gleichgewicht im Denken Montesquieus und Burkes*, Wien – New York, Springer Verlag, 1985, S. 62–72. Bei seinem Versuch, den Ursprung von Montesquieus Denken in der römischen Geschichte ausfindig zu machen, hat Thomas Chaimowicz den unterstellten Einfluss, den Bolingbroke auf den französischen Denker ausübte, auf ein Minimum reduziert. Chaimowicz geht davon aus, dass Bolingbroke keine schwerwiegende Bedeutung für die Entstehung der montesquieuischen Theorie der Gewaltenteilung gehabt habe, sondern dass diese in den klassischen, römischen Studien Montesquieus wurzle. Er vernachlässigt dabei aber die *Germania*.

72 Siehe den Essay von A. M. Battista, *La "Germania" di Tacito nella Francia illuminista* ebenda.

2.2 Tacitus als antiabsolutistisches Modell

In den kommenden Seiten wird die Zuverlässigkeit und Plausibilität der tacitistischen These noch verstärkt, in dem der politische, antiabsolutistische Gehalt aufzeigt wird, den die *Germania* besitzt.

Den tacitistischen Interpretationsschlüssel anzuwenden, heißt, die Schriften Montesquieus im Kontext von Tacitus' Ruhm in Frankreich während des 18. Jahrhunderts zu lesen – das Jahrhundert der Aufklärung und des wachsenden Handels. Die *Germania* mutete zu Lebzeiten Montesquieus, während der Herrschaft von Ludwig XV., nicht als Klassiker oder als ein historiographisches Werk an, sondern als „eine Literatur mit politischem Inhalt"[73], aus dem präzise Forderungen abgeleitet werden konnten. Tacitus hatte darin die politische und soziale Struktur der antiken germanischen Gesellschaft nachgezeichnet, aus deren Stamm die Franken hervorgegangen waren. Den Übergang von den germanischen, traditionellen Institutionen zu der ersten fränkischen Monarchie macht Montesquieu zum Gegenstand seiner Analyse. Dabei spielt die *Germania* eine subversive und antiabsolutistische Rolle. Dieses Werk von Tacitus und die Beschreibung eines freien Volkes, welches die Macht kollektiv verwaltet, ist die Basis, auf die sich während dieser Zeit all jene beziehen, die sich gegen die institutionellen Grundlagen der französischen, zentralistischen Monarchie zu wehren versuchten. Die *Germania* war „wesentlichster Text für diejenigen, die davon ausgingen, dass Frankreich einen politischen Prozess durchgemacht habe, der die ursprüngliche, freisinnige, franko-germanische Verfassung gänzlich entfremdete und Grund für die gegenwärtige Knechtschaft und Degeneration der Macht in autokratische und politisch zentralistische Formen wäre. Dieser Entfremdungsprozess war in ihren Augen Grund für die gegenwärtige Knechtschaft und Degeneration der Macht in autokratische und politisch zentralistische Formen".[74]

Auch Montesquieus Position ist in dieser Hinsicht zu dekodieren: In dem Kapitel über die Verfassung Englands hat er kein englisches Modell für Frankreich vorgeschlagen, das als abstraktes Beispiel für eine neuartige, verfassungstechnische Konstellation hätte dienen sollen. Stattdessen war er Befürworter der

---

73 Siehe A. M. Battista, *La "Germania" di Tacito nella Francia illuminista*, ebenda, S. 24, eigene Übersetzung. Siehe A. Merlino, *Interpretazioni di Montesquieu*, ebenda, S. 1–177.

74 Siehe erneut A. M. Battista, *La "Germania" di Tacito nella Francia illuminista*, in *La fortuna di Tacito dal sec. XV ad oggi*, ebenda, S. 24, siehe die Einleitung von Diego Quaglioni (1999), ebenda, S. 5–19.

These einer Kontinuität zwischen den juristischen Überlieferungen der Franken („nos pêres les Germains") und der ersten königlichen Dynastie Chlodwigs.

Montesquieu vertrat damit eine gegen den König gerichtete Position. Die These der germanischen Wurzeln der französischen Monarchie, „verstoß gegen die vom König Ludwig XV. propagierte Ideologie, der zufolge die Monarchie auf der nationalen Einheit und dem Primat eines, durch eine ehrenreiche und herrliche Tradition geprägten Volkes gründete"[75]. Die Referenz auf Tacitus, im Hinblick auf die Beschreibung der bescheidenen politischen und juristischen Bräuche und Sitten der antiken Germanen,[76] hat in mehrfacher Hinsicht einen provokativen Standpunkt dargestellt. Montesquieu hatte einen Rundumschlag vollführt, der sich nicht nur gegen den von der Krone eingeleiteten Zentralisierungsprozess und ihre absolutistische Neigung, sondern auch gegen „die moralische Dekadenz des Adels richtete, der seine Verantwortung und Pflichten immer mehr aus den Augen verloren hatte und nur für eine Logik – Privileg ohne Verdienst – empfänglich war und sich einer einzigen Leidenschaft – dem Reichtum – hingab".[77] Das siebte Kapitel des *De origine et situ Germanorum* lieferte ihm ein historisches Beispiel, das Einschränkungen des königlichen Absolutismus auf-

75 A. M. Battista, *La "Germania" di Tacito nella Francia illuminista*, ebenda, S. 24. Siehe die Einleitung von Quaglioni.

76 Siehe R. de Vertot, *Dissertation dans laquelle on tâche de déceler la veritable origine des Français par un parallèle de leurs moeurs avec celle des Germains*, „Mémoire de l'Académie Royale des Inscriptions et Belles Lettres", II, Paris, 1717, S. 611–650. 1717 hatte René Aubert de Vertot das Interesse für die Germania wiederentdeckt. Sie half ihm einen Vergleich zwischen Germanen und Franken aufzustellen.

77 A. M. Battista, *La "Germania" di Tacito nella Francia illuminista*, ebenda, S. 26–28. Man halte sich das Urteil von H. Arendt über die Französische Revolution vor Augen: Zu den wichtigsten Ursachen der Revolution gehöre nicht die Tatsache, dass der Adel privilegiert war, sondern dass er privilegiert und jeglicher sozialer Funktion enthoben gewesen wäre. Siehe dazu H. Arendt, *The Origins of Totalitarianism*, Cleveland and New York, The World Publishing Company, 1962 (1951). Siehe A. de Tocqueville, *L'ancien régime et la Révolution* (1856), in *Œuvres complètes*, Bd. III, Paris, Gallimard, 2004, L. II, c. I, S. 78: „Quand la noblesse possède non seulement des privilèges, mais des pouvoirs, quand elle gouverne et administre, ses droits particuliers peuvent être tout à la fois plus grands et moins aperçus. Dans les temps féodaux, on considérait la noblesse à peu près du même œil dont on considère aujourd'hui le gouvernement: on supportait les charges qu'elle imposait en vue des garanties qu'elle donnait. Les nobles avaient des privilèges gênants, ils possédaient des droits onéreux; mais ils assuraient l'ordre public, distribuaient la justice, faisaient exécuter la loi, venaient au secours du faible, menaient les affaires communes. A mesure que la noblesse cesse de faire ces choses, le poids de ses privilèges parait plus lourd, et leur existence même finit par ne plus se comprendre."

zeigte und Zeugnis einer vormaligen Dialektik zwischen Krone und Adel ablegte. Konkret bezog sich Montesquieu auf diesen Ausschnitt:[78]

> „Reges ex nobilitate, duces ex virtute sumunt. Nec regibus infinita ac libera potestas, et duces exemplo potius quam imperio, si prompti, si conspicui, si ante acrem agant, admiratione praesunt."

Dieser Ausschnitt ist Montesquieus Vorlage der Idee einer geteilten Souveränität. Tacitus beschreibt darin keine grenzenlose und auf keinen Fall einheitliche Souveränität des Königs. Seine *potestas* ist nicht *absoluta*. Tacitus berichtet, dass die Germanen „ihren Königen und Anführern nur eine sehr begrenzte Macht zuteilten".[79] Dass sich die *Germania* als antiabsolutistisches Modell eignet, lässt sich auch aus der folgenden Passage entnehmen:[80]

> „De minoribus rebus principes consultant; de maioribus omnes, ita tamen, ut ea quoque, quorum penes plebem arbitrium est, apud principes pertractentur."

Tacitus skizziert ein Bild der Monarchie, in dem der König keine absolute Entscheidungsgewalt innehat und die wichtigsten Entscheidungsprozesse kollektiv stattfinden. Montesquieu nimmt Bezug auf diese Aussage von Tacitus und spricht damit in verschleierter Form ein Lob für die Nachfolger der Germanen aus; jene Franken also, welche die erste französische Monarchie begründet hatten. Zugleich ist dieses Lob der Germanen als eine an die Monarchie gerichtete Kritik zu verstehen, wie sie zu Lebzeiten Montesquieus bestand. Im Unterschied zu der ur-

---

78 Tacitus, *De origine et situ germanorum*, Liber edidit Alfred Holder, Freiburg – Tübingen, J.C.B. Mohr-P.Siebeck, 1882, S. 4. Siehe die deutsche Übersetzung von A. Städele: Tacitus, *Germania*, München – Zürich, Artemis & Winkler Verlag, 1991, S. 87: „Könige wählen sie aufgrund ihrer adligen Abstammung, Heerführer aufgrund ihrer Tapferkeit. Aber auch die Könige verfügen über keine unumschränkte, willkürliche Macht, und die leitende Stellung der Heerführer beruht mehr auf Vorbild als auf Befehlsgewalt und, falls sie wagemutig sind, sich hervortun und vor der Front kämpfen, auf Bewunderung."

79 So Montesquieu in *De l'Esprit des lois*, XVIII, XXX, ebenda, S. 554: „Tacite dit qu'ils ne donnaient à leurs rois ou chefs qu'un pouvoir très modéré."

80 Tacitus, *De origine et situ germanorum*, 11, ebenda, S. 5. Siehe hier die deutsche Übersetzung: *Germania*, ebenda, S. 91: „Über weniger wichtige Angelegenheiten entscheiden die führenden Männer, über die beutenden alle, jedoch so, daβ auch die Fragen, über die das Volk befindet, von den führenden Männern vorbehandelt werden". Diese Passage wurde von Montesquieu offensichtlich übernommen. Siehe dazu Montesquieu, *De l'Esprit des lois*, XVIII, XXX, ebenda., S. 554–555: „Aussi les Francs, dans la Germanie, n'avaient-ils point de roi, comme Grégoire de Tours le prouve très bien. ‚Les princes, dit Tacite, délibèrent sur les petites choses, toute la nation sur les grandes; de sorte pourtant que les affaires dont le peuple prend connaissance sont portées de même devant les princes.'" Vergleiche mit Montesquieu, *De l'Esprit des lois*, XXX, II, ebenda.

sprünglichen Monarchie der Franken wollte diese zentralisiert und absolut sein. Eine weitere wichtige Textstelle der *Germania* ermöglicht einen Einblick in die Form der kollektiven Entscheidungsfindungsprozesse (bei Versammlungen bewaffneter Krieger, eine Art direkter Demokratie) der Germanen bzw. Franken. Sie wurde von Montesquieu ausdrücklich zitiert:[81]

> „Silentium per sacerdotes, quibus tum et coercendi ius est, imperatur. Mox rex vel princeps, prout aetas cuique, prout nobilitas, prout decus bellorum, prout facundia est, audiuntur, auctoritate suadendi magis quam iubendi potestate. Si displicuit sententia, fremitu aspernantur; sin placuit, frameas concutiunt. Honoratissimum adsensus genus est armis laudare."

Der König der Germanen verfügte also keinesfalls über eine absolute und unbegrenzte Macht. Er war an den Willen des Adels gebunden. Entscheidungen wurden nicht aufgrund der Autorität des Königs, sondern auf Grundlage der Überzeugungskraft der Argumente getroffen. Sowohl Tacitus als auch Montesquieu würdigen dieses Vorgehen, was zur Zeit Montesquieus jedoch einem *coupe d'épée* (Schwerthieb) gegen die absoluten Ansprüche der Krone gleichkam.

Zusammenfassung

Das *Esprit des lois* durchzieht die beständige Referenz Tacitus'. An ihr lässt sich die Wertschätzung Montesquieus der geteilten Souveränität der Germanen ablesen. Montesquieu und Tacitus verbindet der Kampf gegen zentralistische und despotische Tendenzen der Macht.

Tacitus fühlt sich von den Barbaren an die tugendhaften Römer unter der Republik erinnert und übt auf diese Weise Kritik an der zentralistischen Monarchie seiner Zeit. Montesquieu spiegelt sich in Tacitus und lobt die Germanen, die Vorläufer der Franken. Dieses Lob impliziert einen Vorwurf gegen den französi-

---

81 Tacitus, *De origine et situ germanorum*, 11, ebenda, S. 6. Deutsche Übersetzung, ebenda, S. 93: „Schweigen wird durch Priester geboten, die dann auch das Recht zu strafen haben. Anschließend hört man dem König oder dem führenden Mann zu, je nach dem Alter, der vornehmen Abkunft, dem Kriegsruhm, der Redegabe des einzelnen; dabei kommt es mehr auf die Überzeugungskraft als auf die Befehlsbefugnis an. Mißfällt ihnen ein Antrag, weisen sie ihn durch Murren zurück; gefällt er ihnen aber, schlagen sie die Framen aneinander: Denn die ehrenvollste Art der Zustimmung ist das Lob mit den Waffen." Diese Passage fand Eingang in den *De L'Esprit des lois*. Siehe Montesquieu, *De l'Esprit des lois*, XVIII, XXXI, ebenda, S. 555: „Aussi voyons-nous, dans Tacite, que les prêtres étaient fort accrédités chez les Germains, qu'ils mettaient la police dans l'assemblée du peuple."

schen König. Tacitus skizziert die ursprüngliche Monarchie der Franken, deren Rechtsordnung in der Tat nicht zentralisiert, sondern auf einer zwischen Adel und König geteilten Souveränität begründet war. Die Kritik Montesquieus an dem königlichen Zentralismus leitet sich von der französischen monarchischen Tradition ab. Seine Kritik, wie auch sein Lösungsansatz orientieren sich an der französischen Geschichte. Sein Blick war nach innen gerichtet. Sein Hauptaugenmerk lag nicht auf England.

2.3 Tacitus als historiographisches Gegenargument zu den Thesen *royale* und *nobiliaire*

Dass Tacitus auch im Zusammenhang mit der historiographischen Debatte in der ersten Hälfte des 18. Jahrhunderts stand, wird dieser Abschnitt zeigen. Die Grundzüge dieser Debatte werden geschildert, damit die originäre Bedeutung des tacitistischen Bezugs deutlich wird. Diese Referenz auf Tacitus, die von der heutigen Literatur ignoriert wird, hatte damals ein unmissverständlich politisches Gewicht.

Montesquieus juristische Ausrichtung wurde maßgeblich von der Beschäftigung mit der römischen Geschichtsschreibung geprägt.[82] Besonders hervorzuheben ist auch hier Tacitus, der für Montesquieu sowohl eine politische wie auch eine historiographische Leitfigur darstellte. Dies ergibt sich aus der Beteiligung Montesquieus an einer historiographischen Debatte, die während des 18. Jahrhunderts stattfand und den Ursprung der französischen Monarchie zum Inhalt hatte.

---

82 Montesquieu schätzte den wichtigsten Vertreter der Geschichtsschreibung seiner Zeit, Giambattista Vico. „Acheter à Naples Principi d'una Scienza di Joan-Batista Vico, Napoli", notiert Montesquieu in Venedig. Das Werk Vicos ist nicht Teil des Katalogs der Bibliothek von La Brède; das Echo des Historikers und Juristen Vico ist jedoch in Montesquieus Werken vernehmbar. Siehe L. Desgraves, *La bibliothèque de la Brède et le Catalogue. Introduction au Catalogue de la bibliothèque de La Brède*, hrsg. von L. Desgraves und C. Volpilhac- Auger, Neapel – Paris – Oxford, Liguori-Universitas-Voltaire Foundation, 1999, S. 1–15 (S. 3); siehe zudem auch C. Rosso, *Vico e Montesquieu*, in *Omaggio a Vico*, Neapel, 1968, S. 305–308. Vergleiche mit I. Berlin, *Vico and the Ideal of the Enlightenment*, in *Against the Current: Essays in the History of Ideas*, New York, Viking Press, 1980, S. 120–130. Die Abwesenheit Vicos in den Katalogen der Bibliothek von La Brède ist nicht ausschlaggebend; diese Kataloge sind nämlich als ein „Hinweis" und nicht als ein „Beweis" bezüglich der Lektüre Montesquieus aufzufassen. Siehe L. Desgraves, *La bibliothèque de la Brède et le Catalogue. Introduction* zu *Catalogue de la bibliothèque de La Brède*, ebenda, S. 12–14. Siehe schließlich E. Barria-Poncet, *L'Italie de Montesquieu. Entre lectures et voyages*, Paris, Garnier, 2013, S. 159–161.

Wieder bezieht sich Montesquieu auf Tacitus, diesmal um die im Rahmen dieser Debatte vorgebrachten Thesen der zeitgenössischen Historiographie zurückzuweisen. Montesquieu positionierte sich zwischen zwei widerstreitenden historiographischen Thesen, welche beide den Anspruch erhoben, die französische Monarchie der Gründerzeiten erklären zu können und auf ihrer Grundlage versuchten, politische Forderungen abzuleiten.[83]

Die royalistische These (*thèse royale*) vertrat die Auffassung, dass die ursprüngliche französische Monarchie direkt von der Autorität des römischen Imperiums abstammte. Gemäß der dazu im Widerspruch stehenden Adelsthese (*thèse nobiliaire*) ging der französische Adel in direkter Linie auf die Franken der Gründungszeit zurück, während der Dritte Stand (das „gemeine Volk") sich aus den Nachfahren der eroberten Römisch-Gallier zusammensetzte. Diese, auf dem Blut begründete These (ein rassistisches Argument, wie Marc Bloch sie bezeichnete), hatte es darauf abgesehen die führende Rolle des Adels auf Grundlage des Bluts zu rechtfertigen.[84] Deren wichtigster Vertreter war der Graf von Boulainvilliers.[85]

---

83 F. Markovits, *Montesquieu, le droit et l'histoire*, ebenda, S. 13–22. Siehe auch G. Lottes, *Montesquieu und die Geschichte als Prozess*, in *Montesquieu zwischen den Disziplinen. Einzel- und kulturwissenschaftliche Zugriffe*, ebenda, S. 114. Der tacitistische Interpretationsschlüssel fand in diesem Beitrag keine Verwendung.

84 M. Bloch, *La société féodale*, Paris, Albin Michel, 1939. Mit besonderem Verweis auf das Vorwort des Autors und die Passage, in welcher Boulainvilliers als *„Gobineau ante litteram"* bezeichnet wird. Vergleiche mit H. Arendt, *The Origins of Totalitarianism*, ebenda, S. 161–165. „The Comte de Boulainvilliers, a French nobleman who wrote at the beginning of the eighteenth century and whose works were published after his death, interpreted the history of France as the history of two different nations of which the one, of Germanic origin, had conquered the older inhabitants, the ‚Gaules', had imposed its laws upon them, had taken their lands, and had settled down as the ruling class, the ‚peerage' whose supreme rights rested upon the ‚right of conquest' and the ‚necessity of obedience always due to the strongest.' Engaged chiefly in finding arguments against the rising political power of the Tiers Etat and their spokesmen, the ‚nouveau corps' formed by ‚gens de lettres et de lois', Boulainvilliers had to fight the monarchy too because the French king wanted no longer to represent the peerage as primus inter pares but the nation as a whole; in him, for a while, the new rising class found its most powerful protector. In order to regain uncontested primacy for the nobility, Boulainvilliers proposed that his fellow-noblemen deny a common origin with the French people, break up the unity of the nation, and claim an original and therefore eternal distinction. Much bolder than most of the later defenders of nobility, Boulainvilliers denied any predestined connection with the soil; he conceded that the ‚Gaules' had been in France longer, that the ‚Francs' were strangers and barbarians. He based his doctrine solely on the eternal right of conquest and found no difficulty in asserting that ‚Friesland [...] has been the true cradle of the French nation.' Centuries before the actual development of imperialistic racism, following only the inherent logic of his concept, he considered the original inhabitants of France natives in the modern sense, or in his own terms ‚subjects' – not of the

Hinter diesen historiographischen Debatten verbarg sich ein Machtkampf zwischen Krone und Adel einerseits und Adel und Drittem Stand andererseits. Montesquieu kritisierte sowohl die royalistische These, als auch die Adelsthese (er hielt beide für mythologisch, von Partikularinteressen beeinflusst und mit dem Ziel entwickelt, dem jeweiligen Lager absolute Macht zu verschaffen) und rief zur Mäßigung, zum Gleichgewicht und zur Gewaltentrennung auf – als Ausdruck einer geteilten Herrschaft. Montesquieu wollte die Geschichtsschreibung nicht von militanten Bestrebungen instrumentalisiert sehen, wie es sowohl die Krone (Dubos) als auch der Adel (Boulainvilliers) für die Durchsetzung eigener Zwecke tat. Mit Berufung auf die Geschichtsschreibung von Tacitus gelang es Montesquieu einen gemäßigten, moderaten Standpunkt einzunehmen.

Der Mythos der alten Franken charakterisiert das idealtypische Bestehen einer nicht mehr existierenden Welt, die von den zentralistischen Monarchen

king – but of all those whose advantage was descent from the conquering people, who by right of birth were to be called ‚Frenchmen'. Boulainvilliers was deeply influenced by the seventeenth-century might-right doctrines and he certainly was one of the most consistent contemporary disciples of Spinoza, whose Ethics he translated and whose Traite theologico-politique he analysed. In his reception and application of Spinoza's political ideas, might was changed into conquest and conquest acted as a kind of unique judgment on the natural qualities and human privileges of men and nations. In this we may detect the first traces of later naturalistic transformations the might-right doctrine was to go through. This view is really corroborated by the fact that Boulainvilliers was one of the outstanding freethinkers of his time, and that his attacks on the Christian Church were hardly motivated by anticlericalism alone. Boulainvilliers' theory, however, still deals with peoples and not with races; it bases the right of the superior people on a historical deed, conquest, and not on a physical fact – although the historical deed already has a certain influence on the natural qualities of the conquered people. It invents two different peoples within France in order to counteract the new national idea, represented as it was to a certain extent by the absolute monarchy in alliance with the Tiers Etat. Boulainvilliers is anti-national at a time when the idea of nationhood was felt to be new and revolutionary, but had not yet shown, as it did in the French Revolution, how closely it was connected with a democratic form of government. Boulainvilliers prepared his country for civil war without knowing what civil war meant" (S. 163–165). In der Anmerkung Nr. 9 auf Seite 162 erinnert Arendt daran, dass bereits Montesquieu offenbarte, dass die Theorie Boulainvilliers als „political weapon against the Tiers Etat" eingesetzt wurde. Siehe dazu das Gobineau gewidmete Kapitel (welches den Titel *The New Key of History* trägt; S. 170–172).

85 Siehe A. M. Battista, *La "Germania" di Tacito nella Francia illuminista*, in *La fortuna di Tacito dal sec. XV ad oggi*, ebenda. Bezüglich Boulainvilliers siehe K. Weigand, *Einleitung* zu Montesquieu, *Vom Geist der Gesetze*, Stuttgart, Reclam, 1965, S. 73–74; F. Markovits, *Montesquieu. Le droit et l'histoire*, ebenda, S. 14–15; F. Chabod, *Alle origini della rivoluzione francese*, hrsg. von F. Borrelli, Florenz, Passigli, 1998, S. 121. Vergleiche mit A. Merlino, *Montesquieu's Legal Thought. The Separation of Powers*, in *Milestones of Law in the Area of Central Europe 2015*, Bratislava, Univerzita Komenského v Bratislave Právnická fakulta, 2015, S. 445–450.

Frankreichs überrollt worden war und dessen Wiederbelebung Montesquieus Wunsch entsprach.

1727 ließ der Graf von Boulainvilliers ein Werk mit dem Titel *Histoire de l'ancien gouvernement de la France* drucken.[86] Darin interpretiert er die Eroberung Frankreichs im Sinne des Blutes: Nach seiner Auffassung lebten in Frankreich während des 18. Jahrhunderts die Abkömmlinge der fränkischen Eroberer und jene der eroberten Römisch-Gallier zusammen. Die unterschiedliche Herkunft trennte sie, nach dem Kriterium des Blutes, in zwei Bevölkerungsgruppen, in Adel und Dritter Stand.[87] Boulainvilliers versuchte auf diesem Weg die Herrschaft des Adels einzufordern und diesen sowohl gegen die Ansprüche der Krone, als auch gegen jene des Dritten Standes durchzusetzen.[88] Einige Jahre nach Veröffentlichung Boulainvilliers' Werk erschien 1735 die *Histoire critique de l'établissement de la Monarchie Française dans les Gaules* des Abtes von Dubos.[89] Dubos stritt das Ereignis der Eroberung nicht ab, versuchte aber nachzuweisen, dass diese *de iure* von Chlodwig im Auftrag von Anastasius I., dem oströmischen Kaiser, durchgeführt worden war. Dubos leitete die *maiestas* der französischen Monarchie direkt vom römischen Reich ab.[90] Diesen Bestrebungen stellte sich „ein au-

86 H. de Boulainvilliers, *Histoire de l'ancien gouvernement de la France, avec XV lettres historiques sur les Parlements ou Etats-Géneraux*, II, La Haye et Amsterdam, Aux dépends de la Compagnie, 1727. Siehe vom selben Autor *Œuvres Philosophiques*, La Haye, Martinus Nijhoff, 1973, S. 1–346.

87 Betreffend den Adel, als Nachfolger der eroberten Franken, siehe H. de Boulainvilliers, *Histoire de l'ancien gouvernement de la France, avec XV lettres historiques sur les Parlements ou Etats-Géneraux*, ebenda, S. 6: „Il à été le premier de nos Rois, qui se soit attribué la puissance d'annoblir le sang des Routiers, & qui, par un abus à peu près, quoique diférent dans l'espéce, ait créé de nouvelles Pairies, sans que l'on ait réclamé néanmoins ni contre l'une ni contre l'autre entreprise. Ce qui prouve que l'on avoit déja oublié de son tems que la Noblesse est un privilége naturel & incommunicable d'autre maniére que par la voye de la naissance, & pareillement que la Pairie Françoise n'étoit fondée que sur l'égalité d'origine, pris dans le sang des Conquérans des Gaules." Man erinnere an M. Bloch, *La société féodale*, ebenda, S. 1.

88 Siehe auch J. Goldzink, *La solitude de Montesquieu. Le chef-d'œuvre introuvable du libéralisme*, Fayard, 2011, S. 55 und 64.

89 J.-B. Dubos, *Histoire critique de l'établissement de la Monarchie Française dans les Gaules*, I, Amsterdam, J. Wetsten et J. Smith, 1735.

90 Siehe den *Discours preliminaire* zur *Histoire critique de l'établissement de la Monarchie Française dans les Gaules*, S. 10: „Si Clovis en cinque cens sept conquit à la force d'armes les Provinces situées entre ce fleuve [la Loire] & les Pyrenées, ce ne fut point sur l'Empire qu'il les conquit: Ce fut sur les Visigots qui s'en étoient emparés, il y avoit déjà pres d'un siecle. Ce fut même à la priere des Romains de ces Provinces, que le Prince dont je parle, entreprit son expédition qui fut approuvée par l'Empeurer, du moins après l'évenement. En effet, à peine étoit-elle finie, qu'Anastase Empereur d'Orient, mais dont l'autorité étoit reconnue dans les Gaules, confera au Roi Clovis la dignité de Consul, qui lui donnoit l'administration du pouvoir civile dans tous les

ßerordentlicher Rivale“ in den Weg: Montesquieu hatte „die These der germanischen Herkunft der ursprünglichen französischen Monarchie wiederaufgenommen, mit Geistesschärfe und systematischer Strenge entwickelt und dadurch den Einfluss der romfreundlichen Argumente von Dubos für jahrzehnte zerstört“.[91]

Seine Kritik richtet sich gegen die von Dubos formulierte *thèse royale*, nicht weniger schwer trifft sie aber die *thèse nobiliaire* von Boulainvilliers. Montesquieu ruft zur Mäßigung auf:[92]

> „Der Graf Boulainvilliers und der Abt Dubos haben jeder ein System aufgestellt, von dem das eine eine Verschwörung gegen den Dritten Stand, das andere eine Verschwörung gegen den Adel zu sein scheint. Als der Sonnengott dem Phaëton seinen Wagen zu lenken gab, sagte er ihm: ‚Wenn du zu hoch emporsteigst, wirst du die himmlische Wohnung in Brand setzen; steigst du zu tief hinab, so wirst du die Erde in Asche legen. Lenke nicht zu weit nach rechts, sonst gerätst du in das Sternbild der Schlange; fahre nicht zu weit nach links, sonst gelangst du in das des Altars: halte dich mitten zwischen beiden.‘“

Da Montesquieu jeder Form von Absolutismus ablehnend gegenüberstand, wies er die beiden historiographischen und gleichzeitig ideologischen Theorien zurück. Die damalige Debatte über den Ursprung der Monarchie ist von Bedeutung, da sich in diesem Diskurs die grundlegende Haltung Montesquieus deutlich ausdrückt. Die von ihm verurteilten Thesen versuchten – im Namen der Geschichte und von Eigeninteresse motiviert – die absolute Macht entweder dem König oder dem Adel zuzuschreiben. Montesquieu jedoch stellte ihnen die Ge-

---

lieux où il auroit l’administration du pouvoir militaire“. Man vergleiche mit S. 111 und 145–146. Siehe F. Markovits, *Montesquieu. Le droit et l’histoire*, ebenda, S. 13–14: „Car non seulement lee droit a une histoire, mais sourtout le droit est une histoire. La réflexion sur le destin du droit romain s’achève dans L’Esprit des lois en une étude de la méthode historique du droit. Montesquieu revendique la paternité de cette conception de l’histoire et parce que Dubos l’a ignorée, son Etablissement de la Monarchie Française dans les Gaules est une apologie fausse.“

91 A. M. Battista, *La "Germania" di Tacito nella Francia illuminista*, ebenda, S. 33 (eigene Übersetzung).

92 Montesquieu, *Vom Geist der Gesetze*, ebenda, S. 383; *De l’Esprit des lois*, L. XXX, c. 10, S. 891–892: „M. le comte de Boulainvilliers et M. l’abbé Dubos ont fait chacun un système, dont l’un semble être une conjuration contre le tiers-état, et l’autre une conjuration contre la noblesse. Lorsque le Soleil donna à Phaéton son char à conduire, il lui dit: ‚Si vous montez trop haut, vous brûlerez la demeure céleste; si vous descendez trop bas, vous réduirez en cendres la terre. N’allez point trop à droite, vous tomberiez dans la constellation du Serpent; n’allez point trop à gauche, vous iriez dans celle de l’Autel: tenez-vous entre les deux.‘“ Siehe auch das Fragment 285 des *Dossier de l’Esprit des lois* (der politischen Freiheit gewidmet), in *Œuvres complètes*, II, ebenda, S. 106. Es sei darauf hingewiesen, dass Montesquieus Zustimmung zur germanischen (anstatt zur römischen) These nicht bedeutet, dass er den Argumenten von Boulainvilliers zugestimmt hätte, wie manchmal behauptet wird.

schichtsschreibung Tacitus entgegen und schlug somit eine andere Interpretation der französischen Ursprungs-Monarchie vor. Montesquieus Stellungnahme zur zeitgenössischen historiographischen Debatte hat juristisches Gewicht und festigt die These einer gemischten Souveränität, welche dieser im Interesse des Gleichgewichts der verschiedenen politischen Kräfte innerhalb der französischen Monarchie zu etablieren suchte.

Zusammenfassung

Montesquieu hatte sich um eine unideologische Geschichtsbetrachtung bemüht und wollte – in Gedenken der französischen Tradition – eine Balance zwischen König und Adel etablieren, um die ursprüngliche, tacitistische Souveränität wiederherzustellen. Unterstützend zog er auch diesmal Tacitus hinzu. Die nachfolgenden Interpreten schenkten den zahlreichen Zitaten, die sich von Tacitus in den Werken Montesquieus finden, keinerlei Beachtung. Die Relevanz und der politische Gehalt der tacitistischen Referenz wurde zu Montesquieus Lebzeiten jedoch nicht infrage gestellt.

2.4 Die tacitistische Quelle und die Kritik an der Geschichtsschreibung von Jacques Bénigne Bossuet

Montesquieu war kein Verfechter einer teleologischen Geschichtsauffassung. Jacques Bénigne Bossuet, der, verbunden mit der Prämisse eines unaufhaltsamen Geschichtsverlaufs, den Katholizismus als Staatsreligion zu errichten versuchte, wird von Montesquieu für seine Haltung angegriffen. In dem Montesquieu die staatskonfessionelle Historiographie Bossuets zurückweist, spricht er sich indirekt für die Religionsfreiheit aus.

Tacitus nimmt auch diesmal wieder eine wesentliche Rolle ein. Montesquieu beruft sich auf ihn, um dem historiographischen Modell Bossuets zu widersprechen und postuliert, dass Geschichte nicht nach dem Triumph einer Ideologie oder Glaubensrichtung ausgerichtet ist.[93] Tacitus war nicht nur eine Quelle, die es

93 Siehe dazu: H. Ottmann, *Geschichte des politischen Denkens. Neuzeit*, ebenda, S. 438: „Montesquieus Geschichtsbetrachtung steht in Konkurrenz zur theologischen Geschichtsdeutung Bossuets (1627–1704). In seinem *Discous sur l'histoire universelle* (1681) deutet Bossuet die Geschichte als Heilsgeschichte. Sie ist für Bossuet wie für Augustinus die Verwirklichung eines göttlichen Heilsplanes. Auch der Untergang Roms ist ein Werk der Vorsehung. Von einem solchen Providentialismus findet sich bei Montesquieu keine Spur."

Montesquieu ermöglichte die antiken Franken Chlodwigs heraufzubeschwören, sondern half darüber hinaus auch bei der Konzeption eines antiabsolutistischen politischen Modells. Tacitus eröffnete ihm Alternativen zu der gefürchteten Degeneration der französischen Krone in Despotismus und Machtkonzentration. Sein Ziel war die Gewährleistung der politischen Freiheit. [94]

Anhand einer Textmarkierung, die Montesquieu an einer Ausgabe der *Germania* aus dem 16. Jahrhundert anbrachte, lässt sich Montesquieus Verhältnis zur Historiographie und seine Anschauung bezüglich Religion und Freiheit veranschaulichen. Der Fundus Montesquieus – jene Bibliothek, welche sich ehemals im Schloss von La Brède befand – ist heute in der Bibliothek Meriadeck in Bordeaux untergebracht.[95] Unter den römischen Quellen, die einen großen Teil des Fundus ausmachen, befindet sich *De origine et situ Germanorum*, in einer von Justus Lipsius herausgegebenen Ausgabe von 1599. Montesquieu fügte nur in sehr seltenen Fällen Glossen oder Unterstreichungen an seinen Büchern hinzu. Das Werk, von welchem hier die Rede ist, gehört zu diesen Ausnahmen und wurde auf seinem Frontispiz mit einer Unterschrift versehen und weist eine einzige Unterstreichung aus derselben Feder auf.[96] Folgende Worte wurden von Montesquieu unterstrichen:[97]

> „Mox nemo tentavit: sanctiusque ac reverentius visum, de actis deorum credere, quam scire."[98]

Wieso unterstrich Montesquieu diesen – und nur diesen – einzigen Satz aus der Schrift Tacitus'? Handelt es sich hierbei vielleicht um eine Bestätigung der unterstellten „Aufgeklärtheit" Montesquieus und spricht für eine Ablehnung des religiösen Obskurantismus, der aus Dogmen und blinden, irrationalen, wissenschaftlich nicht erfassbaren Glaubensvorstellungen bestand? Könnte dieses Federzeichen Montesquieus seine Zugehörigkeit zum Geiste der Aufklärung bestätigen und ihn als Anhänger einer antireligiösen Vernunft ausweisen?[99]

---

94 Montesquieu, *De l'Esprit des lois*, L. XI, c. 6, ebenda.

95 Siehe dazu L. Desgraves, *La bibliothèque de la Brède et le Catalogue. Introduction au Catalogue de la bibliothèque de La Brède*, ebenda, S. 1–15.

96 Auf dem Frontispiz hat Montesquieu folgende Worte angebracht: „Ex Biblioth. D. praesidis de Montesquieu Cat. inscr."

97 Tacitus, *De situ, moribus, et populis Germaniae libellus*, in *Opera quae exstant*, Paris, Ambrosium Drouart, 1599, S. 705.

98 Die Unterstreichung beginnt bei dem Wort „tentavit" und endet bei „scire".

99 Im Hinblick auf die Aufklärung und den *esprit philosophique* siehe P. Gaxotte, *La Révolution française*, ebenda.

Diese Interpretation wäre banal und würde von dem historischen Kontext absehen, der das Denken Montesquieus umrahmt. Nur unter Missachtung der Geschichte ist das Bild eines Montesquieus haltbar, welcher das große Epos der Aufklärung quasi eröffnete und auf bequeme Art und Weise in den Reihen ihrer Heiligen Platz nahm.[100] Die Wirklichkeit hingegen ist deutlich komplexer und kann nicht auf Schwarz-Weiß-Bilder reduziert werden. Sie weist Schattierungen auf, die nur mit dem Blick eines Historikers erfasst werden können.

Laut Montesquieu wurde die politische Freiheit von der Entwicklung des Absolutismus bedroht. Die absolutistische Neigung des Staates würde demnach auch in der Unterdrückung der Religionsfreiheit sichtbar werden und zeige sie sich in dem Anspruch der Krone eine religiöse und politische Einheit zu verwirklichen. Eine Bestätigung der tacitistischen Quelle Montesquieus findet sich auch in seiner oppositionellen Position zur Geschichtsphilosophie Bossuets. Der französische Philosoph Jacques Bénigne Bossuet hatte im Laufe der Regierungszeit von Ludwig XIV. eine monumentale Universalgeschichte verfasst. Anders als Tacitus war Bossuet davon überzeugt, dass der Lauf der Geschichte auf ein präzise umrissenes Ziel zusteuern würde: den Triumph der katholischen Glaubensrichtung, vorbereitet durch den Erfolg der französischen Monarchie.[101] Diese – zwischen 1670 und 1681 entstandene, gewaltige Universalgeschichte von Bossuet – ist Ausdruck einer militanten Weltanschauung. Das Werk, mit dem Titel *Discours sur l'histoire universelle*, das alles andere als ein „Kind wissenschaftlicher Unschuld" ist, hatte großen Erfolg, war vielbeachtet und erhielt unter anderem auch Bewunderung von Voltaire. Bossuet, ab 1670 Bischof von Condom, war Erzieher des französischen Thronfolgers (Dauphins), dem Sohn von König Ludwig XIV. und Maria Theresia von Spanien. Ab Beginn der 80er Jahre des 17. Jahrhunderts war er Bischof von Meaux. In Meaux schrieb er den, gegen den Protestantismus gerichteten, sogenannten *Katechismus von Meaux*. Sein wichtigstes und bekanntestes Werk war jedoch der *Discours*, welcher dem Dauphin gewidmet war und vorrangig für diesen geschrieben wurde. Dieses Werk, mit dem er sich unermüdlich beschäftigte, trug den vielsagenden Untertitel *Discours sur l'histoire universelle à Monseigneur Le Dauphin: Pour expliquer la suite de la Religion & les changemens des Empires*. Es war dem zukünftigen König Frankreichs gewidmet:[102] „Wenn die Geschichte sinnlos für die anderen Menschen ist, er-

100 Eine ähnliche These wurde von Giovanni Tarello unterstützt. G. Tarello, *Per una interpretazione sistematica di Montesquieu*, „Materiali per una storia della cultura giuridica", I, 1971, S. 13 – 53; G. Tarello, *Storia della cultura giuridica moderna. Assolutismo e codificazione del diritto*, ebenda, S. 259 – 298. Laut Tarello steht Montesquieu am „Ursprung der Aufklärung".

101 J. N. Shklar, Montesquieu, Oxford University Press, 1987, S. 49 – 66.

102 Ludwig von Frankreich starb bevor er den Thron hätte besteigen können.

scheint es notwendig, den Prinzen in Kenntnis zu setzen."[103] Bossuet rekonstruiert in seiner Universalgeschichte den Zeitraum von Anbeginn der Schöpfung bis hin zum Reich von Karl des Großen. Anhand der altrömischen, vor allem imperial-altrömischen Geschichte, versuchte er zu beweisen, dass der Verlauf der Geschichte durch Gottes vorsehende Hand gelenkt werde.[104] Dieser Perspektive zufolge lag dem Zeitalter des römischen Imperiums nur ein einziges Ziel zu Grunde: die Vorbereitung der Welt, nicht nur auf eine politische, sondern vor allem auf eine religiöse Vereinigung. Welche strategische Absicht Bossuet mit diesem Werk verfolgte ist sehr klar zu erkennen: Er wollte dem zukünftigen Herrscher demonstrieren, dass die graduelle Durchsetzung des katholischen Glaubens unmissverständlich aus der Abfolge der historischen Ereignisse herausgelesen werden könne. Bossuet bewunderte das römische Kaisertum, da er es als Ausdruck des göttlichen Willens betrachtete. Es war der göttliche Wille, der ihm zufolge eine Universalordnung erschaffen hatte, die ab der Zeit Kaiser Konstantins die Entstehung des Christentums als Staatsreligion vorsah. Die katholische Kirche hatte somit die Möglichkeit bekommen das Erbe des römischen Kaisertums aufzugreifen und sich gleichsam als politische wie auch religiöse Universalordnung zu etablieren. Das Frankreich des Dauphins (dem der *Discours* gewidmet ist), hätte diesen geheimen Plan der göttlichen Vorsehung fortführen sollen. Dem zukünftigen König der Franzosen wurde also die Aufgabe auferlegt, die katholische Konfession – welche für Bossuet die einzig wahre Konfession darstellte – nicht nur in Frankreich, sondern auf der ganzen Welt durchzusetzen. Diese Geschichtsphilosophie ordnete sowohl das römische Kaisertum, als auch die französische Monarchie, dem progressiven Triumph der katholischen Konfession unter. Sie forderte den Dauphin dazu auf eine Staatsreligion einzurichten und propagierte unterschwellig eine expansionistische und imperialistische Ideologie. Ein Jahrhundert nach der Sankt-Bartholomäus-Nacht legte Bossuet eine, von einem klaren Ideal inspirierte Geschichtsphilosophie dar: Konfessionsstaat und konfessionelle Einheit, als auch politische Einheit.

Bossuet vertrat die Ansicht, dass die geschichtlichen Abläufe, wie auch das Menschengeschlecht selbst, Hinweise für die Durchsetzung der katholischen Religion seien. Demzufolge wäre es beschämend für einen Herrscher die Geschichte nicht zu vertiefen. Frankreich, unter dem katholischen König Ludwig XV., hatte ihm zufolge die Aufgabe das geschichtliche Erbe zu tragen, indem es –

---

103 J. B. Bossuet, *Discours sur l'histoire universelle à Monseigneur Le Dauphin: Pour expliquer la suite de la Religion & les changemens des Empires*, Nouvelle Edition, Paris, C. David, 1754, S. 3. Eigene deutsche Übersetzung des französischen Originals: „Quand l'Histoire seroit inutile aux autres hommes, il faudroit la faire lire aux Princes."

104 Siehe dazu H. Ottmann, *Geschichte des politischen Denkens. Neuzeit*, ebenda, S. 438.

mithilfe der Monarchie – die katholische Religion in ganz Europa verbreiten sollte.[105]

Bossuet versuchte die politische Macht für die Machtansprüche der katholischen Kirche zu instrumentalisieren. Dem König, als Akteur der Teleologie der Geschichte, obliege die Durchsetzung der Religion, die Mittel und Zweck der Eroberung und Beherrschung der gesamten Welt sei. Die geschichtliche Philosophie Bossuets verbindet sich mit einer politisch-zentralistischen Ideologie. So Bossuet:[106]

> „Diese Art, eine Universalgeschichte zu schreiben, steht zur Geschichte eines jeden Landes und eines jeden Volkes, wie eine allgemeine Landkarte zu einer spezifischen Landkarte. In spezifischen Karten werdet Ihr alle Details eines Reiches oder einer Provinz vorfinden: In den Universalkarten werdet Ihr, Majestät, lernen, die Welt im Ganzen einzuordnen; Ihr werdet sehen, was Paris oder die *Île de France* im Reich darstellen, was das Reich in Europa und was Europa im Universum darstellt."

Diese Passage beweist die zentralistische Komponente der Gedanken Bossuets, in der er die Hauptstadt Paris zum politischen Zentrum Frankreichs und Europas erklärt. Die Universalgeschichte Bossuets umfasst eine Fülle von nationalen Geschichten, die von Völkern und Nationen handeln, aus welchen Frankreich als Zentrum der Welt, und Paris als Zentrum Frankreichs, emporragt. In der Abfolge der Reiche triumphiert jedoch die katholische Religion, während Imperien und Reichen im Vergleich eine stiefmütterliche Rolle zukommt.[107]

---

105 Ebenda, S. 4: „Il seroit honteux, je ne dis pas à un Prince, mais en géneral à tout honête homme, d'ignorer le genre humain, & les changemens memorables que la suite des temps à faits dans le monde. Si on n'apprend de l'Histoire à distinguer les temps, on representera les hommes sous la Loi de nature, ou sous la Loy écrite, tels qu'ils sont sous la Loi Evangelique; on parlera des Perses vaincus sous Alexandre, comme on parle des Perses victorieux sous Cyrus; on fera la Grece aussi libre du temps de Philippe que du temps de Themistocle, ou de Miltiade; le Peuple Romaine aussi fier sous les Empereurs que sous les Consuls; l'Eglise aussi tranquille sous Diocletian que sous Constantin, & la France agitée de guerres civiles du temps de Charles IX. & d'Henry III, aussi puissantes que du temps de Loüis XIV, où rëünie sous un si grand Roi, seule elle triomphe de toute Europe."

106 Ebenda, S. 5 (eigene deutsche Übersetzung): „Cette maniere d'Histoire universelle est à l'égard des Histoires de chaque Païs & de chaque Peuple, cequ'est une carte générale à l'égard des cartes particulieres. Dans les cartes particulieres vous voyez tout le détail d'un Royaume, ou d'une Province en elle-même: dans les cartes universelles vous apprennez à situer ces parties du monde dans leur tout; vous voyez ce que Paris ou l'Isle de France est dans le Royaume, ce que le Royaume est dans l'Europe, & ce que l'Europe est dans l'Univers."

107 Ebenda, S. 6. „Vous voyez comme les Empires se succedent les uns aux autres, & comme la Religion dans les differents états se soûtient également depuis le commencement du monde jusqu'à nôtre temps. C'est la suite de ces deux choses, je veux dire celle de la Religion & celle des

Indem der Prinz die Geschichte versteht wird er zum Herrscher über das gesamte Universum und wird, durch die göttliche Vorsehung, zum exklusiven Interpreten des göttlichen Willens erhoben. Bossuet beabsichtigte mit seiner Geschichtsphilosophie offensichtlich die Vergöttlichung des Staates. Der Prinz, der über die Kenntnis der Geschichte verfügt, ist demnach in der Lage die Absichten Gottes zu erkennen und bringt sie zur Erfüllung auf Erden. Die Universalgeschichte Bossuets gliedert sich in zwei Teile: Der erste Teil beginnt mit Adam und der Schöpfung und endet mit Romulus und der Gründung Roms. Die Geschichte Roms nimmt darin einen zentralen Platz ein. Mit Karl dem Großen endet der erste Teil dieser Universalgeschichte und beginnt der zweite. Er setzt an bei dem Anbruch der Epoche des „neuen Reiches" („nouvel Empire"), also des Reiches der französischen Könige, der Ahnen des Dauphins, welchen die Aufgabe zukäme die Absichten der göttlichen Vorsehung fortzuführen und den Triumph der Religion zu vollenden.[108]Aus der gesamten Geschichte geht die „ewige Dauer der Religion" hervor („la durée perpetuelle de la Religion").[109] Für Bossuet „kann nur Gott alleine alles auf seinen Willen zurückführen".[110] Durch die Imperien „regiert Gott über alle Völker".[111] Vanessa de Senarclens erinnert daran, dass „für Bossuet der König Vertreter Gottes auf Erden sowie ein Garant der Ordnung ist, einer Ordnung, welche in der Kontinuität des Römischen Reiches enthalten ist. Rom ist die Wiege der Moderne und die Stadt der weltlichen Größe des Heiligen Stuhles." Rom wurde demnach durch die Vorsehung auserwählt und Frankreich hatte, ab Karl dem Großen, die Aufgabe dessen Erbe anzutreten.[112] Von dieser Perspektive aus betrachtet empfiehlt Bossuet Rom zu studieren, „dieses große Kaisertum, das alle

---

Empires, que vous devez imprimer dans vötre memoire; & comme la Religion & le Gouvernement Politique sont les deux points sur lesquels roulent les choses humaines, voir ce qui regarde ces choses renfermé dans un abregé, & en découvrir par ce moyen tout l'ordre & toute la suite, c'est comprendre dans sa pensée toute ce qu'il y a de grand parmi les homes, & tenir, pour ainsi dire, le fil de toutes les affaires de l'Univers."

108 Ebenda, S. 7–8: „Je vous donne cet établissement du nouvel Empire sous Charlemagne, comme la fin de l'Histoire ancienne, parce que c'est là que vous verrez finir tout-à-fait l'ancien Empire Romain. C'est pourquoi je vous arrête à un point si considerable de l'Histoire Universelle. La suite vous en sera proposée dans une seconde Partie, qui vous menera jusqu'au siécle que nous voyons illustré par les actions immortelles du Roi vötre Pere, & auquel l'ardeur que vous témoignez à suivre un si grand exemple, fait encore esperer un nouveau lustre."

109 Ebenda, S. 391: „Mais, souvenez-vous, Monseigneur, que ce long enchaînement des causes particulières, qui font et défont les empires, dépend des ordres secrets de la divine Providence. Dieu tient du plus haut des cieux les rênes du tous les royaumes."

110 Ebenda, S. 392.

111 Ebenda, S. 392.

112 V. de Senarclens, *Montesquieu historien de Rome. Un tournant pour la réflexion sur le statut de l'histoire au XVIIIe siecle*, ebenda, S. 36 (eigene Übersetzung).

anderen Reiche im Universum in sich aufgenommen hat" („ce grand empire qui nous a englouti tous les empires de l'Univers").[113]

Montesquieu konnte nicht mit Bossuet übereinstimmen. In seinen *Considérations* findet sich keine Spur von Vorsehungsglauben. Aufbauend auf der Universalgeschichte Bossuets gewinnt die Unterstreichung der tacitistischen Passage, welche der von Justus Lipsius herausgegebenen *Germania* entnommen ist, eine neue aber sehr eindeutige und klar entzifferbare Bedeutung: „sanctiusque ac reverentius visum, de actis deorum credere, quam scire." Montesquieu fand in Tacitus ein historiographisches Leitbild, welches in deutlichem Kontrast zu der Teleologie Bossuets stand. Die *Germania* wird zum idealen Ort für eine Begegnung zwischen dem Juristen und dem Historiker Montesquieu.[114] Die Geschichtsschreibung von Tacitus, wie sie in der *Germania* vorzufinden ist, enthält ein gültiges historiographisches Paradigma – das gänzlich frei ist von jedweder Teleologie (kein Ziel der Geschichte) und Theologie (im Sinne von Gott als Herrscher über den Lauf der Geschichte). Die *Germania* bietet sich darüber hinaus auch als politisches Paradigma an: Die Beschreibung von Tacitus der freien politischen Institutionen der Barbaren (auch sehnt er sich nach der alten republikanischen Ordnung Roms) spiegelt sich in der ursprünglichen französischen Monarchie wider.

Einerseits wurde Tacitus zum Exempel des antiabsolutistischen Kampfes, den Montesquieu im Namen einer monarchischen Tradition führte, die wiederum auf die ersten Franken zurückging (in offener Polemik zu Dubos und Boulainvilliers, wie bereits gezeigt wurde); andererseits fungierte Tacitus als historiographisches Modell, um der teleologischen Historiographie Bossuets und seinen Bestrebungen nach einem konfessionellen Staat entgegenzutreten. Da das göttliche Recht laut Montesquieu nicht in der Lage wäre die königliche Macht zu beschränken,

113 J.B. Bossuet, *Discours sur l'histoire universelle à Monseigneur Le Dauphin: Pour expliquer la suite de la Religion & les changemens des Empires*, ebenda, S. 392.

114 Siehe P. M. Martin bezeichnet Tacitus als die bevorzugte Quelle Montesquieus. Siehe P. M. Martin, *Tacite, source privilegiée de Montesquieu*, ebenda, S. 165 – 175. So Martin: „Que les analyses de Montesquieu s'inspirent pour une large part de Tacite, dans le rapport réciproque entre moeurs et régime, entre morale et politique, dans l'exaltation nostalgique de la liberté républicaine perdue par manque de vertu civique, comme dans la dénonciation de la dynastie julio-claudienne, cela est évident". Und weiter: „Pour lui (Montesquieu) aussi se posait avec acuité, une fois constatée l'impossibilité historique de tout retour à la liberté républicaine, le problème fondamental, qui est au centre de son oeuvre et de toute sa réflexion: comment concilier *libertas* du citoyen et *regum* du Prince? De même que Montesquieu regarde vers l'Angleterre pour mieux stigmatiser l'absolutisme français, de même, Tacite exalte Trajan aux dépens d'Hadrien, et tous deux se servent de l'histoire des Julio-Claudiens pour dénoncer les méfaits d'une tyrannie héréditaire" (S. 174 – 175).

konnte der Vorsehungsglaube Bossuets, von einem historischen Standpunkt aus, nur radikal abgelehnt werden. Montesquieu distanzierte sich ganz bewusst von Bossuet, indem er sowohl eine an der Staatsreligion orientierte Ideologie im öffentlichen Recht, als auch die göttliche Vorsehung in der Geschichtsschreibung, aus historischer Sicht nach den Religionskriegen, als akzeptable, „praktikable" Methode verweigerte.[115]

Zusammenfassung

Die tacitistische Referenz, die Montesquieu dazu verhalf die zentralisierenden Tendenzen der königlichen Politik im Hinblick auf die Religion zu bekämpfen, bekräftigt die grundlegende Rolle Tacitus' in seinem Denken. Er griff die teleologische Historiographie des königlichen Anhängers Bossuet an und versuchte dessen *Histoire universelle* zu widerlegen. Die Kritik an der Geschichtsschreibung Bossuets entspricht einer Ablehnung ihrer zentralen politischen Voraussetzungen, nämlich die katholische Religion als Staatsreligion. Montesquieu greift Tacitus als historiographisches Modell auf, da dieser keine teleologischen Absichten verfolgt. Mithilfe der tacitistischen Referenz gelang es Montesquieu die Historiographie von dem Ziel der Staatsreligion zu befreien und die Religionsfreiheit zu unterstützen.

2.5 Tacitus' Einfluss auf die Kritik am *esprit de commerce*

Das Urteil Montesquieus über die wirtschaftliche Entwicklung Frankreichs im 18. Jahrhundert ist ebenfalls von der Geisteshaltung Tacitus' gefärbt. Beide liebäugeln sie mit den germanischen Sitten, ihrer Nüchternheit und Bescheidenheit.[116] Sitten und Bräuche (*mores*) sind für Montesquieu ein wesentlicher Be-

115 Das Jugendwerk von Montesquieu, seine *Dissertation sur la politique des Romains dans la religion*, in *Œuvres complètes* Bd. I, Paris, Gallimard, 1949, S. 79–81, ist in dieser religiös-pluralistischen Hinsicht aufzufassen. Montesquieu lobt die Römer, da diese dazu fähig waren fremde Gottheiten in die Reihen ihrer eigenen Götter aufzunehmen. Sie hatten, so seine Worte, keine anderen Götter, außer den „génie de la République", der in in seiner ganzheitlichen Form alle Götter integriert.

116 P. Martin, *Tacite, source privilégée de Montesquieu*, in *Présence de Tacite. Hommage au Professeur G. Radke*, ebenda S. 172–173: „Le raisonnement de Montesquieu se fait en deux temps: il commence par montrer l'influence du milieu sur les moeurs des Germains; puis, constatant la similitude de leurs moeurs antiques avec les codes barbares des lois féodales, il en conclut à la filiation des moeurs germaniques antiques aux lois féodales établies par les conquérants ger-

standteil des berühmten „allgemeinen Geistes“ (esprit général), den er im IV. Kapitel des XI. Buches des *Esprit des lois* definiert.[117] Der Verfall der Sitten und Bräuche meint er, würde mit der Korruption der Rechtsordnung einhergehen. Es ist an dieser Stelle wichtig zu erwähnen, dass die Franzosen damals unter dem Ausdruck *commerce* (wörtlich übersetzt „Handel“) den gesamten wirtschaftlichen Komplex subsumierten. Wenn Montesquieu also von Handel spricht, dann ist damit das wirtschaftliche System und seine Entwicklung insgesamt gemeint.

Viele Interpreten haben die positiven Aspekte hervorgehoben, die Montesquieu im Handel und in der Produktion von Gütern – vor allem von Luxusgütern – gesehen haben soll: Der Handel fördere den internationalen Dialog, militärische werde durch wirtschaftliche Expansion ersetzt und auch soziale Mobilität würde begünstigt, weil der, dank der blühenden Wirtschaft reich gewordene Bürger, sozial aufsteigen und mit dem Adeligen in puncto Sozialprestige wetteifern konnte. Diese Gedanken wurden vorhergehend bereits von Jean-François Melon formuliert, wobei sich Voltaire seiner Einschätzung anschloss. Montesquieu bestritt diese positiven Auswirkungen des *commerce* nicht, nahm aber eine differenzierte und weitaus kritischere Sichtweise ein. Die Bezeichnung des Handels, als herrschendes Moment des 18. Jahrhunderts, findet sich in einem Fragment der *Pensées:*[118]

---

maniques de l'Empire romain. Soulignons que, sans la lecture attentive que Montesquieu a faite de la Germanie de Tacite, cette démonstration n'aurait pas pu être faite“.

117 Montesquieu, *De l'Esprit des lois*, L. XIX, c. 4, ebenda, S. 558: „Plusieurs choses gouvernent les hommes: le climat, la religion, les lois, les maximes du gouvernement, les exemples des choses passées, les mœurs, les manières; d'où il se forme un esprit général qui en résulte. À mesure que, dans chaque nation, une de ces causes agit avec plus de force, les autres lui cèdent d'autant. La nature et le climat dominent presque seuls sur les sauvages; les manières gouvernent les Chinois; les lois tyrannisent le Japon; les mœurs donnoient autrefois le ton dans Lacédémone; les maximes du gouvernement et les mœurs anciennes le donnoient dans Rome.“ (*Vom Geist der Gesetze*, ebenda, S. 295: „Mehrere Dinge regieren die Menschen: Klima, Religion, Gesetze, Staatsmaximen, Beispiele aus der Geschichte, Sitten, Lebensstil. Aus all dem bildet sich als ihr Ergebnis ein Gemeingeist. In dem Maβe, wie bei jeder Nation eine dieser Ursachen mit grösserer Stärke einwirkt, werden die anderen dementsprechend zurückgedrängt. Über die Wilden herrschen fast ausschließlich Natur und Klima. Die Chinesen werden vom Lebensstil regiert, die Japaner von den Gesetzen tyrannisiert. In Sparta gaben einst die Sitten den Ton an, in Rom taten es die Sitten und die Staatsmaximen.“)

118 Montesquieu, *Meine Gedanken*, hrsg. von H. Ritter, München, dtv, 2001, S.137; *Mes pensées*, in *Œuvres complètes*, I, ebenda, Nr. 1228, S. 1306: „Chaque siècle a son genie particulier: un esprit de desordre et d'independance se forma en Europe avec le gouvernement gothique; L'esprit monacal infecta les temps des successeurs de Charles Magne: ensuite regna celui de la chevalerie, celui de conquête parut avec les troupes reglées et c'est l'esprit de commerce qui domine aujourd'huy. Cet esprit de commerce fait qu'on calcule tout, mais la gloire quand elle est toute seule

„Jedes Jahrhundert hat seinen besonderen Geist: Unter der Herrschaft der Goten bildete sich ein Geist der Unordnung und Unabhängigkeit heraus; der klösterliche Geist steckte die Zeiten der Nachfolgers Karls des Großen an; danach regierte der Geist des Ritterturms; der Geist der Eroberung erschien mit den geordneten Truppen; und heute regiert der Geist des Handels. Dieser Geist des Handels sorgt dafür, daß alles berechnet wird. Aber der Ruhm, der allein gelassen ist, geht nur in die Berechnungen der Toren ein."

Diese Passage kann in zweierlei Richtungen interpretiert werden: Entweder wird hier der Handel einem zivilisatorischen Fortschritt innerhalb der gesellschaftlichen Entwicklung gleichgesetzt[119], der den internationalen Frieden fördert, indem er den *esprit de conquête* ersetzt.[120] Oder aber, hat der Handel die Degeneration der Sitten zur Folge und bedingt eine Moral, die von Profitstreben und persönlicher Bereicherung motiviert ist.[121]

Eine weitere Ambiguität birgt die folgende, in einer dem Kapitel XX des Buches XXI enthaltenen Passage, aus dem *Esprit des lois:* „Es ist ein Glück für die Menschen, sich in einer Lage zu befinden, wo sie gegenüber den Einflüsterungen

---

n'entre que dans le calcul des sots." Dieses Fragment wurde 1734 verfasst. Für die Zitate aus den *Pensées* wird hier die Nummerierung verwendet, wie sie in der von Roger Caillois herausgegebenen Ausgabe vorliegt; sie wurde der Ausgabe von Barckhausen entnommen.

119 Siehe dazu M. Hereth, *Politische Bedingungen der Wirtschaft. Die Ökonomie vergangener Republiken, ferner Despotien und der Monarchien in Montesquieus Vom Geist der Gesetze*, in *Montesquieu zwischen den Disziplinen. Einzel- und kulturwissenschaftliche Zugriffe*, ebenda, S. 201–208. Hereth betont die positiven Aspekte des Handels in der Betrachtungsweise Montesquieus, obwohl auch er zugibt, dass Handel eine Veränderung der Sitten und Bräuche hervorruft (Hereth spricht von den „Nebenwirkungen des Handelsgeist": S. 205). Hereth zufolge habe Montesquieu die Politik von der Wirtschaft getrennt, um den Adel von wirtschaftlichen Angelegenheiten zu entfernen, damit sich dieser mit Politik beschäftigen konnte. Durch den Einbezug der tacitischen Quelle Montesquieus entsteht jedoch ein differenzierteres Bild: Die Entwicklung des Handels betrifft nicht nur die Bourgeoisie, sondern prägt die gesamte Entwicklung der Gesellschaft und entspricht dem Zeitgeist des 18. Jahrhunderts.

120 Albert O. Hirschman zeichnet in seinem Werk *The Passions and the Interests* ein Bild von Montesquieu, in dem dieser dem Handel und dessen Auswirkungen überwiegend zuversichtlich gegenübersteht. Laut Hirschman habe der französische Denker den Handel als „eine Barriere" angesehen, die den Leidenschaften Einhalt gebiete (genauso wie die Theorie der Gewaltenteilung die maßlose Leidenschaft der Macht einschränke) und deshalb nur zaghafte Einwände vorgebracht hätte. A. O. Hirschman, *The Passions and the Interests. Political Arguments for Capitalism before its Triumph*, Princeton, Princeton University Press, 1977, S. 1–153. Für eine positive Einschätzung des Handels und der wirtschaftlichen Entwicklung Frankreichs während des 18. Jahrhunderts siehe auch: M. Hereth, *Montesquieu zur Einführung*, ebenda, S. 128–130; und: C. Spector, *Commerce* in *Le vocabulaire de Montesquieu*, Paris, Ellipses, 2001, S. 8–10.

121 Siehe dazu auch V. de Senarclens, *Montesquieu historien de Rome*, ebenda, S. 77. Senarclens hat die negativen Aspekte des Handels hervorgehoben. Demnach dominierte der Geist des Handels das Zeitalter Montesquieus und verlangte, dass alles berechenbar gemacht würde.

ihrer Leidenschaften, böse zu sein, doch ein Interesse daran haben, es nicht zu sein."[122]

Spricht sich Montesquieu hier tatsächlich für die positiven Aspekte des Handels aus, wenn er andeutet, dass das Interesse der Menschen sie, aufgrund ihres persönlichen Nutzens und entgegen ihrer zugrundeliegenden Leidenschaften, dazu veranlasst „gut" zu sein?[123] Diesem Argument widersprechen einige Hinweise, die durch die Brille der tacitistischen Interpretation sichtbar werden. Wie bereits erwähnt, betrachtet Montesquieu die Sitten und Bräuche als Teil des allgemeinen Geistes der Rechtsordnung. Er konstatiert eine Degeneration der gesellschaftlichen Sitten – so wie damals bereits die bürgerlichen Tugenden der römischen Republik durch die epikureische Moral korrumpiert worden war.[124] Montesquieu schien zu erkennen, dass die individualistische Moral des Bürgertums, die er in seinem Jahrhundert ausfindig machte, mit despotischen Tendenzen im Bereich der Rechtsordnung einherging. So machte er den Individualismus des Bürgertums zum Gegenstand einer gnadenlosen Kritik und sprach ihm jede Möglichkeit einer positiven Entwicklung ab. Dieser Kritik ist die Auffassung inhärent, dass der Handel den Eroberungsgeist auf eine andere Ebene verlegt: im individuellen Bereich hin zu einem Streben nach Profit und Glück (zu Ungunsten des Allgemeinwohls) und im staatlichen Bereich zu einem Drang nach territorialer und kolonialer Expansion. Montesquieus Urteil über den Handel fällt kritisch aus und spricht sich auch gegen das damit verbundene Produktionssystem aus, was sich auch einer Passage aus dem Briefroman *Lettres persanes* entnehmen lässt. Montesquieu beschreibt hier das schädliche Potential des Handels, der neue Formen von Ungleichheit bedingt, die zu einer monarchischen Verfassung –

---

122 Montesquieu, *Vom Geist der Gesetze*, ebenda, Bd II, S. 71. *De l'Esprit des lois*, L. XXI, c. 20, S. 641: „Et il est heureux pour les hommes d'être dans une situation où, pendant que leurs passions leur inspirent la pensée d'être méchants, ils ont pourtant intérêt de ne pas l'être."

123 E. Pii, *L'„Esprit de commerce" nel pensiero politico di Montesquieu*, in *Studi politici in onore di Luigi Firpo*, ebenda, S. 601–618. Eluggero Pii ist einer der wenigen, der dem anhaltenden Interesse Montesquieus für den Handel besondere Beachtung schenkt. In dem Zusammenhang spricht der italienische Autor davon, dass Montesquieu ein „zwiespältiges Verhältnis" zum Handel gehabt habe. Pii erkennt in Montesquieus *Lettres persanes* einen radikalen Kritiker seiner Zeit. Er sei sich bewusst gewesen in einer „Übergangsepoche" zu leben und hätte „ihre Gefahren aufgezeigt". Im Anschluss an die *Lettres persanes* sei es Montesquieu darum gegangen „eine neue politische Ordnung ausfindig zu machen". „In nostalgischem Tonfall", schrieb Pii, evoziere dieser „die Großzügigkeit des Heroismus und der tugendhaften Tat" und stelle sie dem „esprit de commerce" entgegen, welcher zum „on calcule tout" führe.

124 Siehe M. Hereth, *Politische Bedingungen der Wirtschaft. Die Ökonomie vergangener Republiken, ferner Despotien und der Monarchien in Montesquieus Vom Geist der Gesetze*, in *Montesquieu zwischen den Disziplinen. Einzel- und kulturwissenschaftliche Zugriffe*, ebenda, S. 205–206. Hereth spricht von den „Nebenwirkungen des Handelsgeist".

die sich durch das Prinzip der Ehre und den Unterschieden zwischen den sozialen Kasten charakterisierte – völlig in Kontrast standen. In den ersten Seiten der persischen Briefe illustriert Montesquieu die Anekdote der Troglodyten, die veranschaulicht, dass der Handel zwar Reichtum schaffe aber gleichzeitig zu der Korruption von Sitten und Tugenden (des wilden Volkes der Troglodyten) führe. Das imaginierte Volk der Troglodyten erinnert stark an die ursprünglichen Germanen von Tacitus.[125] Ihre politischen Entscheidungsprozesse gleichen den kollektiven Entscheidungsprozessen der Franken. Der tacitistische Interpretationsschlüssel hilft dabei Montesquieus Einschätzung der wirtschaftlichen Entwicklungen richtig einzuordnen. Auf einigen Seiten der *Lettres persanes* schildert er das unglückliche Schicksal der Höhlenmenschen: Nachdem das Volk der Troglodyten sich vergrößert hatte, strebte es nach Wohlstand und nach der Obhut eines Königs. Die „vertu des Troglodytes" tritt zugunsten sanfterer Sitten, des Gewinns von Reichtum, einer „lâche volupté" und des Übergangs von einer ursprünglichen Tugend zu weniger strengen Gesetzen zurück. Die Erzählung der Troglodyten erfüllt eine bedeutende Funktion, um die Verbindung zu erkennen, die Montesquieu zwischen politischer Degeneration und der Moral des Bürgertums herstellte. Montesquieu, in der Person von Usbek, erzählt in den Briefen an seinen Freund Mirza – der sich die Frage nach dem Ursprung der menschlichen Tugend und Gerechtigkeit stellt – eben jene Geschichte der Troglodyten.

Er beschreibt den Werdegang eines in Freiheit lebenden Volkes, das mit Tugendhaftigkeit, außerordentlichen Sitten und einem besonderen Sinn für Gerechtigkeit ausgestattet ist. Schließlich kommt es aber in dem Entschluss überein – angesichts der täglich wachsenden Bevölkerung – sich einen König zu

---

125 Eine andere Meinung wird von Edgar Mass vertreten. Laut ihm ist die mythische Entstehungsgeschichte der ersten römischen Rechtskodifikation (Zwölftafelgesetze) Grundlage der Erzählung über die Troglodyten (bedeutet, dass nicht die Germanen als Quelle dienten). So wie sich die Römer auch vor der Entstehung der Zwölftafelgesetze ohne feststehendes Gesetz und Recht eine Ordnung schufen, entsprach auch die Gesellschaft der Troglodyten einem politischen Modell ohne Rechtsordnung, die im Laufe der Erzählung Montesquieus in Zivilisation evolvierte. Aus diesem Grund stritt Mass den Einfluss Tacitus (Germanen, ein gesetzloses, wildes Volk) auf die Erzählung der Troglodyten ab. Dem ist entgegenzuhalten, dass die Germanen keinem Modell einer Gesellschaft ohne Recht, sondern einem Modell der geteilten Souveränität entspricht. Wie bereits im ersten Kapitel dargelegt, spielt Tacitus – im Kontext des Antiabsolutismus im 18. Jahrhundert – eine klare juristische und politische Rolle. Da Absolutismus und Degeneration der Sitten und Bräuche für Montesquieu in enger Verbindung stehen, ist Tacitus die Quelle für die Erzählung der Troglodyten, die ihre Freiheit verlieren. Siehe dazu E. Mass, *Montesquieus Freiheit der Wälder. Germanen, Troglodyten das frühe Recht und ein Werkstattbericht*, in *Arkadien in den romanischen Literaturen. Zu Ehren von Sebastian Neumeister zum 70. Geburtstag*, ebenda, S. 141–143. Siehe A. Merlino, *Interpretazioni di Montesquieu*, das Kapitel über „C'era una volta in Arabia...", in welcher die Geschichte der Troglodyten interpretiert wird.

wählen. Dieses Amt wollen sie dem Ehrwürdigsten und Rechtschaffensten unter ihnen anvertrauen. Die Wahl fällt auf einen Greis, der für seine Tugend bekannt war, der Versammlung aber nicht beitrat, da ihn die Vorstellung, dass sich das freie Volk der Troglodyten einem König unterwerfen wolle, mit Sorge und Kummer erfüllte. Als ihn die Botschaft erreicht, dass das Volk ihn als seinen Herrscher auserwählt habe, ruft er aus, dass er vor Schmerz – den willentlichen Verlust der Freiheit seines Volkes gewahr werdend – werde sterben müssen. Bitterlich weinend, aber die Stimme in strengem Ton erhebend, teilt er mit, dass er sehr wohl erkennen würde, was der Grund für diesen Entschluss sei. So sagt er, dass sie wohl lieber einem Fürsten unterworfen sein wollen, anstatt weiterhin freiwillig ihren eigenen strengen Sitten zu folgen. Die Tugend, fügt er polemisch hinzu, sei ihnen offensichtlich zu anstrengend geworden und da diese unter der Herrschaft eines Königs nicht mehr nötig wäre (um ein Leben in Wohlstand zu leben), könnten sie diese getrost aufgeben und sich endlich ihrem Streben nach Reichtum und ihrer Wollust hingeben. Verzweifelt und in Tränen versunken ringt er um Antwort: Wie es denn möglich wäre, daß sie danach verlangen, daß er ihnen tugendhafte Handlung befehle und ob tugendhafte Handlungen nicht vielmehr ein Trieb der Natur seien, die auch ohne Befehl und Zwang ebenso erfüllt werden würden. Und warum, so schließt er verständnislos ab, sie beabsichtigen würden, dass er seine Ahnen bekümmere, wenn er diesen mitteilen müsse, er hätte sie, das Volk der Troglodyten, „unter einem anderen Joche als der Herrschaft der Tugend zurückgelassen“.[126]

---

126 Montesquieu, *Lettres persanes*, in *Œuvres complètes*, I, ebenda, S. 152–153: „Comme le Peuple grossissoit tous les jours, les Troglodytes crurent qu'il étoit à propos de e choisir un roi. Ils convinrent qu'il falloit déférer la couronne à celui qui étoit le plus juste, et ils jetèrent tous les yeux sur un vieillard vénérable par son âge et par une longue vertu. Il n'avoit pas voulu se trouver à cette assemblée; il s'étoit retiré dans sa maison, le cœur serré de tristesse. Lorsqu'on lui envoya des députés pour lui apprendre le choix qu'on avoit fait de lui: ‚A Dieu ne plaise, dit-il, que je fasse ce tort aux Troglodytes, que l'on puisse croire qu'il n'y a personne parmi eux de plus juste que moi! Vous me déférez la couronne; et, si vous le voulez absolument, il faudra bien que je la prenne. Mais comptez que je mourrai de douleur, d'avoir vu en naissant les Troglodytes libres et de les voir aujourd'hui assujettis.' A ces mots, il se mit à répandre un torrent de larmes. ‚Malheureux jour! disoit-il; et pourquoi ai-je tant vécu?' Puis il s'écria d'une voix sévère: ‚Je vois bien ce que c'est, ô Troglodytes! votre vertu commence à vous peser. Dans l'état où vous êtes, n'ayant point de chef, il faut que vous soyez vertueux malgré vous: sans cela vous ne sauriez subsister, et vous tomberiez dans le malheur de vos premiers pères. Mais ce joug vous paroît trop dur: vous aimez mieux être soumis à un prince et obéir à ses lois, moins rigides que vos mœurs. Vous savez que, pour lors, vous pourrez contenter votre ambition, acquérir des richesses, et languir dans une lâche volupté, et que, pourvu que vous évitiez de tomber dans les grands crimes, vous n'aurez pas besoin de la vertu.' Il s'arrêta un moment, et ses larmes coulèrent plus que jamais. ‚Eh! que prétendez-vous que je fasse? Comment se peut-il que je commande quelque chose à un Troglodyte ? Voulez-vous qu'il

Diese Anekdote muss in Verbindung mit dem Gedanken Nr. 120 gelesen werden, einem Teil der *Dossier des Lettres persanes*. Darin wird das Ende der Amtszeit eines Troglodytenkönigs beschrieben, das mit dem Entschluss der Nation zusammenfällt Künste und Handel ins Leben zu rufen. Auf die Frage des Königs an sein Volk, ob dieses den Reichtum oder die Tugend bevorzuge, fällt die Entscheidung auf Ersteres: Reichtum. Der König ermahnt sein Volk und lässt sie wissen, dass sie durch den Verlust ihrer Tugend – und der Wahl des Reichtums – das unglücklichste Volk der Erde werden würden. [127]

Freiwillig haben die Troglodyten ihre Tugend, als Ausdruck ihrer politischen Selbstbestimmung, gegen den Reichtum eingetauscht. Diese Entscheidung kann als Resultat der Vergrößerung der Bevölkerung (als Metapher der Expansion) betrachtet werden. Das Ablassen der Troglodyten von der Tugend läutet ihre Dekadenz ein und öffnet einer Zukunft von „malheur" Tür und Tor. In gleicher Weise argumentiert Montesquieu in seinen *Considérations*, in welchen er den Abfall der Römer von ihren öffentlichen Tugenden als Grund für ihre Dekadenz und schlussendlich ihren Untergang angibt.

Zusammenfassung

Die hier geschilderte These vertritt die Annahme, dass Montesquieu eine kritische Haltung zur wirtschaftlichen Entwicklung Frankreichs einnahm. Der *commerce* führe nicht nur zu neuem Reichtum, sondern würde auch die Entstehung neuer Bedürfnisse befördern. Diese Bedürfnisse wiederum würden Druck auf den Staat ausüben, den dieser zu einer Vergrößerung von Macht und Reichtum zwinge. Montesquieu nimmt auch gegenüber England einen zwiespältigen Standpunkt ein: In den *Notes sur l'Angleterre* merkt Montesquieu an, dass die Engländer ihrer Freiheit nicht würdig wären, denn sie hätten diese an den König verkauft.[128] Außerdem würde das Geld in England den höchsten Wert darstellen, während

fasse une action vertueuse parce que je la lui commande, lui qui la feroit tout de même sans moi et par le seul penchant de la nature? O Troglodytes, je suis à la fin de mes jours, mon sang est glacé dans mes veines, je vais bientôt revoir vos sacrés aïeux. Pourquoi voulez-vous que je les afflige, et que je sois obligé de leur dire que je vous ai laissés sous un autre joug que celui de la Vertu?'"

127 Montesquieu, *Dossier des Lettres persanes*, in *Œuvres complètes*, I, Nr. 120, S. 370: „Troglodytes, dit le Roi, les richesses vont entrer chez vous; mais je vous déclare que, si vous n'êtes pas vertueux, vous serez un des peuples les plus malheureux de la Terre."

128 Montesquieu, *Notes sur l'Angleterre*, ebenda, S. 880: „Les Anglois ne sont plus dignes de leur liberté. Ils la vendent au roi; et si le roi la leur redonnoit, ils la lui vendroient encore."

Ehre und Tugend wenig geschätzt seien.[129] Vor dem Hintergrund dieser skeptischen und durchaus pessimistischen Einstellung Montesquieus gegenüber der wirtschaftlichen Expansion und dem Paradebeispiel eines wirtschaftlich erfolgreichen Landes – England – verliert die These des dominanten englischen Einflusses an Überzeugungskraft.

Wie die Herausarbeitung in den folgenden Kapiteln zeigen wird, ist der Handel für Montesquieu nicht einfach mit der Überwindung des Eroberungsgeist gleichzusetzen, sondern, im Gegenteil, eine an die Bedürfnisse des Bürgertums angepasste Neuauflage desselbigen.[130]

2.6 Der geistige Hintergrund Montesquieus: Das Naturrecht

Im Folgenden soll auf ein Argument hingewiesen werden, das im zweiten Teil dieser Arbeit eine noch explizitere Untersuchung erfährt und sich auf das „Lob der Germanan" Montesquieus bezieht. Dabei wird sichtbar, dass das Ideal des Naturrechts im Hintergrund des montesquieuischen Denkens steht und dass die Germanen einer naturrechtskonformen Gesellschaft entsprechen. Für den in diesem Abschnitt verfolgten Zweck genügt es zu beweisen, dass die an einer bescheidenen Moral orientierte Gesellschaft der Germanen ein Gegenbeispiel zur damaligen Gesellschaft Frankreichs darstellt. Es besteht ein roter Faden, der das „nie ganz aufgegebene" stoische Ideal des jungen Montesquieus, die *Lettres persanes* und das Kapitel über die Verfassung Englands (über die Gewaltenteilung) miteinander verbindet.[131] Montesquieu lobt anfänglich das Naturrecht und sein Element der Bescheidenheit, lehnt dieses naturrechtliche Ideal aber in den folgenden Werken theoretisch ab, um es letztlich in verfassungsrechtliche Wirk-

---

129 Ebenda, S. 878.

130 P. Gaxotte, *La Révolution française*, ebenda, S. 57–59. Beim Lesen des Werkes von Gaxotte wird deutlich, dass viele der Revolution zugrundeliegenden philosophischen Ideen nichts anderes als ein akademischer Deckmantel für die wirtschaftlichen Forderungen des Bürgertums waren.

131 E. Pii, *L'„Esprit de commerce" nel pensiero politico di Montesquieu*, in *Studi politici in onore di Luigi Firpo*, II, ebenda, S. 603. Pii konstatiert, dass das in den Notizen enthaltene Urteil über England zwischen Kritik und Bewunderung hin- und herpendelt. P. Vernière bemerkt, dass der Brief Nr. CIV Montesquieus, der einen Bezug zu England aufweist, der einzige ist, in dem der soziologische Blick den Humor überwiegt. „Sauf pour l'Angleterre, l'humour l'emportera sur l'objectivité sociologique" (P. Vernière, *Introduction* zu Montesquieu, *Lettres persanes*, ebenda, S. XVI). Dieser Brief enthält folgende Passage, mit Bezug auf die Engländer: „Ils soutiennent que tout pouvoir sans bornes ne sauroit être légitime, parce qu'il n'a jamais pu avoir d'origine légitime". Siehe Montesquieu, *Lettres persanes*, in *Œuvres complètes*, I, ebenda, S. 284.

lichkeit umzuwandeln. Er gibt die literarische Form des Briefromans und den phantasiereichen Stil der *Lettres persanes* auf, weil er die Notwendigkeit verspürt, seine Nachforschungen auf die Ebene des historischen Vergleichs zu verschieben, welcher auf geographischen und anderen Realfaktoren beruhte.[132] Das jugendliche, stoische Ideal, das in seinen Werken *Analyse du Traité des devoirs* und *Discours sur Cicéron* zum Vorschein kommt, sowie die Idee der natürlichen Gerechtigkeit, die in seinem Werk *Lettres persanes* durch Roxane und deren Selbstmord verkörpert wird, mussten an die realen Gegebenheiten angepasst werden. Theoretische Argumentationen, die beweisen, dass die Politik in Konflikt mit Moral, Vernunft und Gerechtigkeit steht, wären zwar für jedermann überzeugend gewesen, doch würden sie wirkungslos bleiben und wären letztlich nur durch rechtliche Maßnahmen zu gewährleisten.[133]

Das Naturrecht – als bloßes Ideal – ist zum Scheitern verurteilt. In dem Roman *Lettres persanes* steht Roxane, die Frau des Persers Usbek aus dem Serail, sinnbildlich für das Naturrecht.[134] Sie strebt nach Freiheit, aber besitzt keinerlei Möglichkeit der praktischen Umsetzung. Ohne ein Verfahren, das seine Durchsetzung garantiert, ist das Naturrecht wirkungslos. Der Perser Usbek, sowie die Pariser Gesellschaft, die er besucht, sind Symbole des politischen Despotismus und der moralischen Korruption. Der letzte Brief des Romans ist ein Brief von Roxane an ihren Herrscher Usbek:[135]

---

132 Ebenda. Zur Genese der *Lettres persanes* siehe P. Vernière, *Introduction* zu Montesquieu, *Lettres persanes*, ebenda, S. I-XLV.

133 Montesquieu, *De la politique*, in *Œuvres complètes*, I, ebenda, S. 112: „Il est inutile d'attaquer directement la politique en faisant voir combien elle répugne à la morale, à la raison, à la justice. Ces sortes de discours persuadent tout le monde et ne touchent personne. La politique subsistera toujours pendent qu'il y aura des passions indépendantes du joug des lois."

134 Siehe dazu H. Ottmann, *Geschichte des politischen Denkens. Neuzeit*, Berlin – Heidelberg, Springer, 2008, ebenda, S 434–435: „Roxane beruft sich auf die Natur und auf das allgemeine Recht, das diese dem Menschen gibt. Usbek, obwohl er die Welt bereist, bleibt, was seinen Serail angeht, in den Vorurteilen seines Landes gefangen. Ihm ist eine Befreiung verwehrt." Laut Ottmann repräsentiert das Herrschaftssystem des Serails die Paradoxie der absolutistischen Herrschaft.

135 Montesquieu, *Persische Briefe*, ebenda, S. 287; *Lettres persanes*, in *Œuvres complètes*, I, Lettre CLXI, ebenda, S. 372: „Comment as-tu pensé que je fusse assez crédule, pour m'imaginer que je ne fusse dans le Monde que pour adorer tes caprices? que, pendant que tu te permets tout, tu eusses le droit d'affliger tous mes désirs? Non! J'ai pu vivre dans la servitude, mais j'ai toujours été libre: j'ai réformé tes lois sur celles de la Nature, et mon esprit s'est toujours tenu dans l'indépendance. Tu devrois me rendre grâces encore du sacrifice que je t'ai fait: de ce que je me suis abaissée jusqu'à te paroître fidèle; de ce que j'ai lâchement gardé dans mon coeur ce que j'aurois dû faire paroître à toute la Terre; enfin, de ce que j'ai profané la vertu en souffrant qu'on appelât de ce nom ma soumission à tes fantaisies."

> „Wie konntest du nur denken, daß ich so leichtgläubig sei, mir einzubilden, ich wäre nur dazu auf der Welt, Deine Launen anzubeten, und Du hättest, während du Dir alles erlaubst, das Recht, all meine Begierden zu kreuzigen? Nein; ich konnte in der Knechtschaft leben, aber ich war allzeit frei. Ich habe Deine Gesetze nach den Gesetzen der Natur umgestaltet, und mein Geist hat sich stets seine Unabhängigkeit bewahrt. Du solltest mir noch Dank wissen für das Opfer, welches ich Dir gebracht habe. Du solltest mir dafür Dank wissen, daß ich mich so weit erniedrigt habe, Dir treu zu erscheinen, daß ich feige in meinem Herzen bewahrte, was ich der ganzen Welt hätte offenbar machen sollen; mit einem Wort, daß ich die Tugend entweiht habe, indem ich es litt, daß man meine Unterwerfung unter Deine Launen mit diesem Namen bezeichnete."

Roxane formuliert in diesen Zeilen ihren Begriff von Freiheit, der ihr ermöglicht, dass sie sich – trotz ihrer Gefangenschaft – immer ihre geistige Unabhängigkeit bewahren und, anstatt den Gesetzen ihres Herrschers, den „lois de la nature" folgen kann. In ihrem Herzen behält sie sich die wahre Bedeutung des Begriffes der Tugend vor, eine Eigenschaft, die durch die allgemeinsprachliche (juristische) Verwendung des Begriffes entwertet wurde und zur Rechtfertigung eines ausbeuterischen Verhältnisses in der Wirklichkeit benutzt wurde. Da Roxane in den *Lettres persanes* nicht über die notwendigen praktischen Mittel zur Durchsetzung ihres natürlichen Rechts verfügt, bleibt ihr nur das Ideal, das seine Verwirklichung ex negativo erfährt und in ihrer selbstbestimmten Selbstauslöschung endet.

Das von Cicero stammende, stoizistische naturrechtliche Ideal musste, um nicht unterzugehen, in die Wirklichkeit übersetzt werden. Nach der durch die Reform von John Law verursachten Finanzkrise und nach der Krise der Regentschaft von Philippe II. von Orléans entwickelte Montesquieu eine objektivere, realitätsnähere Auffassung von Gesellschaft: Gesellschaft als ein veränderbares, sich in stetiger Entwicklung befindliches Phänomen, das sich durch die „Gesamtheit von realen Elementen" konstituiert. Diese Haltung hatte fortan Priorität in seinen Überlegungen und begründet seine Suche nach einer Theorie, die sich für die Umsetzung in die Praxis eignet.[136] Das naturrechtliche Ideal von Cicero musste in die Theorie der geteilten Souveränität überführt werden, um die Freiheit nicht nur theoretisch, sondern auch praktisch gewährleisten zu können. Tacitus bot ihm ein Modell der moralischen Nüchternheit an, das sich ihm als Gegenentwurf zur Gesellschaft des Profits und zum politischen Absolutismus präsentierte.

Die natürliche Gesellschaft der Troglodyten fiel aufgrund ihres wirtschaftlichen Strebens in eine Knechtschaft. Der Anspruch Roxanes auf Freiheit, der im

---

136 E. Pii, *L'„Esprit de commerce" nel pensiero politico di Montesquieu*, in *Studi politici in onore di Luigi Firpo, II*, ebenda, S. 602.

Gegensatz zu einer an Vergnügen orientierten Gesellschaft und Sklaverei steht, führt zu ihrem Selbstmord. Um die politische Freiheit zu erhalten und die Durchsetzung der naturrechtlich begründeten Gerechtigkeit zu garantieren reichte die Lehre von Cicero nicht aus. Die Theorie der geteilten Souveränität verbindet sich bei Montesquieu mit dem Ziel die politische Freiheit zu verwirklichen.

Zusammenfassung

Die Anekdote über die Troglodyten ist eine Beschreibung der Sitten und Bräuche eines freien Volkes und macht ihre Unvereinbarkeit mit einer zentralistischen Herrschaft des Königs deutlich. Montesquieu zufolge entspricht die zentralistische Entwicklung des politischen Systems einer Entartung der Sitten und Bräuche, da sie den Verlust der Tugend nach sich zieht. Der Verlust der Freiheit der Troglodyten, der mit der Unterwerfung unter die absolute Herrschaft des Königs eintritt, geht mit dem Ableben ihrer Tugend einher. Die Monarchie ist demnach Gegenstand der Kritik Montesquieus, solange sie einen absoluten Anspruch verfolgt und die Bedürfnisse ihrer Bürger missachtet.

Das Naturrecht (loi de la nature) steht in einem konfliktreichen Widerspruch zum Despotismus,[137] ermöglicht aber nicht allein die Gewährleistung von Gerechtigkeit. Die *Lettres persanes* enden mit dem Untergang der Gerechtigkeit, verkörpert durch den Selbstmord von Roxane. Troglodyten und Roxane vereint ein tragisches Schicksal: Die Troglodyten fallen unter die absolute Herrschaft des Königs und Roxane suizidiert sich, um sich aus den Fesseln des despotischen Serails zu befreien.[138] Naturrecht, Sitten und Bräuche stehen für Montesquieu im Widerspruch zu einer despotischen Herrschaft – aber sie sind unbewaffnet. Um das Naturrecht, die Sitten und Bräuche zu verteidigen erschienen ihm rechtliche Mittel, im Rahmen des öffentlichen Rechts, als unverzichtbar.

---

137 Paul Vernière geht richtig in der Annahme, dass die *Lettres persanes* von der Bestrebung eines naturrechtlichen Ideals geprägt sind. Siehe P. Vernière, *Préface* zu Montesquieu, *Lettres persanes*, ebenda, S. I-XLV.

138 Paul Hazard spricht ausdrücklich von einer „gaieté" der *Lettres persanes*. Wie gerade geschildert, sind diese Briefe allerdings keinesfalls Ausdruck einer heiteren Fröhlichkeit, sondern spiegeln die Sorge Montesquieus einer möglichen Degeneration der französischen Monarchie zum Despotismus wider. Siehe dazu P. Hazard, *La pensée européenne du XVIIIe siècle*, Paris, Boivin, 1946, S. 5–6.

2.7 *Esprit de conquête* und *esprit de commerce*

Ein weiteres Argument widerlegt die englische These und unterstützt gleichermaßen die römisch-tacitistische Interpretationslinie. Es betrifft die Kritik am Handel, als Zeichen des Expansionismus und damit auch an England, als Heimat des Handels. England wird von Montesquieu aufgrund seiner Handelstätigkeit gelobt. Wie aber bereits ausgeführt wurde, ist der Begriff des *commerce* bei Montesquieu nicht ausschließlich positiv besetzt, sondern hat auch einen negativen Beigeschmack.[139] Ein Hinweis darauf findet sich in dem Werk *De la politique:*[140]

> „In allen Gesellschaften, welche nichts anderes als eine geistige Einheit sind, bildet sich ein allgemeiner Charakter heraus. Diese universelle Seele nimmt ein geistiges bzw. mentales Kleid an, welches nichts anderes als die Verkettung von unendlich vielen Ursachen ist, welche sich über die Jahrhunderte hinweg vermehren und miteinander verbinden. Weil dieser Charakter gleichzeitig angeboten und empfangen wird, kann man sagen, dass nur er alleine es ist, der regiert; alles was die Herrscher, Richter sowie das Volk machen oder sich vorstellen – unabhängig davon, ob es diesem Charakter (*ton*) zuwiderläuft oder ihm entspricht – tritt immer in Bezug zu ihm: Er dominiert also bis zur totalen Zerstörung."

Der Charakter des 18. Jahrhunderts, den alle Nationen gemeinsam haben,[141] ist der *esprit de commerce*. Er entspricht einer neuen expansionistischen Tendenz, die Montesquieu zufolge die „totale Zerstörung" nach sich ziehen kann. Aus

---

139 Siehe dazu H. Ottmann, *Geschichte des politischen Denkens. Neuzeit*, ebenda, S. 450: „Als Montesquieu XIX, 27 noch einmal auf England zu sprechen kommt, meint man ein ganz anderes Land vor sich zu sehen. Nun ist England ein Land, das vom Kampf der Parteien und Interessen geschüttelt wird. In den nicht veröffentlichten Bemerkungen über England beklagt Montesquieu die Herrschaft des Geldes. ‚Es gibt Ehre und Tugend hier nicht als solche', sondern nur um des Geldes willen."

140 Eigene deutsche Übersetzung aus dem französischen Original Montesquieu, *De la politique*, in *Œuvres complètes*, I, ebenda, S. 114: „Dans toutes les sociétés, qui ne sont qu'une union d'esprit, il se forme un caractère commun. Cette âme universelle prend une manière de penser qui est l'effet d'une chaîne de causes infinies, qui se multiplient et se combinent de siècle un siècle. Dès que le ton est donné et reçu, c'est lui seul qui gouverne, et tout ce que les souverains, les magistrats, les peuples peuvent faire ou imaginer, soit qu'ils paroissent choquer ce ton, ou le suivre, s'y rapporte toujours, et il domine jusques à la totale destruction."

141 Montesquieu ist kein Vorläufer der Physiokratie, denn im Gegensatz zu den Physiokraten hatte er ein zwiespältiges Verhältnis zur Entwicklung des Handels. Während der Früh-Physiokrat Jean-François Melon den Handel als gänzlich positiv betrachtet, erkennt Montesquieu in ihm zwar einen gesellschaftlichen Fortschritt, aber gleichzeitig auch eine Ursache der Korruption. Außerdem schenkt Montesquieu, anders als die Physiokraten, dem Recht mehr Aufmerksamkeit als der Wirtschaft.

diesem Grund müsse der Expanisionismus, wie auch die politische Macht selbst, begrenzt werden. Dass Montesquieu den Handel als ein Mittel der expansionistischen Tendenz des Staates und als ein Zeichen der absoluten Macht des Herrschers interpretiert, geht aus seiner Kritik an der Theorie von Jean-François Melon hervor. Montesquieu stand Autoren wie Melon, die das Streben nach Luxus und den Handel als rein positive Entwicklungen betrachtet haben, ablehnend gegenüber. Auch ihrem Optimismus, dass mit dem Beginn der wirtschaftlichen Expansion die Zeit der militärischen Eroberungen vorübergegangen sein sollte, konnte er sich nicht anschließen. Da er die wirtschaftliche Entwicklung als eine neue Art von Eroberung betrachtet, als neue Form der Expansion, kritisiert er die von Melon vorgenommene begriffliche Differenzierung zwischen *esprit de conquête* (Eroberungsgeist) und *esprit de commerce* (Handelsgeist).

1734 veröffentlicht von Jean-François Melon den *Essai politique sur le commerce*. Gegenstand seines Essays ist eine historische Gegenüberstellung von Eroberungsgeist und Handelsgeist. Melon beschreibt darin die Dominanz des Eroberungsgeistes während des Mittelalters und der Antike und stellt diese Epochen in Gegensatz zu der Moderne, die sich durch einen zivilisierteren Handelsgeist auszeichnen würde.[142] Die Zeiten hätten sich laut Melon geändert. Zwar sei der Pöbel immer noch der gleiche, die Mittelschicht erschien ihm jedoch aufgeklärter („plus éclairé“) und reformorientiert zu sein.[143] Melon versucht dem Gesetzgeber Maßnahmen aufzuzeigen, wie dieser den Handel zum Wohl des Staates fördern könne. In seinem Essay drückt sich die Ethik des Bürgertums aus, die von einer direkten Verbindung zwischen Handel und Freiheit ausgeht. Auf Grund dieser Union müsse die wirtschaftliche Entwicklung frei sein und dürfe auf keinen Fall gebremst werden. Sein Liberalismus kannte keine Grenzen, so dass er die vollkommene Unterordnung der Rechtsordnung unter die wirtschaftlichen Bedürfnisse des Staates forderte. In dem der Gesetzgeber die utilitaristischen Leidenschaften der egoistischen und hedonistischen Menschen ausnütze, könne er sie zur Einhaltung der Rechtsordnung bewegen. Melon sieht nicht den Staat in der Verantwortung, die Sitten der Bürger aufrechtzuerhalten.[144] Außerdem dürfe der

---

142 Siehe dazu das Montesquieu gewidmete Kapitel in A. O. Hirschman, *The Passions and the Interests*, ebenda.

143 J. F. Melon, *Essai politique sur le commerce*, Nouvelle Edition, Amsterdam, F. Changuion, 1754, S. 2–25.

144 Ebenda, S. 82–83: „Ce progrès d'industrie n'a point de bornes; il est à présumer qu'il augmentera toujours, & que toujours il se présentera des besoins nouveaux, sur lesquels une industrie nouvelle pourra s'exercer.“ Eigene deutsche Übersetzung: „Dieser Fortschritt der Industrie kennt keine Grenzen; man kann annehmen, dass er immer weiter zunehmen wird und dass immer wieder neue Bedürfnisse entstehen werden, denen sich neue Industriezweige widmen können.“

Industrie nicht, aus Sorge die Moral des Bürgertums zu verderben, geschadet werden. Würde man den freien Handel beschränken, ginge das mit dem unerwünschten Verlust von Arbeitsmöglichkeiten einher. Der Staat solle deshalb, anstatt seine Kräfte gegen eine etwaige moralische Korruption der bürgerlichen Sitten einzusetzen, die Leidenschaften der Menschen für eigene Zwecke nutzen:[145]

> „Wenn die Menschen so viel Glück hätten, von den reinsten religiösen Prinzipien angetrieben zu werden, so wären keine Gesetze nötig; das Pflichtgefühl würde dem Verbrechen Einhalt gebieten und die Tugendhaftigkeit ermutigen. Leider sind es aber die Leidenschaften, welche die Menschen antreiben; der Gesetzgeber muss nichts anderes tun, als diese in den Dienst der Gesellschaft zu stellen."

Da Melon ein Menschenbild hat, das von egoistischen und eigennützigen Wesenszügen gepräg ist, sei es nicht das moralische Pflichtgefühl, das den Menschen zur Einhaltung der Gesetze motivieren würde, sondern das Eigeninteresse.

Um der Gesellschaft ihren Dienst zu erweisen, müsse der Gesetzgeber außerdem die „bonheur" der Mehrzahl der Bürger zum Ziel haben. Dass die Arbeiter nicht der Luxusindustrie zu Verfügung gestellt werden, habe zudem nichts mit moralischen Erwägungen zu tun; im Hintergrund stünden sozioökonomische und wirtschaftliche Berechnungen. Der Luxus wurde von Melon rein funktional betrachtet. In ihrem Streben nach Luxus würden die Menschen nichts anderem als ihrem persönlichen Nutzen („utilité particuliére") folgen.[146] Dieses Streben füge denen, deren Wünsche sich auf Güter primärer Notwendigkeit beschränken, keinen Schaden zu und würde stattdessen, wenn der Staat diese geschickt auszunutzen wisse, die Wirtschaft insgesamt beflügeln. Die Eitelkeit („vanité") des Luxus betrachtet Melon, gemeinsam mit der Gerechtigkeit und Wohltätigkeit, als die größten Tugenden.

Die Kritik an dem Streben nach Luxus wäre die Aufgabe der Religion. Da der Luxus jedoch keine Gefahr und darüber hinaus auch keine Bedrohung für die Moral darstelle, müsse der Staat diesen für seine wirtschaftlichen Interessen

---

145 Ebenda, S. 98–99. Eigene deutsche Übersetzung aus dem französischen Original: „Si les hommes étoient assez heureux pour se conduire par la pureté des maximes de la Religion, ils n'auroient plus besoin de Loix; le devoir serviroit de frein au crime, & de motif à la vertu; mais malheureusement ce sont les passions qui conduisent, & le Législateur ne doit chercher qu'à les mettre à profit pour la Société."

146 Ebenda, S. 113–115. Man vergleiche mit A. O. Hirschman, *The Passions and the Interests*, ebenda. Für Hirschman geht die Haltung Melons zum Handel auf eine breitere philosophische Strömung zurück, welche darauf abzielt die Leidenschaften der einzelnen Menschen in einen Nutzen für die Allgemeinheit zu verwandeln.

nutzen. [147] Die moralisch begründete Kritik am Luxus würde die Industrie gefährden. Melon wehrt sich gegen den negativ konnotierten Begriff des Luxus, der ihmzufolge lediglich eine leere Worthülse sei und daher aus der wirtschaftlichen und politischen Sprache ausgeschlossen werden solle. Die negative Bewertung des Luxus hätte zur Folge, dass die wirtschaftliche Entwicklung der Gesellschaft an ihrer Quelle behindert werde.[148] Melon stellt nicht nur eine Verbindung zwischen Freiheit mit Handel her, sondern auch zwischen Luxus mit Freiheit.

Jede juristische Regulierung der Wirtschaft ist ihm ein Dorn im Auge, weshalb er mit Blick auf Frankreich zufrieden feststellt: „Solange sich unsere Politik perfektioniert haben, sind die Gesetze gegen den Luxus weniger geworden".[149] Melon weist den Luxus als Indikator einer florierenden Gesellschaft aus und als notwendige Bedingung für ihren Erhalt und Wohlstand.[150] Luxus sei eine Form der innergesellschaftlichen Expansion, was früher in und durch die Kolonien geleistet worden war, werde nun in das Landesinnere verlegt. Anstatt die Bürger in ausländische Kolonien zu schicken rät Melon sie im Land selbst, in der Produktion von Luxusgütern, zu beschäftigen.[151]

Seine Einschätzung bestätigt die Parallele zwischen Expansionismus und wirtschaftlicher Entwicklung, welche, wenn gleich in anderer Form, auch von Montesquieu erkannt wurde. Melon selbst stellt den Vergleich zwischen Luxus und Kolonialismus an. Der Wunsch nach Luxus schwäche keine Nation, sondern stelle einen Ansporn zur grundsätzlich positiven Handelstätigkeit dar.[152] Melon, aber auch Voltaire, der ihm in dieser Ansicht folgt, stellen einen Übergang vom Eroberungsgeist zum Handelsgeist fest. Montesquieu kann diese Überzeugung nicht teilen. Er kann keine klare Trennung zwischen Eroberungsgeist und

---

147 Ebenda: „Mais nous l'avons déjà dit, les hommes se conduisent rarement par la Religion: c'est à elle de tâcher de détruire le Luxe, & c'est à l'Etat à la tourner à son profit"

148 Ebenda, S. 105: „Le terme de Luxe est un vain nom, qu'il faut bannir de toutes les opérations de Police & de Commerce; parce qu'il ne porte que des idées vagues, confuses, fausses, dont l'abus peut arrêter l'Industrie même dans sa source."

149 Eigene Übersetzung aus dem französischen Original, ebenda, S. 107: „Nos Lois somptuaires ont diminué à la mesure que notre Police c'est perfectionnée."

150 Ebenda, S. 98–99: „Le Luxe est une somptuosité extraordinaire que donnent les richesses & la sécurité d'un Gouvernement; c'est une suite nécessaire de toute Société bien policée."

151 Ebenda, S. 100: „Le Législateur peut penser au Luxe comme des Colonies. Lorsqu'un Etat a les hommes nécessaires pour les Terres, pour la Guerre, & pour les Manifactures, il est utile que le surplus s'employe aux Ouvrages du Luxe, puisqu'il ne reste plus que cette occupation ou l'oisivité; & qu'il est bien plus avantageux de retenir les Citoyens dans le lieu de la domination, quand ils trouvent à vivre, que de les envoyer dans les Colonies où l'on ne travaille que pour le Luxe."

152 Ebenda, S. 101–102.

Erhaltungsgeist erkennen und betrachtet die Epoche der Eroberung und die des Handels in einer engen Kontinuität.

Die Gesellschaft zur Zeit Montesquieus war von einem tiefgreifenden wirtschaftlichen Wandel und von einer unstillbaren Konkurrenzdynamik geprägt. Laut Montesquieu fand hier lediglich eine Verschiebung statt: Die „Größe" des Staates bemaß sich auf der Basis seiner wirtschaftlichen Expansion und war Ausdruck einer neuen Art der Eroberung. Diese Sichtweise Montesquieus ergibt sich auch aus der folgenden Passage des dritten Kapitels des Buches I des *Esprit des lois:*[153]

> „Der Sieg ist Zweck des Krieges. Die Eroberung ist Zweck des Sieges. Die Erhaltung ist Zweck der Eroberung. Von diesem sowie dem voraufgehenden Prinzip sollten alle Gesetze abstammen, die das Völkerrecht bilden."

Einen weiteren Beleg für die von Montesquieu aufgestellte Gleichung zwischen Eroberung und wirtschaftlichem Wachstum ist seinem Urteil über die Spanier zu entnehmen. Die Spanier wären, gleich den Römern, nicht in der Lage gewesen ihren Eroberungsgeist in einen Handelsgeist umzuwandeln und hätten mit dem fiktiven Reichtum („richesses de finctions"), also dem vom neuen Kontinent importierten Gold, vorliebgenommen. Während die Spanier „Eroberer" geblieben wären, hätten die Engländer und die Holländer neue Konstruktionen geschaffen: Spaniens Reichtum (das aus Mexiko und Peru importierte Gold und Silber) sei dem Land nicht selbst zugutegekommen, sondern stattdessen England und Holland, die einen Weg gefunden hätten, diese Metalle zu verwerten. Die Engländer und Holländer wären im Stande gewesen die Ziele der Eroberung mit anderen Mitteln zu verfolgen.[154]

---

153 Montesquieu, *Vom Geist der Gesetze*, ebenda, S. 103. *De l'Esprit des lois*, L. I, 3, ebenda, S. 237: „L'objet de la guerre, c'est la victoire; celui de la victoire, la conquête; celui de la conquête, la conservation. De ce principe et du précédent doivent dériver toutes les lois qui forment le droit des gens." Montesquieu beharrte darauf: „L'objet de la conquête est la conservation"; aus dem L. X, c. III, ebenda, S. 379. Ähnliches findet sich im dritten Kapitel des Buches Nr. X, welches den Titel *Du droit de conquête* trägt. Siehe dazu L. X, III, S. 378: „La conquête est une acquisition; l'esprit d'acquisition porte avec lui l'esprit de conservation et d'usage, et non pas celui de destruction." *Vom Geist der Gesetze*, ebenda, S. 206: „Die Eroberung ist eine Aneignung. Im Geist der Aneignung liegt der Geist der Bewahrung und Nutzung, nicht aber der Geist der Zerstörung."

154 Montesquieu, *Considérations sur la richesse de l'Espagne*, in *Œuvres complètes*, II, ebenda, Art. 3, S. 13: „Pendant que l'Espagnols étoient maîtres de l'or et de l'argent des Indes, les Anglois et les Hollandois trouvérent sans y penser le moyen d'avilir ces métaux; ils établirent des banques et des compagnies et par de nouvelles fictions ils multiplièrent tellement les signes des nouvelles denrées que l'or et l'argent ne firent plus cet office qu'en patrie." Eigene Übersetzung: „Während es die Spanier waren, die zu den Herren über das Gold und Silber in den neuen Kolonien bzw. in

Montesquieu war überzeugt, dass keine Nation die imperialistische Ausdehnung der antiken Römer wiederholen könne: „Man kann sich die Frage stellen, ob sich in dem heutigen Zustand Europas ein Volk ergeben kann, das wie die Römer, die anderen ständig beherrscht. Ich gehe davon aus, dass eine solche Möglichkeit moralisch unmöglich geworden ist.“[155] Dieser Passage ist eine antiexpansionistische Auffassung inhärent. Da die wirtschaftliche Expansion in der Form des Handels den Eroberungsgeist lediglich auf eine andere Ebene verschiebt, war laut Montesquieu das expansionistische Element der zeitgenössischen Nationen weiterhin existent. Eroberung und Handel sind Begriffe, die von Montesquieu auf widersprüchliche Art und Weise verwendet werden: Einerseits missbilligt er die Eroberungen der Spanier und der Römer, lobt aber die Eroberungen der Franken und bewundert den englischen Handel, weil er annahm, dass dieser mit der englischen Verfassung zusammenhinge. Der Handel ist demnach Bote des Friedens, der die Sitten sanfter werden lässt. Andererseits meint Montesquieu, dass der Eroberungsdrang in lediglich veränderter Gestalt weiterhin fortbestünde: Der Krieg wird nicht mehr mit Waffen, sondern mit wirtschaftlichen Mitteln ausgetragen.

Montesquieu teilt einige Ansätze Melons, doch übersieht dabei nicht die problematischen Folgen des Handels. Er erkennt, dass wirtschaftliche Expansion auch zu neuen Ungleichheiten zwischen den Nationen führen kann (für einige verarmte Nationen, wie etwa Polen, konnte er darüber hinaus sogar schädlich sein, weshalb er diesem Land wirtschaftliche Isolation empfahl).[156] Der Handel

---

Amerika wurden, entdeckten die Engländer und die Holländer, ohne es zu wollen, eine Methode, um diese Metalle zu entwerten: sie gründeten Banken und Gesellschaften und konnten durch neue Fiktionen den Wert der neuen Währungen dermaßen anheben, dass Gold und Silber ihren Wert nur mehr in ihren Heimatländern bewahren konnten.“ Montesquieus Urteil über die holländischen „*canailles*“ ist deutlich und in keinem Fall „zwiespältig“.

155 Eigene deutsche Übersetzung aus Montesquieu, *Réflexions sur la Monarchie universelle en Europe*, in *Œuvres complètes*, Bd. II, ebenda, S. 19: „C'est une question qu'on peut faire si, dans l'état où est actuellement l'Europe, il peut arriver qu'un peuple y ait, comme les Romains, une superiorité constante sur les autres. Je crois qu'un pareille chose est devenue moralement impossible.“ Die *Réflexions* sind in dem Jahr 1734 entstanden. Siehe C. Larrère-F. Weil, *Introduction* zu Montesquieu, *Réflexions sur la Monarchie universelle en Europe*, in *Œuvres complètes*, Bd. II, Oxford – Neapel, Voltaire Foundation-Istituto Italiano per gli Studi Filosofici, 2000, S. 321–327.

156 Hierzu verweise ich auf D. Quaglioni, *Montesquieu e Véron de Forbonnais. Un contributo di Eluggero* Pii, „Il pensiero politico“, 2001, S. 200–208. E. Pii, *Montesquieu e Véron de Forbonnais. Appunti sul dibattito settecentesco in tema di commercio*, „Il pensiero politico“, 1977, S. 262–389, S. 363 (eigene Übersetzung des Zitats). Der französische Ökonom, Véron de Forbonnais, hat hingegen versucht dem Handel eine maßgebliche Rolle in der Zivilisationsgeschichte zuzuschreiben; dadurch sollte das Bürgertum, also der Dritte Stand, gemeinsam mit dem Handel geadelt werden. Véron de Forbonnais hatte Montesquieu kritisiert, weil dieser den Dritten Stand

und mit ihm die wirtschaftliche Entwicklung eines Landes hat eine ambivalente, nicht rein positive Bedeutung für Montesquieu.[157] Während er Rom und England aufgrund ihrer Handelstätigkeit lobt, kritisiert er die Folgen wirtschaftlicher Expansion an anderer Stelle. Sie hätte auch schreckliche Nachteile und verursache neues Unrecht zwischen armen und reichen Nationen.[158] Der Handel resultiert aus

---

aus dem Gesamtgefüge der Gesellschaft ausgeschlossen hatte. Laut Véron de Forbonnais führe der Handel zu Reichtum und generiere dadurch die „puissance de l'Etat", also Expansion. Die Eroberungen des modernen Zeitalters sind laut Véron nicht Werk des Adels, sondern der Händler. Dem entspringt seine Kritik an Montesquieu, der den Dritten Stand außer Acht lässt. Véron ist Autor des *Extrait chapitre par chapitre du livre de l' „Esprit des lois", avec des observations sur quelques endroits particuliers de ce livre et une Idée de toutes les critiques qui en ont été faites* (in den „Oposcules des M. Freron", Bd. III, Amsterdam, 1753); sowie auch der *Réflexions sur la nécessité de comprendre l'étude du commerce et des finances dans celle de la politique* (Anhang zu Véron de Forbonnais, *Considérations sur les finances d'Espagne*, Dresden, chez les Freres Estienne 1755) und des *Lettre à M.F. ou examen politique des prétendus inconveniens de la faculté de commercer en gros, sans déroger à sa noblesse* (1756).

157 Siehe auch C. Spector, *Commerce* in *Le vocabulaire de Montesquieu*, Paris, Ellipses, 2001, S. 8–10.

158 Ein Beweis dafür findet man in der folgenden Passage: Montesquieu, *De l'Esprit des lois*, L. XX, c. 23, ebenda, S. 599–600: „Mais les effets mobiliers, comme l'argent, les billets, les lettres de change, les actions sur les compagnies, les vaisseaux, toutes les marchandises, appartiennent au monde entier, qui, dans ce rapport, ne compose qu'un seul État, dont toutes les sociétés sont les membres: le peuple qui possède le plus de ces effets mobiliers de l'univers, est le plus riche. Quelques États en ont une immense quantité; ils les acquièrent chacun par leurs denrées, par le travail de leurs ouvriers, par leur industrie, par leurs découvertes, par le hasard même. L'avarice des nations se dispute les meubles de tout l'univers. Il peut se trouver un État si malheureux qu'il sera privé des effets des autres pays, et même encore de presque tous les siens: les propriétaires des fonds de terre n'y seront que les colons des étrangers. Cet État manquera de tout, et ne pourra rien acquérir; il vaudroit bien mieux qu'il n'eût de commerce avec aucune nation du monde: c'est le commerce qui, dans les circonstances où il se trouvoit, l'a conduit à la pauvreté." (*Vom Geist der Gesetze*, ebenda, S. 343: „Die beweglichen Sachen aber, wie Geld, Schuldscheine, Wechsel, Aktien der Handelsgesellschaften, Schiffe sowie alle Handelswaren, gehören aller Welt. In dieser Hinsicht bildet die ganze Welt nur einen einzigen Staat. Alle Mitglieder sind seine Mitglieder. Das Volk, das von diesen beweglichen Sachen des Erdkreises am meisten besitzt, ist am reichsten. Einige Staaten haben eine riesige Menge davon im Besitz. Jedes einzelne Stück erwerben sie durch ihre Landesprodukte, durch die Arbeit ihrer Werkleute, durch ihre Gewerbe, ihre Erfindungen, ja sogar durch den Zufall. Die Habgier der Nationen streitet sich um die beweglichen Güter des ganzen Erdkreises. Ein Staat kann so schlecht daran sein, daß er von allen Werten anderer Länder entblößt ist, ja auch von fast allen eigenen. Die Eigentümer des Grundes und Bodens sind bei ihm dann nur noch die Hörigen der Fremden. Solch einem Staat fehlt alles, und er kann nichts erwerben. Er täte am besten daran, mit keiner Nation der Welt Handel zu treiben. Unter den ihm eigenen Verhältnissen hat ihn nämlich gerade der Handel in die Armut gebracht.") Siehe E. Pii, *Montesquieu e l'esprit de commerce*, in *Leggere l'Esprit de Loix: Stato, società e storia nel pensiero di Montesquieu*, hrsg. von D. Felice Neapel, Liguori, S. 165–201.

dem Eroberungsgeist, weil er der Phase der „conservation et de l'usage" (Erhaltung und Gewohnheit) entspricht. Der Handel perpetuiere den Willen zur Eroberung, anstatt ihn zu ersetzen.[159]

2.8 Tacitus als Grundlage für die Interpretation der römischen Verfassungsgeschichte

Nach dem nun die differenzierte Betrachtung Montesquieus der Wirtschaft herausgearbeitet wurde, wird im Folgenden gezeigt, dass Montesquieu Tacitus auch im Hinblick auf die römische Verfassungsgeschichte gefolgt ist.

Tacitus missfiel die Umwandlung der römischen Republik in ein imperiales Kaisertum. Er schätzte die römischen Tugenden und ihre Rechtsordnung, welche im Zuge der Kaiserzeit verloren gegangen war und eine starke Ähnlichkeit mit dem Modell der geteilten Souveränität aufwies.

In seinem Werk *Considérations sur les causes de la grandeur des Romains et de leur décadence* schließt sich Montesquieu dieser Rekonstruktion der römischen Geschichte Tacitus' an. Das imperiale Rom hatte die Sitten und Bräuche und „öffentlichen Tugenden" des republikanischen Roms verraten und dessen Verfassung korrumpiert.[160] Das Kaisertum ist Ausdruck des Expansionismus und der Größe Roms. Die Eroberungen schufen neuen Reichtum, der Reichtum wiederum schuf Luxus – dem wiederum Korruption und Dekadenz folgten.[161] Montesquieu

---

159 E. Pii, *L'„Esprit de commerce" nel pensiero politico di Montesquieu*, in *Studi politici in onore di Luigi Firpo*, II, ebenda, S. 611–612.

160 M. J. Rainer, *Die Römische Republik, Montesquieu und die Amerikanische Verfassung*, in *Calamus. Festschrift für Herbert Graßl zum 65. Geburtstag*, ebenda, S. 394–402. So Rainer: „1734 hatte Montesquieu sowohl sein Werk *Considérations sur les causes de la grandeur des Romains et de leur décadence* als auch das XI. Buch vom Geist der Gesetze vollendet. So heißt es gegen Ende des 8. Kapitels der *Considérations:* „Die Regierung Roms war bewundernswert, derart, dass seit ihrer Entstehung die Verfassung der Römer, sei es durch den Geist des Volkes, sei es durch die Kraft des Senats oder sei es durch die Autorität gewisser Amtsträger, derart war, dass jeder Missbrauch einer Gewalt jederzeit korrigiert werden konnte." Diese Idee wird noch ein weiteres Mal hervorgehoben. So heißt es im 4. Kapitel des XI. Buches: „Auf dass die Macht nicht zum Missbrauch führe, bedarf es durch die (= verfassungsmäßige) Ordnung der Dinge, dass die eine Gewalt die andere stoppen kann: Pour qu'on ne puisse abuser du pouvoir, il faut que, par dispositions des choses, le pouvoir arrête le pouvoir."

161 Siehe P. Andrivet et C. Volpilhac-Auger, *Introduction à Montesquieu, Considérations sur les causes de la grandeur des Romains et de leure decadence*, in *Œuvres complètes de Montesquieu*, textes établis, présentés et annotés par C. Volpilhac-Auger, Oxford, Voltaire Foundation – Neapel, Istituto Italiano per gli Studi filosofici, 2000, S. 3–35. „L'histoire n'est donc pas faite pour glorifier, mais pour dénoncer – et Montesquieu ne se prive pas de juger les Romains de manière imp-

kritisiert den Expansionismusdrang Roms, den er für die Sittenkorruption und Staatsdekadenz verantwortlich macht:[162]

> „Die Vergrößerung des Staates bewirkte die Vergrößerung der Privatvermögen. Aber da der Überfluß nur auf den Sitten und nicht auf den Reichtümern beruht, brachte der immerhin begrenzte Reichtum der Römer einen Luxus und seiner Verschwendung hervor, die es noch nie gegeben hatte. Jene, die anfangs durch ihre Reichtümer verdorben worden waren, wurden es später durch ihre Armut. Mit Gütern, die das Maß eines durchschnittlichen Privatvermögens überstiegen, war es schwer, ein guter Bürger zu sein. Mit dem Wunsche und der Sehnsucht nach einem großen und verlorenen Vermögen war man zu jedem Anschlag bereit, und, wie Sallust sagt, man sah eine Generation von Menschen, die weder Vermögen hatten, noch dulden wollten, daß andere solchen besaßen."

Die Größe Roms, seine Ausdehnung, wäre die Ursache seiner Dekadenz gewesen. Einer Dekadenz, die unentrinnbaren geschichtlichen Gesetzen[163] unterworfen wäre – Rom sei zum Untergang verurteilt gewesen.[164] Montesquieu übte strenge Kritik an den römischen Kaisern; der Ruin Roms wäre nicht Folge kriti-

---

itoyable. Les titres de chapitre ne sont dévolus qu'à des ennemis de la Ville, Annibal, Mithridate, capitaines exceptionnels, ou à ceux des Romains qui lui ont fait plus de mal que de bien: Sulla, Pompée, César, Auguste, Tibère, Justinien. Ainsi cette ‚hitoire romaine', sans une seule date, est aussi sans héros" (S. 21). Siehe J. Erhard, *„Rome enfin que je hais"*, in *Storia e ragione*, hrsg. von A. Postigliola, Neapel, Liguori, 1986, S. 23–32.

162 Montesquieu, *Größe und Niedergang Roms*, hrsg. von L. Schuckert, Frankfurt am Main, Fischer, 1980, S. 62; *Considérations sur les causes de la grandeur des Romains et de leure décadence,* ebenda, c. X, in *Œuvres complètes,* ebenda, S. 121–122: „La grandeur de l'État fit la grandeur des fortunes particulières. Mais, comme l'opulence est dans les mœurs et non pas dans les richesses, celles des Romains, qui ne laissoient pas d'avoir des bornes, produisirent un luxe et des profusions qui n'en avoient point. Ceux qui avoient d'abord été corrompus par leurs richesses, le furent ensuite par leur pauvreté. Avec des biens au-dessus d'une condition privée, il fut difficile d'être un bon citoyen: avec les désirs et les regrets d'une grande fortune ruinée, on fut prêt à tous les attentats; et, comme dit Salluste, on vit une génération de gens qui ne pouvoient avoir de patrimoine, ni souffrir que d'autres en eussent."

163 Siehe diesbezüglich P. Andrivet, *„Rome enfin que je hais..."*, ebenda, S. 13–15.

164 Montesquieu, *Considérations sur les causes de la grandeur des Romains et de leure décadence,* ebenda, c. XI, S. 129: „Si César et Pompée avaient pensé comme Caton, d'autres auraient pensé comme firent César et Pompée, et la République, destinée à périr, aurait été entraînée au précipice par une autre main." *Größe und Niedergang Roms*, ebenda, S. 71: „Wenn Caesar und Pompeius wie Cato gedacht hätten, so würden andere wie Caesar und Pompeius gedacht haben, und die einmal zum Untergange bestimmte Republik wäre durch eine andere Hand in den Absturz hinabgersissen worden." Montesquieu, *Considérations sur les causes de la grandeur des Romains et de leure décadence,* ebenda, c. XI, S. 124:. „La République devant nécessairement périr, il n'était plus question que de savoir comment, et par qui elle devait être abattue." *Größe und Niedergang Roms*, ebenda, S. 67: „Da die Republik notwendigerweise untergehen mußte, war nur noch die Frage, wie und durch wen sie gestürzt werden würde."

scher Stimmen und interner Streitigkeiten, sondern seiner Expansion gewesen.[165] Die Dekadenz Roms fand schließlich ihren Höhepunkt in der uneingeschränkten Autorität eines Einzelnen („l'autorité sans bornes d'un seul") und in dauerhafter Untertänigkeit („servitude durable") der Bürger:[166]

165 Montesquieu, *Considérations sur les causes de la grandeur des Romains et de leur décadence,* ebenda, c. IX, S. 119. „On n'entend parler dans les auteurs que des divisions qui perdirent Rome. Mais on ne voit pas que ces divisions y étaient nécessaires, qu'elles y avaient toujours été, et qu'elles y devaient toujours être. Ce fut uniquement la grandeur de la République qui fit le mal, et qui changea en guerres civiles les tumultes populaires. Il fallait bien qu'il y eût à Rome des divisions, et ces guerriers si fiers, si audacieux, si terribles au-dehors, ne pouvaient pas être bien modérés au-dedans. Demander, dans un État libre, des gens hardis dans la guerre et timides dans la paix, c'est vouloir des choses impossibles, et, pour règle générale, toutes les fois qu'on verra tout le monde tranquille dans un État qui se donne le nom de république, on peut être assuré que la liberté n'y est pas. Ce qu'on appelle union dans un corps politique est une chose très équivoque: la vraie est une union d'harmonie, qui fait que toutes les parties, quelque opposées qu'elles nous paraissent, concourent au bien général de la société, comme des dissonances dans la musique concourent à l'accord total. Il peut y avoir de l'union dans un État où l'on ne croit voir que du trouble, c'est-à-dire une harmonie d'où résulte le bonheur, qui seul est la vraie paix. Il en est comme des parties de cet univers, éternellement liées par l'action des unes et la réaction des autres." (*Größe und Niedergang Roms*, ebenda, S. 58: „Man hört bei den antiken Autoren immer nur von den Uneinigkeiten reden, die Rom zugrunde gerichtet haben. Aber man sieht nicht, daß diese Uneinigkeiten notwendig waren, daß sie stets in Rom bestanden hatten und immer dort sein mußten. Allein die Ausdehnung der Republik verursachte das Unglück und verwandelte die Unruhen des Volkes in Bürgerkriege. Es mußte sehr wohl in Rom Uneinigkeiten geben, und die draußen so stolzen, so wagemutigen und so furchtbaren Krieger konnten nicht in der Stadt mäßig und gelassen sein. In einem freien Staate Menschen zu verlangen, die im Kriege kühn und im Frieden furchtsam sind, heißt Unmögliches fordern. Man kann das als eine allgemeine Regel gelten lassen, daß man, wenn man in einem Staate, der sich Republik nennt, jedermann ruhig vorfindet, sicher sein kann, daß dort keine Freiheit herrscht. Was man bei einem politischen Gebilde als Einheit bezeichnet, ist eine sehr unbestimmte Sache. Die wahre Einheit ist harmonische Einheit, die bewirkt, daß alle Teile, so entgegen gesetzt sie auch immer erscheinen mögen, zum allgemeinen Wohl der Gesellschaft beitragen, so wie alle Dissonanzen in der Musik sich zum totalen Akkord vereinigen. Es kann in einem Staate, in dem man nur Unruhe wahrzunehmen glaubt, Einheit geben, d. h. eine Harmonie, aus der das Glück entspringt, das allein der wahre Friede ist. Es ist damit wie mit den Teilen dieses Weltganzen, die durch actio und reactio in Ewigkeit verbunden sind.")

166 Montesquieu, *Größe und Niedergang Roms*, ebenda, S. 82; *Considérations sur les causes de la grandeur des Romains et de leur décadence,* ebenda, c. XIII, S. 138 – 139: „Auguste (c'est le nom que la flatterie donna à Octave) établit l'ordre, c'est-à-dire une servitude durable; car, dans un État libre où l'on vient d'usurper la souveraineté, on appelle règle tout ce qui peut fonder l'autorité sans bornes d'un seul, et on nomme trouble, dissension, mauvais gouvernement, tout ce qui peut maintenir l'honnête liberté des sujets."

> „Augustus (diesen Namen gab die Schmeichelei dem Octavian) stellte die Ordnung her, d. h. eine dauerhafte Knechtschaft. Denn in einem freien Staate, in dem man soeben die uneingeschränkte Herrschaft usurpiert hat, nennt man alle die Ordnung, was die unbegrenzte Autorität eines einzelnen begründet kann. Und man nennt Unruhe, Empörung und Regierungsmißbrauch, was die ehrenhafte Freiheit der Untertanen erhalten könnte."

Wie zuvor Tacitus, beurteilte auch Montesquieu die Entwicklung des römischen Staates in ein Kaisertum negativ.[167] Die Konzentration der Macht, in den Händen einer einzigen Person, hätte Rom in den Zustand einer „épouventable tyrannie des empereurs" geführt. Ihr lag die Gewohnheit zur Eroberung zugrunde, die nun aber nicht mehr bloß nach außen, sondern auch gegen die eigenen Bürger gerichtet war.[168] Montesquieu schrieb: „On ne peut jamais quitter les Romains".[169] Bereits der junge Montesquieu hatte eine gewisse Faszination für Rom verspürt und auch für den bereits reiferen Autor des *Esprit des lois* stellte Rom weiterhin einen unverzichtbaren Bezugspunkt dar: Es besteht ein roter Faden, welcher die jugendliche Bewunderung Ciceros und die Wertschätzung Tacitus' mit der Theorie der Gewaltenteilung verbindet.[170]

Zusammenfassung

Die Kritik am politischen und verwaltungstechnischen Zentralisierungsprozess Frankreichs verbindet Montesquieu mit einer vehementen Verurteilung der Expansion: Er hätte zum Ruin Roms geführt und würde nun auch Frankreichs Untergang besiegeln. Tacitus' *Germania* fungiert als Spiegel der politischen Freiheit, welche die alten Franken noch besaßen und von deren Verlust die Franzosen im 18. Jahrhundert auf Grund ihres absolutistischen Staatsapparats betroffen wa-

---

167 Siehe V. de Senarclens, *Montesquieu historische Herangehensweise*, in *Montesquieu zwischen den Disziplinen. Einzel- und kulturwissenschaftliche Zugriffe*, ebenda, S. 132–133.

168 Montesquieu, *Considérations sur les causes de la grandeur des Romains et de leur décadence*, ebenda, c. XV, S. 147–148.

169 „On ne peut jamais quitter les Romains: c'est ainsi qu'encore aujourd'hui, dans leur capitale, on laisse le nouveaux palais pour aller chercher des ruines; c'est ainsi que l' œil qui s'est reposé sur l'émail des prairies aime à voir les rochers et les montagnes." Siehe Montesquieu, *De l'Esprit des lois*, L. XI, c. 8, ebenda, S. 414. (*Vom Geist der Gesetze*, ebenda, S. 236: „Immer wieder kommt man auf die Römer zurück. So geht es einem noch heute in ihrer Hauptstadt: man läßt die neuen Palazzi und sucht nach Ruinen – so wie das Auge, das auf der Farbenpracht der Wiesen geruht hat, sich am Anblick der Felsen und Gebirge ergötzt.")

170 Siehe P. Andrivet, *„Rome enfin que je hais..."*, ebenda, S. 15.

ren.[171] Darüber hinaus zog Montesquieu die *Germania* für die Interpretation der römischen Geschichte heran und ließ sich durch die Beschreibung der republikanischen Rechtsordnung zu einer verfassungsrechtlichen Theorie inspirieren.

171 A. M. Battista, *La ‚Germania' di Tacito nella Francia illuminista*, in *La fortuna di Tacito dal sec. XV ad oggi*, ebenda, S. 34. Die Autorin bezieht sich auf die Passage im zweiten Kapitel des Buches Nr. XXXI des *Esprit* (S. 882), in der Montesquieu Cesar und Tacitus zitiert, „qui abrégeait tout, parce qu'il voyait tout". Man vergleiche mit Montesquieu, *Dossier sur l'Esprit des lois*, in *Œuvres complètes*, Fragment 416, ebenda, S. 1112. Vergleiche P. Martin, *Tacite, source privilégée de Montesquieu*, in *Présence de Tacite. Hommage au Professeur G. Radke*, ebenda, S. 172–173: „Le raisonnement de Montesquieu se fait en deux temps: il commence par montrer l'influence du milieu sur les moeurs des Germains; puis, constatant la similitude de leurs moeurs antiques avec les codes barbares des lois féodales, il en conclut à la filiation des moeurs germaniques antiques aux lois féodales établies par les conquérants germaniques de l'Empire romain. Soulignons que, sans la lecture attentive que Montesquieu a faite de la Germanie de Tacite, cette démonstration n'aurait pas pu être faite". Siehe dazu auch U. Roberto, *Montesquieu, i Germani e l'Identità Politica Europea*, in *Libertà, necessità e storia. Percosi dell' Esprit des lois di Montesquieu*, hrsg. von D. Felice, Neapel, Bibliopolis, 2003, S. 277–279.

3 Konsequenzen der tacitistischen Primärquelle für die Interpretation Montesquieus

Der folgende Abschnitt wird zeigen, dass die Theorie der Gewaltenteilung kein rationales Modell englischen Ursprungs darstellt, sondern das Modell einer geteilten Souveränität, im Sinne der römischen Geschichtsschreibung Tacitus'. Diese Annahme steht im Widerspruch zu der Interpretation Montesquieus, als Befürworter der Unterwerfung der Richter unter den Wortlaut des Gesetzes. Die Argumente, die zu diesem Zweck aufgeführt werden, lassen sich folgendermaßen zusammenfassen:

1. Montesquieu betrachtet die ursprüngliche Monarchie Frankreichs durch die Brille der römischen Geschichtsschreibung, was zu dem Schluss führt, dass er sich vielmehr auf die juristische Tradition, als auf das neue Szenario in England bezog.

2. Die Monarchie Englands, die aus dem König, aus dem Parlament (Adelsvertretung und Volksvertretung) und aus der Gerichtsbarkeit bestand, ist kein politischer Vorschlag von Montesquieu für das damalige Frankreich. Seine Theorie entwickelt er innerhalb der monarchischen, historischen Erfahrung Frankreichs.

3. Montesquieu unterscheidet zwischen drei Regierungsformen: Monarchie, Republik (in den zwei Varianten aristokratisch und demokratisch) und Despotismus. Dieses Schema ist aber rein theoretisch, denn Montesquieu waren keine echten Republiken bekannt.[173] Deshalb gab es für ihn nur zwei tatsächliche Optionen: Monarchie oder Despotismus.

4. Um den Despotismus zu verhindern sollte laut Montesquieu die Souveränität geteilt und ein System von Gegengewichten errichtet werden, in dem sich die verschiedenen Gewalten und Kräfte wechselseitig beschränken. Aus dieser Perspektive stehen Monarchie und Aristokratie in einem Gleichgewicht und es wäre demzufolge undenkbar, dass Montesquieu die Zwischenkörper der Parlamentsgerichtshöfe, die aus dem Adel bestanden, als nichtig und der legislativen Gewalt untergeordnet verstand. In der französischen Tradition der Monarchie war die

173 S. Rotta, *Il pensiero politico francese da Bayle a Montesquieu*, in *Storia delle idee politiche, economiche e sociali*, IV, Turin, Utet, 1975, S. 177–236. Laut Rotta ist der Richter der legislativen Gewalt nur im Rahmen der republikanischen Rechtsordnung unterworfen. Die republikanische Rechtsordnung war jedoch zur Zeit Montesquieues rein theoretischer Natur und entsprach nicht einer realen Möglichkeit.

https://doi.org/10.1515/9783110673036-007

legislative Gewalt in den Händen des Königs und die Zwischenkörper dienten als verfassungsrechtliche Beschränkung seiner Macht.[174]

Entweder bot Montesquieu ein parlamentarisches System englischen Ursprungs an, woraus sich die Unterordnung der Gerichtsbarkeit der legislativen Gewalt ableiten würde, oder aber er bemühte sich um die Verteidigung der ursprünglichen Monarchie, woraus sich der Richter als reelles Gegengewicht ergeben würde. Das einzig realistische und denkbare Szenario schien Montesquieu die Monarchie und ihre mögliche Degeneration in Despotismus zu sein.

3.1 Monarchie und Despotismus

Dieser Teil wird beweisen, dass die von Montesquieu dargestellte Dreiteilung der Regierungsformen (Monarchie, Republik und Despotismus) rein theoretischer Natur war und in dem politischen Szenario Frankreichs seiner Zeit lediglich die Option von Monarchie und Despotismus bestand.

Montesquieu differenziert zwischen drei mögliche Arten von Regierungen: Republik, Monarchie und Despotismus. Eine republikanische Regierung impliziert für ihn, dass das Volk, oder ein Teil davon, im Besitz der souveränen Macht im Staate ist („puissance souveraine")[175]. Eine monarchische Regierung hingegen zeichnet sich durch die Herrschaft eines einzigen Mannes aus, der an feststehende und stabile Gesetze gebunden ist. Zwar fußt auch die despotische Regierung auf der Herrschaft einer einzigen Person, sie ist jedoch eine, die nach freier Willkür schalten und walten kann – nämlich ohne sich an Gesetze und Regeln zu halten. Das zweite Buch des *Esprit des lois* ist der Natur dieser drei Regierungen gewidmet, sowie den Gesetzen, die aus diesen abgeleitet werden können. Diese Gesetze sah Montesquieu als „grundlegend" an.[176] Der Natur dieser drei Regierungsarten

174 Ebenda. Im Hinblick auf die Parlamentsgerichtshöfe siehe F. Bluche, *L'origine des magistrats du Parlement de Paris au XVIIIe siècle*, ebenda.

175 Montesquieu, *De l'Esprit des lois*, L. II, c. 1, ebenda, S. 239. Es bestehen zwei Varianten der republikanischen Regierung: eine demokratische („le peuple en corps", „das Volk als Körperschaft") und eine aristokratische. Montesquieu bemerkt hierzu, dass das Volk in dieser Regierungsform sowohl Herrscher als auch Beherrschter ist. „La volonté du souverain est le souverain lui même." („Der Wille des Souveräns ist der Souverän im eigentlichen Sinne".)

176 Einigen Autoren zufolge muss die Theorie der Regierungsarten in Verbindung mit der Theorie der Gewaltenteilung betrachtet werden. Letztere sei nichts anderes als ein Spiegel der gemischten Verfassung, die sich aus einer Kombination des monarchischen, aristokratischen und demokratischen Modells zusammensetze: Der exekutiven Gewalt entspreche demzufolge das monarchische Element; der legislativen das demokratische und der judikativen das aristokratische. Es sei jedoch daran erinnert, dass die Theorie der Gewaltenteilung der von Montesquieu als

entsprechen drei Prinzipien, deren Behandlung Gegenstand des dritten Buches des *Esprit des lois* ist. „Zwischen der Natur und dem Prinzip der Regierung", so Montesquieu, „besteht folgender Unterschied: Ihre Natur macht sie zu dem, was sie ist, ihr Prinzip bringt sie zum Handeln. Das eine ist ihre besondere Struktur, das andere sind die menschlichen Leidenschaften, die sie in Bewegung setzen."[177]

Die politischen und zivilen Gesetze sind weder von der Natur einer Regierung, noch von deren Prinzip getrennt. Tugend sei das Prinzip der republikanischen Regierung, Ehre[178] jenes der monarchischen, Angst hingegen jenes der despotischen. In der republikanisch-demokratischen Regierungsart sind laut Montesquieu jene Gesetze grundlegend, die das Wahlrecht regeln; in der republikanischen und aristokratischen hingegen jenes Gesetz, das den Zugang zur Gerichtsbarkeit reglementiert. In der monarchischen Regierungsart müssten die „Grundgesetze" respektiert werden.[179] Darüber hinaus schlägt Montesquieu ein „Gesetzesdepot" *(„dépôt de lois")* vor. Er hält das Vorhandensein von „intermediären, untergeordneten und abhängigen Kräften" für unabdingbar.[180] Sie gelten

---

Bezugspunkt verwendeten monarchischen Architektur ganz und gar innewohnt. Siehe dazu auch U. Seif, *Der mißverstandene Montesquieu: Gewaltenbalance, nicht Gewaltentrennung*, in „Zeitschrift für Neuere Rechtsgeschichte", Nr. 2, 2000, S. 149–166. Zur gemischten Verfassung siehe U. Müssig (Seif), *Montesquieu's Mixed Monarchy Model and the Indecisiveness of 19th Century European Constitutionalism between Monarchical and Popular Sovereignty*, in „Historia et Jus", 3/2013, paper 5, S. 1–39. Ulrike Müssig führt den Ursprung der gemischten Verfassung auf das politische Denken von Polybios und Cicero zurück: „The theory of the mixed constitution is a genuine product of classical political theory. Based on Polybios and Cicero and transmitted by the Stoics, the idea of the mixed constitution influences Christian political theory in the Middle Ages and later humanistic political and constitutional theory" (S. 11). Zudem siehe auch M. Imboden, *Montesquieu und die Lehre der Gewaltentrennung*, Berlin, De Gruyter, 1959, S. 1–59.

177 Montesquieu, *Vom Geist der Gesetze*, ebenda, S. 119; *De l'Esprit des lois*, L. III, c. 1, S. 250–251: „Il y a cette différence entre la nature du gouvernement et son principe, que sa nature est ce qui le fait être tel, et son principe ce qui le fait agir. L'une est sa structure particulière, et l'autre les passions humaines qui le font mouvoir."

178 M. Mosher, *Monarchy's Paradox: Honor in the Face of Souvereign Power*, in *Montesquieu's Science of Politics. Essay on the Spirit of the Laws*, hsrg. von D.W. Carrithers, M. Mosher, P.A. Rahe, Boston, Rowman & Littlefield, 2001, S. 159–230.

179 Siehe A. Lemaire, *Les lois fondamentales de la monarchie française d'après les théoriciens de l'ancien régime*, Paris, E. Thorin et fils, 1907, S. 10 ff.

180 Montesquieu, *De l'Esprit des lois*, L. II, ebenda, Kapitel 4, S. 247: „Les pouvoirs intermédiaires, subordonnés et dépendants, constituent la nature du gouvernement monarchique, c'est-à-dire de celui où un seul gouverne par des lois fondamentales. J'ai dit les pouvoirs intermédiaires, subordonnés et dépendants: en effet, dans la monarchie, le prince est la source de tout pouvoir politique et civil. Ces lois fondamentales supposent nécessairement des canaux moyens par où coule la puissance: car, s'il n'y a dans l'État que la volonté momentanée et capricieuse d'un seul, rien ne peut être fixe, et par conséquent aucune loi fondamentale. Le pouvoir intermédiaire

als verfassungsrechtliche Beschränkung. Jedoch ausschließlich diese letzte, also die monarchische Regierungsform, wurde von Montesquieu ernsthaft als reales Szenario für Frankreich in Betracht gezogen – und zwar aus den folgenden Gründen:

1. 1748 war die demokratische Entwicklung – wie sie sich im Rahmen der Französischen Revolution ergab – undenkbar.[181]

2. Wie bereits ausgeführt, nahm Montesquieu die damals bestehenden Republiken nicht ernst und betrachtete sie als versteckte Despotien.[182]

---

subordonné le plus naturel est celui de la noblesse. Elle entre en quelque façon dans l'essence de la monarchie, dont la maxime fondamentale est: *point de monarque, point de noblesse; point de noblesse, point de monarque.* Mais on a un despote. Il y a des gens qui avoient imaginé, dans quelques États en Europe, d'abolir toutes les justices des seigneurs. Ils ne voyoient pas qu'ils vouloient faire ce que le parlement d'Angleterre a fait. Abolissez dans une monarchie les prérogatives des seigneurs, du clergé, de la noblesse et des villes: vous aurez bientôt un État populaire, ou bien un État despotique." (*Vom Geist der Gesetze*, ebenda, S. 114–116: „Vermittelte, nachgeordnete und abhängige Zwischengewalten machen die Natur der monarchischen Regierung aus, das heißt der Regierung, bei der ein einziger nach zugrunde liegenden Gesetzen regiert. Ich sagte, diese Gewalten seien vermittelnd, nachgeordnet und unabhängig: in der Tat ist der Herrscher in der Monarchie Quell jeglicher staatlichen und zivilen Gewalt. Diese zugrundeliegenden Gesetze haben zur notwendigen Voraussetzung Vermittlungskanäle, durch welche die Macht fließt: denn wenn der Staat nur auf momentanen und launenhaften Entschlüssel eines einzelnen beruht, kann nichts von Bestand und infolgedessen keinerlei Gesetz grundlegend sein. Die Macht des Adels ist die natürlichste vermittelnde, nachgeordnete Macht. Sie bildet gewissermaßen einen Wesensbestandteil der Monarchie, deren grundlegende Maxime lautet: *kein Monarch, kein Adel; kein Adel, kein Monarch.* Sonst hat man einen Despoten. Manche Leute in einigen europäischen Staaten hatten sich die Abschaffung der Gerichsbarkeit des Adels ausgedacht. Sie bemerkten nicht, daß sie tun wollten, was das Parlament von England gemacht hat. Schafft in einer Monarchie die Vorrechte der Feudalherren, der Geistlichen, des Adels und der Städte ab, so habt ihr gar bald einen Volksstaat, oder sogar einen despotischen Staat.") Der Verweis auf die intermediären Körperschaften, als verfassungsrechtliche Garantien der monarchischen Regierung, wurde 1748, nach bereits erfolgtem Druck, durch Zugabe eines Blatts abgeändert: Montesquieu fügte die Worte „nachgeordnet" und „abhängig" hinzu. Siehe zu diesem Punkt R. Shackleton, *Montesquieu. A Critical Biography*, ebenda, S. 279 sowie die Übersetzung von S. Cotta, *Lo spirito delle leggi*, Turin, Utet, Bd. I, 2005 (1996), S. 77.

181 Siehe dazu F. Furet-D. Richet, *La Révolution française*, Paris, Fayard, 1973, S. 70–72. Die zwei französischen Autoren beschreiben sehr anschaulich wie schnell und unerwartet sich die revolutionären Ereignisse entwickelten. Vom Sturm der Bastille, 14. Juli 1789, bis zum Tag der Enthauptung des Königs, am 21. Januar 1793, vergingen nur wenige Jahre. In der zweiten Hälfte des 18. Jahrhunderts fochten die Parlamentsgerichtshöfe jeden königlichen Reformversuch des Steuersystems an, denn die Reformen hätten die Privilegien des Adels und der Parlamentsgerichtshöfe berührt. Montesquieu versuchte den Konflikt zwischen den Parlamentsgerichtshöfen und der Krone zu mildern, da er ahnte, dass der Konflikt zur politischen Degeneration führt.

182 Zum Beispiel Venedig und andere Republiken Italiens.

3. Laut Montesquieu wäre eine Republik nur in einem Territorialstaat von „überschaubarer" Größe möglich, was auf Frankreich sicherlich nicht zutraf.[183] Die einzige Republik, die er als solche betrachtete, gehörte bereits der Vergangenheit an: Rom.

Zusammenfassung

Aus diesem Kapitel ging hervor, dass die Dreiteilung der Regierungsformen (Monarchie, Republik, Despotismus) rein theoretischer Natur ist. Montesquieu begriff die Monarchie als einzig mögliches Modell für das zeitgenössische Frankreich und konnte das englische Vorbild nicht ernsthaft als Option für Frankreich in Erwägung ziehen. Die Passage über die Gebundenheit des Richters, als „Mund des Gesetzes", ist an das republikanische, englische und nicht an das monarchische Modell Frankreichs gerichtet.[184]

3.2 Die Zwischenkörper als verfassungsrechtliche Beschränkung

Laut Montesquieu darf die Macht des Monarchen auf keinen Fall absolut sein. Ein absolut regierender Monarch würde die Monarchie unmittelbar in einen Zustand der Despotie führen. Die daher unbedingt gebotene Beschränkung seiner Macht obliegt einem verfassungsrechtlichen „Gegengewicht".[185] Montesquieu

---

183 Montesquieu, *De l'Esprit des lois*, in *Œuvres complètes*, II, ebenda, S. 369. Die einzige republikanische Rechtsordnung, die Montesquieu als solche erkannte, war die föderalistische Vereinigung verschiedener Republiken. Da eine Republik sich nur in einem Territorialstaat von geringer Fläche entwickeln könne, zum Beispiel in einer Stadt, müssten sich die kleinen Republiken in einer größeren politischen Einheit vereinen, um stärker zu werden. Diese föderalistische Idee Montesquieus wird im zweiten Teil dieses Werkes näher behandelt. Die föderalistische Idee, im französischen Kontext des 18. Jahrhunderts, bedeutete die Autonomie der Städte und der verschiedenen Regionen, innerhalb des monarchischen Frankreichs, gegen den politischen Zentralismus zu erhalten. Siehe M. Thaler, *Rechtsphilosophie. Offene Fragen zur Einführung, Einübung und Weiterführung*, 2. überarbeitete und ergänzte Auflage, Wien, Facultas, 2014, S. 201–202.

184 Es sollte nicht vergessen werden, dass gemäß Montesquieu England eine „Krypto-Republik" (*Esprit des lois*, V, 19) war und daher unvereinbar mit der monarchischen Tradition Frankreichs. Siehe dazu S. Rotta, *Il pensiero politico francese da Bayle a Montesquieu*, in *Storia delle idee politiche, economiche e sociali*, IV, ebenda, S. 219–220.

185 S. Rotta, *Il pensiero politico francese da Bayle a Montesquieu*, in *Storia delle idee politiche, economiche e sociali*, ebdenda, S. 177–236. D. Willoweit, *Struktur und Funktionen intermediärer*

bezeugt immer wieder eine Position, die ihn als Vertreter der Monarchie und als Feind des Despotismus und des Zentralismus ausweist.

Um die Monarchie vor der despotischen Gefahr zu schützen mussten adäquate Beschränkungen gefunden werden. Der Ehre (also ein metajuristischer Begriff), den grundlegenden Gesetzen, dem „Gesetzesdepot" und den Zwischenkörpern (unter diesen vor allem die Parlamentsgerichtshöfe) gestand er diese Funktion zu.

Das Prinzip der politischen Tugend gelte in der idealtypischen republikanisch-demokratischen Regierung und finde seinen Ausdruck in materieller Gleichbehandlung.[186] In der Republik würden die gerichtlichen Urteile zudem einem feststehenden Schema folgen und die Richter müssten sich „an den Wortlaut der Gesetze" halten. Solche Republiken existierten für Montesquieu allerdings nur in schriftlicher Form. Für die Republiken in Italien hat er lediglich abschätzige Worte

---

Gewalten im Ancien Régime, in „Gesellschaftliche Strukturen als Verfassungsproblem: intermediäre Gewalten, Assoziationen, öffentliche Körperschafen im 18. und 19. Jahrhundert; Gründungstagung der Vereinigung für Verfassungsgeschichte in Hofgeismar am 3./4. Oktober 1977", Berlin, Duncker & Humblot, 1978, S. 11–12.

186 Siehe Montesquieu, *Réponses et explications données à la Faculté de Théologie*, in *Œuvres complètes*, II, ebenda, S. 1181: „Ce que j'ai appelé *la Vertu* dans la République est l'amour de la patrie, c'est-à-dire l'amour de l'egalité. Ce n'est point une vertu morale ni une vertu chrétienne; c'est la Vertu politique. Si je me suis servi du mot de *Vertu*, je l'ai défini. Ainsi il faut suivre ma définition." Und weiter: „Cette Vertu politique, qui est l'amour de la patrie ou de l'egalité dans la République, est le ressort qui fait agir le gouvernement républicain, comme l'Honneur est le ressort politique du gouvernement monarchique. Ce qui fait que ces ressorts politiques sont différents, c'est que, dans la République, celui qui fait exécuter les lois sent qu'il y sera soumis lui-même, et qu'il en sentira les poids. Il faut donc qu'il aime sa patrie et l'egalité des citoyens, pour être porté à faire exécuter les lois; et, sans cela, les lois ne seront pas exécutées. Il n'est pas de même de la Monarchie. Afin que les lois s'exécutent, il suffit que le Monarque veuille les faire exécuter. Voilà des principes d'une fécondité si grande qu'ils forment presque tout mon livre." (Eigene deutsche Übersetzung: „Was ich Tugend genannt habe entspricht in einer Republik der Liebe für das Vaterland, also der Liebe für die Gleichheit. Es handelt sich hier überhaupt nicht um eine moralische oder christliche Tugend ich habe sie nämlich ganz einfach ‚Tugend' genannt. So soll man meiner Definition folgen. Diese Tugend, welche der Liebe für das Vaterland und für die Gleichheit entspricht, ist der Antrieb, welcher die republikanischen Regierungen zum Handeln veranlasst, so wie die Ehre den politischen Motor der monarchischen Regierung darstellt. Es handelt sich hierbei um verschiedene Arten politischer Antriebe: In der Republik weiß diejenige Person, welche die Ausführung der Gesetze veranlasst, dass sie ihnen selbst unterstellt sein und ihr Gewicht spüren wird. Es ist somit nötig, dass sie ihre Heimat und die Gleichheit der Bürger liebt, damit sie die Ausführung der Gesetze veranlassen kann, denn ohne diese sind die Gesetze nicht ausführbar. Dasselbe gilt nicht für die Monarchie: Hier genügt der Wille des Monarchen, damit die Gesetze ausführbar sind. Hier haben wir also zwei Prinzipien von dermaßen großer Fruchtbarkeit, dass sie im Großen und Ganzen ungefähr mein gesamtes Buch ausmachen.")

übrig, da sie in Wirklichkeit versteckte Despotien seien.[187] Die ideelle Beschränkung des Königs durch die Ehre seiner Untertanen beschreibt Montesquieu wie folgt:[188]

> „In einer Monarchie legen uns Gesetze, Religion und Ehre nichts so sehr ans Herz als Gehorsam gegenüber den Wünschen des Herrschers. Indes bestimmt diese Ehre strikt, daß uns der Herrscher nie eine Handlung vorschreiben darf, die uns entehrt. Denn diese würde uns zu seinem Dienst untauglich machen."

Auf theoretischer Ebene ist der König dem Prinzip der Ehre verpflichtet. Auf praktischer, konkreter Ebene wird er von den Zwischenkörpern und insbesondere dem Adel in Schach gehalten, der seine Macht im Rahmen der Parlamentsgerichtshöfe ausübt. Montesquieu war bestrebt ein Gleichgewicht zwischen Monarchie und Aristokratie, zwischen der Souveränität des Königs und der verfassungsrechtlichen Rolle des Adels zu erschaffen.

Die Bewertung von Montesquieu hinsichtlich der Rolle der Zwischenkörper ist zwiespältig: Montesquieu bezeichnet sie als dem König untergeordnet und weist ihnen dennoch eine autonome Rolle zu. Fraglos ist jedoch, dass Montesquieu die Zwischenkörpern innerhalb der Monarchie für essentiell hielt: Sie machen „die Natur der monarchistischen Regierung [aus], bei der ein einziger bei zugrunde liegenden Gesetzen regiert." [189] In dieser Ausage spiegelt sich die Lehre von Jean Bodin wieder, nämlich eine traditionelle Lehre. [190] Als den „na-

---

187 Laut Montesquieu sind die Republiken Italiens ein Beispiel für die Konzentration der Gewalten in einem einzigen politischen Organ. Siehe dazu: Montesquieu, *De l'Esprit des lois*, L. XI, c. 6, ebenda, S. 397: „Dans les républiques d'Italie, où ces trois pouvoirs sont réunis, la liberté se trouve moins que dans nos monarchies". (*Vom Geist der Gesetze*, ebenda, S. 217: „In den Republiken Italiens werden diese drei Machtvollkommenheiten vereint. Daher ist dort weniger Freiheit zu finden als in unseren Monarchien.") Hinter den Republiken Italiens versteckt sich eine Form von Despotismus. Siehe Montesquieu, *Voyages* in *Œuvres complètes*, ebenda, S. 544–546.
188 Montesquieu, *Vom Geist der Gesetze*, ebenda, S. 50; *De l'Esprit des lois*, L. IV, c. 2, S. 264: „Il n'y a rien dans la monarchie que les lois, la religion et l'honneur prescrivent tant que l'obéissance aux volontés du prince: mais cet honneur nous dicte que le prince ne doit jamais nous prescrire une action qui nous déshonore, parce qu'elle nous rendroit incapables de le servir."
189 Montesquieu, *Vom Geist der Gesetze*, ebenda, S. 114; *De l'Esprit des lois*, L. II c. 4, ebenda, S. 247: „Les pouvoirs intermédiaires, subordonnés et dépendants, constituent la nature du gouvernement monarchique, c'est-à-dire de celui qui gouverne par des lois fondamentales."
190 Die Koexistenz des Prinzips der Souveränität des Königs und der Autonomie der Zwischenkörper als institutionelles Gleichgewicht ist in der französischen Tradition verankert und wurde vor allem von dem Juristen Jean Bodin hervorgehoben. Dies spricht gegen den englischen Einfluss auf Montesquieu und für die Verankerung der traditionellen Lehre des alten Staates in seinen Gedanken. Siehe dazu J. Bodin, *Les six livres de la republique*, Paris, chez Iacques du Puys, 1576, S. 381: „La difference de la famille, aux corps & colleges, & de ceux-cy à la Republique, est telle que du tout à ses parties: car la communauté de plusieurs chefs de famille, ou d'vn village, ou

türlichsten" der Zwischenkörper und als wesentlichen Bestandteil der Monarchie betrachtet Montesquieu den Adel.[191] Und trotz ihrer unverkennbaren Relevanz nehmen die Zwischenkörper bei Montesquieu lediglich eine „vermittelnde, nachgeordnete und abhängige" Position ein. Den Zwischenkörpern ist der Herrscher, als „Quell jeglicher staatlichen und zivilen Gewalt" vorgesetzt.[192]

Zusammenfassung

Montesquieus Gedanken haben sich auf die monarchische Rechtsordnung Frankreichs konzentriert. Er sah sich nicht vor die Entscheidung zwischen Monarchie und Republik gestellt, sondern vor der Möglichkeit einer absoluten, despotischen oder

---

d'vn ville, ou d'vne cõtree, peut estre sans Republique, aussi bien que la famille sans college: & tout ainsi que plusieurs familles, alliees par amitié, sont membres d' vn corps, & communauté: aussi plusieurs corps, & communautez alliez par puissance souveraine, sont une Republique. la famille est vne communauté naturelle: le college est vne communauté civile: la Republique a cela d'avãtage, que c'est vne communauté gouvernee par puissance souveraine, & qui peut estre si estroite, qu'elle n'aura ny corps, ny colleges, ains seulemẽt plusieurs familles. Et par ainsi, le mot de communauté, est commun à la famille, au college, & à la Republique: & proprement le corps s'entend, ou de plusieurs familles, ou de plusieurs colleges, ou de plusieurs familles, & collèges." Deutsche Übersetzung: J. Bodin, *Über den Staat*, hrsg. von G. Niedhart, Stuttgart, Reclam, 1976, S. 67–68: „Kann ein Staat auf Korporation und Kollegien verzichten? Die Menschen bilden durch wechselseitige Verbindungen Gemeinschaften: Stände, Körperschaften und Kollegien, um schließlich Staaten zu gründen. Diese haben vor allem in Gott, aber danach in Freundschaft und gegenseitigem Wohlwollen ihr Fundament. Solche Freundschaft kann nur durch Verbindungen, Gesellschaften, Stände, Gemeinschaften, Brüderschaften, Korporationen und Kollegien Bestand haben. Die Frage, ob Gemeinschaftsbildungen für den Staat notwendig sind, heißt also zugleich, ob der Staat ohne Freundschaftsbindungen bestehen kann, ohne die selbst die Welt nicht sein kann." Betreffend der Koexistenz des monarchischen Prinzips und der Autonomie der Zwischenköper siehe M. Isnardi Parente, *Introduzione* zu J. Bodin, *I sei libri dello Stato*, übersetzt von M. Isnardi Parente (Bd. I) und D. Quaglioni (Bd. II und III), Turin, Utet, 1964–1997, S. 11; D. Quaglioni, *La sovranità*, Rom – Bari, Laterza, 2004, S. 54. Vergleiche mit D. Quaglioni, *I limiti della sovranità. Il pensiero di Jean Bodin nella cultura politica e giuridica dell'età moderna*, Padua, Cedam, 1992.

191 Montesquieu, *Vom Geist der Gesetze*, ebenda, S. 115; *De l'Esprit des lois*, L. II, c. 4, ebenda, S. 247–259: „Le pouvoir intermédiaire subordonné le plus naturel est celui de la noblesse. Elle entre en quelque façon dans l'essence de la monarchie, dont la maxime fondamentale est: point de monarque, point de noblesse; point de noblesse, point de monarque. Mais on a un despote."

192 *Vom Geist der Gesetze*, ebenda, S. 114; ebenda: „Dans la monarchie, le prince est la source de tout pouvoir politique et civil." Auch wenn Montesquieu Bodin nur ein einziges Mal zitierte, ist es offensichtlich, dass dessen Erbe in ihm weiterlebte. Bei beiden findet sich dieselbe Schwankung zwischen der Unterstützung der Behauptung des monarchischen Absolutismus und der Verteidigung jener Grenzen, die dessen Macht beschränken.

einer rechtlich beschränkten Variante der Monarchie. Das Argument, das für diese Lesart spricht, ist die Aufmerksamkeit, die er den Zwischenkörpern als verfassungsrechtliche Komponente der Mäßigung innerhalb der Monarchie zuteilwerden ließ.

3.3 Judikative Gewalt als exekutive Gewalt

Zwischenkörper sind die wichtigste verfassungsrechtliche Beschränkung der monarchischen Gewalt. Im Folgenden wird nun die Funktion der judikativen Gewalt erörtert, die sich in Form der Zwischenkörper der Parlamentsgerichtshöfe manifestiert. Statt davon auszugehen, dass Montesquieu diese parlamentarischen Zwischenkörper auf die Funktion als „Mund des Gesetzes" (als Sprachrohr der *ordonnances*, der vom König erlassenen Gesetze) reduzieren wollte, wird eine andere Lesart dieser Aussage Montesquieus vorgeschlagen: [193]

> „Es gibt in jedem Staat drei Arten von Vollmacht: die legislative Befugnis, die exekutive Befugnis in Sachen, die vom Völkerrecht abhängen, und die exekutive Befugnis in Sachen, die vom Zivilrecht abhängen. Auf Grund der ersteren schafft der Herrscher oder Magistrat Gesetze auf Zeit oder für die Dauer, ändert geltende Gesetze oder schafft sie ab. Auf Grund der zweiten stiftet er Frieden oder Krieg, sendet oder empfängt Botschaften, stellt die Sicherheit her, sorgt gegen Einfälle vor. Auf Grund der dritten bestraft er Verbrechen oder sitzt zu Gericht über die Streitfälle der Einzelpersonen. Diese letztere soll richterliche Befugnis heißen, und die andere schlichtweg exekutive Befugnis des Staates."

Montesquieu lässt den Leser hier nachdenklich zurück: Montesquieu erwähnt drei Gewalten („trois sortes de pouvoirs"), bezeichnet aber dann die erste Gewalt als Legislative („la puissance législative") und fasst die übrigen zwei Gewalten unter dem Begriff der Exekutiven zusammen („la puissance exécutrice des choses qui dépendent du droit des gens" und „la puissance exécutrice qui dépendent du droit civil"). Er differenziert zwischen einer *exekutiven* Gewalt, die eine politische Rolle spielt und einer *exekutiven* Gewalt, die für die Gerichtsbarkeit zuständig ist („On appellera cette dernière la puissance de juger, et l'autre, sim-

193 Montesquieu, *Vom Geist der Gesetze*, ebenda, S. 216–217; *De l'Esprit des lois*, L. XI, c. 6, S. 396–397. „Il y a dans chaque État trois sortes de pouvoirs: la puissance législative, la puissance exécutrice des choses qui dépendent du droit des gens, et la puissance exécutrice qui dépendent du droit civil. Par la première, le prince ou le magistrat fait des lois pour un temps ou pour toujours, et corrige ou abroge celles qui sont faites. Par la seconde, il fait la paix ou la guerre, envoie ou reçoit des ambassades, établit la sûreté, prévient les invasions. Par la troisième, il punit les crimes, ou juge les différends des particuliers. On appellera cette dernière la puissance de juger, et l'autre, simplement la puissance exécutrice de l'État."

plement la puissance exécutrice de l'État").[194] Diese Passage legt die Einrichtung von zwei, anstatt drei Gewalten nahe: einer legislativen und einer exekutiven Gewalt. Die exekutive Gewalt unterteilt Montesquieu in Regierung (Krone) und Gerichtsbarkeit. Die Gerichtsbarkeit erfüllt, als integraler Bestandteil der Exekutiven, eine autonome und wesentliche Funktion und muss als eigenständig Gewalt anerkannt werden. Sie ist keinesfalls nichtig oder gar unsichtbar.[195]

Zwei Argumente sprechen für diese These: 1. In der französischen monarchischen Tradition stammen die Parlamentsgerichtshöfe von der exekutiven Macht des Königs ab. Der König, als Vertreter der Gerechtigkeit auf Erden, entsprach seit Beginn der ursprünglichen Monarchie der Franken und während des Mittelalters dem obersten Gerichtshof. Die Parlamentsgerichtshöfe sind ehemals der Richterrat des Königs gewesen und haben schrittweise ihre Unabhängigkeit erlangt. Ihr Ursprung lag in der exekutiven Gewalt des Souveräns.[196] 2. Da in Frankreich die legislative Gewalt prinzipiell vom König ausgeübt wurde, wäre es ein Widerspruch gewesen, die judikative Gewalt dem Gesetz zu unterwerfen. In Form der Parlamentsgerichtshöfe war sie die einzige Beschränkung der politischen Macht des Königs. In Frankreich zur Zeit Montesquieus gab es keine Möglichkeit einen repräsentativen Bikameralismus einzurichten.

Die Theorie der geteilten Souveränität römischen Ursprungs der englischen These vorzuziehen heißt, die Lehre Montesquieus in einem anderen Licht zu sehen. Diese gewinnt eine neue Bedeutungsdimension, in der sie kein abstraktes rationales Modell mehr darstellt, sondern der Erfahrung der verfassungsrechtlichen Tradition entspringt und als Versuch Montesquieus verstanden werden kann, die antike Theorie der geteilten Souveränität für das ihm zeitgenössische Frankreich zu aktualisieren.

Zusammenfassung

In diesem Abschnitt wurde eine grundlegend andere Interpretation der Passage des *Esprit des lois* über die Gewaltenteilung vorgeschlagen. Die neue Auslegung der Gewaltenteilung kann folgendermaßen resümiert werden: Die Exekutive teilt sich in eine politische–exekutive Gewalt und eine judikative–exekutive Gewalt. Diese beiden bremsen sich gegenseitig und entsprechen in diesem Sinne einer Teilung der Souveränität.

---

194 Die kursive Hervorhebung ist von mir selbst vorgenommen worden.

195 S. Rotta, *Il pensiero francese da Bayle a Montesquieu*, in *Storia delle idee politiche, economiche e sociali*, IV, Turin, Utet, 1975, S. 219 – 221.

196 F. Bluche, *L'origine des magistrats du Parlement de Paris au XVIIIe siècle*, ebenda, S. 12 ff.

4 Bolingbroke als Quelle für Montesquieu?

Ein Argument, um die herrschende These des englischen Einflusses auf Montesquieus Ideen zu stützen, beruft sich auf die Freundschaft zwischen Montesquieu und dem englischen Politiker der *Tory* Partei, Bolingbroke.[197] Dieser Abschnitt beschäftigt sich mit dieser Annahme, die sich in der wissenschaftlichen Literatur stetig wiederholt. Die folgenden Argumente werden herausgearbeitet, um die Inkonsistenz dieser These aufzuzeigen:

1. Die beiden widerstreitenden Parteien, *Tory* und *Whig*, wurden von dem Wunsch nach absoluter Macht angetrieben und strebten während der ersten Hälfte des 18. Jahrhunderts den Ausschluss der Opposition aus der polistischen Sphäre an. Dabei diente die gemischte Verfassung für beide Seiten als rhetorisches Mittel, das sie der gegnerischen zentralistisch ausgerichteten Partei entgegenhielten. Im Besitz der Macht ließen sich ihre wahren Absichten erkennen. Sie waren beide nicht an der Erfüllung der gemischten Verfassung, sondern an der Installation einer absoluten Herrschaft interessiert.

2. Die dominante Interpretation geht davon aus, dass Montesquieu Bolingbroke am Anfang der 20er Jahre des 18. Jahrhunderts während dessen Exilaufenthalts kennenlernte und von seiner Lehre beeinflusst wurde. Es kann jedoch nachgewiesen werden, dass nicht Bolingbroke Montesquieu beeinflusste, sondern, dass umgekehrt, Montesquieu Bolingbroke beeinflusst hat.

3. Als sich Montesquieu in England aufhielt wurde ein politischer Streit zwischen dem Staatskanzler Robert Walpole und Bolingbrokes Kreis ausgetragen.[198] Die Interpreten gehen davon aus, dass Montesquieu die von *The Craftsman* veröffentlichten Schriften las, worin sich die Verteidigung Bolingbrokes einer gemischten Verfassung Englands findet, um die zentralistische Politik von Wal-

---

197 In diesem Zusammenhang siehe: U. Haskins Gothier, *Montesquieu and England*, ebenda, S. 81–82, R. Shackleton, *Montesquieu, Bolingbroke and the Separation of Powers*, „French Studies", 1949, S. 25–38; G. Giarizzo, *David Hume: politico e storico*, Turin, Einaudi, 1962, S. 88–89; G.H. Sabine, *A History of Political Theory*, New York, Holt, Rinehart and Winston, 1962, S. 560; J. Diedieu, *Montesquieu*, ebenda, S. 272–273. Siehe auch: L. Landi, *L'Inghilterra e il pensiero politico di Montesquieu*, ebenda, S. 5–6; S. Goyard-Fabre, *Montesquieu ou la Constitution de la liberté*, ebenda, S. 12–13.

198 Siehe vor allem das ausgezeichnete Buch von I. Kramnick, *Bolingbroke and His Circle. The Politics of Nostalgia in the Age of Walpole*, ebenda, S. 8–9. Mit Verweis auf Bolingbroke siehe H. J. Plumb, *Sir Robert Walpole*, Boston, Houghton-Mifflin, II, 1956; L. Stephen, *History of English Thought in the Eighteenth Century*, New York, Brace&World, I, 1962, S. 144–145; J. Hart, *Viscount Bolingbroke: Tory Humanist*, London, Routledge & Kegan Paul 1966. In deutscher Sprache siehe W. Jäger, *Politische Partei und parlamentarische Opposition. Eine Studie zum politischen Denken von Lord Bolingbroke und David Hume*, Berlin, Duncker & Humblot, 1971.

https://doi.org/10.1515/9783110673036-008

pole anzugreifen. Dank Bolingbroke hätte Montesquieu die Lehre der gemischten Verfassung übernommen und in das Kapitel über die Verfassung Englands integriert. Es wird ein Gegenargument vorgebracht, welches beweist, dass die Idee der gemischten Verfassung nicht exklusiv von Bolingbroke verwendet wurde, sondern genauso auch von seinem Gegner Walpole. Die gemischte Verfassung war beliebter Gegenstand beider Parteien.

4.1 Der Anspruch auf die absolute Macht

Im ersten Schritt wird nun aufgezeigt, dass Bolingbrokes Schriften und seine politische Praxis nicht auf den Prinzipien des politischen Gleichgewichts aufbauen, sondern einen Anspruch auf die absolute Herrschaft beinhalten. Es wird deutlich, dass es keine Hinweise gibt, die rechtfertigen würden, von einem Einfluss von Bolingbroke auf Montesquieu auszugehen.

Im Jahr 1700, mit dem Alter von einundzwanzig Jahren, wird Bolingbroke Mitglied der Regierung und nimmt an der Redaktion des *Act of Settlement* teil. 1702 wirkt er bei den Vorbereitungen des *Occasional Conformity Act* mit und wird 1704 zum *Secretaryship of War* ernannt und führt diese Tätigkeit unter dem *Tory* Anführer Harley und in den letzten Jahren der Herrschaft von Königin Anne aus. 1708 wird der Ministerrat von Mitgliedern der *Whig* Partei zusammengestellt und Harley verliert seine Macht. Die *Tory* Partei kommt 1710 wieder an die Regierung und Bolingbroke wird erneut eine wichtige Rolle zuteil, diesmal im Rahmen der Exekutiven. Bolingbroke bemüht sich die Opposition, verkörpert durch die *Whig* Partei, von der politischen Bühne zu entfernen. Deutlich geht diese Absicht aus einer Rede Bolingbrokes dieser Zeit hervor:[199]

> „The view, therefore, of those amongst us who thought in this manner, was to improve the queen's favor, to break the body of the Whigs, to render their supports useless to them, and to fill the employments of the kingdom down to the meanest with Tories."

Bolingbroke missachtet die Prinzipien der Moderation und Balance und setzt sich über die Grundsätze der gemischten Verfassung hinweg.[200] Ab 1726 echauf-

---

199 Bolingbroke, *Letter to Sir William Windham* (1710) in Bolingbroke, *Works, with a life*, I, Philadelphia, Carey and Hart, 1841, S. 114 – 115.

200 I. Kramnick, *Bolingbroke and His Circle. The Politics of Nostalgia in the Age of Walpole*, ebenda, S. 9: „While in power, Bolingbroke also sought to implement exclusive single party government. He tried to break the Whigs with as much zeal as Walpole would later try to break the Tories."

fiert sich Bolingbroke in seinen Schriften auf *The Craftsman* über Walpole auf Grund seiner Korruptionspraxis und der Bevorzugung dessen Freunde. Doch auch in diesem Fall war seine Rüge rein rhetorischer Natur, denn Bolingbroke verwendet nach seiner Regierungsübernahme die gleichen Methoden, die er bei seinem Gegner kritisiert hatte. Das bestätigt auch die folgende Aussage Bolingbrokes vom Jahr 1710, als dieser an der Regierung war:[201]

> „We came to court in the same dispositions as all parties have done ... to have the government of the state in our hands; our principal views were the conservation of this power, great employments to ourselves, and great opportunities of rewarding those who had helped to raise us, and of hurting those who stood in opposition to us."

Bolingbroke vertritt einen einseitigen Standpunkt seiner Partei. Zu der Zeit dieser Veröffentlichungen, in der letzten Phase der Regierungszeit von Königin Anne, ernennt diese überraschenderweise nicht Bolingbroke sondern Schrewsbury zum Staatskanzler, ein Untersützer des Hauses von Hannover. Nach dem Tod der Königin Anne (August 1714) landet König Georg I. von Hannover in England. Bolingbroke weigert sich diesen als Thronfolger anzuerkennen und begibt sich im März 1715 nach Paris, um sich mit dem *Pretender* aus dem Haus Stuart in Verbindung zu setzen. Robert Walpole missfällt diese Reise Bolingbrokes, verurteilt sein Verhalten als Verrat an dem englischen Königtum und schickt ihn als Strafe ins Exil, aus dem dieser erst zehn Jahre später zurückkehrt. In diesen Jahren kommt ein enger Austausch zwischen Bolingbroke und Henri de Boulainvilliers zustande. Darüber hinaus besucht Bolingbroke den *Club de l'Entresol*, einen philosophischen Zirkel, der aus adeligen Mitgliedern besteht und dem auch Montesquieu angehört.[202] In der Konsequenz dieser Zusammenkünfte entwickelt Bolingbroke einen aristokratischen Standpunkt, der insbesondere von Boulainvilliers und seiner *thèse nobiliaire* beeinflusst wird.[203] Diese These Boulainvilliers

---

201 Bolingbroke, *Letter to Sir William Windham* (1710) in Bolingbroke, *Works, with a life*, I, ebenda, S. 114.

202 Siehe D. J. Fletcher, *The Fortunes of Bolingbroke in France in the Eighteenth Century*, in „Studies on Voltaire and the Eighteenth Century", 1966, S. 207–232. Vergleiche mit R. Shackleton, *Montesquieu, Bolingbroke and the Separation of Powers*, ebenda, S. 29–36.

203 Siehe I. Kramnick, *Bolingbroke and His Circle. The Politics of Nostalgia in the Age of Walpole*, ebenda, S.16: „Boulainvilliers and his ideas were significant in this respect as they were prevalent in all the circles in which Bolingbroke moved. The *thèse nobilaire* with its glorification of a feudal past, its aristocratic and antibourgeois bias, its preoccupation with decentralization, balance, and intermediary powers, provided a frame of reference in which Bolingbroke could analyze his own society. Bolingbroke paid specific debt to this French influence in *The Crafsman* and in his political writings, when he referred to Boulainvilliers' gothicism or commented favorably upon the

verwendet Bolingbroke in den folgenden Jahren, um die Bevorzugung des adeligen, englischen Stands gegen Walpole zu verteidigen.

Da Bolingbroke dem *Pretender* seine Treue verweigert wird er 1725 in England wieder willkommen geheißen. 1726, im folgenden Jahr, versammelt er Mitglieder des Adels in seinem Residenzhaus in Dawley und beginnt zeitgleich die Veröffentlichung des *The Craftsman*. In dieser Zeitung übt er scharfe Kritik an der Regierung des Prime Ministers Robert Walpole und dessen despotische Amtsausübung sowie seine mangelnde Scheu vor Korruption, dank der dieser eine lange und stabile Regierung realisieren kann. Als konservativer *Tory* betrachtet er die *Whigs* als das Ergebnis der *Glorious Revolution* von 1688. Bolingbroke erkennt in dem zeitgenössischen England also keinesfalls ein Modell der gemischten Verfassung, sondern die despotische Herrschaft eines einzigen Mannes:[204]

> „In absolute monarchies, we generally find a person invested by the Prince with the sole management and direction of all his affairs, under the title of Prime Minister, who is, by virtue of his office, as he commonly proves himself to be by his actions, an arbitrary Viceroy or deputy tyrant. But the power of such a minister seems to be inconsistent with the nature of a free state, whether a Commonwealth or a limited monarchy, because the absolute uncontrollable will of one man has been generally found to end in the destruction of liberty in general."

Die Entstehung der Rolle des Prime Ministers in der englischen Rechtsordnung entspricht Bolingbroke zufolge einer willkürlichen Pervertierung der Verfassung (wenngleich Walpole nicht den offiziellen Titel trug, kann er dennoch als der erste *Prime Minister* Englands bezeichnet werden).[205] Der englischen Rechtsordnung schreibt er zwar durchaus eine Dreiteilung in Monarchie, Aristokratie und Demokratie zu, aber nur insofern, als dass sie alle dem *Robinarch* abhängig und untergeordnet sind. Der *Robinarch* ist Despot, der Politiker und Bevölkerung mit Geld korrumpiert, um seine Macht auszubauen[206] und das englische System als

political and Gallican aspirations of the Parlements. Its influence however, was much more fundamental and informed his entire political outlook."

204 Bolingbroke, *The Craftsman*, No. 22 (20. Februar 1927).

205 Georg I. und Georg II. hatten kein großes Interesse sich in die politischen Verhältnisse Englands zu involvieren und strebten stattdessen nach Erfolg für das *House of Hanover*. Die Königin Anne begriff den Staatskanzler als Diener der Krone, während ihre Nachfolger aus Hannover Walpole freien Handlungsspielraum ließen. Dies erklärt die Entstehung des Prime Ministers, als neue Rolle innerhalb der Verfassung.

206 I. Kramnick, *Bolingbroke and His Circle. The Politics of Nostalgia in the Age of Walpole*, ebenda, S. 20: „The Robinarch and his associates come from plebian stock and have few estates, yet ‚he rules by Money, the root of all evils, and founds his iniquitous dominion in the corruption of the people.' The Robinarch secures to his will the deputies in the assembly as well as the Prince.

Robinocracy, in welchem der Prime Minister in der Rolle eines despotischen Souverän auftritt, wenngleich er aus einem formellen Standpunkt der Krone untersteht.[207]

Wie lässt sich erklären, dass Montesquieu Bolingbroke heranzieht, um die Verfassung Englands zu loben, während Bolingbroke selbst England nach der *Glorious Revolution* als eine Despotie diffamiert? Wie ist es möglich, dass Montesquieu von seiner Lehre der gemischten Verfassung inspiriert wurde, während dieser die gemischte Verfassung Englands als reine *Robinocracy* verunglimpft? In Anbetracht dieser Punkte erscheint eine Übernahme Montesquieus der Thesen Bolingbrokes abwegig und unzutreffend.

4.2 Montesquieu als Referenz für Bolingbroke

Die herrschende Interpretation geht davon aus, dass Bolingbroke die Entwicklung der Lehre Montesquieus maßgeblich beeinflusst hat. Dieser Abschnitt wird das Gegenteil beweisen. Bolingbroke hat Montesquieu 1722 kennengelernt, gelesen und sich auf seine Texte berufen.

In den vorhergehenden Seiten wurde Bolingbrokes Kritik an dem Zentralismus Robert Walpoles abgehandelt. Bolingbroke übt Kritik, obwohl er selbst bereits die Bereitschaft und den Willen bewiesen hatte, die gleiche unbeschränkte und absolute Macht auszuüben, als dieser einige Jahre zuvor im Besitz der Macht war. Mit der Absicht Walpole zu diskreditieren, nimmt sich Bolingbroke ein literarisches Beispiel an Montesquieus Roman, den *Lettres persanes*. Als Bolingbroke in der Veröffentlichung vom 29. Oktober 1729 (*The Craftsman* Nr. 172) die gemischte Verfassung Englands als *Robinocracy* bezeichnet, bedient er sich eines stilistischen Mittels, das bereits Montesquieus in den *Lettres persanes* angewandt hatte.[208] Der Beobachter, der die englische Rechtsordnung mit dem Namen der *Robinocracy* versieht, ist ein gewisser Usbek, ein fiktiver Perser, der sich auf einer Reise durch England befindet. Bolingbroke übernimmt den selben Charakter, nämlich Usbek, der bereits in den *Lettres persanes* von Montesquieu eine zentrale Figur darstellt.[209]

In the past this may have been a difficult task, but modern Robinarchs are skillful in encouraging luxury and extravagance, which, together with the disbursement of honors, titles, preferment, and pensions, help make the Robinarch's task an easier one."

207 Bolingbroke, „The Craftsman" Nr. 172 (18. Oktober 1729).

208 Ebenda.

209 Ebenda.

Bolingbroke, der exakt ein Jahr nach der Veröffentlichung der erfolgreichen *Lettres persanes* in Paris ankommt, besucht den *Club de l'Entresol* und trifft dort auf Montesquieu. Bolingbroke folgt Montesquieu in der literarischen Form seiner Kritik, die dieser an den französischen Zentralismus von König Ludwig XIV. in Form der *Lettres persanes* richtet. Montesquieu beschreibt den französischen König aus der Perspektive des Persers Usbek, der selben Figur, die später auch Bolingbroke zu dem Ausdruck seiner politischen Enttäuschung verhelfen sollte.

In einem Artikel vom 27. Januar 1727 skizziert Bolingbroke einen Traum des Persers Camilick: Camilick, ein persischer Prophet, liegt inmitten eines prunkvollen Saals auf seinem Bett, über ihm ein Baldachin. Auf der Bettoberfläche befindet sich eine Rolle aus Pergamentpapier (die Verfassung Englands) und am Fuße des Bettes weilt der König.[210] Es treten Adelige in den Saal, gefolgt von einer weiteren Gruppe adrett gekleideter Personen (der König und die zwei Gruppen symbolisieren die drei Komponenten der gemischten Verfassung). Alle Anwesenden erweisen der Verfassung ihren Respekt und bemühen sich um ihre Unversehrtheit. Die Szenerie wird durch das Eintreten eines großen Mannes gestört, der mit Geld gefüllten Taschen den Raum betritt und darauf wartet, dass sich die erste Person vor ihm verneigt.

Auch diese Darstellung ist von Montesquieus fiktiver persischer Erzählung inspiriert. Montesquieu hat offensichtlich eine geeignete Referenz für Bolingbroke dargestellt, die es ihm in narrativer Form ermöglichte sich gegen den Zentralismus Walpoles auszusprechen. Allerdings ist ein wesentlicher Unterschied zwischen den beiden Autoren zu bemerken: Bolingbroke setzt sich für die gemischte Verfassung ein, mit der Absicht der Regierung seines Widersachers Walpole zu schaden. Das Argument der gemischten Verfassung rührt von einem parteiischen Standpunkt her und wurde als Instrument missbraucht, um den Anspruch auf die Regierung des englischen Staates durchzusetzen. Montesquieu jedoch war Gegner dieses von Bolingbroke angestrebten politischen Zentralismus und fordert das Gleichgewicht zwischen den Gewalten, wie es in der französischen Tradition bereits existiert hatte. Ein weiteres Argument, das die ausgeprägte Differenz der beiden unterstreicht, ist die enge Freundschaft zwischen Bolingbroke und Boulainvilliers. Boulainvilliers war der wichtigste Vertreter der *thèse royale* und Anhänger eines äußerst parteiischen Standpunkts. Im Kapitel „Tacitus als historiographisches Gegenargument zu den Thesen *royale* und *nobiliaire*" dieser Arbeit konnte gezeigt werden, dass Montesquieu Boulainvilliers für dessen Position stark kritisierte, da dieser die Privilegien des Adels gegen den König und den

---

210 Bolingbroke, „The Craftsman", Nr. 16 (27. Januar 1727).

dritten Standes durchzusetzen versuchte.[211] Bolingbroke teilte diesen Standpunkt mit Boulainvilliers und betrachtete die Rechtsordnung und die Entwicklung Englands nach 1688 als Verrat an der adeligen, traditionellen Stellung. Bolingbroke zeigt sich nostalgisch und enttäuscht:[212]

> „That noble fabric, the pride of Britain, the envy of her neighbors raised by the labor of so many centuries, repaired at the expense of so many millions and cemented by such a profusion of blood; that noble Fabric, I say, which was able to resist the united efforts of so many races of giants, may be demolished by a race of pigmies."

Mit dem Aufstieg der „race of pigmies" bezieht Bolingbroke sich möglicherweise nicht nur auf das Aufkommen neuer politischer Führungskräfte (Walpole), sondern auch den Aufstieg des Bürgertums, das in das *House of Commons* aufgenommen wurde.

Bolingbroke hing der *thèse nobiliaire* Boulainvilliers an[213] und veröffentlicht auf den Seiten des *The Craftsman* eine regierungskritische Satire, in der er einen gewissen Usbek, welcher uns bereits aus den *Lettres persanes* von Montesquieu bekannt ist, zu seinem Protagonisten macht. Als Mitglied des Adels war Montesquieu und sein erfolgreiches Werk *Lettres persanes* eine gute Grundlage, um sich gegen Walpole und seine zentralistische Politik zu richten. Aber während Montesquieu für Balance und Moderation einsteht, übt Bolingbroke eine unilaterale Kritik an der *Whig* Politik, mit der einzigen Absicht die absolute Macht zu gewinnen.

4.3 Bolingbroke und Walpole als Vertreter der gemischten Verfassung?

Die Annahme, dass Bolingbroke Montesquieu als Beispiel einer gemischten Verfassung gedient haben soll, wurde in der englischen Literatur vor allem von Ro-

---

211 Siehe dazu den Abschitt 2.3 und den ersten Teil dieser Arbeit „Tacitus als historiographisches Gegenargument zu den Thesen *royale* und *nobiliaire*".

212 Interessanterweise veröffentlichte Bolingbroke in der Nummer 47 des *Craftsman* erneut einen „Persian Letter" von Usbeck. Der fiktive Usbeck kritisiert dort die „stock-jobbers", da diese einen „imaginary commerce", statt einem „solide trade" ausüben würden. Bolingbroke mißbilligt auf diese Weise den Aufstieg des Bürgertums, der mit der zentralistischen Macht kooperieren und den alten Adel in seinen Privilegien bedrohen würde. (Bolingbroke, *The Craftsman*, Nr. 47, 27. Mai 1927).

213 I. Kramnick, *Bolingbroke and His Circle. The Politics of Nostalgia in the Age of Walpole*, ebenda, S. 16–17.

bert Shackleton unterstützt. Shackleton war der Ansicht, dass die Quelle für das Modell der gemischten Verfassung Montesquieus in den polemischen Schriften Bolingbrokes zu finden wäre.[214] Die gemischte Verfassung, als rhetorisches Argument, diente jedoch nicht nur Bolingbroke als Unterstützung seiner politischen Linie, sondern ebenso auch seinem Widersacher Walpole. Die gemischte Verfassung war im Grunde eine gemeinsame Referenz, die sich auf der Erfahrung der Antike stützt und liefert kein Argument, um eine einseitige Beeinflussung Bolingbrokes auf Montesquieu zu begründen.

Shackleton vertritt die These des englischen Einflusses auf die Lehre Montesquieus, die bereits zuvor in Frankreich von Didieu eingenommen wurde: „Alle philosophischen und tief revolutionären Gedanken des *Esprit des lois* finden wir bereits klar und deutlich ausgedrückt in dem Werk von Milord Bolingbroke.“[215]

Diese These baut auf der Tatsache auf, dass Montesquieus sich zu dem Zeitpunkt in England aufhält, als eine Veröffentlichung von Bolingbroke stattfand, die eine Abhandlung über die gemischte Verfassung zum Inhalt hatte. Dieses Argument ist jedoch nicht haltbar und entbehrt jeder Standhaftigkeit: Bolingbroke war längst nicht der einzige Autor, der die gemischte Verfassung in seinen Schriften gelobt hat. Sowohl die Mitglieder der konservativen (*Tory)*, als auch die der progressiven (*Whig*) Partei beriefen sich auf die gemischte Verfassung, als Grundlage der bereits bestehenden Rechtsordnung. Das klassische Modell der gemischten Verfassung, wie es in der Antike verwurzelt ist, hatte Vorbildcharakter für jeden Politiker in England dieser Zeit. Bolingbroke war nicht der einzige oder erste, der sich auf dieses Modell bezog. Die gemischte Verfassung antiken Ursprungs war die Quelle für zahlreiche Intellektuelle zur Zeit Montesquieus, was den Schluss zulässt, dass als eigentliche Quelle Montesquieus nicht Bolingbroke, sondern die Antike zu konstatieren wäre. Robert Shackleton vertrat, neben dem Einfluss Bolingbrokes auf Montesquieu, die Annahme, dass Bolingbroke die Lehre der gemischten Verfassung weiterentwickelt habe.[216] Demnach übertrug er die antike Lehre in die Lehre der Gewaltenteilung und verwirklichte auf diese Weise das innovative Konzept des „check and balance“, durch die funktionale

---

214 R. Shackleton, *Montesquieu, Bolingbroke and the Separation of Powers*, ebenda, S. 29.
215 J. Didieu, *Montesquieu*, ebenda, S. 272: „Toute la pensèe philosophique si profondement revolutionaire de L'Esprit Des Lois, nous la retrouvons pure et claire, dans l'oevre de Milord Blingbroke.“ Der gleiche Standpunkt findet sich in K. Kluxens, *Das Problem der politischen Opposition*, ebenda, S. 224–227; Die Haltung Didieus wurde in Frankreich von Henri See in dem Werk *Les Ideés Politiques en France au XVIII Siécle*, Paris, Librairie Hachette, 1920, S. 15–36 eingenommen. Der Standpunkt Shackletons wurde von H. J. Plumb in einer Buchbesprechung in der Zeitschrift „The Spectator“ am 15. September 1961 übernommen.
216 R. Schackleton, *Montesquieu, Bolingbroke and the Separation of Powers*, ebenda, S. 36.

Gewaltenteilung zwischen verschiedenen Organen des Staates.[217] Im Folgenden wird bewiesen, dass Bolingbrokes Ziel nicht allein die Verwirklichung des „check and balances“ war. Sein Ziel war ein möglichst wirkungsvoller Angriff auf die korrupte Regierung Walpoles, um seine zentralistische Politik in Form der Unabhängigkeit verschiedener staatlicher Organe zu zersetzen.[218]

Es ist zweifelsfrei festzustellen, dass Montesquieu nach seiner Rückkehr von England aus Bolingbrokes *The Craftsman* zitierte,[219] jedoch folgt daraus keinesfalls ebenfalls zweifelsfrei, dass dieser Schüler von Bolingbroke gewesen wäre. Bolingbroke wetterte, von einem adeligen Standpunkt aus, gegen den englischen Zentralismus, während Montesquieu eine ähnliche Kritik gegen den französischen Zentralismus bereits 1721 in den *Lettres persanes* formuliert hatte[220] – zu einem Zeitpunkt, an dem sich die beiden noch nicht bekannt waren. Darüber hinaus kann Bolingbrokes Theorie der gemischten Verfassung nicht als exklusive Quelle der Gewaltenteilung Montesquieus angesehen werden, da die selbe Theorie unter anderem auch von Robert Walpole verwendet wurde, was folgender Auszug bezeugt:[221]

> „Ours is a mixed government, and the perfection of our Constitution consists in this, that the monarchical, aristocratic, and democratical forms of government are mixt and interwoven in ours, so as to given all the advantages of each, without subjecting us to the danger and inconveniences of either.“

Walpole stützte sich auf die gemischte Verfassung von Polybios, um die englische Verfassung zu beschreiben. Ähnliche Worte finden sich in einem Lob der Dreiteilung der Gewalt in Walpoles Zeitung *London Journal:*[222]

> „Tis necessary, therefore, in order to the due exercise of government, that these powers which are distinct, and have a negative on each other, should also have a mutual dependency and mutual expectations; ‚Tis in vain to carry virtue up to a Romance and fly to Harrington’s *Oceana* and schemes of government which never existed but in Men’s head.‘“

---

217 Siehe auch G. Giarizzo, *David Hume: politico e storico*, ebenda, S. 88 – 106.

218 I. Kramnick, *Bolingbroke and His Circle. The Politics of Nostalgia in the Age of Walpole*, ebenda, S.146.

219 Siehe zum Beispiel Montesquieu, *Notes sur l’Angleterre*, in *Œuvres complètes*, I, ebenda, S. 876 – 877 und 881. Vergleiche mit Montesquieu, *Spicilège*, in *Œuvres complètes*, II, S. 1356 – 1357 und 1360.

220 I. Kramnick, *Bolingbroke and His Circle. The Politics of Nostalgia in the Age of Walpole*, ebenda, S. 146 – 147.

221 Zitiert in I. Kramnick, *Bolingbroke and His Circle. The Politics of Nostalgia in the Age of Walpole*, ebenda, S. 124.

222 *The London Journal*, Nr. 558 (11. April 1730).

Diese Passage verdeutlicht, dass die gemischte Verfassung ein gemeinsamer Nenner der politischen Schriftsteller war, die unter der Regie Walpoles geschrieben haben. Der Schreibstil erinnert stark an Bolingbroke, der 1730 folgenden Satz verfasste:[223]

> „In a constitution like ours the safety of the whole depends on the balance of the parts, and the balance of the parts on their mutual independency on one another."

Aus den aufgeführten Passagen geht deutlich hervor, dass beide Parteien für eine gemischte Verfassung warben. In der politischen Debatte machten sie es sich gegenseitig zum Vorwurf, das Ideal der gemischten Verfassung entfremdet zu haben. Daraus folgt, dass Montesquieu von beiden Parteien gleichermaßen das Konzept der gemischten Verfassung übernommen haben konnte. Ein Grund, warum Montesquieu Bolingbroke ausdrücklich zitiert hat und Walpole nicht, beruht auf der Beschreibung Bolingbrokes von England, als korrupte Nation, in der Geld mehr zähle als Ehre (die *Robinocracy*). Montesquieu stimmt mit Bolingbroke in dieser Einschätzung überein, was seine *Notes sur l'Angleterre* belegen, in denen er England als Nation beschreibt, in dem „Geld am meisten und Ehre und Tugend wenig geschätzt wird".[224]

Ein weiterer Grund, warum sich Montesquieu nicht auf Walpole, sondern auf Bolingbroke bezieht, ist die Rolle des ersteren als Vertreter einer zentralistischen Staatspolitik. Die Tatsache, dass Bolingbroke die gemischte Verfassung propagierte ist unwesentlich, da diese Idee in der römischen Geschichte zu verorten ist und darüber hinaus zur Zeit Montesquieus einen hohen Bekanntheitsgrad hatte. Insofern gibt es keinen überzeugenden Hinweis, um Bolingbroke für die Quelle Montesquieus zu halten.

Zusammenfassung

Es konnte widerlegt werden, dass Bolingbroke maßgeblich Einfluss auf Montesquieus Ideenentwicklung genommen hat. Die Argumentation wurde anhand dieser drei Punkte entwickelt:

1. Die gemischte Verfassung wurde von beiden großen Parteien (*Whig* und *Tory*) als rhetorisches Argument genutzt. Hinter der vorgetragenen Absicht eine gemischte Verfassung zu verwirklichen, verdeckt sich das Streben nach absoluter

223 Bolingbroke, in „The Craftsman", Nr. 208 (27. Juni 1730).

224 Siehe Montesquieu, *Notes sur l'Angleterre*, in *Œuvres complètes*, I, ebenda, S. 878: „L'argent est ici souverainement estimé; l'honneur et la vertu peu."

Macht. Darüber hinaus ist die von Bolingbroke beschriebene, in England realisierte Rechtsordnung auf keinen Fall ein Idealtyp der gemischten Verfassung und entspricht stattdessen einer von Geld korrumpierten, absolutistischen Regierungsform. Die Annahme, dass Montesquieu von der englischen Regierungsform inspiriert worden wäre, ist also zweifach widersprüchlich: Wieso hätte Montesquieu das von Bolingbroke scharf kritisierte England als Modell einer gemischten Verfassung übernehmen sollen? Und warum hätte Montesquieu darüber hinaus den Standpunkt eines Politikers einnehmen sollen, der sich offensichtlich nicht um Moderation und Gleichgewicht kümmerte, sondern nach einer absolutistischen Herrschaft gierte? Schlussendlich ist daran zu erinnern, dass Bolingbroke vielmehr mit einem ideologischen Gegensatz von Montesquieu, nämlich Boulainvilliers verbunden war, als mit Montesquieu selbst. Boulainvilliers und Bolingbroke waren beide Vertreter eines adeligen, parteiischen Standpunkts. Montesquieu hingegen sprach sich für ein Gleichgewicht zwischen den verschiedenen Kräften aus.

2. Auf der Suche nach Zusammenhängen zwischen den beiden Autoren muss die Interpretation von Shackleton auf den Kopf gestellt werden: Es ist nicht Bolingbroke, der Montesquieu inspirierte, es waren im Gegenzug die *Lettres persanes* von Montesquieu, an denen sich Bolingbrokes literarischer Stil orientierte. Montesquieu übte bereits 1721 scharfe Kritik an dem Zentralismus des französischen Königs und beklagte die Degeneration des Adels. Schon damals machte er, aus der Perspektive des fiktiven Persers Usbek, auf den Zerfall des Adels aufmerksam und kennzeichnet den Adel als bedeutsames Element für das Gleichgewicht der Kräfte. Bolingbroke folgte dem Beispiel der *Lettres persanes* in seiner Zeitschrift *The Craftsman*, nachdem er Montesquieu 1722 kennenlernte und auf sein Werk stieß. Die Bewunderung für dieses Werk lässt sich durch die Übernahme des Charakters Usbek in mehreren Artikeln der Zeitschrift *The Craftsman* nachvollziehen, den er wiederholt heranzieht, um die Korruption Englands anzuprangern.

3. Es wurde darauf hingewiesen, dass das klassische, antike Modell der gemischten Verfassung Vorbildcharakter für jeden Politiker in England zu dieser Zeit hatte. Es war nicht nur Bolingbroke, der sich auf diese Lehre bezog. Die gemischte Verfassung wurde gleichermaßen – als rhetorisches Argument – von der politischen Opposition eingesetzt.

Den genannten Punkten zufolge ist es nicht nachvollziehbar, warum Montesquieu speziell unter dem Einfluss von Bolingbroke und nicht unter dem Einfluss anderer Autoren gestanden haben soll. Auch Bolingbroke und Walpole waren von Rom inspiriert, jedoch unterschied sich ihre Absicht und der Grund für ihren Bezug auf die römische Geschichte von Montesquieus Intention fundamental. Während die Engländer die Lehre der gemischten Verfassung römischen

Ursprungs im Sinne parteilicher und unilateraler Zwecke propagierten, berief sich Montesquieu auf die römische Erfahrung, um ein Gleichgewicht zwischen den politischen Kräften zu fordern.

Schlussfolgerungen

Die Ausführungen der vorhergehenden Seiten erlauben folgenden Schluss: Die herrschende Interpretation, die von dem Einfluss der englischen Erfahrung auf die Lehre Montesquieus im Allgemeinen und von der Vorbildfunktion des englischen Modells für die Theorie der Gewaltenteilung im Speziellen (insbesondere die Auffassung vom Richter als Mund des Gesetzes) ausgeht, kann durch die Annahme der tacitistischen Quelle, als Grundlage für die Gedanken Montesquieus, widerlegt werden. Die Argumente, die für diese Interpretation unterstützend vorgestellt wurden, werden an dieser Stelle noch einmal zusammengefasst:

1. Hinter der „Fassade" der englischen Verfassung versteckt sich das Modell der geteilten Souveränität, das, der von Tacitus beschriebenen germanischen Rechtsordnung gleicht. Die wahre Quelle der Gewaltenteilung liegt nicht im zeitgenössischen England, sondern in den „Wäldern der *Germania*", in einer barbarischen Welt.

2. Montesquieus Werke enthalten eine klare Kritik an der zentralistischen Monarchie seiner Zeit und richten sich nicht gegen die monarchische Regierungsform an sich. Montesquieu wollte kein englisches Modell für Frankreich vorschlagen, sondern trat dafür ein, die ursprüngliche Monarchie der ersten Franken (eine Monarchie auf Basis geteilter Souveränität) wiederherzustellen.

3. Die kollektiven Entscheidungsprozesse der Germanen waren Ausdruck eines politischen Modells des Gleichgewichtes zwischen Adel und Krone. Der König war nicht im Besitz der absoluten Macht, sondern war in seinen Entscheidungen an die Autorität der Stammesführer und die Überzeugungskraft der vorgebrachten Argumente gebunden. Die *Germania* von Tacitus ist politisches Vorbild und eine Beschreibung der antiabsolutistischen Struktur der ursprünglichen fränkischen Monarchie. Montesquieus Blick ist auf die die Tradition gerichtet und nicht in der zeitgenössischen Erfahrung Englands verhaftet. Montesquieu schlägt nicht England als Modell vor, sondern fordert eine Aktualisierung des traditionellen Modells der französischen Monarchie. Montesquieus Originalität bestand in der Übernahme der Tradition, als Gewährleistung der politischen Freiheit.

4. Die Tragweite der tacitistischen Quelle wird deutlich, wenn man *De l'Esprit des lois* in Zusammenhang mit der historiographischen Debatte liest, an der sich

Montesquieu beteiligte. Es konnte aufgezeigt werden, welche Bedeutung der Referenz auf Tacitus in Frankreich während des 18. Jahrhunderts beigemessen wurde. Die *Germania* war Ausdruck einer Kritik gegen die ideologisch orientierte Historiographie von Vertretern des Königs und des Adels.

5. Die *Germania* von Tacitus diente Montesquieu als Mittel, um sich gegen die Tendenz der Machtkonzentration der französischen Monarchie zu wehren. Auch um die Religionsfreiheit zu verteidigen zog Montesquieu Tacitus hinzu. Montesquieu verurteilte, wieder mithilfe Tacitus', den Versuch der Monarchie ihre absoluten Machtansprüche auf die Ebene der Religion auszuweiten.

6. Montesquieu verwies auf die Gleichung zwischen Sitte und Brauch einerseits und der Rechtsordnung andererseits. Laut ihm bildet sich die Degeneration der Sitten und Bräuche in der Degeneration der Monarchie in Despotismus ab. Das Lob an Tacitus beinhaltet das Lob der Bescheidenheit. Montesquieu betrachtete den wirtschaftlichen Expansionismus seiner Zeit, sowie die damit einhergehende wachsende Produktionsindustrie kritisch: Eine unerbitterliche Konkurrenzdynamik, das kontinuierliche Anfachen von Bedürfnissen sowie das Verlangen nach Luxusgütern waren laut ihm die destruktiven Folgen. Der wirtschaftliche Expansionismus entsprach seiner Meinung nach dem politischen Expansionismus des Staates, welcher zudem die despotischen Tendenzen der Regierung verstärke. Die despotische Tendenz, die Montesquieu in Frankreich erkannte, ging mit der Zunahme von Individualismus und Isolation des Individuums einher. Das von den Zwischenkörpern entfernte Individuum war ein Zeichen des Absolutismus und eine Konsequenz der wirtschaftlichen Entwicklung der Gesellschaft des 18. Jahrhunderts.

7. Tacitus ist die Brille für Montesquieus Rezeption der Geschichte Roms. Montesquieu kommt zu dem Schluss, dass die politische Expansion, im Sinne permanenter territorialer Vergrößerung, zu Dekadenz führt. Die gleichzeitige Machtkonzentration zur Zeit des Kaisertums war die Ursache des Zerfalls von Rom. In der republikanischen Rechtsordnung Roms erkannte Montesquieu ein Modell der gemischten Verfassung bzw. ein Modell der geteilten Souveränität.

Die tacitistische Quelle ermöglicht es, die Bedeutung der Theorie der geteilten Souveränität klarer zu verstehen und somit die Passage über die Gewaltenteilung nicht als Versuch fehlzudeuten, die Gerichtsbarkeit dem Gesetz zu unterwerfen, sondern sie in ihrer gemeinten Form, als Gegengewicht im Rahmen der exekutiven Gewalt zu begreifen. Die Hoffnung Montesquieus lag im Gleichgewicht zwischen Aristokratie und Krone, zwischen judikativer und exekutiver Gewalt.[225]

---

225 Diese Hoffnung wurde in der Geschichte Frankreichs im 18. Jahrhunderts enttäuscht. In den Jahrzehnten nach dem Tod Montesquieus haben die Parlamentsgerichtshöfe ihre Steuerprivile-

8. Die judikative Gewalt entspricht der einzigen Beschränkung innerhalb der Monarchie, gegen die politische Macht des Königs.

9. Die judikative Gewalt, in Form der Parlamentsgerichtshöfe, ist im Sinne von Montesquieu Teil der exekutiven Gewalt und übt diese gemeinsam mit dem König aus. Damit wollte Montesquieu das Gleichgewicht zwischen Adel und Krone gewährleisten.

10. Das erste Kapitel konnte die Annahme, der englische Politiker Bolingbroke hätte Montesquieu beeinflusst, begründet zurückweisen. Die gemischte Verfassung wurde nicht exklusiv von Bolingbroke propagiert, sondern ebenso von seinem politischen Gegner Robert Walpole. Beide stellten den Anspruch auf die Ausübung einer absoluten Herrschaft, die im Gegensatz zu der Moderation steht, wie sie von Montesquieu verteidigt wurde. Es wurde gezeigt, dass vielmehr Bolingbroke von Montesquieu inspiriert wurde, als dies umgekehrt der Fall war.

Der anschließende, zweite Teil dieser Arbeit wird, nach dem nun auf die wesentliche Rolle Tacitus' eingegangen wurde, die Relevanz der geschichtlichen Darstellung des antiken Roms für die geistige Entwicklung Montesquieus kenntlich machen.

---

gien streng verteidigt und damit die Versuche des Königs, das Steuersystem zu reformieren, durch das *droit de remonstrance* verhindert. Die Intellektuellen und die Bourgeoisie haben dieses fehlende Gleichgewicht ausgenutzt, um sich der Aristokratie und der Krone zu entledigen. Siehe dazu P. Gaxotte, *La Révolution française*, ebenda, S. 11–12; J. Israel, *Revolutionary Ideas: An Intellectual History of the French Revolution*, ebenda, S. 30–32.

II. Die römische Republik als juristisches Modell in Montesquieus Denken: Die gemischte Verfassung

1 Rom als Quelle für Montesquieu

Dieses Kapitel wird auf die Geschichte des antiken Roms und seine Bedeutung eingehen, die jene für die geistige Ausbildung für Montesquieu darstellen. Die ausgiebige Beschäftigung mit dem antiken Rom war Inspiration für die Entwicklung alternativer Modelle und ermöglichte Montesquieu die Ableitung von Beschränkungen der politischen Macht, vor deren Allmacht er sich sorgte.

1.1 Montesquieu und die Römer im Licht der Rechtswissenschaft

Das Interesse Montesquieus an Rom war nicht nur rein historischer oder akademischer Natur. [226] Nur selten wurde auf die Bedeutung eingegangen, welche dem römischen öffentlichen Recht in den historischen Studien Montesquieus innewohnt und meist blieb unerkannt, welche weitreichenden Auswirkungen dieser Beschäftigung für die Entwicklung seiner Rechtslehre tatsächlich folgten. Rom findet in dieser rechtshistorischen Hinsicht nur in wenigen Studien Eingang.[227]

---

226 Lesenswerte „historische" Untersuchungen zu Montesquieu und Rom sind z. B.: J. Erhard, *Préface* zu *Considérations sur les causes de la grandeur des Romains et de leur décadence*, Paris, Garnier-Flammarion, 1968; J. Erhard, *„Rome enfin que je je hais...?"*, in *Storia e ragione*, hrsg. von A. Postigliola, Neapel, Liguori, 1986; E. Pii, *La Rome antique chez Montesquieu. Une questione et quelques notes pour une recherche*, in: „Revue Montesquieu", 1997, S. 25–38; D. Felice, *Oppressione e libertà. Filosofia e anatomia del dispotismo nel pensiero di Montesquieu*, Pisa, Ets, 2000; V. de Senarclens, *Montesquieu historien de Rome: un tournant pour la réflexion sur le statut de l'histoire au XVIII*[ème] *siècle*, Genf, Librairie Droz, coll. „Bibliothèque des lumières", 2003; I. Cox – A. Lewis, *Introduction* à Montesquieu, *Collectio iuris*, in *Œuvres complètes*, tomes 11 et 12, textes établis, présentés et annotés par I. Cox et A. Lewis, Oxford – Neapel, Voltaire Foundation – Instituto Italiano per gli Studi filosofici, 2005, S. XI–XLII (diese *Introduction* beschränkt sich jedoch auf das Verhältnis Montesquieus zum römischen Privatrecht und läßt das öffentliche Recht Roms außen vor); C. Strosetzki, *Die ‚Dekadenz' Roms, ihre Ursachen und ihre Dialektik bei Montesquieu, in Montesquieu zwischen den* Disziplinen, ebenda, S. 71–88; P. Rahe, *Le livre qui ne vit jamais le jour: les Considérations sur les Romains de Montesquieu et leur contexte historique*, Übersetzung von C. Spector, „Revue Montesquieu", Nr. 8, 2006–2007, S. 67–79; P. Andrivet, *„Rome enfin que je hais..."?*, Orléans, Paradigme, 2012.

227 Zu diesen Ausnahmen, die auf die juristische Bedeutung der Auseinandersetzung Montesquieus mit Rom hinweisen, zählen: C. Larrère, *Montesquieu: l'éclipse de la souveraineté*, in *Penser la souverainité*, hrsg. von G.M. Cazziniga und C. Zarka, Paris, Vrin, 2002, S. 199–214; D. Felice, *Oppressione e libertà. Filosofia e anatomia del dispotismo nel pensiero di Montesquieu*, ebenda; M. Pani, *Il costituzionalismo di Roma antica*, Bari, Laterza, 2010. Eine eigenständige Studie zu Montesquieu und der römischen Republik findet sich in: O. Behrends, *Der römische*

https://doi.org/10.1515/9783110673036-009

Die enge Verbindung, welche zwischen Montesquieus Jugendstudien des römischen Rechts und dem *Esprit des lois* (1748) besteht, zeigt sich darin, dass eine korrekte Einordnung der ersteren – (wie etwa der *Discours sur Cicéron* oder die *Dissertation sur la politique des Romains dans la religion*) – welche 1734 in den *Considérations sur les causes de la grandeur des Romains et de leur décadence* ihren Höhepunkt gefunden haben – nur in Zusammenhang mit dem *Esprit des lois* gelingen kann. Die Studien über die Römer sind nicht allein „historischer" Natur, sondern von juristischem Interesse begleitet. Dieser juristisch interessierte Blick drückt sich unverkennbar auch im *Esprit des lois* aus, ein Werk, das im Kern eine juristische Auseinandersetzung mit der Interpretation der Geschichte, insbesondere der römischen Geschichte ist.

Diese Beobachtung wird auch von Montesquieu selbst bestätigt, der seinen Jugendstudien einen politischen und juristischen Gehalt zuschreibt. Dass diese Montesquieu bei der Ableitung von konkreten Beschränkungen der zentralistischen Bestrebungen der französischen Krone behilflich waren, bestätigt, dass sie ihrer Natur nach nicht neutral, rein akademisch oder intellektuell waren.

Montesquieus Blick auf die römische Republik ist neben juristischer Neugier auch von einer tacitistischen Perspektive geprägt. Tacitus und Montesquieu verbindet eine tiefe Sehnsucht nach der römischen Republik und eine Abscheu gegenüber dem zentralistischen Kaisertum.

Gegenstand der folgenden Ausführung ist es, den Stellenwert zu ermitteln, den die Auseinandersetzung mit der römischen Geschichte und dem römischen Recht in der geistigen Entwicklung des jungen Montesquieus einnahm. Das Interesse für Rom stellt eine Konstante innerhalb des montesquieuischen Lebenslaufs dar und nimmt bereits in frühen Jahren einen herausragenden Platz in seiner geistigen Ausbildung ein. Es wird nachvollzogen, in welcher konkreten Form sich die römischen Studien in den Theorien Montesquieus widerspiegeln.

Zusammenfassung

Montesquieus Interesse für Rom und die Beschäftigung mit seiner Geschichte ist maßgeblich von Tacitus geprägt und wurde von juristischen Fragestellungen begleitet. Seine tiefgehende Auseinandersetzung mit Rom und der *Esprit des lois* müssen gemeinsam betrachtet werden.

Gesetzesbegriff und das Prinzip der Gewaltenteilung, ebenda, S. 34–122. Siehe dazu auch M. J. Rainer, *Die Römische Republik, Montesquieu und die Amerikanische Verfassung*, in *Calamus. Festschrift für Herbert Graßl zum 65. Geburtstag*, ebenda, S. 394–402.

1.2 Rom in Montesquieus Ausbildung

Die Ausbildung Montesquieus zeichnet sich durch ein ausgeprägtes und anhaltendes Interesse an der römischen Geschichte und dem römischen Recht aus. Die Beschäftigung mit dem römischen Recht währte Zeit seines Lebens und erreichte bereits in seinen Jugendjahren eine politische Ebene. Dieses intensive und langfristige, über Jahrzehnte andauernde Studium Montesquieus, kann als weiteres Argument gegen die These angeführt werden, der zufolge sein Aufenthalt in England, – von lediglich einem Jahr – wesentlich zu der Entwicklung seiner Lehre beigetragen haben soll.

Von einigen Übungen der Gelehrsamkeit abgesehen, hat sich Montesquieu von Beginn an ernsthaft dem römischen öffentlichen Recht zugewandt. Die Verankerung der Rechtswissenschaft in der römischen Tradition war zu der damaligen Zeit in Frankreich keine neue Erscheinung. Auch einer der wichtigsten französischen Juristen des 17. Jahrhunderts, Jean Domat, hat seine Rechtswissenschaft auf Basis des römischen Rechts begründet. Während sich Jean Domat vor allem mit dem Erbe des römischen Rechts im Bereich des Privatrechts auseinandergesetzt hatte, befasste sich Montesquieu, auf Basis des römischen Rechts, mit einem System des öffentlichen Rechts.[228] Die von Montesquieu elaborierte Theorie des öffentlichen Rechts ist nicht ausschließlich das rationale und abstrakte Ergebnis des Zeitalters der *lumières* oder des englischen Aufenthalts, sondern hat tiefe historische Wurzeln. Nur wenn man diese erkennt, lässt sich die gedankliche Entwicklung Montesquieus in ihrer Gesamtheit und Komplexität erschließen.

Auch Cicero ist zu Beginn der Ausbildung Montesquieus ein wichtiger Begleiter.[229] Das stoische Ideal des Naturrechts, im Sinne Ciceros, spielt anfänglich eine wesentliche Rolle, erfährt aber schließlich durch die Lehre der geteilten Souveränität eine Übersetzung des metaphysischen Ideals in die Wirklichkeit. Im Verlauf der Jahre zieht Montesquieu Cicero als Vertreter der gemischten Verfassung vor und es entsteht der Eindruck, als hätte sich die jugendliche Bewunderung für Ciceros Ethik und Naturrecht verloren. Für diese unausgesprochene, mutmaßliche, implizite Zurückweisung der Ethik Ciceros wird eine mögliche Erklärung angeboten: Montesquieu geht über das praktisch wirkungslose Ideal der Naturrechtslehre hinaus und überführt es in praxistaugliche Formen der Begrenzung. Montesquieu sucht nach Möglichkeiten das Ideal der Gerechtigkeit in

---

228 Siehe dazu Abschnitt 4 des 2. Teils dieses Buches: „Domat ohne öffentliches Recht: Römisches Recht als Grundlage für eine verfassungsrechtliche Theorie".

229 Siehe dazu Montesquieu, *Discours sur Cicéron*, in *Œuvres complètes*, I, ebenda S. 93–98; Montesquieu, *Analyse du Traité des devoirs*, in *Œuvres complètes*, Bd. I, ebenda, S. 108–111.

der konkreten Rechtswirklichkeit durchzusetzen. Und trotzdem ist das Ideal weiterhin, in Form einer philosophischen Grundhaltung, essentielles Element seines Denkens. Dieser geistige Hintergrund war ständiger Begleiter Montesquieus und prägte seine Sichtweise auch Rom betreffend. Rom ist ein wiederkehrendes Motiv Montesquieus, wie es auch das Kapitel XIII des Buches XI seines *Esprit des lois* eindrücklich beweist: [230]

> „Immer wieder kommt man auf die Römer zurück. So geht es einem noch heute in ihrer Hauptstadt: man läßt die neuen Palazzi und sucht nach Ruinen – so wie das Auge, das auf der Farbenpracht der Wiesen geruht hat, sich am Anblick der Felsen und Gebirge ergötzt."

Montesquieus Lebenslauf wird im Folgenden, mit Blick durch die römische Brille, noch einmal umrissen. Daraus geht hervor, dass die Geschichte Roms bereits früh sein persönliches Interesse geweckt [231] und darüber hinaus einen Großteil seiner schulischen Ausbildung ausgemacht hat.[232]

Montesquieu besucht in den Jahren von 1700 bis 1705 das in der Nähe von Paris gelegene Collège de Juilly. Madame de Tencin gibt Montesquieu liebevoll den Rufnamen „mon petit Romain",[233] „ein Römer, der in erster Linie ein im Zeitalter des Ludwig XV. lebender Franzose gewesen ist".[234] Nach Abschluss seiner klassischen Studien in Juilly begibt er sich nach Bordeaux, um dort Rechtswissenschaften zu studieren (1705–1708). Nach seinem Studienabschluss und nachdem er am Gerichtshof von Bordeaux zum *avocat* ernannt wird, beschließt Montesquieu seine Studien fortzusetzen. Zu diesem Zweck verlässt er seine Hei-

---

230 Siehe Montesquieu, *Vom Geist der Gesetze*, ebenda, S. 236; *De l'Esprit des lois*, ebenda, S. 414: „On ne peut jamais quitter les Romains: c'est ainsi qu'encore aujourd'hui, dans leur capitale, on laisse les nouveaux palais pour aller chercher des ruines; c'est ainsi que l'oeil qui s'est reposé sur l'émail des prairies, aime à voir les rochers et les montagnes."

231 Ein Beweis dafür findet sich in einem Zeugnis von Abbé Guasco, der einen Brief von Montesquieu kommentierte. Guasco schreibt darin, dass Montesquieu die *Lettres persanes* verfasste, um der trockenen Beschäftigung mit dem Corpus Juris Civilis zu entfliehen. Diese Anmerkung ist ein Beleg für Montesquieus jugendliche Auseinandersetzung mit dem römischen Recht. Siehe dazu *Montesquieu an Guasco*, Brief vom 5. Oktober 1752, Anmerkung von Guasco, Lettre 657, in Montesquieu, *Œvres complètes*, Bd. 3, hrsg. von André Masson, Paris 1955, S. 1141.

232 Siehe J. Erhard, *Préface* zu Montesquieu, *Considérations sur les causes de la grandeur des romains et de leur décadence*, Paris, Garnier-Flammarion, 1968, S. 7. Siehe D. Monda, *Prefazione* in Montesquieu, *Considerazioni sulle cause della grandezza dei Romani e della loro decadenza*, Mailand, Biblioteca Universale Rizzoli, 2011 (2001), S. 5–7.

233 Madame de Tencin à Montesquieu, 20. Mai 1749 in Montesquieu, *Œuvres complètes*, III, hrsg. von A. Masson, Paris, Editions Nagel, 1950–1955, S. 1231.

234 J. Erhard, *Préface* zu Montesquieu, *Considérations sur les causes de la grandeur des romains et de leur décadence*, ebenda, S. 8 (eigene Übersetzung).

matregion und begibt sich nach Paris. Dort setzt er 1708–1713 seine Studien des römischen Rechts fort und verfasst die *carnets* zu den *Digesten* und zum *Codex* von Justinian.[235]

1713 kehrt er in Folge des Todes seines Vaters nach Bordeaux zurück. 1714, im Alter von 25 Jahren, erwirbt er den Titel eines *conseillers* am dortigen Gerichtshof.[236] Zwei Jahre später erbt er zudem den Titel des Barons von seinem verstorbenen Onkel und auch den Vorsitz des Gerichts von Bordeaux. 1715 gibt der damalige Regent von Frankreich den Gerichtshöfen ihr Einspruchsrecht und somit ihre politische Rolle zurück, die ihnen unter der Herrschaft von Ludwig XIV. strikt verweigert worden war. 1716 stellt Montesquieu an der Akademie von Bordeaux seine *Dissertation sur la politique des romains dans la religion*[237] vor und verfasst im darauffolgenden Jahr den *Discours sur Cicéron*[238], ein Lobpreis auf den altrömischen Denker und dessen stoische Moralphilosophie.[239] Einige Jahre später erscheint der *Dialogue de Sylla et d'Eucrate*, welcher mit der Absicht formuliert wird, im Pariser *Club de l'Entresol* vorgetragen zu werden. 1728 geht Montesquieu, nachdem er sein Amt als Präsident des Gerichtshofes verkauft hat, auf Reisen: Er besucht Österreich, Ungarn, Italien, Deutschland, die Niederlande und vor allem England.[240] Zurück in La Brède schreibt er die *Réflections sur la sobriété des habitants de Rome comparée à l'intempérance des anciens Romains*; dieses Werk ist leider verloren gegangen. Die Überlegungen zu den alten Römern ebnen den Weg für die Veröffentlichung der *Considérations sur les causes de la grandeur des Romains et de leur décadence*, die 1734 erfolgt. Diese Schrift stellt den Ausgangspunkt von Montesquieus Überlegungen zur römischen Geschichte und zum römischen öffentlichen Recht dar und markiert zugleich eine grundlegende

235 Ebenda, S. XI-XIII.

236 Der französische Ausdruck „*Parlement*" stand im 18. Jahrhundert, bis zur Französischen Revolution, für „Gerichtshof". In deutscher Sprache kann man ihn streng genommen mit „Parlamentsgerichtshof" übersetzen.

237 Montesquieu, *Dissertation sur la politique des romains dans la religion*, in *Œuvres complètes*, I, ebenda S. 81–92.

238 Montesquieu, *Discours sur Cicéron*, in *Œuvres complètes*, I, ebenda S. 93–98.

239 Siehe E. Pii, *„L'Esprit de commerce" nel pensiero di Montesquieu*, in *Studi in onore di L. Firpo*, II, ebenda, S. 601–618. Auf diesen Seiten hat Pii die anfängliche und nie ganz verebbte Bewunderung Montesquieus für das Denken Ciceros hervorgehoben. Der altrömische Philosoph war für Montesquieu nämlich „einer der größten Geister gewesen, die es je gegeben hat": so Montesquieu in *Mes Pensées*, in *Œuvres complètes*, I, ebenda, Pensée Nr. 870 (773), S. 1238.

240 Montesquieu, *Voyages*, in *Œuvres complètes*, I, ebenda, S. 533–874 und Montesquieu, *Notes sur l'Angleterre*, in *Œuvres complètes*, I, ebenda, S. 875–877.

Etappe in der Entwicklung seiner Ideen.[241] In demselben Jahre lässt er zudem noch ein rund vierzig Seiten umfassendes Büchlein mit dem Titel *Réflexions sur la Monarchie universelle* herausgeben. Obwohl es Montesquieu, gemäß dem Titel, um die Ergründung der „Ursachen" der Größe und der Dekadenz Roms geht, muss an dieser Stelle darauf hingewiesen werden, dass das Kausalitätsprinzip nur ein Aspekt und nicht den Kern seiner Geschichtsauffassung darstellt.[242]

Montesquieus Anspruch war mehr als eine nüchterne historische Untersuchung, die sich auf die objektiven Ursachen für die Dekadenz Roms richtet. Seine Betrachtungsweise von Rom resultiert aus den Erfahrungen des 18. Jahrhunderts – einem Zeitabschnitt, der mit dem Tod des Sonnenkönigs Ludwig XIV. (1715) beginnt und in den Wirren der Französischen Revolution (1789) mündet. Seine Untersuchung erfolgte nicht nur aus der Sicht eines Historikers, sondern auch aus der Sicht eines Juristen und politischen Denkers. Montesquieus Studien über den Aufstieg und den Fall des antiken Roms waren juristisch und politisch motiviert, seine Suche nach historischen Quellen und seine Bemühungen um eine wahrheitsgetreue Rekonstruktion der Vergangenheit müssen im Kontext der Bestrebungen und Unruhen des 18. Jahrhunderts gelesen werden. Das eigens Miterlebte ist eng verquickt mit dem, was er über die Römer schreibt und veröffentlicht. Das in den *Considérations* und zuvor in vielen Jugendschriften Montesquieus dargestellte Rom ist nicht jener literarische Ort, der den Geist des jungen *élève* des Collège de Juilly faszinierte; es ist auch nicht Ausdruck einer Gelehrsamkeitsübung. Montesquieus Rom ist um eine politische Bedeutungsdimension erweitert, die – wie noch sichtbar wird – bis in das Jahrhundert der Aufklärung wirkt. Die Beschäftigung Roms liefert die Grundlage, um die absolutistischen Tendenzen der französischen Krone einzuordnen und dient darüber hinaus einer Auseinandersetzung mit dem Problem der Staatsreligion, das sich innerhalb Frankreichs während dem 18. Jahrhundert weiterhin ergab.

---

241 E. Pii, *La Rome antique chez Montesquieu. Une question et quelques notes pour une recherche*, ebenda, S. 25–38. Siehe M. J. Rainer, *Das römische Recht in Europa*, Wien, Manz, 2012, S. 182–183. Vergleiche mit M. J. Rainer, *Les Constitutions Romaines et la modernité*, in *Vis ac potestas legum. Liber amicorum Zoltán Végh*, P. Lang, 2010, S. 133–138.

242 An dieser Stelle sei daran erinnert, dass sich Montesquieu für Naturwissenschaften interessierte und Essays wie *Discours sur la cause de l'écho* (1718), *Discours sur l'usage des glandes rénales* (1718), *Projet d'une histoire physique de la terre ancienne et moderne* (1719), *Discours sur la cause de la pesanteur des corps* (1720), *Discours sur la cause de la transparence des corps* (1720) und *Observations sur l'histoire naturelle* (1721) herausgab. Die den Naturwissenschaften entnommene Idee der Kausalität darf nicht in die Irre führen und sollte keine ausschlaggebende Rolle in der Interpretation Montesquieus zugeschrieben werden, nur weil sie im Titel seines Buches über die Römer erwähnt wird.

Soweit der Hintergrund, der die weiteren Überlegungen des „Petit Romains“ bedingt haben, der als Vater der sogenannten Theorie der Gewaltenteilung in die Geschichte einging. Die These, die hier vertreten wird, ist dass die eingehende Beschäftigung mit Rom und nicht der Aufenhalt in England zu den Grundideen des *Esprit des lois* führten. Es mag sein, dass Montesquieu ein „Römer“ war, aber wie bereits erwähnt, war er ein Römer des 18. Jahrhunderts, ein Kind seiner Zeit.[243] Ohne diese notwendige Prämisse kann das Buch über Rom nicht verstanden werden. Seine Originalität im Vergleich zu anderen Studien zum gleichen Thema, sowie dessen genaue Bedeutung im geistigen Werdegang Montesquieus würden verkannt. Diesen roten Faden zwischen dem *Esprit des lois* und den *Considérations* erkannten bereits die ersten Interpreten Montesquieus. Der Sohn Montesquieus bezeichnete die *Considérations* als das „vollkommenstes aller Werke des Vaters“.[244] D'Alembert versieht die *Considérations* mit einem weiteren Titel: „Römische Geschichte, für den Gebrauch von Staatsmännern und Philosophen“. Sie hätten ihmzufolge den Weg für sein späteres Werk, nämlich den *Esprit des lois* bereitet, welcher den Namen Montesquieus „unsterblich“ werden ließ.[245] Voltaire hebt hingegen die *Considérations* als „die Dekadenz Montesquieus“ hervor.[246] Damit unterschätzt Voltaire die Wichtigkeit der *Considérations* für den Aufbau des *Esprit des lois* und, wie im Fall der Vernachlässigung der tacitistischen Interpretation, führt auch hier seine ironische Kritik zu einem Missverständnis und sät unberechtigte Zweifel an der Verbindung zwischen römischer Geschichte und Gewaltenteilung.

Was verbindet das Buch über die Römer mit dem *Esprit des lois?* Es wurde aufgezeigt, dass sich die *Considérations* als eine „Anklage des bedrohlichen Despotismus“ lesen lassen.[247] Die Suche nach einem Gleichgewicht der Staatsgewalten, die bereits in der 1734 veröffentlichten Schrift zum Ausdruck kommt, wiederholt sich in dem 1748 veröffentlichten, „unsterblichen“ Werk *De l'Esprit des*

---

243 J. Erhard, *Préface* zu Montesquieu, *Considérations sur les causes de la grandeur des romains et de leur décadence*, ebenda, S. 7.

244 Siehe *Eloge historique de Montesquieu par M. de Secondat son fils*, in Montesquieu, *Œuvres complètes*, hrsg. von D. Oster, Paris, 1964.

245 D'Alembert, in Montesquieu, *Œuvres complètes*, hrsg. Par J. Ravenel, Paris, De Bure, 1834, S. X.

246 Voltaire, *Lettre à Nicolas Claude Thieriot* in *Correspondence and Related Documents*, hrsg. von T. Besterman, in *The Complete Works of Voltaire*, Oxford, Voltaire Foundation, 1973, S. 80 – 82. Siehe V. de Senarclens, *Montesquieu historien de Rome: un tournant pour la réflexion sur le statut de l'histoire au XVIIIe siècle*, ebenda, S. 143 – 145.

247 Für eine gesamte Interpretation des Despotismus bei Montesquieu siehe D. Felice, *Oppressione e libertà. Filosofia e anatomia del dispotismo nel pensiero di Montesquieu*, Pisa, Ets, 2000, S. 1 – 268.

lois.[248] Aus diesem Standpunkt folgt, dass die römische Geschichte die wahre Grundlage und Quelle des *Esprit des lois* ist: Das Auftreten der tyrannischen Degenerationen im imperialen Rom verbindet sich mit der Ablehnung der despotischen Entartung der französischen Monarchie. Durch das Buch über die Römer distanziert sich Montesquieu zudem von der zeitgenössischen Historiographie, vor allem von der von Dubos vertretenen *thèse royale* und von der von Boulainvilliers' formulierten *thèse nobiliaire* und letztlich auch von Bossuets Deutung der Geschichte Roms, als theologisch geprägte Teleologie.[249] Für Bossuet wird der Werdegang der Geschichte durch die unsichtbare Hand Gottes und das unaufhaltsame Schicksal gelenkt. Von seinem Blickwinkel aus betrachtet, hätte Rom keine andere Aufgabe gehabt, als den Boden für die Entstehung eines universellen, christlichen Reiches zu bereiten. Demgemäß wäre Frankreich und somit Ludwig XIV. nun das Los zugefallen, den vom römischen Universalreich begonnenen schicksalhaften Plan zur Vollendung zu bringen.[250] In Montesquieus Auslegung der Geschichte Roms vollzieht sich kein göttlicher Plan – es handelt sich stattdessen um eine rein menschliche Geschichte, in der das Echo von Giambattista Vicos Historismus vernehmbar ist; eine Geschichte von Aufstieg und Fall.[251] Laut Jean Starobinski hätte Montesquieu seine Sichtweise der Geschichte sogar „so verfasst, dass diese dem berühmten Vorsehungsglauben des Bossuet Punkt für Punkt widerspricht."[252]

Zusammenfassung

Montesquieu hat die Geschichte Roms, ohne parteiliche, ideologische und unilaterale Intentionen, am Beispiel von Tacitus' Geschichtsschreibung wiedergegeben. Wenn man in der Geschichtsschreibung Montesquieus ein Motiv, ein Ziel, finden möchte, besteht dieses in der Verwirklichung eines der römischen Republik entsprechenden antiabsolutistischen Modells, das sich gegen die imperia-

248 J. Erhard, *Préface* zu Montesquieu, *Considérations sur les causes de la grandeur des Romains et de leur décadence*, ebenda, S. 20.

249 P. Andrivet, *La liberté coupable ou Les anciens Romains selon Bossuet*, Orléans, Éditions Paradigme, 2006, S. 1–240.

250 Siehe G. Truc, *Introduction* zu Montesquieu, *Considérations sur les causes de la grandeur des Romains et de leur décadence*, hrsg. von G. Truc, Paris, Garnier, 1967, S. 1–3.

251 Zum Einfluss von Vico auf Montesquieu siehe R. Shackleton, *Montesquieu. A critical Biography*, ebenda, S. 164–170. Zu Vico siehe hingegen G. Capograssi, *L'attualità di Vico*, in *Opere*, hrsg. von M. D'Addio und E. Vidal, Bd. IV, Mailand, Giuffré, 1959, S. 402–404.

252 J. Starobinski, *Montesquieu par lui même*, Paris, Seuil, 1994 (1959), S. 96.

listische Ideologie der Kaiserzeit wendet. Ein solches Ziel jedoch ist unparteiisch und weder zugunsten des Königs, noch des Adels ausgerichtet. Rom wird im Denken Montesquieus um eine politische Bedeutungsdimension erweitert. Seit seiner Zeit in Juilly war Montesquieus Lesart Roms keineswegs mehr naiv oder neutral, sondern mit politischer Bedeutung aufgeladen. Die römische Republik bildet das Gegenstück zum römischen Kaiserreich, in dem sich laut Montesquieu ein Despotismus realisiert hatte. Er spricht von den Römern, hält den Franzosen aber warnend den Spiegel vor. Mitten im Kampf um die Bestätigung der absoluten und zentralen Macht, stellt Montesquieu den despotischen Tendenzen seiner Zeit – den zentralistischen Ansprüchen der Krone, aber auch den Gerichtshöfen – das Ideal der Moderation der römischen Republik entgegen. Die Grundlagen der römischen Republik liefern ihm die ausschlaggebenden Impulse für eine Begründung der Wissenschaft des öffentlichen Rechts. Es lässt sich an dieser Stelle festhalten, dass sich Montesquieu Zeit seines Lebens in eingehender und umfangreicher Beschäftigung mit den Römern befand und lediglich ein Jahr in England verbrachte.

Der anschließende Abschnitt wird die Entstehung der römischen Republik rekonstruieren, wie sie von Montesquieu angenommen wurde. Diese historische Untersuchung wird das politische Gewicht der römischen Geschichte in der Entwicklung seines Denkens erkennen lassen.

2 Montesquieu und die Entstehung der römischen Republik

Die Entstehung der römischen Republik erklärt sich Montesquieu durch einen Kompromiss zwischen verschiedenen sozialen und politischen Kräften – ein Zusammenleben heterogener sozialer Elemente. Die Geschichte ihrer Entstehung, wie Montesquieu sie 1734 erarbeitet, stützt sich auf die traditionelle Überlieferung von Titus Livius und Dionysios von Halikarnassos.[253] Dieser zufolge ist die Monarchie von Tarquinius am Ende des VI. Jahrhunderts auf Grund eines revolutionären Akts zerfallen, an deren Stelle es zur Gründung der Republik kam. Der Überlieferung entsprechend, vor allem nach Titus Livius (*Ab Urbe condita libri*, I, 58), schändete Sextus, der Sohn von Tarquinius, Lucretia, die Frau von Lucius Tarquinius Collatinus. Collatinus und sein Freund Lucius Iunius Brutus hätten dieses Verbrechen durch die Entfachung eines Volksaufstands gerächt, worauf Tarquinius und seine Familie Rom verlassen mussten. Collatinus und Giunius seien auf diesem Wege die ersten beiden römischen Konsuln geworden.[254] Die Souveränität wurde anschließend zwischen zwei Konsuln, dem Senat und der Volksabstimmung aufgeteilt. Der Übergang von Monarchie zur Republik war laut der traditionellen Geschichtsschreibung eine Zäsur und ein revolutionärer Verfassungswandel.[255]

---

253 Montesquieu, *Considérations sur les causes de la grandeur des Romains et de leur décadence*, ebenda, S. 69 ff. Titus Livius und Dionysios von Halikarnassos werden auf diesen Seiten ständig in den Fußnoten als Quelle zitiert.

254 Titus Livius, *Ab Urbe condita libri*, I, 58. Siehe dazu Dionysios von Halikarnassos, *Antiquitates Romanae*, IV, LXVff.

255 Einige Rechtshistoriker haben die Chronologie der römischen Tradition infrage gestellt. Siehe zum Beispiel F. De Martino, *Storia della costituzione romana*, I, Neapel, Jovene, 1972, S. 215–217. Francesco De Martino hält es für unwahrscheinlich, dass die Einführung von zwei Konsuln unmittelbar nach der Vertreibung des etruskischen Königs Tarquinius des Hochmütigen beschlossen wurde. Ihm zufolge gründete das öffentliche römische Recht auf wirtschaftlichen Ursachen, welche vom Patriziat vorangetrieben worden waren; die republikanische Verfassung habe sich durch Gewohnheit etabliert und wurde nicht etwa plötzlich, „wie Minerva aus dem Kopf des Zeus" ins Leben gerufen. Der italienische Historiker leugnet die Kollegialität der Konsuln im Zeitraum nach dem Fall der Monarchie: Seiner Meinung nach wiesen gerade die Kriege, welche Rom nach der Vertreibung des Tarquinius im Latium losgetreten hatte, darauf hin, dass es keine Diarchie oder ein zwischen zwei Konsuln aufgeteiltes „Machtkonnubium" gegeben hätte. Zwei Konsuln hätten nicht die Bedürfnisse der patrizischen Oligarchie ausdrücken können, deshalb sei diese Kollegialität erst in Folge der *Leges Licinaie Sextiae* aus dem Jahre 367 v. Chr. entstanden, welche das Ergebnis eines Kompromisses zwischen Patriziern und Plebejern darstellte. Für De Martino hatte also „ein Klassenkampf" ein politisches System gegenseitiger Kontrollen zwischen

https://doi.org/10.1515/9783110673036-010

Montesquieu folgt der Abhandlung von Titus Livius insofern, als er sich der These des revolutionären Verfassungswandels anschließt.[256] Allerdings hält er die Geschichte über Lucretia zwar für wahr, nicht aber für die Ursache der verfassungsrechtlichen Revolution: Um zu Größe aufsteigen zu können hätte das römische Volk nämlich notwendigerweise seine Regierungsform ändern müssen, da es sonst unter dem Joch der Könige verblieben wäre. Der Erfolg der Römer wäre demnach von dem verfassungsrechtlichen Wandel verursacht worden, da sich die Verfassung gemeinsam mit den historischen Begebenheiten ändere.[257] Montesquieus Betrachtung der römischen Geschichte entbehrt jeglicher Heldenfiguren.[258] Die letzten zwei Könige der römischen Monarchie beurteilt Montesquieu kritisch. Wenn Montesquieu den letzten altrömischen König Tarquinius den Hochmütigen als „Revolutionär" bezeichnet, dann bezieht er sich auf Dionysios von Halikarnassos und Titus Livius. Einen Revolutionär sieht er in dem Etrusker Tarquinius, weil dieser weder vom Volk noch vom Senat gewählt worden war, die

---

den beiden Konsuln geschaffen. Obwohl De Martino die Chronologie der Tradition bezweifelte, ist seine Interpretation der Entstehung der römischen Republik, als Kompromiss zwischen verschiedenen sozialen Kräften, eine Bestätigung der historischen Rekonstruktion Montesquieus. Siehe auch A. Guarino, *Storia del diritto romano*, Neapel, Jovene, 1992, S. 68–69. Laut Antonio Guarino begannen die Plebejer erst im 4. Jahrhundert auf die Abschaffung der Patrizierordnung hinzuarbeiten. Ihm zufolge nahm die *res publica romanorum* nicht vor dem 4. Jh. v. Chr. – nach der Schlacht von Veji (396 v. Chr.) – konkrete Formen an. Vergleiche mit A. Guarino, *Dal „regnum" alla „respublica"*, in „Labeo", IX, 1963, S. 346–348; A. Guarino, *Le origini quiritarie*, in *Pagine di diritto romano*, III, Neapel, Jovene, 1994, S. 20–22; A. Guarino, *La formazione della „respublica" romana*, in „Revue international de Droits de l'antiquité", 1948, S. 95–97.

256 Zur Zuverlässigkeit der traditionellen Überlieferung siehe vor allem T. Mommsen, *Römisches Staatsrecht*, Darmstadt, Wissenschaftliche Buchgesellschaft, 1971, S. 141–143. A. Momigliano, *Praetor maximus e questioni affini*, in *Studi in onore di G. Grosso*, I, Turin, 1968, S. 159–161; A. Momigliano, *The Rise of the plebs in the Archaic Age of Rome*, in *Social Struggles in Archaic Rome: New Perspectives on the Conflict of the Orders*, hrsg. von K. A. Raaflaub, Oxford, Blackwell, 2005, S. 168–184. Eine Verteidigung der Überlieferung, die von ihren phantasievollsten Elementen bereinigt wurde, findet sich in F. Cassola, *Storia di Roma dalle origini a Cesare*, Rom, Jouvence, 1985, S. 32–33.

257 Siehe S. Mazzarino, *Dalla monarchia allo stato repubblicano*, Mailand, Biblioteca Universale Rizzoli, 2001 (1945), S. 169–171. Mazzarino versucht die evolutionäre mit der revolutionären Hypothese zu vereinen; für ihn lag die wahre Revolution in der Einführung des Modells des hoplitischen Heeres. Dieses hätte es dem Volk graduell ermöglicht im politischen Bereich Fuß zu fassen, wobei es sich auch revolutionärer Instrumente bedient hätte. Mazzarino bezieht sich nicht auf Montesquieu.

258 Von einer Geschichte ohne Helden („histoire romaine sans héros") spricht J. Erhard, *L'Esprit des mots. Montesquieu en lui même et parmi les siens*, Genf, Droz, 1998, S. 63. Jean Starobinski spricht zurecht von einer „Absetzung der Helden" („destitution des héros"). Siehe dazu J. Starobinski, *Montesquieu par lui même*, ebenda, S. 92.

Erbfolge der Staatsmacht eingeführt und diese dadurch absolut gemacht hatte. Außerdem hatte sich das Volk, infolge der Schändung von Lucretia, gegen ihn gewandt, die der Überlieferung zufolge, sein Sohn Sextus begangen haben soll.

So Montesquieu:[259]

> „Ein Volk kann es leicht ertragen, daß man von ihm neue Abgaben fordert. Es weiß nicht, ob es nicht irgendwelche Vorteile aus der Verwendung des Geldes, das man ihm abverlangt, ziehen wird. Fügt man ihm jedoch eine Demütigung zu, so fühlt es allein nur noch sein Unglück und verbindet damit noch die Vorstellung von allen Übeln, die nur möglich sind. Dennoch ist soviel gewiß, daß der Tod der Lucretia nur der Anlaß zu der Revolution war, die nun ausbrach. Denn ein stolzes, unternehmendes, kühnes und in Stadtmauern eingeschlossenes Volk muß notwendigerweise entweder das Joch abschütteln oder sanfte Sitten annehmen."

Diese Passage zeigt, dass Tarquinius als Despot betrachtet wurde. Tarquinius ließ das Volk die Last seiner „Untertänigkeit" spüren. Bereits sein Vorläufer Servius Tullius, der vorletzte König Roms, hatte laut Montesquieu die ursprüngliche monarchische Verfassung Roms in einem autoritären Sinne geändert. Das Zeichen der despotischen Entartung bestand laut Montesquieu in der Machtkonzentration.

Auch der vorletzte König Roms wird von Montesquieu als Despot betrachtet: Servius Tullius ließ sich ohne die Beteiligung des Senats vom Volk zum König erheben.[260] Er verzerrte die Harmonie und das Gleichgewicht, erniedrigte die Patrizier (die Adeligen) und hob das Volk empor. Servius Tullius hatte also das harmonische Ineinandergreifen der drei Elemente korrumpiert. Montesquieu schreibt:[261]

---

259 Montesquieu, *Größe und Niedergang Roms*, hrsg. von L. Schuckert, Frankfurt am Main, Fischer, 1980, S. 6–8; Ebenda, S. 71: „Un peuple peut aisément souffrir qu'on exige de lui de nouveaux tributs: il ne sait pas s'il ne retirera point quelque utilité de l'emploi qu'on fera de l'argent qu'on lui demande; mais, quand on lui fait un affront, il ne sent que son malheur, et il y ajoute l'idée de tous les maux qui sont possibles. Il est pourtant vrai que la mort de Lucrèce ne fut que l'occasion de la révolution qui arriva; car un peuple fier, entreprenant, hardi et renfermé dans des murailles, doit nécessairement secouer le joug ou adoucir ses moeurs."

260 Dionysios von Halikarnassos, *Antiquitates Romanae*, IV, 12.

261 Montesquieu, *Vom Geist der Gesetze*, ebenda, S. 235; *De l'Esprit des lois*, l. XI c. XII, ebenda, S. 413: „La constitution changea sous Servius Tullius. Le sénat n'eut point de part à son élection; il se fit proclamer par le peuple. Il se dépouilla des jugements civils, et ne se réserva que les criminels; il porta directement au peuple toutes les affaires, il le soulagea des taxes, et en mit tout le fardeau sur les patriciens. Ainsi, à mesure qu'il affaiblissoit la puissance royale et l'autorité du sénat, il augmentoit le pouvoir du peuple."

> „Unter Servius Tullius wurde die Verfassung anders. An seiner Wahl hatte der Senat keinen Anteil. Er ließ sich vom Volk proklamieren. Er entledigte sich der Zivilsachen und behielt sich nur die Strafrechtspflege vor. Er legte alle Sachen dem Volk unmittelbar vor, senkte die Steuern für das Volk und bürdete deren ganze Last den Patriziern auf. So schwächte er die Königsgewalt und die Autorität des Senats im gleichen Maß, wie er die Macht des Volkes stärkte."

Tarquinius der Hochmütige, sein Nachfolger, ließ sich weder vom Volk noch von den *patres* wählen und demütigte sowohl die eine, als auch die andere Seite. Er erließ seine Gesetze ohne die Patrizier und ohne das Volk miteinzubeziehen. Schließlich beschloss er Gesetze die dem Volk zuwiderliefen, worauf sich dieses daran erinnerte, „dass es in Wirklichkeit selbst der Gesetzgeber war, worauf es Tarquinius nicht mehr war".[262] Die römische Monarchie setzte ein Zusammenspiel von Kräften voraus; hierbei war eine „mächtige Aristokratie" nötig, um nicht in Tyrannei zu entarten:[263]

> „Eine Wahlmonarchie wie die römische bedarf notwendigerweise der Stütze einer machtvollen Aristokratenschicht. Ohne eine solche wird daraus gar bald eine Tyrannis oder ein populistischer Staat."

Montesquieu erachtet die Aristokratie in Rom als eine unabdingbare Komponente der monarchischen Rechtsordnung. Eine Monarchie ohne Aristokratie hat tyrannische Züge. Zwischen den Zeilen, die Montesquieu erkennbar den Römern widmet, lässt sich die Geschichte Frankreichs herauslesen: Servius Tullius hatte laut Montesquieu „die Macht der kleinen Leute erhöht um die Mächtigen zu beschämen" und den Senat dadurch zu demütigen.[264] Er vergleicht Servius Tullius mit Heinrich VII., König von England, dem ersten Herrscher aus der Dynastie der Tudor. Der unterschwellige Verweis Montesquieus auf Ludwig XIV. und Lud-

262 Montesquieu, *De l'Esprit des lois*, L. XI c. XII, ebenda, S. 413: „Tarquin ne se fit élire ni par le sénat, ni par le peuple. Il regarda Servius Tullius comme un usurpateur, et prit la couronne comme un droit héréditaire; il extermina la plupart des sénateurs; il ne consulta plus ceux qui restoient, et ne les appela pas même à ses jugements. Sa puissance augmenta; mais ce qu'il y avoit d'odieux dans cette puissance devint plus odieux encore: il usurpa le pouvoir du peuple; il fit des lois sans lui, il en fit même contre lui. Il auroit réuni les trois pouvoirs dans sa personne, mais le peuple se souvint un moment qu'il étoit législateur, et Tarquin ne fut plus."
263 Montesquieu, *Vom Geist der Gesetze*, ebenda, S. 236; *De l'Esprit des lois*, L. XI, c. XIII, S. 414: „Une monarchie élective, comme était Rome, suppose nécessairement un corps aristocratique puissant qui la soutienne, sans quoi elle se change d'abord en tyrannie ou en État populaire."
264 Montesquieu, *Considérations sur les causes de la grandeur des Romains et de leur décadence*, ebenda, S. 71: „Comme Henri VII, roi d'Angleterre, augmenta le pouvoir des Communes pour avilir les Grands, Servius Tullius, avant lui, avait étendu les privilèges du peuple pour abaisser le Sénat; mais le peuple, devenu d'abord plus hardi, renversa l'une et l'autre monarchie."

wig XV. lässt sich kaum übersehen. Die zwei letzten Monarchen Roms bezeichnet er als Despoten, die ersten fünf lobt er allerdings auch nicht ausdrücklich. Montesquieu bewundert nicht die Persönlichkeiten der Monarchen, sondern den institutionellen Hintergrund ihres Reiches, bestehend aus einem monarchischen, aristokratischen und demokratischen Element – eine Verkörperung der „Harmonie der Macht". Man beachte, dass dieses „gemischte Ideal", das Prinzip der Trennung der Staatsgewalten, offensichtlich verletzt wurde, da ein Herrscher sowohl die Exekutive als auch die Judikative in sich vereinte. Montesquieu schwebte nicht eine bloß funktionale Gewaltenteilung (im Sinne der Zuordnung staatlicher Gewalt zu verschiedenen Organen), sondern ein institutionelles und soziales Gleichgewicht vor. Um dieses Gleichgewicht zu erreichen, wäre eine strikte Gewaltenteilung nicht notwendig gewesen.

Das Ideal der gemischten Verfassung verwirklichte sich mit der Entstehung der Republik, nach dem Zerfall der Monarchie. Wie bereits erwähnt, beschäftigt Montesquieu sich nicht mit der Frage der traditionellen Chronologie des verfassungsrechtlichen Übergangs. Er hält aber bei seiner Betrachtung der Geschichte Roms als Tatsache fest, dass das Gleichgewicht zwischen den verschiedenen sozialen Schichten seinen Niederschlag in der juristischen Form der gemischten Verfassung gefunden habe. Montesquieu arbeitet die wesentlichen Linien dieses Prozesses heraus, obwohl er auch den mythologischen Elementen der Tradition Glauben schenkt. Diese Entwicklung und die Entstehung der römischen Republik gemischter Verfassung führten ihm zufolge zu der Größe Roms:[265]

> „Nachdem Rom die Könige vertrieben hatte, setzte es die jährlich wechselnden Konsuln ein. Dies war ein weiterer Umstand, der Rom zur hohen Stufe der Macht emportrug. Die Fürsten haben im Laufe ihres Lebens Zeiten des Ehrgeizes, auf die andere Leidenschaften und selbst völlige Untätigkeit folgen. Seitdem aber die Republik Oberhäupter hatte, die jährlich wechselten und die danach strebten, ihre Amtsführung hervorzuheben, um neue Ämter zu erhalten, gab es für den Ehrgeiz keinen Augenblick der Muße. Sie verwendeten den Senat, um dem Volke den Krieg vorzuschlagen, und zeigten ihm täglich neue Feinde."

265 Montesquieu, *Größe und Niedergang Roms*, ebenda, S. 6; *Considérations sur les causes de la grandeur des Romains et de leur décadence*, ebenda, S. 72: „Rome, ayant chassé les Rois, établit des consuls annuels; c'est encore ce qui la porta à ce haut degré de puissance. Les princes ont dans leur vie des périodes d'ambition; après quoi, d'autres passions et l'oisiveté même succèdent. Mais, la République ayant des chefs qui changeaient tous les ans, et qui cherchaient à signaler leur magistrature pour en obtenir de nouvelles, il n'y avait pas un moment de perdu pour l'ambition : ils engageaient le Sénat à proposer au peuple la guerre et lui montraient tous les jours de nouveaux ennemis."

Die römische Republik und ihr Erfolg stellt sich für Montesquieu als das Ergebnis der neuen Verfassung und des Kompromisses zwischen Patriziern und Plebejern dar, die durch die *Leges Liciniae Sextiae* (367 v. Chr.) „vollkommen" wurde.[266] Die neue Verfassung brachte dem römischen Volk die Freiheit. Montesquieu stellt eine Gleichung zwischen Freiheit und gemischter Verfassung auf: Die gemischte Verfassung war laut ihm die Gewährleistung der politischen Freiheit der Bürger.[267] Dieses historische Interesse Montesquieus ist propädeutisch für die Ausarbeitung des *Esprit des lois*.[268] In dem Kapitel XII des Buches XI des *Esprit des lois* findet

---

266 Siehe dazu J. Binder, *Die Plebs. Studien zur römischen Rechtsgeschichte*, hrsg. von A. Deichert, Leipzig, 1909. Siehe für eine Bestätigung der Überlieferung A. Momigliano, *L'ascesa della plebe nella storia arcaica di Roma*, in „Rivista storica italiana", 1967, S. 297–312; vgl. A. Momigliano, *The Rise of the plebs in the Archaic Age of Rome*, in *Social Struggles in Archaic Rome: New Perspectives on the Conflict of the Orders*, hrsg. von K. A. Raaflaub, Oxford, Blackwell, 2005, S. 168–184. M. J. Rainer, *Römisches Staatsrecht. Republik und Prinzipat*, ebenda, S. 48–50. Rainer legt diesen Prozess folgendermaßen dar: „Damit war um die Mitte des 5. Jh. die erste Phase der Auseinandersetzungen durch den 1. Ausgleich beendet. Der 2. Ausgleich, über den die Quellen eingehend berichten, wird im Zusammenhang mit den sogenannten licinisch-sextischen Gesetzen gesehen. Dabei wurde endgültig festgelegt, dass das höchste Staatsamt Konsulat von zwei Amtsträgern bekleidet werden sollte und dass einer der beiden de iure ein Plebejer sein konnte. Die Jahre von 366 bis 286 sind dadurch bestimmt, dass die Plebejer zu allen Staatsämtern als völlig gleichberechtigt zugelassen wurden und schließlich (*lex Ogulnia* 300) auch zum wichtigsten Priesteramt, dem Pontifikat, gelangen konnten. Als formaler Schlussstrich unter dem Ständekampf wird die *lex Hortensia* angesehen, die die Maßgeblichkeit der Plebiszite – also der Beschlüsse ausschließlich plebejischer Versammlung – für den gesamten Staat festschrieb. Aus dem Ausgleich tritt uns eine ökonomisch wie sozial kompakte neue Oberschicht entgegen, eine Oberschicht, die auf Grund gemeinsamer Interessen über Jahrhunderte den Ton angeben sollte."

267 Siehe Titus Livius, *Ab urbe condita*, II, 1: „Liberi iam hinc populi Romani res pace belloque gestas, annuos magistratus, imperiaque legum potentiora quam hominum peragam. Quae libertas ut laetior esset proximi regis superbia fecerat. Nam priores ita regnarunt ut haud immerito omnes deinceps conditores partium certe urbis, quas nouas ipsi sedes ab se auctae multitudinis addiderunt, numerentur; neque ambigitur quin Brutus idem qui tantum gloriae superbo exacto rege meruit pessimo publico id facturus fuerit, si libertatis immaturae cupidine priorum regum alicui regnum extorsisset". Und weiter: „Libertatis autem originem inde magis quia annuum imperium consulare factum est quam quod deminutum quicquam sit ex regia potestate numeres."

268 E. Pii, *La Rome antique chez Montesquieu. Une question et quelques notes pour une recherche*, ebenda, S. 27. Eluggero Pii schreibt, dass Montesquieu beabsichtigt habe, sein Interesse für die römische Geschichte nach der Veröffentlichung der *Considérations* aufzugeben. Ihm zufolge hatte sich der französische Jurist bereits anderen Zielen zugewandt und begonnen, den *Esprit des lois* zu planen. So Pii: „L'une des significations des *Considérations* concerne certainment plus particuliérement l'auteur et correspond en quelque sorte à son action de „se libérer" de Rome." Eigene deutsche Übersetzung: „Eine der Bedeutungen der *Considérations* betrifft sicherlich viel spezieller den Autor und entspricht in gewissem Maße seinem Anspruch, sich von Rom zu be-

man einen Bezug auf die römische Geschichte, aus der sich ablesen lässt, dass sich laut Montesquieu bereits während der Monarchie in Rom (bis zu Servius Tullius) eine gewisse Form von gemischter Verfassung ergab:[269]

> „Die Verfassung war monarchisch, aristokratisch und populistisch. Die Harmonie der Vollmachten war so groß, daß unter den ersten Königen kommandierte die Heere, versah die Oberaufsicht über das Opferwesen, hatte die Richtbefugnis in Zivil- und Strafsachen, versammelte den Senat, berief die Volksversammlung ein, legte ihr gewisse Sachen vor und erledigte die andern mit dem Senat."

Diese Passage entspricht einer indirekten Rettung der monarchischen Regierung der Römer. Montesquieu konnte Monarchie und gemischte Verfassung sehr gut verbinden und erkennt in der ursprünglichen Monarchie Roms die Verwirklichung des Gleichgewichts („Harmonie" in den Worten Montesquieus) zwischen verschiedenen politischen Elementen (monarchisch, republikanisch, demokratisch). In diesem Gleichgewicht existierte aber keine Teilung der Gewalten; denn der König hatte, neben der exekutiven, auch die judikative Gewalt inne.

Die Griechen, so Montesquieu, hatten sich die Verteilung der Herrschaft auf drei Staatsgewalten, nicht im Rahmen der Regierung eines einzelnen vorgestellt, sondern nur im Zusammenhang mit der Regierung von mehreren.[270] Die Römer hatten die Gewaltenteilung und monarchisches Prinzip als erste kombiniert. Diese oben erwähnte Passage zeigt, dass Montesquieu die gemischte Verfassung im Rahmen des monarchischen Prinzips erkannte. Das war ein Versuch die römische Monarchie zu verteidigen und das monarchische Prinzip zu rechtfertigen. In der ursprünglichen Monarchie Roms herrschte Harmonie und Gleichgewicht. Die letzten zwei Könige, Servius Tullius und Tarquinius der Hochmütige, haben diese Harmonie jedoch durch die Zentralisierung der Mächte korrumpiert. Diese Re-

---

freien." Der von Pii unterstellte Versuch Montesquieus, sich Roms zu entledigen, schlug aber fehl: Rom, als Leitmotiv, findet sich im *Esprit des lois* wieder.

269 Montesquieu, *Vom Geist der Gesetze*, ebenda, S. 235; *De l'Esprit des lois*, L. XI, c. XII, ebenda, S. 412: „La constitution étoit monarchique, aristocratique et populaire; et telle fut l'harmonie du pouvoir, qu'on ne vit ni jalousie, ni dispute, dans les premiers règnes. Le roi commandoit les armées, et avoit l'intendance des sacrifices; il avoit la puissance de juger les affaires civiles et criminelles; il convoquoit le sénat; il assembloit le peuple; il lui portoit de certaines affaires, et régloit les autres avec le sénat." Zum elften Buch des *Esprit des lois* beachte man die Überlegungen, die im zweiten Kapitel der vorliegenden Arbeit angeführt wurden.

270 Montesquieu, *De l'Esprit des lois*, L. XI, c. IX, ebenda, S. 411: „Les anciens, qui ne connaissaient pas la distribution des trois pouvoirs dans le gouvernement d'un seul, ne pouvaient se faire une idée juste de la monarchie."

konstruktion gibt die Degeneration der ursprünglichen französischen Monarchie wieder – als Metapher für die Gegenwart.[271]

Laut Montesquieu brachte die römische Republik das Prinzip der Harmonie zur Vollendung. Montesquieu folgt dem Aufstieg der Plebejer bis zu den XII Tafeln und widmet den drei Staatsgewalten Roms (Legislative, Exekutive und Judikative) drei Kapitel (XVI, XVII und XVIII). Auch in diesem Fall erscheint ihm nicht die Trennung dieser drei Gewalten, sondern die gegenseitige Beschränkung, als bewundernswerte Tatsache.[272] In seiner Ausarbeitung finden sich weder Spuren der Gewaltenteilung, noch der Unterwerfung der Richter unter den Gesetzgeber. Montesquieu wollte die Souveränität teilen, aber zu keinem Zeitpunkt den Richter zum bloßen Sprachrohr, zum „Mund des Gesetzes" herabstufen. Diese Grundidee entsprach keinem Bruch mit der Tradition, sondern wurde auf ihrer Basis entwickelt.[273]

Montesquieu sah in den wandelhaften Institutionen Roms Korrektive der Machtbegrenzung. Solche Korrektive bestanden für ihn in den Zensoren (davor in den Konsuln) und in der Möglichkeit des Senats, dem Volk die gesetzgebende Macht zu entziehen und einen Diktator zu ernennen. Er sah in diesem Aspekt der römischen Republik eine komplexe Verzahnung von gegenseitigen Einschränkungen und Kontrollen, welche weit über den Kompromiss hinausging, der in Folge durch die *Leges Liciniae Sextiae* erreicht wurde.

Dazu schreibt er folgendes in den *Considérations:*[274]

---

271 Siehe dazu das Kapitel über „Monarchie und Despotismus" dieser Arbeit.

272 Diese Interpretation wurde von James Madison entwickelt. Siehe J. Madison, *Federalist* Nr. 47 in A. Hamilton – J. Madison – J. Jay, *The Federalist Papers*, hrsg. von C. Rossiter, mit einer Einführung von R. Kesler, New York, Signet Classics, 2003, S. 297–299.

273 In dieser Hinsicht widerspricht dem hier skizzierten Bild von Montesquieu die übliche vorgenommene Trennung der mittelalterlichen und modernen Epoche. Man sieht, dass traditionelle Elemente in der Moderne weiterleben. Diese Feststellung bezieht sich auf die Überlegungen über Kontinuität und Diskontiunität in der Rechtsgeschichte in dem Sinne von Harold J. Berman, *Law and Revolution, II. The impact of the protestant reformation on the western legal tradition*, Cambridge (Mass.) and London, Harvard University Press, 2003 (siehe die Einführung). Siehe dazu die Einführung zu der italienischen Übersetzung des Werkes: D. Quaglioni, Einführung zu H. J. Berman, *Diritto e rivoluzione II. L'impatto delle riforme protestanti sulla tradizione giuridica occidentale*, Bologna, Il Mulino, 2010, S. 4–23. Siehe D. Quaglioni, *The Outer and the Inner Aspects of Social Life*, in „Rechtsgeschichte", 2013, S. 189–191.

274 Montesquieu, *Größe und Niedergang Roms*, ebenda, S. 54; *Considérations sur les causes de la grandeur des Romains et de leur décadence*, ebenda, S. 115: „Le gouvernement de Rome fut admirable en ce que, depuis sa naissance, sa constitution se trouva telle, soit par l'esprit du peuple, la force du Sénat ou l'autorité de certains magistrats, que tout abus du pouvoir y put toujours être corrigé."

> „Die Regierungsform Roms war deshalb bewundernswürdig, weil die Verfassung seit der Entstehung Roms entweder durch die Gesinnung des Volkes, durch das Übergewicht des Senats oder durch die Autorität bestimmter Magistrate so beschaffen war, daß jeder Mißbrauch der Macht immer korrigiert werden konnte."

Diese Passage verstärkt das Argument, dass für Montesquieu die Entstehung der Republik in enger Verbindung mit dem vollkommenen Prinzip des Gleichgewichts stand. Die Regierung Roms genoss seine Bewunderung, da seit Beginn ihrer Entstehung das Gleichgewicht zwischen Volk, Aristokratie und Senat in einem kontinuierlichen Entwicklungsprozess hergestellt und gewährleistet wurde. Diese Interpretation wird von einem anderen Textausschnitt bestätigt:[275]

> „Die römischen Gesetze hatten die Staatsgewalt auf eine große Anzahl von Magistraturen weise verteilt, die sich gegenseitig stützten, hemmten und milderten. Und da sie alle nur eine engbegrenzte Macht gewährten, taugte jeder Bürger für sie."

Rom hatte gemäß Montesquieu bereits eine geteilte, beschränkte Souveränität („le pouvoir borné") realisiert, die mithilfe der römischen Gesetze die Teilung der öffentlichen Gewalt („la puissance publique") gewährleistete.[276] Das Verb, mit dem er die gegenseitige Beschränkung der Gewalten beschreibt, lautet in der französischen Sprache „arrêter" („s'arrêtoient"). Die Verwendung dieses Verbes spricht für die These, dass Rom die wahre Quelle des Kapitels über die Verfassung Englands ist. Es handelt sich hierbei um dasselbe Verb, das Montesquieu im *Esprit des lois* gebraucht, wenn er von der Teilung der Gewalten spricht:[277]

---

275 Siehe Montesquieu, *Considérations sur les causes de la grandeur des Romains et de leur décadence*, ebenda, S. 124. *Größe und Niedergang Roms*, ebenda, S. 66: „Les lois de Rome avoient sagement divisé la puissance publique en un grand nombre de magistratures, qui se soutenoient, s'arrêtoient, et se tempéroient l'une l'autre: et, comme elles n'avoient toutes qu'un Pouvoir borné."

276 H. Arendt, *Denktagebuch. 1950 bis 1973*, I. Band, Heft VIII (7), hrsg. von U. Ludz und I. Nordmann, München – Zürich, Piper, 2002, S. 171–173. Hannah Arendt war davon überzeugt, dass Montesquieu zwei „große Entdeckungen" zu verdanken sind: Erstere wäre, dass sich Montesquieu nicht mit der Essenz der Regierungsformen zufriedengegeben hätte, mit dem also, was sie zu dem macht, was sie sind. Stattdessen habe er sie, durch die Einführung ihrer *principles*, zum Rang „historisch aktiver" Korporationen erhoben. Gerade das Verhältnis zwischen Prinzip und Natur der Regierungen ermöglichte es Arendt, über das „historische Bewusstsein" Montesquieus zu schreiben. Zweitere betreffe die Lehre der Gewaltenteilung. Montesquieu habe etwas erkannt, was bereits den alten Römern geläufig war: dass nämlich die Macht (Staatsgewalt) nicht nur kontrollierbar, sondern auch teilbar sei, ohne dadurch Kraft einzubüßen.

277 Montesquieu, *Vom Geist der Gesetze*, ebenda S. 215; *De l'Esprit des lois*, L. XI, c. 4, ebenda, S. 395: „Pour qu'on ne puisse abuser du pouvoir, il faut que, par la disposition des choses, le pouvoir arrête le pouvoir. Une constitution peut être telle que personne ne sera contraint de faire

„Damit die Macht nicht mißbraucht werden kann, ist es nötig, durch die Anordnung der Dinge zu bewirken, daß die Macht die Macht bremse. Ein Staat kann so aufgebaut werden, daß niemand gezwungen ist, etwas zu tun, wozu er nach dem Gesetz nicht verpflichtet ist, und niemand gezwungen ist, etwas zu unterlassen, was das Gesetz gestattet."

Diese Passage gilt als Grundlage der Abhandlung der Gewaltenteilung, welche zwei Kapitel später folgt. Die Gewaltenteilung ist eine Theorie, die Montesquieu auf der Basis Roms entwickelt hat.

Zusammenfassung

Dieses Kapitel hat folgendes ergeben:

1. Montesquieu schloss sich in seinen historischen und juristischen Studien zur Geschichte der Entstehung Roms der traditionellen Überlieferung an und erkannte in der Entwicklung der römischen Verfassung einen Kompromiss zwischen verschiedenen sozialen und politischen Kräften.

2. Montesquieu entdeckt ein Gleichgewicht zwischen monarchischen, demokratischen und aristokratischen Elementen, innerhalb der ursprünglichen Monarchie Roms.

---

les choses auxquelles la loi ne l'oblige pas, et à ne point faire celles que la loi lui permet." Man siehe T. Mommsen, *Römisches Staatsrecht*, I, Darmstadt, Wissenschaftliche Buchgesellschaft, 1971, S. 266–268. Darüber hinaus: M. J. Rainer, *Die römische Republik, Montesquieu und die amerikanische Verfassung*, in *Calamus. Festschrift für Herbert Graßl zum 56. Geburtstag*, ebenda, S. 393–402, hierbei vor allem S. 295–297. Michael J. Rainer ist der Ansicht, dass diese Passage eng mit den von Montesquieu, im IV. Kapitel des elften Buches des *Esprit des lois*, formulierten Aussagen verbunden ist. „Die Funktion der gegenseitigen Kontrolle zwischen verschiedenen Staatsorganen spielte in Rom eine erhebliche Rolle: das Einspruchsrecht der Tribunen gegen die Entscheidungen der Versammlungen (präventiv) und gegen jene des Senats (sukzessiv), der Eingriff des Senats gegen die Gesetzgebung des Volkes und insbesondere gegen die Gesetzgebung der Zenturiatversammlungen, die präventive Autorisierung des Senats für eine *rogatio* vonseiten eines Magistrates (nach der *Lex Publilia Philonis* aus dem Jahr 339 v.Chr.), die *lectio senatus* und die *nota censoria*, die *ius agendi cum populo* oder *cum senatu* der Magistraten und der Volkstribunen (die Zusammenkünfte der Versammlungen und die *concilia plebis* konnten nur von einem Magistraten einberufen werden), das mögliche Urteil über die Magistraten am Ende ihres Mandates, die Kontrolle über die Zivil- und Strafprozesse durch die Prätoren, die religiöse Kontrolle vonseiten der Priester mittels der Auguren waren alles Erscheinungsformen gegenseitiger Kontrollen zwischen verschiedenen Staatsorganen." Siehe auch M. J. Rainer, *Zur Gewaltenteilung in der römischen Republik und die Bedeutung der Lex Caecilia Didia*, in *Carmina Iuris, Mélanges en l'honneur de Michel Humbert*, Paris, De Boccard, 2012, S. 702–713.

3. Die zwei letzten Könige der Monarchie wurden von Montesquieu als Tyrannen bezeichnet, da sie ihre Grenzen überschritten und die absolute Herrschaft für sich beansprucht hatten. Man könnte zu der Einschätzung kommen, dass sie den *esprit général* der ursprünglichen römischen monarchischen Verfassung verraten haben. Diese historische Konstellation weist unverkennbare Parallelen zu der damaligen Situation Frankreichs auf.

4. Der Anspruch Montesquieus auf Gleichgewicht folgt keinesfalls eine Forderung nach einer Unterwerfung der Richter unter das Gesetz.

5. Montesquieu spricht sich für keine der beteiligten Persönlichkeiten der römisch-republikanischen Geschichte aus, sondern zeigt sich begeistert von Roms gemischten Institutionen.

6. Die Geschichte Roms dient Montesquieu als juristische Quelle. Hier fand er die Idee der sich gegenseitig beschränkenden Gewalten („le pouvoir qui arrête le pouvoir“). Die Interpretation der Entstehung der Republik drückt sich in ihrer Rechtsordnung bzw. in der Theorie der gemischten Verfassung aus. Die gemischte Verfassung ist Gegenstand des nächsten Kapitels und wird dort einer ausführlichen Untersuchung unterzogen.

3 Montesquieu und die Lehre der gemischten Verfassung

Da Montesquieus Rezeption der gemischten Verfassung aus einer Vermittlung verschiedener Positionen hervorging, ist es notwendig, einige wesentliche Perspektiven und ihre Bezüge herauszuarbeiten, die Montesquieu bei der Entwicklung seiner juristischen Gedanken beeinflusst haben. Hier wird erneut die Tragweite der römischen Geschichte zur Geltung kommen, die auch vor dem Kapitel *De la constitution d'Angleterre* nicht Halt macht.[279]

Die Theoretiker der gemischten Verfassung haben Montesquieu nachhaltig inspiriert. Wenn man diese Quellen richtig einordnet, dann gewinnt das Kapitel über die englische Verfassung und die Theorie der Gewaltenteilung eine andere Bedeutung. Das Gleichgewicht, zwischen Gewalten und Institutionen bzw. die geteilte Souveränität, war das politische und juristische Ziel Montesquieus und nicht die strikte Trennung der Gewalten, mit der Konsequenz einer dem Gesetz unterworfenen Gerichtsbarkeit.[280]

279 K. Fritz, *The Theory of the Mixed Constitution in Antiquity. A Critical Analysis of Polibius' Political Ideas*, New York, Columbia University Press, 1954, S. 5: „It is true that for Montesquieu the English constitution played a similar role to that of the Roman constitution for Polybius. But just as Polybius' analysis of the Roman constitution was prompted by the observation that this political order, though it had not been molded according to a preconceived theory, but had come into being through a long and natural development, appeared to present a perfect illustration of the truth of theories elaborated by his predecessors, so Montesquieu also would hardly arrived at his theory on the basis of an observation of the English constitution alone if there had not been earlier, similar theories, of which that of Polybius was undoubtedly the most influential." Diese Idee lässt sich nur unter der Bedingung eines nicht unmittelbaren Einflusses der Antike, sondern der mittelalterlichen Tradition der Lehre annehmen.

280 Zur geteilten Souveränität siehe M. Isnardi Parente, *La 'metabolaí politeiôn' rivisitate (Bodin, République, IV)*, in *Rinascimento politico in Europa*, ebenda; Über das politische Ideal der gemischten Regierung siehe D. Quaglioni, *La souveraineté partagée au Moyen Age*, in *Le Gouvernement mixte. De l'idéal politique au monstre constitutionnel en Europe (XIIIe–XVIIe siècle)*, ebenda, S. 15–24; C. Larrère, *Montesquieu: l'éclipse de la souveraineté*, in *Penser la souverainité*, ebenda.

https://doi.org/10.1515/9783110673036-011

3.1 Die gemischte Verfassung und ihre ursprüngliche Quelle

Die Idee der gemischten Verfassung stammt ursprünglich vor allem von Platon (*Gesetze*, Buch III).[281] Polybios hat die Theorie der gemischten Verfassung übernommen und ausgestaltet, indem er ein konkretes historisches Beispiel in der römischen Geschichte ausfindig machte. Diese Theorie fand Eingang in die *De republica* von Cicero und wurde dann dann viel später, in der Moderne, von Machiavelli rezipiert.[282] In dem Werk *Esprit des lois* Montesquieus, erreicht die Lehre der gemischten Verfassung schließlich ihre Perfektion.[283]

Die gemischte Verfassung besteht aus einem monarchischen, einem aristokratischen und einem demokratischen Element. Die Kombination dieser drei ermöglicht deren wechselseitige Beschränkung, wodurch verhindert wird, dass sie degenerieren und sich verabsolutieren. Platon berichtet, dass die drei Reiche des Peloponnes – Argo, Messenien und Sparta – untereinander gegenseitige Hilfeleistung vereinbart hatten, falls in einem von ihnen der dortige König die Gesetze seines Landes verletzen sollte oder das Volk den König auf illegitime Art und Weise seines Amtes entheben würde.[284] In demselben Werk behandelt Platon die Verfassung Spartas. Dort wurde die Macht durch den Rat der Ältesten und darüber hinaus durch den Rat der Euphoren abgeschwächt.

Bei Cicero, dem Lieblingsautor von Montesquieu, wird die Theorie von Polybios in das erste Buch seiner *De republica* aufgenommen. Dort widmet sich der altrömische Autor der Frage nach dem *optimum status civitatis*. Aus dem sokra-

281 Platon, *Die Gesetze*, III, hrsg. von C. Horn, Akademie Verlag, 2013; K. Fritz, *The Theory of the Mixed Constitution in Antiquity. A Critical Analysis of Polibius' Political Ideas*, New York, Columbia University Press, 1954, S.V. So Fritz: „It is clear that in both cases Plato is concerned with the danger inherent in absolute political power, and that he is of the opinion that there must be a check to all political power, and that this must be done by distributing power over several governmental agencies which counterbalance one other. On other hand, he speaks of a mixture of these various agencies and devices. So in a way what he says includes the notions of a mixed political order and of a system of checks and balances, though these two terms are not used explicitly." Die politische Theorie der gemischten Verfassung war laut Kurt Fritz das Element, das die Moderne am stärksten beeinflusste.

282 Ebenda. Siehe A. Lintott, *Polybios and the Constitution in The Constitution of the Roman Republic*, Oxford, Clarendon Press, 1999, S. 16–18; H. Ottmann, *Geschichte des politischen Denkens. Die Römer*, Stuttgart – Weimar, Metzler, 2002, S. 52–54; M. Isnardi Parente, *La 'metabolaí politeiôn' rivisitate (Bodin, République, IV)*, in *Rinascimento politico in Europa*, ebenda; H. Münckler, *Mitte und Maß*, Berlin, Rowohlt, 2010, S. 82–84; B. Dreyer, *Polybios. Leben und Werk im Banne Roms*, Hildesheim, Olms, 2011.

283 K. Fritz, *The Theory of the Mixed Constitution in Antiquity. A Critical Analysis of Polibius' Political Ideas*, ebenda, S. VI.

284 Platon, *Die Gesetze*, III, ebenda.

tisch inspirierten Dialog zwischen Laelius und Scipio geht eine vierte Form von Verfassung hervor, welche die Vorzüge der Monarchie, der Aristokratie und der Demokratie in sich vereint. In der „großen Scipio-Rede" heißt es, dass diese vierte Form – die gemischte Verfassung – den anderen Regierungsformen überlegen ist und die Erhaltung des Staates gewährleistet. [285] Sie entspricht dem Naturrecht und ist darüber hinaus direkter Ausdruck der Idee der Gerechtigkeit und des göttlichen Willens.[286] Für Cicero hat diese Regierungsform eine Bedeutung, die über die politische Praxis und die konkreten Bedürfnisse nach einem politischen Gleichgewicht, welche Polybios inspiriert hatten, hinausreichte. Er verbindet das platonische Ideal mit einer neuen Art von Historismus.[287] Montesquieu hatte zwar keine direkte Kenntnis von Ciceros *De republica* (die *De republica* wurde erst 1819 von Angelo Mai entdeckt), trotzdem hatte er eine mittelbare Kenntnis, vor allem durch Augustinus *De Civitate Dei.*[288]

Die Theorie von Polybios wird auch von einem modernen Denker – nämlich von Niccolò Machiavelli – in sein berühmtes Werk *Discorsi sopra la prima deca di Tito Livio* aufgenommen. Durch die Interpretation von Titus Livius stellt Machiavelli diese antike Lehre in der Moderne vor.

3.1.1 Polybios als Quelle für Montesquieu

Die Geschichtsschreibung von Polybios kann als grundlegende Quelle für die Lehre der gemischten Verfassung gewertet werden. Eine Quelle, die sich in Montesquieus Rekonstruktion der Entstehungsgeschichte und Entwicklung der römischen Republik abbildet. Das Echo des VI. Buches der *Historien* findet man in Montesquieus Schriften über Rom und die Entstehung einer gemischten Verfassung. Polybios beschreibt im VI. Buch seiner *Historien* die gemischte Verfassung

---

285 Cicero, *De republica*, I, 45 (69). Zum Einfluss des griechischen Denkens auf Cicero siehe V. Pöschl, *Römischer Staat und griechisches Staatsdenken bei Cicero. Untersuchung zu Ciceros Schrift De Republica*, Darmstadt, Wissenschaftliche Buchgesellschaft, 1976, S. 10 – 12 und 38 – 39.

286 Ebenda.

287 Ebenda, S. 76. So Pöschl: „Die Geschichte ist insofern von Interesse, als das Vergangene im Gegenwärtigen weiterlebt. Römische Geschichte nicht nur als Repertorium für vorbildliche Politik, als Muster eines biologischen Entwicklungsprozesses, als Illustration für die *genera et rationes civitatum* wie bei Polybios, sondern als Tradition, als Werden von Institutionen, die Dauer haben. Das ist der neue Aspekt, der sich uns hier erschließt und wir werden nicht fehlgehen, wenn wir darin nicht nur etwas Catonisches und Ciceronisches, sondern etwas eigentümlich Römisches sehen, das sich erst in Cicero ins volle Licht des Bewusstseins hebt." Zu der Auffassung Ciceros der Geschichte sei auf das zweite Kapitel der *De republica* verwiesen.

288 Augustinus ist eine von Montesquieu of zitierte Quelle.

Roms. Ihm zufolge hätte es diese „besondere Art von Regierung“ den Römern ermöglicht, die italienische Halbinsel zu erobern. Nach seinem Sieg über Karthago begann Rom – immer Dank seiner Regierungsform – die Idee eines „Universalreiches“ auszugestalten. Polybios hofft, dass seine Beschreibung der römischen Verfassung zukünftigen Politikern bei deren Erarbeitung kommender Verfassungen hätte nützlich sein können.[289] Für ihn ist die bestmögliche Verfassung nicht in einer jener Regierungsformen aufzufinden, die in die politische Philosophie aufgenommen wurden (Monarchie, Aristokratie, Demokratie), da diese weder die einzig möglichen, noch die besten wären.[290] Die beste Verfassung ist für ihn stattdessen jene, welche die Eigenschaften aller drei genannten Regierungsformen in sich vereint.

Er unterscheidet zwischen Königtum und Monarchie: Erstere werde von den Untertanen freiwillig akzeptiert und – anders als die Monarchie – mehr durch intelligente Vernunft als Gewalt und Terror geleitet.[291] Gleichsam weiche die aristokratische von der oligarchischen Regierungsform ab: Nur erstere werde nämlich den weisesten und gerechtesten Menschen anvertraut, letztere hingegen nicht.[292] Schließlich müsse die demokratische Regierungsform von jener abgegrenzt werden, in welcher die Masse die Macht habe, alles zu tun was sie begehre oder in den Sinn komme. Eine wahre Demokratie gründet laut Polybios auf ethischen Werten: auf Tradition, auf Gewohnheit, darauf die Götter zu ehren, die Eltern zu respektieren und die Alten zu schätzen.[293] Polybios unterscheidet folglich zwischen sechs und nicht etwa drei Regierungsformen: Monarchie, Aristokratie und Demokratie und die jeweilige Degeneration dieser, in Tyrannei, Oligarchie und Ochlokratie.[294] Polybios entsprechend gleicht die Degeneration eines Systems in ihr Gegenteil einem Naturgesetz, das unabdingbar ist: Es handelt sich um die Theorie der Anazyklose, welche sich eines zyklischen und ewigen Prozesses annimmt, dem alle Lebensformen unterworfen sind.[295] Laut dieser Theorie unterstehen die unterschiedlichen Verfassungsformen einer zyklischen Transformation, die nach dem folgenden Schema abläuft: Die Monarchie entartet in

---

289 Polybios, *Historien*, VI, 1, 3 und 5. Siehe Polybios, *Die Verfassung der römischen Republik. Historien. VI. Buch*, hrsg. von K. Brodersen und übersetzt von K. F. Eisen, Stuttgart, Reclam, 1973. Siehe auch *Geschichte*, übersetzt von H. Drexler, 2 Bde., Zürich, 1961/3. Siehe dazu B. Dreyer, *Polybios. Leben und Werk im Banne Roms*, Hildesheim, Olms, 2011, S. 1–3.

290 Polybios, *Historien*, VI, 3, 6. Siehe M. Pani, *La politica in Roma antica. Cultura e prassi*, Roma, La nuova Italia Scientifica, 1997, S. 93 ff.

291 Polybios, *Historien*, VI, 4, 2.

292 Ebenda, VI, 4, 4.

293 Ebenda, VI, 4, 5.

294 Ebenda, VI, 4, 6.

295 Ebenda, VI, 4, 6.

eine Tyrannei, die Tyrannei wird durch die Aristokratie ersetzt und letztere degeneriert in Oligarchie.[296] Schließlich erhebt sich die Mehrheit, empört vom Missbrauch der Anführer des oligarchischen Systems, revoltiert und installiert ein demokratisches Regierungssystem. Auch in diesem wird schließlich Missbrauch und Gewalt ausgeübt, wodurch die Demokratie in eine Ochlokratie entartet.[297] Dieser zyklische Prozess kommt laut Polybios einem natürlichen Transformationsprozess gleich. Die Geschichte der römischen Verfassung stellt für ihn das historische Beispiel der unabdingbaren Notwendigkeit dieses Verlaufs dar. Polybios vertritt eine pragmatische Geschichtsauffassung und führt die Geschichte Roms als ein Beispiel an, das zukünftigen Generationen eine Lehre sein sollte: Die Römer hätten schließlich als erste fast die gesamte, bewohnte Erdoberfläche erobert.[298] Das Geheimnis ihres Erfolgs läge dabei in ihrer Verfassung.[299] Für Polybios war die Anazyklose durch einen fixen Ablauf gekennzeichnet: von der Monarchie-Tyrannei über die Aristokratie-Oligarchie bis hin zur Demokratie-Ochlokratie, um dann mit der Rückkehr zur Monarchie einen neuen Zyklus derselben Art zu beginnen. Das Schema ist abstrakt, so dass es zum Beispiel keinen direkten Übergang von einer Monarchie-Tyrannei zu einer Demokratie-Ochlokratie vorsieht.

Für Polybios festigt sich die königliche Herrschaft, wenn die Machtverhältnisse auf einer wachsenden Bewunderung für die Weisheit und Gerechtigkeit des Monarchen aufbauen: Die Gerechtigkeit ist für ihn Prinzip und Ursprung der königlichen Herrschaft.[300] Doch auch das monarchische Regime könne dem Prinzip der Degeneration langfristig nicht entgehen.

Der römische Staat hätte hingegen so lange Bestand gehabt, weil er nicht etwa eines dieser drei Prinzipien beinhaltete, sondern alle drei gleichermaßen in sich

---

296 Das klassische Thema des Verfassungswandels wurde bereits von Platon und Aristoteles behandelt: Platon befasst sich damit in seiner *Republik* (Buch VIII) und Aristoteles in seiner *Politik* (Buch V). Aristoteles kritisierte die „Zirkularität" dieser Theorie Platons, welche die Degeneration einer Idealstadt in eine Tyrannei vorsieht. Laut Aristoteles sei hingegen der Übergang von einer Tyrannei in eine andere Tyrannei oder direkt von einer Tyrannei in eine Demokratie durchaus möglich, ohne dass es dabei Zwischenstufen geben müsse und auch ohne die Garantie, dass dieser Zyklus auf jeden Fall erneut begänne. Siehe M. Isnardi Parente, *La 'metabolaí politeiôn' rivisitate (Bodin, République, IV)*, in *Rinascimento politico in Europa*, ebenda, S. 155–157.

297 Polybios, *Historien*, VI, 4, 9.

298 Man vergleiche mit *Historien*, I, 1, 1–5 und I, 2, 7.

299 Siehe K. Fritz, *The Theory of the Mixed Constitution in Antiquity. A Critical Analysis of Polybios' Political Ideas*, ebenda, S. 76–78 und 251–253.

300 Polybios, *Historien*, VI, 6,11 und 12 sowie VI, 7, 1.

vereinte.[301] Diese hätten sich in einem derartigen Gleichgewicht befunden, dass niemand mit Sicherheit hätte sagen können, ob das politische System Roms nun aristokratischer, monarchischer oder demokratischer Natur gewesen wäre.[302] Polybios glaubte, dass das gemischte Regime der republikanischen Ordnung wesenseigen wäre.[303] Hätte ein Fremder das Handeln der Konsuln beobachtet, wäre er zu dem Schluss gekommen, in einem monarchischen Staatswesen zu leben. Hätte er hingegen die Aktivitäten des Senats mitverfolgt, so hätte er angenommen, dass die Regierungsform Roms klarerweise aristokratisch sei.[304] Und wäre er schließlich mit den *tribuni plebis* oder mit der Institution der *provocatio ad populum* in Berührung gekommen, hätte er gedacht in einer Demokratie zu leben.[305]

In dem sechsten Buch der *Historien* von Polybios widmet sich dieser nicht nur den politischen Institutionen Roms, sondern befasst sich auch mit der militärischen Organisation Roms.[306] Dies ist kein Zufall, da für Polybios die „universalistischen", hegemonialen Ansprüche Roms sowohl von dessen guten Institutionen, als auch von dessen Neigung zu Krieg und Eroberung abhingen. Rom übertraf Karthago in den ersten beiden dieser drei Punkte. In Rom – so Polybios – lenkte der, aus den weisesten Männern bestehende Senat, die Geschicke Roms im Krieg gegen Karthago und traf auch nach der Niederlage von Cannes resolute Entscheidungen.[307] In Karthago hatte hingegen das Volk die Macht übernommen:

---

301 Siehe T. Mommsen, *Römische Geschichte*, I, Leipzig – Darmstadt, Bertelsmann Lesering, 1963, S. 452.

302 Polybios, *Historien*, VI, 11.11.

303 Siehe dazu Polybios, *Historien, Auswahl*, Übersetzung, Anmerkung und Nachwort von K. F. Eisen, Stuttgart, Reclam, 1973, S. 23: „So gleichmäßig und angemessen war alles im einzelnen angeordnet und durch diese drei Teile geregelt, daß niemand, auch keiner von den Einheimischen, hätte sicher sagen können, ob das Staatswesen insgesamt eine Aristokratie oder eine Demokratie oder ein Königtum darstelle. Und so mußte es jedem Beobachter ergehen. Wenn man nämlich auf die Befugnis der Kosuln blickte, schien das Staatswesen ganz und gar ein Königtum zu sein; wenn man aber die Macht des Senats ins Auge faßte, schien es wiederum eine Aristokratie zu sein, und wenn man auf die Befugnis des Volkes schaute, war es offensichtlich eine Demokratie." Für Polybios hat die Perfektion der römischen Verfassung ihren Höhepunkt in der Zeit des Krieges gegen Hannibal erreicht.

304 Polybios, *Historien*, VI, 12,8.

305 Ebenda, VI, 13, 3, 7 und 12. Polybios erwähnte die Tribunen nicht direkt und dachte vor allem an ihre Tätigkeit und an das von ihnen ausgeübte Vetorecht. Man beachte, dass Polybios dem römischen Volk eine judikative Funktion zuschrieb. Diese Tatsache bekräftigt die These nach welcher Montesquieu in Rom nicht ein Modell der Gewaltenteilung sah, sondern den Ausgleich zwischen entgegengesetzten Gewalten.

306 Ebenda, VI, 19 – 21.

307 Ebenda, VI, 58, 8 – 13.

Die Verwirklichung eines einheitlichen Regierungsmodells, sowie in dem Fall von Karthago, bedeutete seinen Niedergang.

Wie im Folgenden gezeigt wird, konnte Montesquieu Polybios hinsichtlich der expansionistischen Politik Roms nicht zustimmen, denn er betrachtete diese als ein nicht nachahmungswürdiges Beispiel, für das ihm zeitgenössische Europa. Montesquieu stimmte mit Polybios jedoch darin überein, dass auch er die Tugend der Römer als ein verfassungsmäßiges Element verstand. Werte, Sitten, Bräuche und Gewohnheiten bilden laut Montesquieu das Fundament der verfassungsmäßigen Rechtsordnung. Beim Vergleich der Verfassung Karthagos mit jener Roms stellte Polybios die Korruption und das maßlose Streben nach Bereicherung der Karthager, der Tugend und der Integrität der Römer gegenüber.[308] Dasselbe gilt für die Perfektion und die ideale Kraft, welche der römische Staat zu der Zeit Hannibals besessen hatte – das sechste Buch schließt nicht zufällig mit der Schilderung der Entschlossenheit des Senats nach der, gegen Hannibal in Cannes verlorenen Schlacht.[309] Die Idee der gemischten Verfassung war dazu bestimmt in Montesquieus Geist Eingang zu finden; es muss jedoch präzisiert werden in welcher Hinsicht dies genau geschah.

Es ist an dieser Stelle wichtig darauf hinzuweisen, dass „zwischen zwei Elementen unterschieden werden muss, die oft unzulässig miteinander verschmolzen werden: die Idee der Gewaltenteilung und jene der gemischten Verfassung".[310] Die Thematik der Teilung der Souveränität der römischen Republik war keinesfalls fremd, besonders nicht nach der als negativ erachteten Erfahrung des *regnum*. Eine derartige Teilung setzte in Rom keine strikte und definierte Gewaltenteilung („séperation des pouvoirs") voraus. In der politischen Praxis „stand das Fehlen an Autonomie der einzelnen Staatsorgane, die sich eben untereinander brauchten, um funktionieren zu können, für eine Beschränkung. Es entsprach also dem Prinzip, auf welchem der Parcours der „gemischten Verfassung" entstanden ist. Die Beschränkung der Staatsgewalten erfolgte somit durch die Abwesenheit einer Teilung der Staatsgewalten."[311]

In Rom waren alle institutionellen Komponenten, im Rahmen eines einheitlichen Prozesses, an dem legislativen Werdegang beteiligt. [312] Es gab also keine strikte Trennung: Was die Gesetzgebung in den Volksversammlungen betraf,

308 Ebenda, VI, 58, 2–15.

309 Ebenda, VI, 58, 13.

310 M. Pani, *Il costituzionalismo di Roma antica*, Bari, Laterza, 2010, S. 52–54. Eigene deutsche Übersetzung. Laut Pani wurde Montesquieu bei seiner Ausarbeitung der Theorie der Gewaltenteilung durch den englischen Verfassungsglauben beeinflusst.

311 Ebenda, S. 54.

312 Ebenda, S. 53.

brachte der Magistrat Gesetzesvorschläge ein und das in den Versammlungen vereinte Volk stimmte über diese Gesetze ab. „Der Senat beteiligte sich bis 339 bzw. 287, je nach dem, um welche Versammlung es sich handelte, – jener des gesamten Volkes oder nur jene der Plebejer – mit seiner unabdingbaren bestätigenden *auctoritas* am Gesetzgebungsprozess. Nach 287, nachdem die Gesetze nicht mehr durch seine *auctoritas* gebilligt werden mussten, blieb er trotzdem an diesem Prozess beteiligt, und zwar aufgrund der Praxis, welche bis in die Spätzeit der Republik eingehalten wurde, dass der Magistrat seinen Gesetzesvorschlag präventiv den *patres* vorstellte (*rogatio)*. Ein *Senatus consultum* enthielt dann direkt die Aufforderung die Entscheidung der Volksversammlung dem Magistraten als Gesetzesvorschlag zu präsentieren. Der Senat und die Magistraten besaßen über diese legislative Rolle hinaus jedoch auch Exekutivgewalt (der Magistrat als Vollstrecker der Entscheidungen des Senats)“.[313] Die Rechtsexperten, die die *responsa* abgaben, waren oft Magistrate oder Senatoren: „Die *responsa* waren integraler Bestandteil der römischen Gesetzentwicklung, wodurch sich legislative und exekutive Staatsgewalt vermischten. Schließlich kamen dem, in den verschiedenen Versammlungen zusammengekommenen Volk, auch rechtssprechende Funktionen zu. Somit lässt sich sagen, dass die Souveränität in Rom nie auf einer Teilung basierte, weil sie gänzlich von der königlichen Macht abstammte und als einheitlich aufgefasst wurde. Aus diesem Grund trafen die Machtmechanismen verschiedener Organe zusammen“.[314] Diese Darstellung spricht dafür, dass sich in Rom keine Gewaltenteilung, sondern ein institutionelles Gleichgewicht ergeben hatte. In Rom hätte also jedes Organ ein anderes blockieren können. Dieses Vorbild der gemischten Verfassung findet sich in der Bezeichnung Roms, als Modell des politischen Gleichgewichtes wieder.[315]

313 M. Pani, *Il costituzionalismo di Roma antica*, ebenda, S. 55. (eigene Übersetzung) 339 v.Chr. gelang es Quintus Publilius Philo, für das Volk günstige Gesetzesbestimmungen verabschieden zu lassen, worunter das Gesetz zur Gleichstellung der Volksabstimmungen mit den Gesetzen (*Lex Publilia Philonis*). 287 v.Chr. stellte die *Lex Hortensia* die Volksabstimmungen in jeder Hinsicht mit den Beschlüssen der Versammlungen gleich.

314 Ebenda.

315 Montesquieu, *De l'Esprit des lois*, L. XI, c. XII, ebenda, S. 414.

3.1.2 Cicero – die gemischte Verfassung und die Aktualisierung seiner Naturrechtslehre

In diesem Abschnitt wird dem Einfluss Ciceros auf Montesquieu nachgegangen.[316] Es wird bewiesen, dass die gemischte Verfassung mit einem naturrechtlichen Standpunkt verknüpft ist und sich darin einige Ideen von Cicero wiederfinden, der als Vertreter der Naturrechtslehre bekannt ist.

Cicero war seit Montesquieus Jugendjahren dessen Lieblingsautor. Er schreibt, dass er unter allen der Antiken, Cicero am liebsten geglichen hätte. In dem *Discours sur Cicéron* 1717 sagt Montesquieu explizit, dass er sich in Cicero widerspiegle. Er schätzt seine „Liebe für die Republik" („son amour pour la République")[317] und seine Schriften, welche „das Herz erheben".[318] Von Cicero ist auch die *Analyse du Traité des Devoirs* (1725) geprägt. Wenn Montesquieu in dieser Analyse schreibt, dass die Gerechtigkeit das „Gesetz des Menschengeschlechtes" ist, klingt das wie ein Echo des *De officiis* von Cicero. Montesquieus Verständnis vom Menschengeschlecht stammt von Ciceros Auffassung des *humanum genus*. Dem Menschengeschlecht stehen grundlegende Rechte zu, unabhängig von der Zugehörigkeit zu einem staatlichen Wesen. Die naturrechtliche Gerechtigkeit stellt für Montesquieu ein grundlegendes Gesetz jeder Gesellschaft dar, welches „den Menschen an sich und in Beziehung zu anderen Menschen" betrifft.

Einen entscheidenden Beweis dafür, dass Montesquieu den Begriff des Naturrechts heranzieht – ohne diesen ausdrücklich als solchen zu bezeichnen – liefert das folgende Zitat, das eine Gegenüberstellung von Staatsbürgerpflichten und Menschenrechten enthält: „Soll man an das Wohl (*bien*) der Nation denken", so Montesquieu, „wenn es gegen das Wohl (*bien*) des Menschengeschlechtes

---

316 Montesquieu befasste sich intensiv mit Ciceros Schriften, obwohl er keine direkte Kenntnis von *De republica* besaß, da dieses erst 1819 von Angelo Mai entdeckt wurde. Diese Tatsache spricht gegen den Einfluss Ciceros auf Montesquieus Denken. Es gibt aber zwei Gegenargumente: Erstens, die Theorie der gemischten Verfassung ist mit der Naturrechtslehre Ciceros eng verbunden. Zweitens, Montesquieu hörte das Echo der *De republica* in der Rezeption von Cicero und vor allem in den Gedanken von Augustinus *De Civitate Dei*, II, 21. Zu einer Untersuchung der Geschichte der *De republica* siehe L. Ferrero, *Einführung* in Cicero, *Opere politiche e filosofiche*, I, hrsg. von L. Ferrero und N. Zorzetti, Turin, Utet, 1974, S. 39 – 41.

317 Ebenda. S. 96.

318 Montesquieu, *Discours sur Cicéron*, in *Œuvres complètes*, I, ebenda, S. 95 – 97 (eigene deutsche Übersetzung).

gerichtet ist? Nein, die Pflicht des Bürgers (*citoyen*) ist ein Verbrechen, wenn man darüber die Pflicht der Menschen vergisst."[319]

Diese Auffassung hat seine philosophischen Wurzeln in der natürlichen Gerechtigkeit Ciceros. Der *Discours sur Cicéron* und die *Analyse du Traité des Devoir* sprechen eindeutig für eine solche Interpretation. Montesquieu lobt den römischen Denker Cicero im Hinblick auf seine universelle Auffassung des Menschengeschlechts. Montesquieu wurde in seiner Jugend stark von dem stoischen Ideal der natürlichen Gerechtigkeit geprägt, welches für jeden Menschen, unabhängig von seiner Nationalität Gültigkeit besitzt. Die Idee der naturrechtlichen Gerechtigkeit ist jedoch eine Idee metaphysischen Ursprungs und daher eng mit einer vagen religiösen Idee verbunden. Insofern ist es kein Zufall, dass Montesquieu im *Discours sur Cicero* vor allem das Werk *De natura deorum* (*Über das Wesen der Götter*) zitiert und in den reiferen Werken auf diesen expliziten Bezug verzichtet.[320] Er versucht die philosophischen Ansätze Ciceros auf die konkrete Rechtsordnung zu übertragen: Das Naturrecht hat nur oberflächlich betrachtet keinen Platz in seinem Denken. Weder im *Esprit des lois* noch in den *Considérations sur les causes de la grandeur des Romains et de leur décadence* finden sich eindeutige Spuren eines naturrechtlichen Ideals. Trotzdem steht die Idee ständig im Hintergrund. Eine mögliche Erklärung für die vermeintliche Distanzierung ist, dass Montesquieu mit fortschreitendem Alter versuchte das stoische und abstrakte Ideal des Naturrechts in eine konkrete verfassungsrechtliche Theorie der geteilten Souveränität und gemischten Verfassung zu übersetzen. Seine Bemühung war es Recht von Religion zu trennen, denn nach der Erfahrung der Religionskriege kam die explizite Verbindung zwischen Recht und naturrechtlicher Gerechtigkeit zu nahe an eine religiöse – im Sinne von konfessionelle – Auffassung der Rechtsordnung heran.

Cicero selbst fasst die republikanische Rechtsordnung der Römer als Modell der gemischten Verfassung auf. In seiner *De republica* nimmt Cicero, die von Polybios aufgeworfene Idee der gemischten Verfassung wieder auf: Ihm erscheint

---

319 Montesquieu, *Analyse du Traité des Devoirs*, in *Œuvres complètes*, I, ebenda, S. 110: „Doit-on penser, par exemple, au bien de la Patrie lorsqu'il eŝt queŝtion de celui du genre humain? Non; le devoir du citoyen eŝt un crime lorsqu'il fait oublier le devoir de l'homme."

320 Siehe Cicero, *De natura deorum – Über das Wesen der Götter*, übersetzt und hrsg. von U. Blank-Stangmeister, Stuttgart, Reclam, 2011, insbesondere das Buch II, S. 125 – 127. Darin wurde die These formuliert, dass alle Menschen einen angeborenen und gleichsam in die Seele eingemeißelten Glauben an die Existenz von Göttern hätten.

die „vierte Form von Verfassung" als die beste Staatsform, weil sie „gemäßigt und gemischt" wäre.[321]

Cicero schreibt dazu folgendes:[322]

> „Quod ita cum sit, ex tribus primis generibus longe praestat mea sententia regium, regio autem ipsi praestabit id, quod erit aequatum et temperatum ex tribus optimis rerum publicarum modis. Placet enim esse quiddam in re publica praestans et regale, esse aliud auctoritati principum inpartitum ac tributum, esse quasdam res servatas iudicio voluntatique multitudinis. Haec constitutio primum habet aequabilitatem quandam magnam, qua carere diutius vix possunt liberi, deinde firmitudinem, quod et illa prima facile in contraria vi tia convertuntur, ut existat ex rege dominus, ex optimatibus factio, ex populo turba et confusio, quodque ipsa genera generibus saepe conmutantur novis, hoc in hac iuncta moderateque permixta conformatione rei publicae non ferme sine magnis principum vitiis evenit. Non est enim causa conversionis, ubi in suo quisque est gradu firmiter collocatus et non subest, quo praecipitet ac decidat."

Aus diesen Zeilen ergibt sich, dass das naturrechtliche Ideal Ciceros eng mit der gemischten Verfassung verbunden ist. Die *iuncta moderatque praemixta*-Verfassung eignet sich nicht für jene Degenerationen, von denen Polybios geschrieben hatte; die freien Völker können ihrer nicht für allzu lange Zeit entbehren. In Ciceros Gedanken verbindet sich die Idee der gemäßigten Verfassung mit der Doktrin der Naturrechtslehre, so wie dies vor allem in seinem Werk *De legibus* deutlich wird: Die verfassungstechnische Mäßigung schien ihm einem naturrechtlichen Gerechtigkeitsprinzip zu entsprechen, welchem sich der Gesetzgeber unterordnen müsse.[323]

Das stoische Ideal Ciceros fasziniert den jungen Montesquieu,[324] aber wird seit dem frühen Werk *De la politique* konsequent ausgeschlossen. Dies wird

---

321 Siehe auch M. Pohlenz, *Die Stoa. Geschichte einer geistigen Bewegung*, Göttingen, Vandenhoeck & Ruprecht, 1959, S. 280 und 339.

322 Cicero, *De republica*, I, 69. Deutsche Übersetzung siehe *Cicero De republica*, hrsg. von Michael von Albrecht, Stuttgart, Reclam, 2013, S. 91: „Da sich dies so verhält, ragt unter den drei erstgenannten Arten meines Erachtens die Königsherrschaft bei weitem hervor; aber sogar vor dieser wird sich diejenige auszeichnen, die aus den drei ersten Staatsformen gleichmäßig gemischt ist, denn ich halte es für richtig, dass es im Staate etwas an der Spitze Stehendes, Königliches gebe, dass es außerdem etwas gebe, das dem maßgeblichen Einfluss der führenden Männer zugeteilt sei und dass es schließlich bestimmte Dinge gebe, die dem Urteil und dem Willen der Menge vorbehalten seien." Es wurde bereits daran erinnert, dass Montesquieu keine direkte Kenntnis von Ciceros *De republica* hatte, aber eine indirekte doch.

323 Cicero, *De legibus*, I, 16. Siehe dazu E. Pii, *La Rome antique chez Montesquieu. Une question et quelques notes pour une recherche*, ebenda, S. 25–38.

324 Siehe Montesquieu, *Discours sur Cicéron*, in *Œuvres complètes*, I, ebenda, S. 93: „Cicéron est, de tous les anciens, celui qui a eu le plus de mérite personnel, et à qui j'aimerois mieux res-

deutlich in folgenden Zeilen, in denen er die Ohnmächtigkeit (*impuissance*) der vagen Idee von Gerechtigkeit ridikülisiert:[325]

> „Es ist sinnlos, die Politik direkt zu attackieren, indem man aufzeigt, wie diese Moral Vernunft und Gerechtigkeit zuwiderläuft. Diese Art von Argumentation überzeugt jeden, trifft aber niemanden. Die Politik wird immer überleben, solange es Leidenschaften gibt, die vom Joch der Gesetze unabhängig sind."

Da Montesquieu zufolge die Idee der Gerechtigkeit allein unfähig ist die Politik an bestimmte moralische Grundsätze zu binden, braucht es verfassungsrechtlich begründete Beschränkungen. Die Wirklichkeit der Politik lässt sich nicht im Namen der Gerechtigkeit angreifen. Es ist kein Zufall, dass Montesquieu in dem *Traité des devoirs* eben dies in umgekehrter Weise formuliert: „Nichts erschüttert die Gerechtigkeit mehr, als das was wir üblicherweise als Politik bezeichnen. Eine betrügerische und scheinheilige Wissenschaft". Für die menschliche Vernunft sei die Politik unzugänglich.[326] Ein weiterer Beleg, um den naturrechtlichen Hintergrund Montesquieus zu bestätigen, ist seinem Kommentar zu den *Digesten* Justinians zu entnehmen, welchen dieser in jungen Jahren veröffentlicht. Auch in diesem Fall scheint es auf den ersten Blick so, als ob Montesquieu auf das Naturrecht verzichte: Er vernachlässigt die Stelle am Anfang der *Digesten*, die von der Idee der Gerechtigkeit handelt. In seinen, als Kommentar zu den *Digesten* Justinians formulierten *carnets*, schweigt er zu den in D.1.1.1 und D.1.1.10 enthal-

---

sembler; il n'y en a aucun qui ait soutenu de plus beaux et de plus grands caractères, qui ait plus aimé la gloire, qui s'en soit fait une plus solide, et qui y ait été par des routes moins battues. La lecture de ses ouvrages n'élève pas moins le coeur que l'esprit: son éloquence est toute grande, toute majestueuse, toute héroïque. Il faut le voir triompher de Catilina; il faut le voir s'élever contre Antoine; il faut le voir enfin pleurer les déplorables restes d'une liberté mourante. Soit qu'il raconte ses actions, soit qu'il rapporte celles des grands hommes qui ont combattu pour la République, il s'enivre de sa gloire et de la leur. La hardiesse de ses expressions fait entrer dans la vivacité de ses sentiments. Je sens qu'il m'entraîne dans ses transports et m'enlève dans ses mouvements. Quels protraits que ceux qu'il fait des Brutus, des Cassius, des Catons! Quel feu, quelle vivacité, quelle rapidité, quel torrent d'éloquence! Pour moi, je ne sais à qui j'aimerois mieux ressembler, ou au héros, ou au panégyriste". Siehe S. M. Mason, *Montesquieu's Idea of Justice*, The Hague, Springer, S. 123.

325 Montesquieu, *De la politique*, in *Œuvres completes*, I, ebenda, S. 112: „Il est inutile d'attaquer directement la politique en faisant voir combien elle répugne à la morale, à la raison, à la justice. Ces sortes de discours persuadent tout le monde et ne touchent personne. La politique subsistera toujours pendent qu'il y aura des passions indépendantes du joug des lois."

326 Montesquieu, *Traité des devoirs*, ebenda, S. 110: „Comme rien ne choque plus la Juſtice que ce que l'on appelle ordinairement la Politique, cette science de ruse et d'artifice, [...]; il en montre l'inutilité par la raison."

tenen Verweisen auf das Naturrecht.[327] Dieses Schweigen ist aber nicht als Ablehnung des Naturrechts zu werten. Denn die Idee der Gerechtigkeit wird sozusagen über die Hintertür – durch den Richter als Interpret – hereingeholt. Kurioserweise behält er von dem Titel *De iustitia et iure* nur einen einzigen Satz, welchen er ins Französische übersetzt:[328] „Das Recht des Prätors ist die Stimme des Zivilrechts."

Diese, aus dem Titel über die naturrechtliche Gerechtigkeit stammende und von Montesquieu ins Französische übersetzte Passage, spricht für das folgende Argument: Die Gerechtigkeit ist kein theoretisches und abstraktes Ideal, sondern verwirklicht sich in den verfassungsrechtlichen, konkreten Beschränkungen der Macht. Sie wird durch die Richter verkörpert, die durch ihre Interpretation als Stimme der Rechtsordnung fungieren.[329] Das ist der Hintergrund der Definition des Richters als „Mund des Gesetzes": Das Gesetz ohne die Interpretation bleibt stumm. Diese Passage ist unvereinbar mit der Theorie der Unterwerfung der Gerichtsbarkeit unter die legislative Gewalt. Gelesen im Zusammenhang mit der bereits erwähnten Passage, welche die Rechte des Menschengeschlechts dem Gesetz des Staates überordnet, spricht sie für eine Konzeption der Gerechtigkeit, die der Interpret auszulegen berufen ist. Obwohl Montesquieu im *Esprit des lois* das Ideal der naturrechtlichen Gerechtigkeit nicht ausdrücklich erwähnt, bildet sie seine geistige Basis und nimmt die konkrete Form einer verfassungsrechtlichen Theorie an, deren Kern in der Teilung der Souveränität besteht.

Die antike Idee Ciceros überlebt zwar, verliert jedoch ihren metaphysischen Zusatz und wird in das Innere der staatlichen Verfassungsarchitektur geholt. Die Beschränkung der Souveränität gewährleistet die politische Freiheit, sowie die Durchsetzung des Rechts und verhindert eine absolute Herrschaft. Montesquieu schweigt über die *iustitia* römischer Tradition (die von Ulpian stammt), über die *iuris praecepta* („honeste vivere, alterum non laedere, suum cuique tribuere")[330] und über die Definition des Celsus („jus est ars boni et aequi")[331].

---

327 Montesquieu, *Collectio iuris*, in *Œuvres complètes*, 11, ebenda S. 1–2.

328 Ebenda. Eigene deutsche Übersetzung aus der ursprünglichen französischen Quelle: „Le droit du preteur est la voix du droit civil." Siehe D. 1,1,8: „Nam et ipsum ius honorarium viva vox est iuris civilis."

329 Siehe dazu V. Frosini, *La lettera e lo spirito della legge*, Mailand, Giuffrè, 1998, S. 174–176. Vergleiche mit A. Merlino, *Vittorio Frosini e l'eredità di Hans Kelsen in Italia*, in „Annali dell'Istituto storico italo-germanico in Trento", XXXV, 2009, S. 39–73.

330 D. 1,1,10.

331 D. 1,1,1. Siehe F. Schulz, *Prinzipien des römischen Rechts*, Berlin, Duncker & Humblot, 1934, S. 1–3.; vgl. mit A. Schiavone, *Ius. L'invenzione del diritto in Occidente*, Turin, Einaudi, 2005, S. 5–7.

Einerseits taucht also die Idee der Gerechtigkeit im Schweigen Montesquieus unter, andererseits tritt sie als „Stimme" des Prätors, also als „Stimme" des Interpreten, wieder in Erscheinung. Im *Esprit des lois* schreibt Montesquieu, dass der Richter „bouche de la loi", also Mund des Gesetzes sei.[332] Der Richter, Prätor, oder (allgemeiner gesprochen) der Interpret des Gesetzes, verleiht dem Gesetz, das sonst stumm bleiben würde, eine Stimme. Die Idee der Gerechtigkeit konkretisiert sich in dem Moment ihrer Interpretation. Die Richter üben eine rechtserzeugende Funktion aus, indem sie Teil der souveränen Macht sind und mit ihrem Urteil die Rechtsordnung nicht nur als Sprachrohr des Gesetzes, sondern als Beschränkung der Macht zu interpretieren.

3.1.3 Die *Discorsi* von Machiavelli als Quelle für Montesquieu

Einen weiteren Beweis für die Relevanz der römisch-republikanischen Geschichte für die Entwicklung der montesquieuischen Gedanken ist der Einfluss von Machiavelli, als Interpret von Titus Livius. Die *Discorsi* und das in ihnen enthaltene Lob für die römische Republik ist Inspirationsquelle für Montesquieu.[333] Es wird aufgezeigt, dass durch die Lektüre von Machiavellis *Discorsi*, Montesquieu seine Auffassung der gemischten Verfassung präzisierte.

In seinen *Discorsi sopra la prima deca di Tito Livio* betont Machiavelli die „perfettione" (Vollkommenheit) der römischen Verfassung.[334] Rom habe nicht das Glück gehabt einen „Ordner" zu haben, einen Gesetzgeber, wie ihn Sparta in Licurgus gefunden hatte.[335] Die römische Rechtsordnung wäre nicht „plötzlich" durch das Werk „eines einzigen Mannes" entstanden, sondern war laut Machia-

---

332 Vergleiche mit D. 1,1,7: „Ius autem civile est, quod ex legibus, plebis scitis, senatus consultis, decretis principum, auctoritate prudentium venit. Ius praetorium est, quod praetores introduxerunt adiuvandi vel supplendi vel corrigendi iuris civilis gratia propter utilitatem publicam. Quod et honorarium dicitur ad honorem praetorum sic nominatum."

333 Bezüglich Machiavelli und „die Sprache des Rechts" siehe D. Quaglioni, *Machiavelli e la lingua della giurisprudenza*, in „Il pensiero politico", XXXII, 1999, S. 171–185; D. Quaglioni, *Machiavelli e la lingua della giurisprudenza. Una letteratura della crisi*, Bologna, Il Mulino, 2011, S. 171–185; und vom selben Autor *Ancora su Machiavelli e la lingua della giurisprudenza*, in *Niccolò Machiavelli e la tradizione giuridica europea*, hrsg. von G. M. Labriola und F. Romeo, Neapel, Editoriale Scientifica, 2016, S. 15–33.

334 Siehe J. H. Hexter, *Seyssel, Machiavelli and Polybios VI: The Mystery of the Missing Translation*, in „Studies in the Renaissance", 1956, S. 75–96.

335 Der legendäre spartanische Gesetzgeber Licurgus soll zwischen dem IX. und dem VIII. Jhr. v. Chr. auf Sparta gelebt haben, wo er das Modell einer gemischten Verfassung einführte. Licurgus wird auch von Polybios erwähnt.

velli das Ergebnis von „Ereignissen" und des „Zufalls", also des Werdegangs der Geschichte und der „Uneinigkeit die zwischen den Plebejern und dem Senat herrschte".[336] Der Verlauf der Geschichte machten die römische Republik „perfekt". So Machiavelli:[337]

> „Untersuchen wir nun die Staatsordnung Roms und die Umstände, durch die es zur Vollkommenheit gelangte. Einige politische Schriftsteller nehmen drei Regierungsformen an, nämlich die Monarchie, Aristokratie und Demokratie, eine wobei sich der Begründer eines Staates je nach der Zweckmäßigkeit für eine derer entscheiden müsse. Andre dagegen, und nach der Ansicht vieler die Klügeren, sind der Ansicht, daß es sechs Regierungsformen gibt, von denen drei abscheulich, die drei andern an sich zwar gut seien, aber so leicht ausarteten, daß sie gleichfalls verderblich würden. Die guten sind die drei oben genannten, die schlechten sind drei andere, die aus ihnen entstehen. Jede von ihnen ist der, aus der sie entsprungen ist, so ähnlich, daß der Übergang von der einen zur andern sehr leicht ist. Denn die Monarchie artet leicht zur Tyrannei, die Aristokratie zur Oligarchie und die Demokratie zur Zügellosigkeit aus. Führt also der Begründer eines Staates eine der drei ersten Formen ein, so ist es nur für kurze Zeit. Es läßt sich durch nichts verhindern, daß sie in ihr Gegenteil umschlägt, denn Tugend und Laster wohnen hier dicht beieinander."

---

336 N. Machiavelli, *Discorsi sopra la prima deca di Tito Livio*, in *Opere*, hrsg. von R. Rinaldi, Mailand, Mondadori, 2008, S. 427–428 und 438. Man erinnere sich an die Interpretation von De Martino, nach welchem die römische Verfassung das Ergebnis eines sozialen Kampfes und der Unterteilung der Gesellschaft in Klassen gewesen sei. Siehe F. De Martino, *Storia della costituzione romana*, I, ebenda, S. 219–220.

337 N. Machiavelli, *Discorsi. Staat und Politik*, hrsg. von H. Günther, Frankfurt am Main – Leipzig, Insel, 2000, S. 20; *Discorsi sopra la prima deca di Tito Livio*, ebenda, S. 429: „Volendo, adunque, discorrere quali furono li ordini della città di Roma, e quali accidenti alla sua perfezione la condussero; dico come alcuni che hanno scritto delle republiche dicono essere in quelle uno de' tre stati, chiamati da loro Principato, Ottimati, e Popolare, e come coloro che ordinano una città, debbono volgersi ad uno di questi, secondo pare loro più a proposito. Alcuni altri, e, secondo la opinione di molti, più savi, hanno opinione che siano di sei ragioni governi: delli quali tre ne siano pessimi tre altri siano buoni in loro medesimi, ma sì facili a corrompersi, che vengono ancora essi a essere perniziosi. Quelli che sono buoni, sono e' soprascritti tre: quelli che sono rei, sono tre altri, i quali da questi tre dipendano; e ciascuno d'essi è in modo simile a quello che gli è propinquo, che facilmente saltano dall'uno all'altro: perché il Principato facilmente diventa tirannico; gli Ottimati con facilità diventano stato di pochi; il Popolare sanza difficultà in licenzioso si converte. Talmente che, se uno ordinatore di republica ordina in una città uno di quelli tre stati, ve lo ordina per poco tempo; perché nessuno rimedio può farvi, a fare che non sdruccioli nel suo contrario, per la similitudine che ha in questo caso la virtute ed il vizio." Man siehe G. Sasso, *Machiavelli e la teoria dell'„anacyclosis"* e *Machiavelli e Polibio: costituzione, potenza, conquista*, in *Machiavelli e gli antichi e altri saggi*, I, Ricciardi Editori, Mailand – Neapel, 1997, S. 3–118; Für ein Gesamtbild von Machiavelli siehe H. Münkler, *Machiavelli. Die Begründung des politischen Denkens der Neuzeit aus der Krise der Republik Florenz*, Frankfurt am Main, Fischer, 2004.

Machiavelli lobt in den *Discorsi* das Modell der gemischten Verfassung (Es ist nicht grundlos, dass Montesquieu Machiavellis *Discorsi* erwähnt und nicht *Il Principe*, denn eigentlich bewundert Montesquieu Machiavelli ausschließlich als Interpreten Roms bzw. als Leser von Titus Livius und von Polybios). Machiavelli folgend, wäre Rom der polybianischen Anazyklose entsprechend degeneriert, hätte es eine dieser drei Regierungsformen (Monarchie, Aristokratie, Demokratie) gewählt: Wenn man nämlich einen Staat nach einem einzigen dieser drei Prinzipien regiere, so regiere man ihn nur „für kurze Zeit"; man könne nicht verhindern, dass er „abrutsche". Deshalb sei eine jede dieser drei Regierungsformen, wenn sie einzeln zur Anwendung komme, „verderblich". Machiavelli schließt sich Polybios an und postuliert, dass die gemischte Verfassung die einzig gute Regierungsform wäre:[338]

> „In diesem Kreislauf hat sich die Regierung aller Staaten bewegt und bewegt sich noch, und doch kehren sie selten zu den gleichen Regierungsformen zurück; denn kaum ein Staat besitzt so viel Lebenskraft, daβ er solche Umwälzungen mehrmals durchmachen kann, ohne zugrunde zu gehen. Wohl aber geschieht es, daβ ein Staat in seinen Wirren, wenn es ihm dauernd an Kraft und gutem Rat fehlt, in die Gewalt eines Nachbarstaates kommt, in der bessere Ordnung herrscht. Aber geschähe das nicht, so könnte sich jeder Staat ohne Ende im Kreis dieser Regierungsformen drehen. Nach meiner Meinung sind alle diese Staatsformen verderblich, die drei guten wegen ihrer Schlechtigkeit. In Erkenntnis dieser Mängel haben weise Gesetzgeber jede von ihnen an sich gemieden und eine aus allen dreien zusammengesetzt gewählt. Diese hielten sie für fester und dauerhafter, da sich Fürsten-, Adels- und Volksherrschaft, in ein und demselben Staat vereinigt, gegenseitig überwachen."

Machiavelli übernimmt die Theorie von Polybios. Daraus lässt sich schlussfolgern, dass Montesquieu, als Leser der *Discorsi*, die Theorie der gemischten Verfassung in seinem Denken mithilfe Machiavellis Rezeption auf Polybios entwi-

338 Machiavelli, *Discorsi. Staat und Politik*, ebenda, S. 23; *Discorsi sopra la prima deca di Tito Livio*, ebenda, S. 435: „E questo è il cerchio nel quale girando tutte le republiche si sono governate e si governano: ma rade volte ritornano ne' governi medesimi; perché quasi nessuna republica può essere di tanta vita, che possa passare molte volte per queste mutazioni, e rimanere in piede. Ma bene interviene che, nel travagliare, una republica, mancandole sempre consiglio e forze, diventa suddita d'uno stato propinquo, che sia meglio ordinato di lei: ma, posto che questo non fusse, sarebbe atta una republica a rigirarsi infinito tempo in questi governi. Dico, adunque, che tutti i detti modi sono pestiferi, per la brevità della vita che è ne' tre buoni, e per la malignità che è ne' tre rei. Talché, avendo quelli che prudentemente ordinano leggi, conosciuto questo difetto, fuggendo ciascuno di questi modi per sé stesso, ne elessero uno che participasse di tutti, giudicandolo più fermo e più stabile; perché l'uno guarda l'altro, sendo in una medesima città il Principato, gli Ottimati, e il Governo Popolare."

ckelt.[339] Montesquieu nimmt auf Machiavelli, als Interpret der römischen Geschichte, Bezug.[340]

Lykurg, der spartanische, von Polybios geschätzte Souverän, hätte laut Machiavelli „Lob" verdient, weil er das spartanische Staatswesen in der Form geschaffen habe, dass die Macht zwischen Königen, Aristokraten und dem Volk aufgeteilt würde. Aus diesem Grund hätte Sparta 800 Jahre überdauert. In Athen hätte Solon hingegen das Volk bevorzugt.[341]Montesquieu folgt der Rekonstruktion

---

339 C. Strosetzki, *Die Dekadenz Roms, ihre Ursachen und ihre Dialektik bei Montesquieu*, in *Montesquieu zwischen den Disziplinen. Einzel- und kulturwissenschaftliche Zugriffe*, ebenda, S. 76: „Dass Machiavelli auf Montesquieu Einfluss genommen hat, ist unbestritten, wenngleich Montesquieu nicht selten Gegenpositionen annimmt. Beide haben sich mit Rom, beide mit der Theorie der Politik beschäftigt." Ein Beweis für die Bewunderung Montesquieus für Machiavelli findet sich im Buch XXIX des *Esprit des lois*, in welchem Montesquieu Machiavelli auf eine Ebene mit Aristoteles und Platon stellt.

340 Siehe E. Levi-Malvano, *Montesquieu e Machiavelli*, Paris, Honoré Champion, 1912, S. 26 ff.

341 N. Machiavelli, *Discorsi sopra la prima deca di Tito Livio*, in *Opere*, ebenda, S. 438 – 439: „Ma vegnamo a Roma; la quale, nonostante che non avesse uno Licurgo che la ordinasse in modo, nel principio, che la potesse vivere lungo tempo libera, nondimeno furo tanti gli accidenti che in quella nacquero, per la disunione che era intra la Plebe ed il Senato, che quello che non aveva fatto uno ordinatore, lo fece il caso. Perché, se Roma non sortì la prima fortuna, sortì la seconda; perché i primi ordini suoi, se furono difettivi, nondimeno non deviarono dalla diritta via che li potesse condurre alla perfezione. Perché Romolo e tutti gli altri re fecero molte e buone leggi, conformi ancora al vivere libero: ma perché il fine loro fu fondare un regno e non una republica, quando quella città rimase libera, vi mancavano molte cose che era necessario ordinare in favore della libertà, le quali non erano state da quelli re ordinate. E avvenga ché quelli suoi re perdessono l'imperio, per le cagioni e modi discorsi; nondimeno quelli che li cacciarono, ordinandovi subito due Consoli che stessono nel luogo de' Re, vennero a cacciare di Roma il nome, e non la potestà regia: talché, essendo in quella republica i Consoli e il Senato, veniva solo a essere mista di due qualità delle tre soprascritte, cioè di Principato e di Ottimati." Siehe *Discorsi. Staat und Politik*, ebenda, S. 24: „Doch kommen wir zu Rom! Diese Stadt hatte zwar keinen Lykurg, der sie von Anfang an derart ordnete, daβ sie lange Zeit frei leben konnte, doch führte die Uneinigkeit zwischen Volk und Senat so viele günstige Umstände herbei, daβ der Zufall das tat, was der Gesetzgeber versäumt hatte. Wenn also Rom nicht das erste Glückslos zog, so doch das zweite, und wenn seine ersten Einrichtungen mangelhaft waren, so führten sie doch nicht von dem geraden Weg zur Vollkommenheit ab. Denn Romulus und alle übrigen Könige gaben viele gute, auch der Freiheit gemäße Gesetze; da aber ihr Zweck die Gründung eines Königreiches und nicht eines Freistaates war, so fehlten in Rom, als es frei wurde, viele für die Freiheit nötige Einrichtungen, die von den Königen nicht getroffen waren. Als nun die Könige aus den oben genannten Gründen die Herrschaft verloren, setzen ihre Vertreiber an Stelle der Könige sofort zwei Konsuln ein und verdrängten damit nur den Königsnamen, nicht die Königsgewalt aus Rom. Infolgedessen bestand der Staat nun aus Konsuln und Senat, also nur aus zweien der oben genannten drei Formen, der Fürsten- und Adelsherrschaft, und es blieb noch der Volksherrschaft Raum zu geben." Rom hatte keinen Gesetzgeber wie Lykurg, der die Rechtsordnung begründet hatte, sondern erreichte im Laufe der historischen Entwicklung die gemischte Verfassung.

Machiavellis, die sich auf die römische Überlieferung bezieht, auf Punkt und Komma.[342] Dies verdeutlicht, dass die Lektüre von Machiavelli großen Einfluss auf dessen Verständnis und seine Entwicklung der gemischten Verfassung nahm. Nach der Vertreibung von Tarquinius dem Hochmütigen (der in der machiavellischen Rekonstruktion die Degeneration der römischen Monarchie in eine Tyrannei verkörpert) teilten sich die Konsuln (welche für Machiavelli die Erben des *imperium regium* waren) und der Senat (also das aristokratische Element) die Macht. Um zur „perfettione" zu kommen musste dann aber noch das demokratische Element eingeführt werden:[343]

> „Es blieb noch der Volksherrschaft Raum zu geben. Als daher der römische Adel aus den unten anzuführenden Gründen übermütig wurde, erhob sich das Volk gegen ihn, und um nicht alles zu verlieren, mußte er dem Volk seinen Anteil an der Regierung abtreten. Anderseits behielten die Konsuln und der Staat so viel Ansehen, daß sie ihren Rang im Staate behaupten konnten. So entstand die Einrichtung der Volkstribun, durch die der Staat vollends befestigt wurde, denn nun waren alle drei schick, daß es in derselben Stufenfolge und aus den gleichen Ursachen, die wir oben erwähnten, von der Königsherrschaft über die Herrschaft der Vornehmen zur Volksherrschaft überging, ohne die ganze Königsgewalt dem Adel auszuliefern und ohne die Gewalt des Adels ganz dem Volke zu geben. Die Mischung aller drei Regierungsformen führte zu einem vollkommenen Staat, und diese Vollkommenheit entsprang aus der Uneinigkeit zwischen Volk und Senat, wie in den zwei folgenden Kapiteln ausführlich gezeigt werden soll."

Man beachte das Montesquieu die Meinung wie Machiavelli zu den ersten Königen Roms teilte. Dieser definierte die ursprüngliche Monarchie als „fehlerhaft", auch wenn sie nicht „vom rechten Weg" abkam. Aufgrund der von Polybios beschriebenen natürlichen und unvermeidlichen Degeneration „verloren diese

342 Siehe dazu das Kapitel II, 2 dieser Schrift „Montesquieu und die Entstehung der römischen Republik".

343 N. Machiavelli, *Discorsi. Staat und Politik*, ebenda, S. 25; *Discorsi sopra la prima deca di Tito Livio*, in *Opere*, ebenda, S. 439: „Restavale solo a dare luogo al governo popolare: onde, sendo diventata la Nobilità romana insolente per le cagioni che di sotto si diranno si levò il Popolo contro di quella; talché, per non perdere il tutto, fu costretta concedere al Popolo la sua parte e, dall'altra parte, il Senato e i Consoli restassono con tanta autorità, che potessono tenere in quella republica il grado loro. E così nacque la creazione de' Tribuni della plebe, dopo la quale creazione venne a essere più stabilito lo stato di quella republica, avendovi tutte le tre qualità di governo la parte sua. E tanto le fu favorevole la fortuna, che, benché si passasse dal governo de' Re e delli Ottimati al Popolo, per quelli medesimi gradi e per quelle medesime cagioni che di sopra si sono discorse, nondimeno non si tolse mai, per dare autorità agli Ottimati, tutta l'autorità alle qualità regie; ne si diminuì l'autorità in tutto agli Ottimati, per darla al Popolo; ma rimanendo mista, fece una republica perfetta: alla quale perfezione venne per la disunione della Plebe e del Senato, come nei dua prossimi seguenti capitoli largamente si dimosterrà."

Könige ihr *Imperium*". Die Interpretation der römischen Republik Montesquieus und Machiavellis unterscheidet sich aber in einem wesentlichen Punkt. Diesen gilt es richtig einzuordnen, denn er unterstützt die These, dass für Montesquieu das institutionelle Gleichgewicht unabdingbar war. Machiavelli hingegen sah in der Einrichtung des Volkstribuns das wesentliche Element, um die gemischte Verfassung zu perfektionieren.[344] Im Kapitel VI seines Buches XI über die Verfassung Englands widersprach Montesquieu Machiavelli in dieser Annahme. In seiner Schematisierung des englischen politischen Modells weist Montesquieu der exekutiven Gewalt ein Vetorecht („faculté d'empêcher") gegenüber den Entscheidungen der Legislative zu (welcher hingegen die „faculté de statuer" zustand).[345] Mit Ausnahme seltener Fälle kam der Legislativen also die „faculté de statuer", jedoch nicht die „faculté d'empêcher" zu.[346] Montesquieu nimmt die „intercessio" des Volkstribuns nicht an.[347] Die Volkstribune verkörpern für ihn

344 Machiavelli, *Discorsi*, III, ebenda, S. 441–442. (Der Titel des Kapitels III lautet: „Quali accidenti facessono creare in Roma i tribuni della plebe, il che fecie la Republica più perfetta.") Deutsche Übersetzung *Discorsi. Staat und Politik*, ebenda, S. 26: „Welche Ereignisse in Rom zur Einsetzung der Volkstribune führten, durch die die Republik vervollkommnet wurde."

345 Hier sind zwei Bemerkungen notwendig. Erstens, die Exekutive nimmt durch das Veto, wenngleich in einer negativen Funktion, an der Legislative teil. Zweitens dachte Montesquieu an zwei Kammern, wovon die eine „hoch" und erblich ist, die Zusammensetzung der zweiten hingegen Wahlen unterliegt. Der „hohen Kammer" kommt jedoch nur ein Wahlrecht (die Fähigkeit zu verhindern) zu; sie kann keine Gesetze erlassen. Sie ist in jenen Angelegenheiten notwendig, wenn es darum geht, das Volk zu korrumpieren (zum Beispiel die Einführung von Abgaben). So Montesquieu, *De l'Esprit des lois* in *Œuvres complètes*, ebenda, S. 401: „Mais comme une puissance héréditaire pourroit être induite à suivre ses intérêts particuliers et à oublier ceux du peuple, il faut que dans les choses où l'on a un souverain intérêt à la corrompre, comme dans les lois qui concernent la levée de l'argent, elle n'ait de part à la législation que par sa faculté d'empêcher, et non par sa faculté de statuer."

346 Zum Beispiel bei Steuerangelegenheiten: In diesem Fall kann die hohe Kammer nicht gesetzgeberisch tätig sein, macht aber von ihrem Stimmrecht Gebrauch.

347 Montesquieu, *De l'Esprit des lois* in *Œuvres complètes*, ebenda, S. 401: „J'appelle *faculté de statuer*, le droit d'ordonner par soi-même, ou de corriger ce qui a été ordonné par un autre. J'appelle *faculté d'empêcher*, le droit de rendre nulle une résolution prise par quelque autre; ce qui étoit la puissance des tribuns de Rome. Et, quoique celui qui a la faculté d'empêcher puisse avoir aussi le droit d'approuver, pour lors cette approbation n'est autre chose qu'une déclaration qu'il ne fait point d'usage de sa faculté d'empêcher, et dérive de cette faculté." Siehe *Vom Geist der Gesetze*, ebenda, S. 222: „Entscheidungsrecht nenne ich das Recht, von sich aus anzuordnen oder das von andern Angeordnete abzuändern. Verhinderungsrecht nenne ich das Recht, einen von anderen gefaßten Beschluß zu annullieren. Diese Gewalt besaßen die Tribunen Roms. Obwohl der Inhaber des Verhinderungsrechts auch das Recht zur Zustimmung haben kann, besteht diese Zustimmung in nichts weiter als der Erklärung, daß man von seinem Verhinderungsrecht keinen Gebrauch mache. Aus diesem Recht leitet es sich her." Man siehe zu diesem Punkt M. J. Rainer, *Die*

Aspekte einer absoluten, willkürlichen und nicht koordinierten Herrschaft und stören das Gleichgewicht der Mächte. Für ihn entsprechen sie einem radikalen politischen Element, wie sich auch aus der folgenden Passage entnehmen lässt:[348]

> „Wenn die exekutive Befugnis nicht das Recht besäße, die Unternehmungen der legislativen Körperschaft aufzuhalten, wäre diese letztere despotisch. Sie vermöchte sich alle erdenklichen Vollmachten selber zu verleihen und so alle anderen Befugnisse zunichte zu machen. Indessen darf die legislative Befugnis nicht umgekehrt die Möglichkeit bekommen, die exekutive Befugnis aufzuhalten. Die Durchführung hat nämlich schon ihrer Natur nach ihre Grenzen, und ihre Begrenzung ist daher unnötig. Außerdem befaßt sich die exekutive Befugnis immer nur mit Angelegenheiten des Augenblicks. Die Macht der Tribunen in Rom war insofern ein Fehler, als sie nicht allein die Gesetzgebung aufhielt, sondern sogar die Durchführung. Das verursachte große Mißstände."

Im *Esprit des lois* gab es keinen Platz für die Volkstribune und ihre enorme Kontrollfunktion – eine exorbitante Funktion, welche nicht in das Schema des Gleichgewichts eingefügt werden konnte.[349] Denn die Volkstribune gehörten nicht zu dem Richterstand, sondern entsprachen einer willkürlichen politischen Gewalt. Montesquieus Ziel ist auch in diesem Fall das Gleichgewicht und die Ver-

---

römische Republik, Montesquieu und die amerikanische Verfassung, ebenda, S. 399: „Die Ideen der Mischverfassung des Polybios und insbesondere der sich aus der verfassungsmäßigen Realität ergebenen Kontrollfunktionen der einzelnen Institutionen gegenüber den anderen haben die amerikanischen Verfassungsväter zutiefst geprägt. In der Tat kann kein Zweifel daran bestehen, dass die amerikanische Verfassung nach diesem römischen Modell geschaffen wurde, wobei es bemerkenswert ist, dass jenes verfassungsmäßige Organ, das die Kontrollfunktion zur Zeiten der entwickelten und ausgehenden Republik am stärksten dokumentierte, nämlich das des Volkstribuns, von der amerikanischen Verfassung nicht übernommen wurde. Das bedeutete, dass die amerikanische Verfassungsväter davon überzeugt waren, mit den ordentlichen Organen das Auslangen finden zu können. Dabei muss gewiss beachtet werden, dass auch im Denken Montesquieus nur von grundsätzlich drei Gewalten auszugehen ist und nach der Interpretation von Montesquieu dem Volkstribun eine in diesem System und Geflecht nicht passende Rolle zugewiesen werden musste. Montesquieu selbst hat die Rolle der Volkstribune als schädlich (*vicieux*) bezeichnet, da sie Gesetzgebung und exekutive Gewalt gleichermaßen behindert und somit nicht positiv kontrolliert hätten."

348 Montesquieu, *Vom Geist der Gesetze*, ebenda, S. 224; *De l'Esprit des lois* in *Œuvres complètes*, ebenda, S. 403: „Si la puissance exécutrice n'a pas le droit d'arrêter les entreprises du corps législatif, celui-ci sera despotique; car, comme il pourra se donner tout le pouvoir qu'il peut imaginer, il anéantira toutes les autres puissances. Mais il ne faut pas que la puissance législative ait réciproquement la faculté d'arrêter la puissance exécutrice. Car, l'exécution ayant ses limites par sa nature, il est inutile de la borner; outre que la puissance exécutrice s'exerce toujours sur des choses momentanées. Et la puissance des tribuns de Rome étoit vicieuse, en ce qu'elle arrêtoit non seulement la législation, mais même l'exécution: ce qui causoit de grands maux."

349 Ebenda, S. 401.

hinderung der Entstehung einer Gewalt, die unabhängig von der anderen eine Machtfunktion ausüben konnte. Auch in der Interpretation von Machiavelli macht Montesquieu keine Gewaltenteilung aus, sondern ein Gleichgewicht der Gewalten. In Rom hatte Ausgeglichenheit, jedoch keine Teilung der Staatsgewalt geherrscht.[350]

Zusammenfassung

Diese Punkte können aus dem vorangegangenen Kapitel zusammengefasst werden:

1. Die traditionelle Lehre der gemischten Verfassung römischen Ursprungs beeinflusste Montesquieu in seinem Denken nachhaltig. Polybios *Historien* stellen eine Quelle für Montesquieu dar.

3. Eine wesentliche Quelle für Montesquieu ist die naturrechtliche Lehre von Cicero. Das naturrechtliche Ideal Ciceros sollte jedoch nicht auf metaphysischer Ebene verbleiben, sondern in einer konkreten verfassungsrechtlichen Architektur realisiert werden. Dieses Argument verstärkt, was in dem Abschnitt *Naturrecht als geistiger Hintergrund Montesquieus* bereits ausgeführt wurde.

4. Unter den Quellen von Montesquieu findet sich auch Machiavelli. Der Autor der *Discorsi* setzt sich anhand von Titus Livius mit der römischen Republik und ihrer gemischten Verfassung auseinander. Die juristischen Überlegungen Machiavellis sind eine moderne Quelle für Montesquieu als Interpret der römischen Geschichte.

5. Montesquieus Befürwortung einer Lehre der gemischten Verfassung impliziert keine untergeordnete Rolle für den Richter. Durch Zuhilfenahme von Cicero lässt sich nachweisen, dass die Richter von Montesquieu als Interpreten der Rechtsordnung und quasi als Ausgangspunkt des Naturrechts betrachtet werden.

6. Montesquieu plädiert nicht für eine Trennung der Staatsgewalten, sondern ist bestrebt ein institutionelles Gleichgewicht zwischen nicht hierarchisch angeordneten Organen herzustellen.

Diese Argumente beziehen sich auf die Interpretation des sechsten Kapitels des XI Buches des *Esprit des lois* und unterstützen die These, dass Montesquieu

350 P. Andrivet, *„Rome enfin que je hais...“? Une étude sur les différentes vues de Montesquieu concernant les anciens Romains*, ebenda, S. 233. Laut Andrivet fand Montesquieu im politischen System Roms Elemente eines Ungleichgewichtes (zum Beispiel das Fehlen einer getrennten Adelskörperschaft, da ja auch die Plebejer Zugang zum Senat hatten. Die Exekutive hätte zudem für Montesquieu im Vergleich zum einjährigen Konsulat längerfristig im Amt bleiben sollen. Auch gab es keine Richterkörperschaft; die Judikative unterstand teilweise dem Senat).

kein rationales, auf der englischen Erfahrung basierendes Modell der Gewaltenteilung begründet hat. Auch hat er nicht *more geometrico* für die Zeitgenossen Frankreichs vorgeschlagen. Stattdessen hat er in der römischen Erfahrung ein Modell der geteilten Souveränität zu finden geglaubt, das die französische Monarchie vor einer despotischen Degeneration retten konnte. Der Richter ist nicht Sprachrohr des Gesetzes. Er ist ein Gegengewicht innerhalb der Struktur einer aktualisierten Form der geteilten Souveränität traditionellen Ursprungs und Montesquieu legt ihm mit dem Auftrag zur Interpretation der Rechtsordnung eine große Macht in die Hände.

4 Domat ohne öffentliches Recht: Römisches Recht als Grundlage für eine verfassungsrechtliche Theorie

Jean Domat (1625–1696) gründete eine Wissenschaft des Privatrechts auf Basis des römischen Rechts. Er ließ das öffentliche Recht jedoch völlig außer Acht. Montesquieu, so die These, war bestrebt die von Domat offen gelassene Lücke zu füllen, indem er das öffentliche Recht, auf Basis des römischen Rechts auslegt. Es wird nachgewiesen, dass dem französischen Autor Domat das römische Recht als Fundament für die Begründung einer Wissenschaft des Privatrechts diente und, dass Montesquieu – der Domat sehr gut kannte – gerade dort ansetzt, wo Domat aufgehört hatte: im Bereich des öffentlichen Rechts. Dieser Zusammenhang erhärtet erneut die Verwurzelung der montesquieuischen Lehre in der französischen Tradition.

Jean Domat ist jener Autor, der den Ausdruck „esprit des lois" geprägt und in den französischen juristischen Fachjargon eingeführt hat. Allerdings entspricht, gemäß Domat, nur das Privatrecht dem unwandelbaren und ewigen (und sich somit dem Willen des Gesetzgebers entziehenden) Naturrecht. Das öffentliche Recht war für ihn hingegen „willkürlich". Der Vergleich mit Domat interessiert hier aus zwei Gründen: Es ermöglicht erstens zu verstehen, dass Montesquieu das römische Recht weder als rationales „Naturrecht", noch als „Depot der Vernunft", sondern als Phänomen begriff, das durch eine geschichtliche Entwicklung entstand. Zweitens wird die Einsicht verstärkt, dass Montesquieu das Naturrecht allein noch nicht für eine verfassungsrechtliche Beschränkung der souveränen Staatsgewalt hielt.

Vor dem Hintergrund der Krise der naturrechtlichen Tradition versuchte Montesquieu die Theorie der verfassungsmäßigen Begrenzung der Macht und die der gemischten Verfassung zugrundeliegenden Bedürfnisse seinem zeitgenössischen Kontext entsprechend anzugleichen. Er wollte der Wissenschaft des öffentlichen Rechts eine neue verfassungsmäßige Begründung geben: Diese Grundlage konnte nicht mehr mit Gott oder mit den, am Anfang der *Digesten* und der *Institutiones* von Justinian erwähnten *iuris praecepta* übereinstimmen. Die verfassungsmäßige Begrenzung ließ sich nicht auf metaphysischem Boden errichten. Weder im Willen Gottes (wie bei Bodin), noch in dem metaphysischen Naturrecht (Ciceros), sondern in einem System aus Gewicht und Gegengewicht, innerhalb der Staatsgewalten selbst – also in der Teilung der öffentlichen

https://doi.org/10.1515/9783110673036-012

Staatsgewalten – liegt für Montesquieu das echte Potential zur Begrenzung der Macht.[351] Naturrecht und religiöse Anschauungen bleiben aber im Hintergrund.

Wie bereits erwähnt ist der Ausdruck „esprit des loix“ erstmals bei Domat aufgetaucht.[352] Domat veröffentlicht zwischen 1689 und 1694 in Paris das dreibändige Werk *Les loix civiles dans leur ordre naturel*, das mit dem *Traité des Loix* beginnt. Ein zweibändiges Folgewerk wird 1697 posthum in Paris unter dem Titel *Le Droit Public, suite des Loix civiles dans leur ordre naturel* veröffentlicht.[353] Montesquieu befasst sich intensiv mit Domats Werken. In seinen Jugendjahren taucht der Name Domats beharrlich oft in seinen als Kommentar zu den *Digesten* und zum *Codex* von Justinian verfassten *carnets* auf – allerdings mit ausschließlichem Bezug auf das Privatrecht. Das römische Recht dient Domat als juristisches Depot („dépôt de loix e de regles“),[354] das neu geordnet werden musste, um die

351 Im Hinblick auf Bodin siehe D. Quaglioni, *La souveraineté partagée au Moyen Age*, in *Le Gouvernement mixte. De l’idéal politique au monstre constitutionnel en Europe (XIIIe – XVIIe siècle)*, ebenda, S. 15 – 24. Vergleiche mit D. Quaglioni, *La sovranità*, ebenda, S. 50. C. Larrère, *Montesquieu: l’éclipse de la souveraineté*, in *Penser la Souveraineté*, ebenda, S. 199 – 214. Larrère erinnert daran, dass man sei es bezüglich Bodins und Montesquieus das „absolue ne signifie pas illimité“ (S. 212). „Absolute Herrschaftsgewalt kann nämlich mit begrenzter Macht einhergehen“ (S. 209). Siehe dazu J. Ehrard, *Actualité d’un demi-silence: Montesquieu et l’idée de souverainité*, „Rivista di storia della filosofia“, 1994, S. 7 – 20.

352 Domat kam in Clermont auf die Welt und wurde unter der Obhut seines Onkels Jacques Sirmond erzogen, eines Jesuiten, der Beichtvater von König Louis XIII. gewesen war. Er studierte Philosophie, Mathematik und Geometrie in Paris und ging dann nach Bourge, um dort Rechtswissenschaften zu studieren. 1646 erlangte er die Doktorwürde und kehrte nach Clermont zurück. Er stand Pascal nahe und konvertierte zum Jansenismus. Zum Jansenismus siehe S. Rials, *Actualité de Domat*, in „Revue d’histoire des facultés de droit et de la science juridique“, 9, 1989, S. 69 – 75; F. Todescan, *Domat et les sources du droit*, in „Archives de Philosophie du Droit“, 1980, S. 55 – 66. Eine Interpretation Domats, die seine religiösen Überzeugungen außen vorlässt, findet sich in G. Tarello, *Storia della cultura giuridica moderna. Assolutismo e codificazione del diritto*, ebenda, S. 156 – 158. Tarello hatte die Absicht verfolgt, ein Portrait Domats zu zeichnen, welches weder für jenes Lager Partei ergreift, das die spirituelle Seite seines Denkens hervorhebt, noch für jenes, dass ihn für einen Vorgänger des Code Napoléon hält (oder „den Großvater dieses Codes, weil ja Pothier dessen Vater gewesen ist“). Siehe A. J. Arnaud, *Les origines doctrinales du code civile français*, Paris, Libraire générale de Droit et de jurisprudence, 1969, S. 1 – 326; M. Villey, *Domat et le droit romain*, Composition écrite pour le concours d’aggrégation de Droit romain et l’Histoire du droit, zitiert in Arnaud; M. J. Rainer, *Jean Domat*, in *Das römische Recht in Europa*, ebenda, S. 167 – 182.

353 G. Tarello, *Storia della cultura giuridica moderna. Assolutismo e codificazione del diritto*, ebenda.

354 Siehe Montesquieu, *De l’Esprit des lois*, in *Œuvres complètes*, II, ebenda, L.II c. 5, S. 249. Dieser Ausdruck wurde von Montesquieu im fünften Kapitel seines zweiten Buches wiederaufgenommen, welches „Des lois dans leur rapport avec la nature du gouvernement monarchique“ gewidmet ist. In der Monarchie – so Montesquieu – werde der Monarch durch die intermediären

Vertiefung der *loix civiles* „einfach und angenehm" werden zu lassen. Von seiner *Préface sur le dessein de ce Livre* an, erinnert Domat an die „allgemeinen Wahrheiten", die „natürlichen und unabänderlichen Prinzipen der Gerechtigkeit" („principes naturels & immutables de l'équité"), wie zum Beispiel die in D.1.1.10 enthaltenen *iuris praecepta* (wie etwa: Tue anderen kein Leid an, gib einem jeden das seine, halte dich an Abmachungen, „engagemens"). Von den *iuris praecepta* leitet Domat andere, detailliertere Regeln ab, wie etwa, dass der Verkäufer Garantien gewährleisten müsse, dass Verluste und Gewinne unter den Geschäftspartner aufgeteilt werden sollten, die Obhut für den Minderjährigen und „tausend andere Normen, welche natürliche Regeln der menschlichen Gesellschaft darstellen".[355] Bereits ab seiner *Préface* wendet Domat die Prinzipien des römischen Rechts auf die Domäne des Privatrechts an: die Regeln des Privatrechts – und nicht etwa jene des öffentlichen Rechts – stammen von den römischen Prinzipien ab. Domat unterscheidet zwischen den „loix arbitraires" (willkürlichen Gesetzen) und den „loix immutables" oder „naturels" (unabänderlichen Gesetzen). Erstere hängen von der „Vorsicht jener ab, die das Recht haben, sie festzulegen" („elles dépendent de la prudence de ceux qui ont droit de les etablir"); darüber hinaus seien sie von Ort zu Ort verschieden und dafür anfällig verändert zu werden. Die willkürlichen Gesetze würden jedoch nur „eine geringe Anzahl der Loix Civiles" ausmachen, weil das römische Recht „Naturrecht" sei und „nur wenige willkürliche Gesetze umfasst".[356] Das Depot des römischen Rechts – ein Depot natürlicher Regeln – müsse geordnet und in Form von klaren und einförmigen Regeln systematisiert werden, gemäß Kriterien der Knappheit („brevité") und Klarheit („clarté"). Des Weiteren müssten diese Regeln dann in die französische Sprache übersetzt werden, „welche die antiken Sprachen in vielen Aspekten übertrifft."[357] Domat erklärt sich von einem geometrischen Modell inspiriert haben zu lassen,

---

Körperschaften und ein „dépot de lois" beschränkt: „In einer Monarchie reicht es nicht aus, dass es intermediäre Körperschaften gibt; es braucht auch ein Depot von Gesetzen". Ihm zufolge sollte ein solches Gesetzesdepot weder zu einer politischen Körperschaft noch zum Rat eines Prinzen gehören; es sollte hingegen von einer autonomen Körperschaft verwahrt werden. Man beachte, dass für Montesquieu die Religion in einem despotischen Regime ein „espèce de dépôt" darstellte. Er bezog sich mit dem Begriff „dépôt de lois" nicht auf das Privatrecht, sondern verwendete ihn in einem umfassenderen Sinn, unter Einbeziehung des öffentlichen Rechts. Es handelte sich hierbei also um eine der verfassungsmäßigen Beschränkungen innerhalb der monarchischen Ordnung. Die religiösen Gewohnheiten stellten unterdessen eine unüberwindbare, letzte Barriere in einem despotischen Regime dar.

355 J. Domat, *Prèface sur le dessein de ce Livre*, in J. Domat, *Les loix civiles dans leur ordre naturel*, Paris, chez M. Brunet, 1713, S. 1 (nicht nummeriertes Blatt).

356 Ebenda, S. 1–2 (nicht nummerierte Blätter).

357 Ebenda, S. 2 (nicht nummeriertes Blatt).

um die Detailregelungen von den Prinzipien abzuleiten. Im ersten Kapitel seines *Traité des loix* versucht er, die den Rechtswissenschaften zugrundeliegenden Prinzipien ausfindig zu machen. Er kommt darin zu zwei grundlegenden Gesetzen: die Liebe zu Gott[358] und – da der Mensch als Ebenbild Gottes geschaffen ist – die Einheit aller Menschen und die Nächstenliebe („amur mutuel").[359] Diese Prinzipien haben rationale Bedeutung und berühren gleichsam den Geist und das Herz („l'esprit & le coeur").[360] „Um also den Geist und Gebrauch der Gesetze, die den gegenwärtigen Staat aufrechterhalten, beurteilen zu können, muss man einen Plan dieser Gesellschaft auf der Grundlage von zwei ersten Gesetzen erstellen, um dadurch die Ordnung aller anderen Gesetze ausfindig machen zu können, sowie ihre Verbindung mit diesen beiden ersten Gesetzen. Dann wird man erkennen können, wie Gott es vollbracht hat, die Gesellschaft in jenem Zustand zu erhalten, in dem sie uns erscheint." Jene Gesellschaften, die nicht auf dem „Geist der Gesetze" („esprit des lois") gründen, würden Domat zufolge zugrunde gehen.[361] Bei

---

358 J. Domat, *Les loix civiles dans leur ordre naturel*, ebenda, I, IV – VI, S. II. So Domat: „Ainsi, nous découvrons, dans cette ressemblance de l'homme à Dieu, en quoi consiste sa nature, en quoi consiste sa religion, en quoi consiste sa première loi : car sa nature n'est autre chose que cet être créé à l'image de Dieu, et capable de posséder ce souverain-bien qui doit être sa vie et sa béatitude ; sa religion, qui est l'assemblage de toutes ses lois, n'est autre chose que la lumière et la voie qui le conduisent à cette vie, et sa première loi, qui est l'esprit de la religion, est celle qui lui commande la recherche et l'amour de ce souverain-bien, où il doit s'élever de toutes les forces de son esprit et de son cœur qui sont faits pour le posséder."

359 Ebenda, I, V, S. II: „[Cette loi] qui commande à l'homme la recherche et l'amour du souverain-bien, étant commune àtous les hommes, elle en renferme une seconde qui les oblige à s'unir et s'aimer entre eux parce qu'étant destinés pour être unis dans la possession d'un bien unique, qui doit faire leur commune félicité, et pour y être unis si étroitement qu'il est dit qu'ils ne feront qu'un, ils ne peuvent être dignes de cette unité dans la possession de leur fin commune s'ils ne commencent leur union, en se liant d'un amour mutuel dans la voie qui les y conduit."

360 Ebenda, I, II, S. II.

361 Ebenda, I, VIII, S. III: „Pour juger donc de l'esprit et de l'usage des lois qui maintiennent la société dans l'état présent, il est nécessaire de tracer un plan de cette societé dans l'état present, il est necessaire de tracer un plan de cette societé sur le fondament de deux premiers loix, afin d'y découvrir l'ordre de toutes les autres, & leurs liasons à ces deux premieres. Et puis on verra de quelle manière Dieu a pourvû à faire subsister la societé dans l'état où nous la voyons, & parmy ceux qui ne se conduisant pas par l'esprit des loix capitales, ruinent les fondamens qu'il y avait mis." Giovanni Tarello schrieb dazu folgendes: „Um die Natur der Zuordnung des Domat und das ideologische Ausmaß der durch sein System durchgeführten Operation zu verstehen, muss man eine präventive Analyse der Terminologie durchführen. Besonders müssen wir zwei Paare von gegensätzlichen Wortwendungen analysieren (und zwar: *loix immutables – loix arbitraires; droit privé – droit public*). Der Schlüssel zu dieser kulturellen und politischen Operation des Domat sowie zu seiner juristischen Ideologie, liegen fast vollständig in diesen Wortwendungen." Siehe

Domat sind die unabänderlichen Gesetze solche, welche „natürlich und immer so sehr richtig" sind und „keine Autorität weder ändern noch abschaffen kann." Die willkürlichen Gesetze sind stattdessen jene, die „von einer legitimen Autorität je nach Bedarf erlassen, abgeändert oder abgeschafft werden können."[362] Laut Domat beschränkt sich das römische Naturrecht auf das Privatrecht.[363] Er stellt es mit dem unabänderlichen, ewigen und natürlichen Recht gleich. Das öffentliche Recht untersteht ihm zufolge nicht dem Naturrecht.[364] Er befindet es für willkürlich, da es vom Gesetzgeber aufgrund von Kriterien der Nützlichkeit und Opportunität beliebig abgeändert werden könne. Das römische Recht ist ein „Depot der Vernunft" und der Erfahrung, das für jede Zeit und jeden Ort gilt und in jede Nationalsprache übersetzt werden könne.[365] Seinen Anwendungsbereich sieht Domat auf zwei spezifische Bereiche des Privatrechts reduziert: Verpflichtungen und Erbfolgerecht. Die Unterscheidung zwischen natürlichem Privatrecht und willkürlichem öffentlichen Recht bricht mit der justinianischen Tradition, welche die Aufteilung zwischen *publicum* und *privatum* in den Begrifflichkeiten einer beständigen Dialektik auffasst. Domat hatte die Rechtswissenschaft und die römische Tradition auf den Bereich des Privatrechts reduziert und schließt das öffentliche Recht aus seiner Betrachtung aus.

Montesquieu hat Domats Werk studiert, es dann aber hinter sich gelassen. Er hielt nicht nach einer abstrakten und universellen Vernunft Ausschau, die auf jeden Ort und auf jede Situation angewendet werden und als allgemeingültige, angemessene und gerechte Regel fungieren konnte.[366] Er lobt die justinianische Sammlung nicht als ein „Depot der Vernunft" und rechtfertigt die Rechtsordnungen auch nicht aufgrund ihrer Konformität mit der Autorität des *Corpus Iuris Civilis*. Auch räumt er dem, durch das römische Recht ausgedrückten „Depot der Vernunft", keine höhere Autorität als den Sitten und Bräuchen ein; stattdessen durchkämmt er, mit dem scharfsinnigen Blick eines Historikers und Komparatisten, die konkrete Realität der Rechtsordnung. Über die Römer gelangt er zu

---

dazu G. Tarello, *Storia della cultura giuridica moderna. Assolutismo e codificazione del diritto*, ebenda, S. 165 (eigene Übersetzung).

362 J. Domat, *Les loix civiles dans leur ordre naturel*, ebenda, XI, I, S. XV.

363 G. Tarello, *Storia della cultura giuridica moderna. Assolutismo e codificazione del diritto*, ebenda, S. 168.

364 Man vergleiche mit J. Domat, *Le Droit Public. Suite des loix civiles dans leur ordre naturel*, Paris, chez M. Brunet, 1713, S. 3.

365 Man beachte, dass Domat die *coûtumes* als „willkürliches Recht" aufgefasst hat, weil sie sich je nach Breitengrad eine Unterscheidung aufweisen. J. Domat, *Les loix civiles dans leur ordre naturel*, ebenda, XI, XVIII, S. 17.

366 Siehe P. Slongo, *Il movimento delle leggi. L'ordine dei costumi in Montesquieu*, Mailand, F. Angeli, 2015, S. 63–65.

Einsichten bezüglich seiner Zeit. Er untersucht die Voraussetzungen einer Welt, deren Fortbestand er in Gefahr sieht. Unter Beachtung der Tradition entwickelt er eine Rechtswissenschaft des öffentlichen Rechts auf neuen Grundlagen. Seine konkreten und intellektuellen Reisen waren Inspiration für die Herausbildung seiner juristischen Gedanken und bilden das Fundament für seine, im *Esprit des lois* dargelegten Rechtslehre – das Werk, welches seinen Namen unsterblich werden ließ.[367]

Zusammenfassung

Montesquieu konnte die Naturrechtslehre Domats nicht akzeptierten. Sein Augenmerkt lag auf dem öffentlichen Recht, das er der „Willkür" des Gesetzgebers zu entziehen versuchte. Während Domat seine Lehre auf das Privatrecht beschränkt hatte, richtet Montesquieu seinen Blick auf das öffentliche Recht. Das römische Recht ist keine rein rationale oder ahistorische Materie für ihn, die sich beliebig anwenden ließe, sondern ein Produkt der Geschichte, das traditionell mit dem zeitgenössischen Frankreich verbunden ist. Die Grenzen der souveränen Staatsgewalt, die er sich zu definieren bemühte, waren nicht Grenzen zeitloser, natürlicher, sondern historisch begründeter Natur. Die Ergänzung der Lehre von Domat, durch die Begründung einer Theorie des öffentlichen Rechts, spricht für die Befassung Montesquieus mit der römischen Geschichte; und für das antike Modell der gemischten Verfassung, als Grundlage seiner Theorie.

367 Es ist interessant festzustellen, dass Montesquieu, bezüglich der Konzeption des Begriffes „*Esprit*", Domat kein einziges Mal zitiert.

5 Die Religion der Römer: Harmonie der Dissonanzen

An dieser Stelle soll deutlich gemacht werden, dass die schematische Gegenüberstellung zwischen Pluralismus und Zentralismus auch auf das Problem der Religion anwendbar ist.[368] Montesquieu widersetzt sich der Einheit zwischen geistlicher und weltlicher Macht. Für ihn konnte es keine Staatsreligion geben, weil der Staat kein Gewissen besitzt. Damit ist er aber kein Oppositioneller, welcher mit der Religion gebrochen hatte, sondern, im Gegenteil, Verfechter eines religiösen Universalismus und der religiösen Freiheit. Unter den zentralistischen Bestrebungen der französischen Krone erkannte er auch deren Ambition die Kontrolle auf das Gewissen der Untertanen auszuweiten. Seine Kritik an der „Staatsreligion" kann nicht als eine Form von Atheismus oder radikale Aufklärung gedeutet werden. Montesquieu erkennt in der Religion der alten Römer ein Beispiel für den religiösen Pluralismus, im Sinne der „Harmonie der Dissonanzen".

Im Kapitel über Bossuet wurde Montesquieus Kritik an der Geschichtsschreibung Bossuets ausführlich erläutert.[369] Hier sei nochmal an diesen Hauptgegner Montesquieus erinnert, den Montesquieu wegen seiner teleologischen Darstellung der Geschichte ablehnte. Bossuets Geschichtsschreibung folgt einem einzigen Ziel: der universellen Behauptung der katholischen Kirche. Rom war für Bossuet funktional, um die Grundlagen eines Universalreiches zu erschaffen. Seine Lehre zerstörte die Dialektik zwischen Weltlichkeit und Spiritualität, da er hoffte, dass das Frankreich des *Dauphins* zu einem Konfessionsstaat mit universalistischen und expansionistischen Bestrebungen würde (und somit die universalistischen Ansprüche Roms erben könnte). Montesquieu konnte dieser Sichtweise nichts abgewinnen. Er kritisierte die *Bulle Unigenitus* (1713)[370] in den

---

368 Im Bezug auf die Spannung zwischen „Einheit und Vielheit" siehe E. Böhlke, *Asienbilder Montesquieus: Persien, China, Russland*, in *Montesquieu zwischen den Disziplinen. Einzel- und kulturwissenschaftliche Zugriffe*, ebenda, S. 231–232.

369 Siehe dazu Kapitel 2.4 „Die tacitistische Quelle und die Kritik an der Geschichtsschreibung von Jacques Bénigne Bossuet" dieser Arbeit.

370 Montesquieu, *Lettres persanes*, Lettre XXIV, in *Œuvres complètes*, I, ebenda, S. 166. So Montesquieu: „Et, pour le tenir toujours en haleine, et ne point lui laisser perdre l'habitude de croire, il (le Pape) lui (le roi) donne de temps en temps, pour l'exercer, de certains articles de croyance. Il y a deux ans qu'il lui envoya un grand écrit, qu'il appela *Constitution*, et voulut obliger, sous de grandes peines, ce prince et ses sujets, de croire tout ce qui y étoit contenu. Il réussit à l'égard du Prince, qui se soumit aussitôt et donna l'exemple à ses sujets. Mais quelques-uns d'entre eux se révoltèrent, et dirent qu'ils ne voulaient rien croire de tout ce qui était dans cet

https://doi.org/10.1515/9783110673036-013

Lettres persanes und lobt in seinen Schriften die Religion Roms als *instrumentum regni.*[371] Die Gleichgültigkeit der Römer der Religion ihrer unterworfenen Völker betreffend verminderte Montesquieu zufolge die Konflikte zwischen den Eroberten und Eroberern und ermöglichte eine gewisse Form von Religionsfreiheit der Bevölkerung. In dieser Hinsicht sollte auch die, in den *Considérations* (1734) enthaltene Bewunderung Montesquieus, für das „religiöseste Volk der Welt", nämlich für die Römer, verstanden werden,[372] die er bereits circa zwanzig Jahre vor der Veröffentlichung der *Considérations* formuliert hat und ihn seitdem begleitet. 1716, drei Jahre nach der Veröffentlichung der *Bulle Unigenitus*, verfasst er seine *Dissertation sur la polique des Romains dans la religion.* In dieser Schrift kommt er zu dem Schluss, dass die Römer „die Götter in den Dienst ihrer Politik gestellt hatten."[373] Das „religiöseste Volk" hatte den, von ihm eroberten Völkern, keine Religionsfreiheit zugestanden. Die Römer „hatten keine andere Gottheit als den Genius der Republik".[374] Die Religion nahm in Rom eine zentrale Funktion ein. Bereits in den ersten Zeilen seines Werkes strengt er einen Vergleich zwischen Gesetzen und Kultus an, als die beiden tragenden Säulen des antiken römischen Staatswesens. Während die Gesetzgeber anderer Völker Staatswesen errichtet hatten, damit diese der Religion dienen konnten, erschufen die Römer eine Religion, damit diese ihrem Staat diente. Die Nachfolger des Königs Numa Pompilius

---

écrit." In seinem Brief Nr. XXIV und in den darauffolgenden Briefen kritisiert Montesquieu mithilfe der Perser nicht nur die *Bulle Unigenitus*, sondern auch das Bündnis zwischen Krone und Papst sowie jenes zwischen kirchlicher und weltlicher Macht heftig. Er bezeichnet den französischen König als einen Zauberer, welcher der Macht eines noch mächtigeren Zauberers, nämlich des Papstes, unterstand. In seinem Brief Nr. XXIX meinte er schließlich ironisch, dass es „noch nie ein Reich gegeben hat in welchem so viele Bürgerkriege stattgefunden haben wie im Reich Christi". („Aussi puis-je t'assurer qu'il n'y a jamais eu de royaume où il y ait eutant de guerres civiles, que dans celui de Christ." Ebenda, S. 174).

371 Papst Klemens XI. verurteilte, durch seinen apostolischen Akt „Unigenitus", den Jansenismus, nachdem er von König Louis XIV. dazu aufgefordert worden war.

372 Montesquieu, *Considérations sur les causes de la grandeur des romains et de leur décadence*, in *Œuvres complètes*, II, ebenda, S. 72: „Le butin était mis en commun, et on le distribuait aux soldats. Rien n'était perdu, parce qu'avant de partir chacun avait juré qu'il ne détournerait rien à son profit. Or les Romains étaient le peuple du monde le plus religieux sur le serment, qui fut toujours le nerf de leur discipline militaire."; *Größe und Niedergang Roms*, ebenda, S. 6: „Die Beute wurde zusammengetragen, und dann verteilte man sie an die Soldaten. Nichts ging verloren, denn jeder hatte vor dem Aufbruch geschworen, nichts zum eigenen Vorteile zu unterschlagen. Die Römer waren das Volk der Welt, das sich am meisten durch den Eid gebunden fühlte, der ja auch immer der Lebensnerv ihrer militärischen Zucht war."

373 Montesquieu, *Dissertation sur la politique de Romains dans la religion*, in *Œuvres complètes*, II, ebenda, S. 81.

374 Ebenda, S. 92.

wagten es nicht zu tun, was nicht einmal Numa getan hätte. Auch wenn das römische Volk milder geworden wäre, seine „Brutalität“ verloren hätte und es einfach gewesen wäre neue religiöse Prinzipien und Regeln einzuführen, hüteten sie sich vor diesem Schritt. Die Römer wussten, dass es gefährlich war die Religion eines Volkes von oben herab aufzuoktroyieren: Die menschlichen Institutionen können geändert werden, während die religiösen Überzeugungen unveränderbar sind, so wie die Götter selbst.

Montesquieu äußerte sich dazu folgendermaßen: „Die menschlichen Institutionen konnten sich ändern, die sakralen Einrichtungen sollten hingegen so unwandelbar wie die Götter selbst bleiben“.[375] Die „Weisheit“ der Römer war von anderer Art als jene, welche den Autor der *Bulle Unigenitus* inspiriert hatte und noch immer nach der Einführung einer Staatsreligion in Frankreich trachtete. In der Religion der Römer meint Montesquieu ein Konglomerat sozialer Glaubensvorstellungen zu erkennen:[376]

375 Ebenda, S. 81–82: „Les successeurs de Numa n'osèrent point faire ce que ce prince n'avait point fait : le peuple, qui avait beaucoup perdu de sa férocité et de sa rudesse, était devenu capable d'une plus grande discipline. Il eût été facile d'ajouter aux cérémonies de la religion des principes et des règles de morale dont elle manquait ; mais les législateurs des Romains étaient trop clairvoyants pour ne point connaître combien une pareille réformation eût été dangereuse : c'eût été convenir que la religion était défectueuse; c'était lui donner des âges, et affaiblir son autorité en voulant l'établir. La sagesse des Romains leur fit prendre un meilleur parti en établissant de nouvelles lois. Les institutions humaines peuvent bien changer, mais les divines doivent être immuables comme les dieux mêmes.“

376 Eigene deutsche Übersetzung. Montesquieu, *Dissertation sur la politique de Romains dans la religion*, in *Œuvres complètes*, II, S. 82: „Ainsi le sénat de Rome, ayant chargé le préteur Pétilius d'examiner les écrits du roi Numa, qui avaient été trouvés dans un coffre de pierre, quatre cents ans après la mort de ce roi, résolut de les faire brûler, sur le rapport que lui fit ce préteur que les cérémonies qui étaient ordonnées dans ces écrits différaient beaucoup de celles qui se pratiquaient alors ; ce qui pouvait jeter des scrupules dans l'esprit des simples, et leur faire voir que le culte prescrit n'était pas le même que celui qui avait été institué par les premiers législateurs, et inspiré par la nymphe Égérie.“ An diese Episode erinnert Titus Livius, *Ab urbe condita*, XL, 29: „Lectis rerum summis cum animadvertisset pleraque dissolvendarum religionum esse, L Petilio dixit sese libros eos in ignem coniecturum esse; priusquam id faceret, se ei permittere, uti, si quod seu ius seu auxilium se habere ad eos libros repetendos existimaret, experiretur: integra sua gratia eum facturum. Scriba tribunos plebis adit, ab tribunis ad senatum res est reiecta. Praetor se iusiurandum dare paratum esse aiebat, libros eos legi servarique non oportere. Senatus censuit satis habendum quod praetor iusiurandum polliceretur; libros primo quoque tempore in comitio cremandos esse; pretium pro libris, quantum Q Petilio praetori maiorique parti tribunorum plebis videretur, domino solvendum esse. Id scriba non accepit. Libri in comitio igne a victimariis facto in conspectu populi cremati sunt.“

> „So traf der Senat, der den Prätor Petilius beauftragt hatte Schriften des Königs Numa Pompilius zu untersuchen, die vierhundert Jahre nach dessen Tod in einer Steintruhe aufgefunden worden waren, aufgrund des Berichtes dieses Prätors die Entscheidung, diese Schriften verbrennen zu lassen, weil die in ihnen erwähnten Zeremonien beträchtlich von jenen abwichen, die zu jener Zeit ausgeübt wurden; die Kenntnis dieser Schriften hätte nämlich Zweifel im Geiste des einfachen Volkes aufkommen lassen und diesem aufzeigen können, dass der vorgeschriebene Kultus nicht derselbe wie der von der Nymphe Egeria inspirierte und von den ersten Gesetzgebern in die Wege geleitete worden war."

Die Römer gingen in ihrer Vorsicht noch weiter: Sie ordneten die Aktivitäten der Priester der Kontrolle der Konsuln und des Senats unter. Das Werk *De legibus* Ciceros zitierend, glaubt Montesquieu, dass der Senat die römische Religion kontrollierte, um das Volk „anzuleiten". Titus Livius hatte vom Prätor Petilius berichtet: Dieser soll von König Numa Pompilius verfasste Bücher gefunden und darin entdeckt haben, dass die geschilderten, vor 400 Jahren praktizierten Zeremonien anders als jene waren, die zu seiner Zeit zelebriert wurden. Der Senat hätte daraufhin befohlen, diese Bücher zu verbrennen, weil er die religiösen Überzeugungen des Volkes nicht durcheinanderbringen wollte.[377] Zwischen der Religion der Ursprungszeiten und der tiefen Überzeugungen des Volkes vor die Wahl gestellt, hatte der Senat für letzteres optiert.

Kommt der Religion in Rom also die Rolle eines einfachen Instruments zu, eines *instrumentum regni*, um „den Aberglauben" des Volkes anzuheizen? War er tatsächlich überzeugt, dass die „absonderliche" Religion der Römer, die „im Widerstreit mit der menschlichen Vernunft stand" wirklich „aus guten Gründen" eingeführt worden war?[378] Das Problem der *Dissertation* kann nicht unter Ausschluss des *Discours sur Cicéron* geklärt werden, also den Überlegungen über einen Denker, den Montesquieu „so sehr als möglich ähnlich sehen will" und dessen Werk „das Herz nicht weniger als den Geist erhebt".[379] Laut Montesquieu habe sich Cicero in der *De natura deorum* „mit allen Sekten auseinandergesetzt" und „allen Philosophien einen Platz zuerkannt".[380]

Die Römer waren toleranter als die Griechen und verboten allein die ägyptische Religion, da diese „intolerant" war und „alleine herrschen" wollte.[381] „Sie

377 Cicero, *De legibus*, II, 20. Vergleiche mit Montesquieu, *Dissertation sur la politique des Romains dans la religion*, in *Œuvres complètes*, II, ebenda, S. 82.

378 Ebenda, S. 93. Montesquieu schrieb, dass der Wille des Himmels in die Hände der wichtigsten Senatoren gelegt worden wäre, „gens éclairés", welche sowohl das Lächerliche als auch das Nützliche der Götterkulte kannten.

379 Montesquieu, *Discours sur Cicéron*, in *Œuvres complètes*, II, ebenda, S. 93.

380 Ebenda, S. 94.

381 Ebenda, S. 91.

(die Römer) waren weit davon entfernt Aberglauben zu verwenden, um die Republik zu unterdrücken; stattdessen verwendeten sie ihn, um diese zu stützen".[382] Jenseits des scheinbaren Lobes der Religion, als *instrumentum regni*, sympathisiert Montesquieu in Wirklichkeit mit dem religiösen Pluralismus Roms. Rom drängte den „eroberten Völkern" nicht seine Religion auf, zerstörte nicht deren Tempel, etablierte keinen neuen Kultus und erzwang keine neue Untertänigkeit, die noch brutaler als die politische war: „Die Römer machten stattdessen etwas Besseres: Sie ordneten sich selbst fremden Göttern unter", sie nahmen sie auf und banden sich durch diese Verbindung, „die stärkste, welche es unter den Menschen geben kann", an die eroberten Völker. Diese sahen in Rom mehr „ein Heiligtum der Religion, als den Herrscher der Welt".[383] Mehr noch: Die Römer verwechselten die fremden Gottheiten mit ihren eigenen, sie „adoptierten" die Götter mit denen sie im Laufe ihrer Eroberungen in Kontakt getreten waren, gaben ihnen „Staatsbürgerschaftsrechte" in Rom. Sie gaben einer fremden Gottheit den Namen einer ihrer Gottheiten, wenn diese mit jener irgendetwas gemein hatte. Gleichermaßen gaben sie einem jedem berühmten Helden, der die Welt von irgendeinem Monster befreit, oder ein barbarisches Volk besiegt hatte, den Namen „Herkules".[384] An dieser Stelle wird das erste Mal der wesentlichste Autor für Montesquieu – Tacitus – erwähnt, aus dessen Werk *De origine et situ Germanorum* er zitiert.[385] „Sanctiusque ac reverentius visum de actis deorum credere quam scire." Diese tacitistische Maxime wurde zum Symbol für die heidnische Gläu-

382 Ebenda, S. 89 – 90.

383 Ebenda, S. 91: „La politique qui régnait dans la religion des Romains se développa encore mieux dans leurs victoires. Si la superstition avait été écoutée, on aurait porté chez les vaincus les dieux des vainqueurs: on aurait renvers é leurs temples; et, en établissant un nouveau culte, on leur aurait imposé une servitude plus rude que la première. On fit mieux : Rome se soumit elle-même aux divinités étrangères, elle les reçut dans son sein ; et, par ce lien, le plus fort qui soit parmi les hommes, elle s'attacha des peuples qui la regardèrent plutôt comme le sanctuaire de la religion que comme la maîtresse du monde."

384 Ebenda, S. 91.

385 Tacitus, *De origine et situ germanorum*, XXXIV: „Angrivarios et Chamavos a tergo Dulgubnii et Chasuarii cludunt, aliaeque gentes haud perinde memoratae, a fronte Frisii excipiunt. Maioribus minoribusque Frisiis vocabulum est ex modo virium. Utraeque nationes usque ad Oceanum Rheno praetexuntur, ambiuntque inmensos insuper lacus et Romanis classibus navigatos. Ipsum quin etiam Oceanum illa temptavimus: et superesse adhuc Herculis columnas fama vulgavit, sive adiit Hercules, seu quidquid ubique magnificum est, in claritatem eius referre consensimus. Nec defuit audentia Druso Germanico, sed obstitit Oceanus in se simul atque in Herculem inquiri. Mox nemo temptavit, sanctiusque ac reverentius visum de actis deorum credere quam scire." Montesquieu zitierte nur einen Teil dieses Kapitels. Da sein Abschluss eine grundlegende Bedeutung im Denken Montesquieus einnimmt wird hier die vollständige Version wiedergegeben.

bigkeit, jedoch auch für die Religionsfreiheit der Römer. Nur galt sie nicht in Frankreich zur Zeit Montesquieus, wo man (bzw. Bossuet) versuchte, eine Konfession als Staatsreligion zu etablieren. Laut Montesquieu herrschte in der heidnischen Welt „ein Geist von Toleranz und Milde" („esprit de tolérance et de douceur"): „Jede Religion und jede Theologie wurden als gleich gut angesehen: Häresien, Religionskriege und religiöse Auseinandersetzungen waren unbekannt". Wenn Montesquieu sagt, dass „jeder Bürger ein großer Papst innerhalb seiner Familie" war, dann spielt er damit auf die vollkommene Religionsfreiheit an, welche in Rom geherrscht hatte und die es zuließ, dass jede kleine Gemeinschaft, wie zum Beispiel die Familie, ihren Glauben wählen konnte.[386] Montesquieu bezieht sich auf Cicero, wenn er erklärt, dass Gott an allen irdischen Dingen teilhabe und sich dabei in verschiedenen, besonderen Erscheinungsformen manifestiere.[387] Hierbei sei es nicht besonders wichtig, ob Gott in seiner Erscheinungsform als Gott der Erde den Namen Ceres annähme, Neptun als Gott der Meere, oder ob er in Verbindung mit weiteren verschiedenen Orten andersartige Namen trüge.[388] An dieser Stelle nimmt Montesquieu die Idee der Harmonie zwischen den Dissonanzen wieder auf und empfiehlt die Lektüre des Buches ei-

---

386 Montesquieu, *Dissertation sur la politique de Romains dans la religion,* in *Œuvres complétes,* II, Ebenda, S. 87–88: „Voilà d'où était né cet esprit de tolérance et de douceur qui régnait dans le monde païen: on n'avait garde de se persécuter et de se déchirer les uns les autres ; toutes les religions, toutes les théologies, y étaient également bonnes : les hérésies, les guerres et les disputes de religion y étaient inconnues; pourvu qu'on allât adorer au temple, chaque citoyen était grand pontife dans sa famille." Montesquieu zitierte Ralph Cudworth, Autor von *The True Intellectual System of the Universe: the First Part, wherein all the Reason and Philosophy of Atheism is confued and its Impossibility demonstrated* (1678). Dieser in Cambridge aktive Philosoph, dessen Tochter mit John Locke befreundet gewesen war, nahm an, dass die Heiden an eine oberste Gottheit glaubten, wovon ihre volkstümlichen Götter nur ein Ausdruck waren.

387 Cicero, *De natura deorum*, II, 29: „Natura est igitur, quae contineat mundum omnem eumque tueatur, et ea quidem non sine sensu atque ratione. Omnem enim naturam necesse est, quae non solitaria sit neque simplex sed cum alio iuncta atque conexa, habere aliquem in se principatum, ut in homine mentem, in belua quiddam simile mentis, unde oriantur rerum adpetitus; in arborum autem et earum rerum, quae gignuntur e terra, radicibus inesse principatus putatur, principatum autem id dico, quod Graeci hgemonikon vocant, quo nihil in quoque genere nec potest nec debet esse praestantius, ita necesse est illud etiam, in quo sit totius naturae principatus, esse omnium optumum omniumque rerum potestate dominatuque dignissimum."

388 Man vergleiche mit *De natura deorum,* II, 71: „Sed tamen is fabulis spretis ac repudiatis deus pertinens per naturam cuiusque rei, per terras Ceres per maria Neptunus alii per alia, poterunt intellegi qui qualesque sint quoque eos nomine consuetudo nuncupaverit. Quos deos et venerari et colere debemus, cultus autem deorum est optumus idemque castissimus atque sanctissimus plenissimusque pietatis, ut eos semper pura integra incorrupta et mente et voce veneremur. non enim philosophi solum verum etiam maiores nostri superstitionem a religione separaverunt."

nes geheimnisvollen griechischen Philosophen, namens Asklepiades zur „Harmonie aller Theologien“:[389]

> „Es wäre nützlich das Buch zu lesen welches Asklepiades verfasst hat; es trägt den Titel *Harmonie aller Theologien*“.

Hierin liegt der wahre Grund für das Interesse von Montesquieu an der Religion der Römer: Die Verhinderung einer Einheit zwischen Staat und Kirche. Montesquieu fürchtete, dass die *Bulle Unigenitus* und die Politik der Krone in religiösen Angelegenheiten den Geist der Sankt Bartholomäus-Nacht (23. – 24. August 1572) heraufbeschwören könnten. Die Geschichte Roms half ihm die Gefahr einer neuen, furchteinflößenden Verbindung zwischen Staat und Religion aufzuzeigen. Daraus erklärt sich sein Lob der römischen Republik und deren „esprit de douceur“: Die Römer ergriffen für keine Gottheit Partei, sondern nahmen alle Erscheinungsformen Gottes an.[390] Auch die polybianische Theorie der gemischten Verfassung wurzelt in diesem historischen Kontext: Die juristische und politische Literatur der Jahre, die auf das 1572 stattgefundene Massaker der Hugenotten folgte, „warf die Frage der Natur der Macht wieder auf, sowie davor noch die Frage

---

389 Montesquieu, *Dissertation sur la politique de Romains dans la religion*, in *Œuvres complètes*, II, ebenda, S. 87: „Nous en saurions davantage si nous avions le livre qu'Asclépiade composa, intitulé l'*Harmonie de toutes les théologies*.“ Hinter der Maske von Asklepiades verbarg sich das Gesicht von Jean Bodin. Obwohl Bodin die absolute Souveränität des Herrschers unterstützte, schloss er aus, dass dieser Zwang auf die Religiosität ausüben dürfe. Bodin versuchte mithilfe der Theorie der Harmonie zwischen verschiedenen Weltanschauungen den religiösen Pluralismus zu gewährleisten. Das Schweigen Montesquieus, betreffend Bodin, kann dadurch erklärt werden, dass dieser die Idee der gemischten Verfassung scharf kritisiert und abgelehnt hatte. Laut Bodin hätte eine gemischte Verfassung die Souveränität des Königs und die Einheit des Staates geschwächt. Obwohl Bodin die gemischte Verfassung theoretisch ablehnte, erkannte er die basalen Bedürfnisse und versuchte ihnen in Form der Theorie der Zwischenkörper und der Verteidigung des Gewissens und der Religionsfreiheit zu entsprechen. Siehe dazu M. Isnardi Parente, *Introduzione* zu der italienischen Übersetzung von J. Bodin, *Les six livres de la republique; I sei libri dello Stato*, hrsg. von M. Isnardi Parente (Band I) und M. Isnardi Parente und D. Quaglioni (Band II und III), Turin, Utet, 1964 – 1997; D. Quaglioni, *Dal costituzionalismo medioevale al costituzionalismo moderno*, in „Annali del Seminario giuridico della Università di Palermo“, 2008, S. 66 – 67. Den Einfluss Bodin auf Montesquieu betreffend siehe: M. Mosher, *Monarchy's Paradox: Honor in the Face of Sovereign Power*, in *Montesquieu's Science of Politics. Essay on the Spirit of the Laws*, ebenda S. 159 – 229. Laut Mosher stammt die Idee der Souveränität Montesquieus von Bodin. Siehe auch C. Larrère, *Montesquieu: l'éclipse de la souveraineté*, in *Penser la souverainité*, ebenda, S. 199 – 214.

390 Siehe erneut Kapitel 2.4 dieses Buches. Dort werden die hier angesprochenen Überlegungen ausführlicher behandelt.

der Zügelung der Macht, also deren verfassungsmäßige Beschränkung".[391] Eine der bekanntesten Neubearbeitungen dieser Frage erscheint einige Jahre nach besagter Nacht unter dem lateinischen Titel *Vindiciae contra tyrannos* und wurde unter dem Pseudonym Stephanus Junius Brutus Celta veröffentlicht.[392] Schon im Vorwort dieses gegen „den Tyrannen" gerichteten Werkes wurde die im Kodex des Justinian enthaltene Verfassung *Digna vox* erwähnt:[393]

> „Digna vox maiestate regnantis legibus alligatum se principem profiteri: adeo de auctoritate iuris nostra pendet auctoritas. Et re vera maius imperio est submittere legibus principatum. et oraculo praesentis edicti quod nobis licere non patimur indicamus."

Das Werk *Vindiciae contra tyrannos* beginnt mit einem Zitat aus der *Digna vox*, in dem daran erinnert wird, dass es ist eine ganz heilige Eigenschaft der Herrschaft von einem über die anderen wäre, zu erklären, dass der Fürst durch Gesetze gebunden sei. Schon hier findet sich das juristische Gewicht und das antiabsolutistische Modell, welches Montesquieu erkannte, als er die Geschichte Roms vor Augen hat.

Montesquieu hat die Theorie der gemischten Verfassung, welche er im alten Rom gefunden hatte, an das zeitgenössische Szenario in Frankreich angepasst und sie in ein neues juristisches Gewand gekleidet.

Zusammenfassung

Montesquieu ist Vertreter eines komplexen Pluralismus. Der thematische Komplex der Harmonie zwischen den Dissonanzen umfasst soziale Angelegenheiten und steht für den Kompromiss verschiedener sozialer Schichten – wie am Beispiel der Übereinkunft der Patrizier und Plebejer dargelegt. Die Harmonie zwischen den Dissonanzen und die Lehre der gemischten Verfassung sind beide ein Plädoyer für den religiösen Pluralismus und gegen eine Staatsreligion. Es wird deutlich, dass sich stets ein und dasselbe Schema wiederholt, nämlich das der

---

391 D. Quaglioni, *La souveraineté partagée au Moyen Age*, in *Le Gouvernement mixte. De l'idéal politique au monstre constitutionnel en Europe (XIIIe–XVII siècle)*, ebenda, S. 15–17.

392 Stephanus Junius Brutus Celta, *Vindiciae contra tyrannos, sive De Principis in Populum et Populi in Principem, legitims potestate*, Edimburg, 1579; Französische Übersetzung: *De la Puissance legitime du prince sur le peuple, et du peuple sur le Prince. Traité très utile et digne de lecture en ce temps*, escrit en Latin par Estienne Junius Brutus, et nouvellement traduit en François, 1581, S. 1–3.

393 C. 1,14, [17], 4.

Gegenüberstellung zwischen Zentralismus und Pluralismus. Es kann folgendes festgehalten werden:

1. Montesquieu befürwortet eine Form von religiösem Universalismus und ist Sympathisant des religiösen Pluralismus.

2. Montesquieu lehnt ein theokratisches Staatsmodell ab, da es ihm – nach der Erfahrung der Religionskriege – unmöglich zu verantworten scheint, sich für die hegemoniale Stellung einer Religion einzusetzen.

3. Montesquieu fasst die religiöse Einheit bzw. Vereinheitlichung von Religion und Staat als ein verfassungsrechtliches Problem auf. Während die Krone auf politischer Ebene die Zentralisierung der Staatsgewalten vorantrieb, versuchte sie auf religiösem Gebiet das Gewissen ihrer Untertanen zu kontrollieren. Tocqueville beruft sich in der Nachwelt auf die Sichtweise Montesquieus, um die Gewissens- und Religionsfreiheit gegenüber der Staatsreligion zu verteidigen.

4. Die Religion fungiert als Beschränkung der politischen Macht, solange sie, wie in Rom, unabhängig ist und außerhalb der Kontrolle der politischen Herrschaft steht.

6 Die Tugend der Römer: Die Kritik am Epikureismus und Expansionismus

Gegenstand dieses Abschnitts ist die private Moral, deren Veränderung Montesquieu innerhalb des zeitgenössischen Frankreichs ausmacht und ihn an eine Art von modernen Epikureismus erinnert. Grund für diesen Wandel scheint ihm die wirtschaftliche Entwicklung Frankreichs zu sein.

In den vorhergehenden Seiten wurde bereits aufgezeigt, dass Montesquieu die territoriale und militärische Expansion als einen der Hauptgründe für den Untergang Roms hielt.[394] „Expansion" sei unweigerlich mit „Dekadenz" verbunden – und zwar auf politischer und vor allem auf moralischer Ebene. Rom wäre durch seine politische Expansion mit der griechischen, epikureischen Moral in Kontakt gekommen, was eine Korruption der Sitten und Tugenden nach sich zog. Der politischen Expansion des Staates folgte die wirtschaftliche Expansion des Individuums, die sich in dem Streben nach Profit und Vergnügen äußert.

Die Moral, als Beschränkung der Macht, erhebt Montesquieu zu einem verfassungsrechtlichen Bollwerk. Sitten und Bräuche, als Ausdruck der Moral, fließen in seine Definition von „esprit" mit ein. Eine moralische Tugend, die der Bescheidenheit, findet Montesquieu in der tacitistischen Tradition. Sie gilt als ethische Beschränkung der Macht und stellt für Montesquieu eine Möglichkeit dar, sich gegen den zeitgenössischen Epikureismus und seine dazugehörige politische Version, nämlich den Imperialismus, zu wehren.

Der römische Imperialismus führte demnach nicht nur zu einem Zerfall der republikanischen Verfassungsformen, sondern auch zu einem Niedergang der Sitten. Als Folge territorialer Ausdehnung drang der Epikureismus in Rom ein. Die Zeiten der republikanischen Tugend waren vorbei.[395] Montesquieu äußert sich in einem Kapitel, das er der „Korruption der Römer" widmet, folgendermaßen:[396]

---

394 Siehe dazu Kapitel 2.5 „Tacitus als Kritik am *esprit de commerce*" und 2.7 „*Esprit de conquête* und *esprit de commerce*" dieser Arbeit.

395 Polybios, *Historien*, VI, 56. Polybios erzählte, dass man dem Schwur eines Griechen nicht glauben könne, während ein Römer hingegen daran „gefesselt" sei.

396 Montesquieu, *Größe und Niedergang Roms*, ebenda, S. 61; *Considérations sur les causes de la grandeur des romains et de leur décadence*, ebenda, S. 120: „Je crois que la secte d'Épicure, qui s'introduisit à Rome sur la fin de la République, contribua beaucoup à gâter le cœur et l'esprit des Romains. Les Grecs en avaient été infatués avant eux. Aussi avaient-ils été plus tôt corrompus. Polybe nous dit que, de son temps, les serments ne pouvaient donner de la confiance pour un Grec, au lieu qu'un Romain en était, pour ainsi dire, enchaîné."

https://doi.org/10.1515/9783110673036-014

„Ich glaube, daß die Sekte des Epikur, die sich gegen Ende der Republik in Rom verbreitete, viel dazu beitrug, Empfinden und Denken der Römer zu verderben. Vor ihnen waren die Griechen von dieser Sekte eingenommen, und daher waren sie auch früher verdorben. Polybios berichtet uns, daß zu seiner Zeit einem Griechen Eide kein Vertrauen erwecken konnten, während ein Römer durch Eide sozusagen gefesselt war."

Die epikureische Moral und die Vorliebe für den Luxus hätten Herz und Geist der Römer korrumpiert[397] und Weichheit und Genussleben zu einem Verkümmern der antiken „Heldentugenden geführt."[398] Nach einem graduellen Prozess wären schließlich nur noch die „Kriegertugenden" übriggeblieben:[399]

„Die römischen Bürger betrachteten Handel und Handwerk als Sklavenbeschäftigungen und übten sie nicht aus. [...] Im allgemeinen kannten die Römer nur das Kriegshandwerk, das der einzige Weg war, um zu den Magistraturen und Ehren aufzusteigen. Daher überdauerten auch die kriegerischen Tugenden, nachdem man alle anderen schon verloren hatte."

Von diesem Moment an hätte die Dekadenz begonnen. Montesquieu beschreibt die Bürgerkriege von Marius und Sulla und den Aufstieg Cäsars: „In dieser Zeit änderte sich das System der Republik", die Verfassung änderte sich, „die weisen Gesetze Roms, welche die Staatsgewalt aufgeteilt hatten" degenerierten.[400]

Ehre und Macht flossen durch die Korruption der Tugend in den Händen eines einzigen Bürgers zusammen; private Heere kamen auf. Es fehlte an „Mäßigung". „Die schreckliche Tyrannei der Kaiser entstand aus dem Geist der römischen Generäle", der sich genauso verändert hatte, wie auch ihre „Verfassung" im Begriff war sich zu ändern.[401]

---

397 F. De Martino, *Storia della costituzione romana*, IV, ebenda, S. 258.

398 Montesquieu, *Considérations sur les causes de la grandeur des romains et de leur décadence*, ebenda, S. 120 – 121.

399 Montesquieu, *Größe und Niedergang Roms*, ebenda, S. 62; Ebenda, S. 122: „Les citoyens romains regardaient le commerce et les arts comme des occupations d'esclaves ; ils ne les exerçaient point. (...) en général, ils ne connaissaient que l'art de la guerre qui était la seule voie pour aller aux magistratures et aux honneurs. Ainsi les vertus guerrières restèrent après qu'on eut perdu toutes les autres."

400 Ebenda, S. 124 – 125.

401 Ebenda, S. 147. In den vorangegangenen Kapiteln 2.5 „Tacitus Einfluss auf die Kritik am *esprit de commerce*" und 2.7 „*Esprit de conquête* und *esprit de commerce*" dieser Arbeit wurde versucht nachzuweisen, dass Montesquieu den Parallelismus zwischen moralischer und politischer Korruption mit Verweis auf das Frankreich seiner Zeit anprangert. Diese Thematik wird von Tocqueville wiederaufgenommen.

In den Augen Montesquieus ist der Expansionismus eng mit einer individualistischen Moral des Bürgertums verstrickt. Militärischer und wirtschaftlicher Expansionismus hängen für ihn zusammen. Die republikanischen Tugenden der Römer und die Nüchternheit ihrer Sitten (*mores*) dienten einst als verfassungsrechtliche Begrenzungen. Despotismus und moralischer Niedergang gehen Hand in Hand. Montesquieu ist Begründer einer Kritik, an der sich zu seiner Zeit etablierenden Moral der Bourgeoisie, die fünfzig Jahre nach der Veröffentlichung des *Esprit des* lois, im Zuge der Revolution, zum Triumph des Bürgertums führen sollte.[402] Diese kritische Haltung prägt das philosophische und juristische Denken des 19. Jahrhunderts und schlägt sich nieder in den Schriften des französischen Juristen Alexis de Tocqueville.

Zusammenfassung

Montesquieu weist zum ersten Mal auf die Korrelation zwischen der politischen Expansion des Staates und der wirtschaftlichen Expansion des bürgerlichen Individuums hin.[403] Die Bescheidenheit versteht er als Begrenzung des politischen

402 Bezüglich dieser Behauptung wird hier die Interpretation von Furet und Gaxotte geteilt: die Französische Revolution wurde vom Bürgertum getragen und von seiner militanten philosophischen Weltanschauung angestiftet.

403 Montesquieu bezieht sich auf zwei Quellen, das *Leben Pyrrhus* von Plutarch und das *Cato maior*, 14, 43 von Cicero. In dem von Cicero verfassten Dialog spricht der alte Cato über eine Erzählung, die er von Caio Fabricius erfahren hatte. Fabricius erzählt von einer Sekte, über die wiederum an der Tafel des Pyrrhus gesprochen wurde. Die Sitten und Bräuche dieser Sekte wären so korrupt und freizügig, dass Fabricius sich wünschte, jeder Feind Roms sollte diese degenerierte Moral annehmen und sich somit selbst zum Niedergang bringen. Die in dieser Passage von Cicero erzählte Geschichte handelt von einer Zeit als Epikur noch lebendig war. Sonst erwähnt Montesquieu keine weiteren Epikureer. Dieses Argument spricht für eine ideologische Kritik des Epikureismus, als Spiegel der moralischen Korruption der Zeitgenossen Montesquieus. Der Rückzug der Untertanen in die Privatsphäre und ins private Vergnügen war laut Montesquieu nicht nur ein Indikator der moralischen Degeneration, sondern auch der politischen Degeneration. Indem er die Untertanen aus der politischen Sphäre abzieht, lässt er die politische Macht gewähren. Im dritten Teil dieser Arbeit wird gezeigt, dass diese Interpretation von Montesquieu dazu prädestiniert war Tocqueville zu beeinflussen. Diese Kritik gegen den Epikureismus klingt wie eine Kritik an der materialistischen Tendenz des Adels und der Entwicklung der gesamten bürgerlichen Gesellschaft. Der Adel hatte laut Montesquieu auf seine politische Rolle verzichtet und stattdessen seine Privilien genossen. Die Bourgeoisie war gleichzeitig dabei eine profitorientierte Moral zu entwicklen und durchzusetzen. Diese Moral ließ sich gut mit den despotischen Tendenzen der Krone vereinbaren. Über den von Cicero geschilderten Dialog siehe L. Canfora, *Studi di storia e della storiografia romana*, Bari, Edipuglia, 1993.

Expansionismus und als Gegengift für den privaten wirtschaftlichen Expansionismus der Bürger. Wie gezeigt wurde, bezieht sich Montesquieu auf der Suche nach einer nicht-juristischen Beschränkung der Macht erneut auf Tacitus und die römische Geschichte.

7 Die Rezeption des römischen Rechts und der Föderalismus: Die Theorie der Größe. Die „vertikale" Gewaltenteilung

In diesem Teil wird gezeigt, dass die römische Erfahrung und ihre Tradition auch den Ausgangspunkt für Montesquieus föderalistische Theorie darstellen. Die Idee des Föderalismus ist ein weiteres Schlüsselkonzept Montesquieus, die aus der Beschäftigung mit dem römischen Recht im Allgemeinen und der Rechtslehre des mittelalterlichen Juristen Bartolus de Saxoferrato im Speziellen hervorging.[404]

Bartolus zufolge würde sich die Monarchie für große Staaten, die Aristokratie für mittelgroße und die republikanische Staatsform hingegen für Staaten von kleiner Fläche eignen. Montesquieu übernimmt diese Theorie von Bartolus, die als „Theorie der Größe" bezeichnet wird. Laut Bartolus sollten die Vorteile der größeren Staaten mit denen der kleineren Staaten kombiniert werden. Er ging davon aus, dass es nur eine Staatsform gab, welche die Vorteile einer Monarchie mit jenen einer Republik zu verbinden vermochte: eine föderalistische Staatsstruktur.

Bartolus de Saxoferrato begnügte sich nicht mit der Dreiteilung der Regierungsformen in Monarchie, Aristokratie und Republik, unterschieden danach, ob die Souveränität von einem einzelnen, von einer Minderheit oder von der Mehrheit ausgeübt wird. Er zitierte die *Digesten* (1,2,2), in denen Justinian daran erinnert, dass es für die Plebejer immer schwieriger wurde zu großen Versammlungen (*in tanta turba hominum*) zusammenzukommen, da sich Rom vergrößert hatte. Daraus ergab sich die Notwendigkeit, dass der Senat die Regierung der Republik an sich nahm.[405] Aufgrund des Bevölkerungswachstums, sowie auf-

404 G. Salvemini, *La teoria di Bartolo da Sassoferrato sulle costituzioni politiche*, in *La dignità cavalleresca nel Comune di Firenze e altri scritti*, Mailand, Feltrinelli, 1972, S. 331–350, hierbei vor allem S. 331–332. Die Theorie über den Einfluss des Klimas auf die politischen Regierungsformen findet sich auch in der *Politik* von Aristoteles (VII, 6). Siehe D. Quaglioni, *Politica e diritto nel Trecento italiano. Il De tyranno" di Bartolo da Sassoferrato (1314–1357).* Con l'edizione critica dei trattati „De Guelphis et Gebellinis", „De regimine civitatis" e „De tyranno", Florenz, Olschki, 1983. Im Hinblick auf die mittlealterliche Tradition siehe F. Calasso, *Introduzione al diritto comune*, Mailand, Giuffrè, 1970 und insbesondere S. 69–71; P. Grossi, *L'ordine giuridico medievale*, Rom – Bari, Laterza, 2003, S. 39 ff.

405 D. 1,2,2, par. 9: „Deinde quia difficile plebs convenire coepit, populus certe multo difficilius in tanta turba hominum, necessitas ipsa curam rei publicae ad senatum deduxit: ita coepit senatus se interponere et quidquid constituisset observabatur, idque ius appellabatur senatus consultum."

https://doi.org/10.1515/9783110673036-015

grund der häufigen Kriege wurde *re exigente* – aufgrund zwingender Umstände also – beschlossen, dass ein Magistrat mit größeren Befugnissen eingerichtet werden sollte: damit waren die Diktatoren ernannt.[406] Da die gesetzgeberische Macht auf wenige überging, wurde es notwendig, einen einzigen Mann für die Regierung vorzuschlagen. In Folge der Expansion Roms war der Senat nicht in der Lage, die Provinzen gut zu verwalten; deshalb schuf man das Amt des Kaisers und übertrug ihm die Herrschaft.[407]

Auf der Grundlage der *Digesten* Justinians verfasst Bartolus de Saxoferrato die Theorie der Größe. Im Gegensatz zu Aegidius Colonna, – dem Autor des *De regimine principum*, welcher die Monarchie prinzipiell für die beste Regierungsform gehalten hatte, um Eintracht und Frieden zu gewährleisten – nimmt Bartolus an, dass die Größe des Staates über die geeignete Regierungsform entscheidet.

Mit Blick auf Rom erklärt er, dass die Monarchie in einem kleinen Staat gefährdet ist in Tyrannei auszuarten:[408] Da die Könige für große Spesen aufkommen mussten, wurde das Volk unterdrückt; dies sei geschehen, als Rom noch ein kleiner Staat gewesen wäre. Die Monarchie würde sich für große Staaten anbieten. Der Monarch hat die Pflicht und das Recht eines jeden zu gewährleisten, mit „recta intentio" und moralischer Unbeirrbarkeit zu regieren.[409]

Auch die Aristokratie ist nicht für kleine, sondern für Staaten mittlerer Größe geeignet.[410] Die Gefahr in einem kleinen aristokratischen Staat ist die Eifersucht des Volkes, welche den Staat, aufgrund verschiedener untereinander rivalisierender Parteien zu fragmentieren droht. Für kleine Staaten, so Bartolus, ist hingegen eine demokratische Staatsform ideal, also ein „regimen ad popolum seu

406 D. 1,2,2, 18: „Populo deinde aucto cum crebra orerentur bella et quaedam acriora a finitimis inferrentur, interdum re exigente placuit maioris potestatis magistratum constitui: itaque dictatores proditi sunt, a quibus nec provocandi ius fuit et quibus etiam capitis animadversio data est. Hunc magistratum, quoniam summam potestatem habebat, non erat fas ultra sextum mensem retineri."

407 D. 1,2,2, 11: „Novissime sicut ad pauciores iuris constituendi vias transisse ipsis rebus dictantibus videbatur per partes, evenit, ut necesse esset rei publicae per unum consuli (nam senatus non perinde omnes provincias probe gerere poterant): igitur constituto principe datum est ei ius, ut quod constituisset, ratum esset."

408 Bartolus de Saxoferrato, *Tractatus de regimine civitatis*, in D. Quaglioni, *Politica e diritto nel Trecento italiano. Il „De tyranno" di Bartolo da Sassoferrato (1314–1357)*, ebenda, S. 150–152.

409 Bartolus de Saxoferrato, *Tractatus de regimine civitatis*, in D. Quaglioni, *Politica e diritto nel Trecento italiano. Il „De tyranno" di Bartolo da Sassoferrato (1314–1357)*, ebenda, S. 155.

410 Man beachte, dass bei Montesquieu die Monarchie aus einer Mischung aus Monarchie (dem König) und Aristokratie (dem Adelsstand) besteht: Eine balancierte Monarchie setzt die Existenz des Adels voraus.

regimen multitudinis". Die Regierung sollte einem immer wechselnden Anteil des Volkes anvertraut werden – lediglich die niedrigsten Plebejer müssten aus Regierungsangelegenheiten ausgeschlossen werden.[411]

Im Unterschied zu Aegidius Colonna bevorzugt Bartolus die gemeinschaftliche Ausübung der Herrschaft, weil 1. eine Gemeinschaft besser als ein Einzelner sieht („quanto sunt plures tanto plura vident"), 2. eine Gemeinschaft sich schwerer vom Allgemeinwohl entfernt und es 3. schwerer ist, einen einzelnen, als eine Gemeinschaft zu bestechen.[412]

Theoretisch stimmt Bartolus de Saxoferrato mit Aristoteles in der Ansicht überein, dass die Monarchie eine ausgezeichnete Regierungsform ist (*Politik*, III, 11); in der Praxis, so Bartolos, entartet jedoch der Monarch eines kleinen Staates leichter zu einem Tyrannen. Er hatte das Ende des mittelalterlichen Universalreiches und die Entstehung der italienischen *Signorie* (Kleinstaaten) vor Augen – er entnahm seine Beispiele also auch seiner eigenen zeitgenössischen Erfahrung. Seiner Meinung nach stellte die Monarchie nur für große Staaten ein passendes Regime dar; auch in diesem Fall soll der Monarch jedoch gewählt werden, damit Gott die Wählerschaft inspirieren kann. Deshalb müssen Papst und Kaiser gewählt werden und nicht durch Erbschaft an die Macht gelangen.[413] Bartolus nahm an, dass sich die jeweils beste Regierungsform an die Geschichte und an die Bräuche und Sitten eines jeden Volkes anpasse[414]

Montesquieu unterscheidet zwischen drei Regierungsformen: 1. Demokratie und Aristokratie – je nachdem, ob die Herrschaft von vielen oder von wenigen ausgeübt wird, 2. Monarchie und 3. Despotismus. Er bringt die despotische Degeneration der Regierungsformen nur mit der monarchischen Regierung in Verbindung. Allein für die Monarchie und seine Degeneration in Despotismus hat er ein konkretes Beispiel vor Augen. Alle weiteren Regierungsformen stellten rein theoretische Konstruktionen dar, die der realen Erfahrung entbehrten.[415]

Die Theorie der Größe Bartolus' hat Eingang in die Lehre Montesquieus gefunden. Sie findet sich im *Esprit des lois* im neunten Buch wieder.[416] Hier trifft die

---

411 G. Salvemini, *La teoria di Bartolo da Sassoferrato sulle costituzioni politiche*, in *La dignità cavalleresca nel Comune di Firenze e altri scritti*, ebenda, S. 336.

412 Ebenda, S. 155–156.

413 Ebenda, S. 166.

414 G. Salvemini, *La teoria di Bartolo da Sassoferrato sulle costituzioni politiche*, in *La dignità cavalleresca nel Comune di Firenze e altri scritti*, ebenda, S. 338.

415 Ebenda, S. 341.

416 G. Salvemini, *La teoria di Bartolo da Sassoferrato sulle costituzioni politiche*, in *La dignità cavalleresca nel Comune di Firenze e altri scritti*, ebenda, S. 342. Vergleiche mit E. Böhlke, *Asienbilder Montesquieus: Persien, China, Russland*, in *Montesquieu zwischen den Disziplinen. Einzel- und kulturwissenschaftliche Zugriffe*, ebenda, S. 231–232.

Theorie der Regierungsformen auf die Theorie der Größe und Montesquieu entwickelt eine Idee, die eng mit dem antiken Prinzip der gemischten Verfassung verbunden ist: „Es gibt eine Form von Verfassung, welche alle inneren Vorteile einer republikanischen – und alle äußeren Kräfte einer monarchischen Regierung in sich trägt." Es ist die föderative Republik, „in welcher mehrere politische Körperschaften einen Zusammenschluss und dadurch die Bildung eines größeren Staates ermöglichen; es ist eine Gesellschaft von Gesellschaften, welche eine neue Gesellschaft bildet, die sich dann durch neue Mitglieder noch weiter vergrößern kann."[417] Montesquieu spricht von „föderativen Republiken":[418]

> „Wenn eine Republik klein ist, so wird sie von einer auswärtigen Macht zerstört; ist sie groß, so geht sie an einem inneren Fehler zugrunde. Diese doppelte Gefahr bedroht Demokratien und Aristokratien in gleicher Weise, ob sie gut oder schlecht sind. Das Übel liegt in der Sache selbst; es gibt keine Form, die hier abhelfen könnte. So sieht es ganz danach aus, als wären die Menschen am Ende gezwungen gewesen, immer unter der Regierung eines Alleinherrschers zu leben, wenn sie nicht eine Verfassungsart erdacht hätten, die alle inneren Vorzüge einer republikanischen Regierung mit der äußeren Macht einer Monarchie vereinte: Ich meine den Staatenbund (*République fédérative*). Diese Regierungsform ist ein Vertrag, durch den mehrere politische Gemeinwesen dahin übereinkommen, Bürger eines größeren Staates zu werden, den sie bilden wollen. Sie ist eine Gesellschaft von Gesellschaften, die eine neue bilden, die sich durch den Anschluß weiterer Mitglieder vergrößern kann, bis ihre Macht für die Sicherheit aller Verbündeten ausreicht."

Dieses föderalistische System, das Montesquieu in Rom ausfindig macht, sei ihmzufolge der Grund dafür gewesen, dass sich die Republik trotz ihrer Größe erhalten konnte. Eine förderalistische Republik ist fähig, „der Kraft von außen zu widerstehen und [kann] ihre Größe bei[zu]behalten, ohne von innen heraus zu

417 Eigene deutsche Übersetzung.
418 Montesquieu, *Vom Geist der Gesetze*, hrsg. von E. Forsthoff, I, Tübingen, Laupp, 1951, S. 180; *De l'Esprit des lois*, in *Œuvres complètes*, II, ebenda, S. 369: „Si une république est petite, elle est détruite par une force étrangère; si elle est grande, elle se détruit par un vice intérieur. Ce double inconvénient infecte également les démocraties et les aristocraties, soit qu'elles soient bonnes, soit qu'elles soient mauvaises. Le mal est dans la chose même; il n'y a aucune forme qui puisse y remédier. Ainsi il y a grande apparence que les hommes auroient été à la fin obligés de vivre toujours sous le gouvernement d'un seul, s'ils n'avoient imaginé une manière de constitution qui a tous les avantages intérieurs du gouvernement républicain, et la force extérieure du monarchique. Je parle de la république fédérative. Cette forme de gouvernement est une convention par laquelle plusieurs Corps politiques consentent à devenir citoyens d'un État plus grand qu'ils veulent former. C'est une société de sociétés, qui en font une nouvelle, qui peut s'agrandir par de nouveaux associés qui se sont unis."

degenerieren".[419] Sie vereint die Vorteile kleiner Republiken und großer Monarchien in sich. Diese antike Idee nahm Alexis de Tocqueville unter völlig veränderten Umständen wieder auf.[420] In einem, den Vorteilen des amerikanischen Föderalsystems gewidmeten Kapitel innerhalb der *Démocratie en Amérique*, lässt Tocqueville folgendes verlauten:[421]

> „Die kleinen Nationen waren immer die Wiegen der politischen Freiheit. Die meisten verloren diese Freiheit, als sie sich vergrößerten; diese Entwicklung zeigte, dass diese Nationen mehr Interesse hatten, das Volk zu unterdrücken als am Volk selbst."

Mithilfe von Montesquieu und seiner Beschäftigung mit der föderalistischen römischen Tradition und ihrer Rezeption eines mittelalterlichen Juristen gelangt diese traditionelle Idee in die Nachwelt. Auch dieser Fall beweist, dass Montesquieu versucht hatte, die Tradition in seiner Zeit zu erneuern.[422]

Die Kritik Montesquieus an dem Zentralismus des alten Staates wurde von den Kritikern des Zentralismus nach der Französischen Revolution wieder aufgegriffen.[423] Der Zentralismus der Krone hatte sich in Folge der Französischen Revolution verstärkt.[424]

---

419 Eigene deutsche Übersetzung, ebenda, S. 370: „Cette sorte de république, capable de résister à la force extérieure, peut se maintenir dans sa grandeur sans que l'intérieur se cor-rompe: la forme de cette société prévient tous les inconvénients."

420 Laut Starobinski wurde diese Idee von der amerikanischen, politischen Theorie angenommen. J. Starobinski, *Montesquieu par lui même*, ebenda, S. 113: „Diese Seiten wurden zum großen Bezugspunkt für Alexander Hamilton und James Madison in den Federalist Papers, zurzeit der Debatte über die amerikanische Verfassung. Der assoziative Mechanismus der Föderalstaaten, ihre Gewichte und Gegengewichte, nahmen den Platz der Bremse ein, welche Montesquieu in den intermediären Körperschaften des *ancien régime* ausfindig gemacht hatte." Diese Interpretation wurde von James Madison entwickelt. Siehe J. Madison, *Federalist* Nr. 47 in A. Hamilton – J. Madison – J. Jay, *The Federalist Papers*, hrsg. von C. Rossiter, mit einer Einführung von R. Kesler, New York, Signet Classics, 2003, S. 297–299.

421 A. de Tocqueville, *De la démocratie en Amérique*, Bd. II, I, I, VIII, Paris, Gallimard, 1992, S. 178–179: „Les petites nations ont donc été de tout temps le berceau de la liberté politique. Il est arrivé que la plupart d'entre elles ont perdu cette liberté en grandissant; ce qui fait bien voir qu'elle tenait à la petitesse du peuple et non au peuple lui-même."

422 Das Verhältnis zwischen dem Bruch und der Kontinuität der europäischen Tradition betreffend siehe erneut Harold J. Berman, *Law and Revolution*, II. *The Impact of the Protestant Reformations on the Western Legal Tradition* ebenda. Laut Berman besteht die europäische Rechtsgeschichte aus Brüchen, die ingesamt jedoch eine Kontinuität aufweist.

423 Siehe dazu Kapitel 3 dieser Arbeit.

424 A. de Tocqueville, *L'ancien régime et la Révolution*, II, ebenda, S. 80–82.

Zusammenfassung

Folgende Aspekte wurden herausgearbeitet:

1. Das Prinzip des Gleichgewichts gilt bei Montesquieu nicht nur horizontal (für die auf verschiedene Organe aufgeteilte Souveränität) sondern auch vertikal,[425] im Sinne einer Dezentralisierung der politischen Macht durch ein föderalistisches System. Die föderalistische Idee stammt von dem mittelalterlichen Juristen Bartolus und wirkt auf Montesquieu.
2. Die Idee der gemischten Verfassung polybianischen Ursprungs wird um ein weiteres Element ergänzt, nämlich um den Föderalismus. Montesquieu verbindet diese beiden Ideen miteinander: Es geht ihm nicht nur darum monarchische, aristokratische und demokratische Elemente in einem System zu vereinen, sondern auch darum, die öffentliche Staatsgewalt durch die Etablierung eines föderativen Systems zu dezentralisieren, also das Prinzip der Autonomie der Lokalkörperschaften gegenüber dem Zentrum durchzusetzen.
3. Montesquieu plädiert für die Dialektik von Zentrum und Peripherie und beruft sich auf zwei Quellen: Das römische Recht und das Vermächtnis der mittelalterlichen juristischen Erfahrung. Das Prinzip der Autonomie der Lokalkörperschaften wird dadurch zu einer neuen Form der Begrenzung der Macht.

Das von Bartolus auf Grundlage der *Digesten* entwickelte autonome Prinzip wird von Montesquieu wiederaufgenommen und aktualisiert. Es geht ihm dabei nicht um die Herausarbeitung eines terminologischen Unterschieds zwischen Monarchie und Republik, sondern um die Bekräftigung eines Modells der Koexistenz und der gegenseitigen Beschränkung verschiedener über- (die Krone) und untergeordneter Staatsgewalten. Es wurde aufgezeigt, dass Montesquieus Forderungen nicht vergleichbar sind mit der Rhetorik der Französischen Revolution – einer gewählten Versammlung, welche die gesamte Nation vertrat und folglich mit absoluter Gewalt ausgestattet war. Montesquieu, der sich dem Schrecken der absolutistisch regierenden Gewalt gegenübersah, wollte die traditionelle Monarchie beschützen. Eine ähnliche Absicht verfolgt auch Alexis de Tocqueville, dessen Übernahme und Weiterentwicklung der montesquieuischen Lehre im dritten und letzten Teil dieser Arbeit beleuchtet wird.

---

425 Siehe dazu D. Merten, *Bundesstaatlicher Föderalismus als vertikale Gewaltenteilung*, in *Montesquieu zwischen den Disziplinen, Einzel und kulturwissenschaftliche Zugriffe*, ebenda, S. 27–42.

Schlussfolgerungen

In diesem zweiten Teil der Arbeit wurde versucht darzulegen, dass das juristische Denken Montesquieus auf der römischen Geschichte und der Erfahrung der Tradition fußt. Aus dieser Perspektive gewinnt das Denken Montesquieus eine neue Bedeutungsdimension: Kern seiner Lehre ist demzufolge nicht eine strikte Teilung der Staatsgewalten, mit einer sekundären Rolle der Gerichtsbarkeit, sondern die Lehre der geteilten Souveränität und der Versuch, die Staatsgewalt zu beschränken. Die Argumente, die dies belegen, kann man folgendermaßen zusammenfassen:

1. Montesquieu befasste sich intensiv mit der römischen Geschichte. Er hat zwar über ein Jahr in England verbracht, die Beschäftigung mit Rom aber hatte Zeit seines Lebens Bestand. Die Auseinandersetzung mit der gemischten Verfassung, sowie der politischen Ordnung und dem Untergang der römischen Republik, betrieb er besonders intensiv.

2. Montesquieu beschreibt in seinem Werk *Considérations sur les causes de la grandeur des Romains et de leur décadence* die Entstehung der römischen Republik, als Kompromiss und Gleichgewicht der verschiedenen politischen und sozialen Kräfte, im Rahmen eines gemischten, harmonischen Systems. Mit Ausnahme der Überlieferung (vor allem des Titus Livius und Dionysios von Halikarnassos), der sich Montesquieu anschließt, wird sein Standpunkt des Gleichgewichts auch von der heutigen Historiographie bestätigt. Ausdruck des Geistes der römischen Rechtsordnung zur Zeit der Republik und teilweise zur Zeit der ursprünglichen Monarchie (bis zu Servius Tullius) war laut Montesquieu die Ausbalancierung der Gewalten und die Moderation der römischen Republik.

3. Die politische Entwicklung der römischen Republik mündet in der Entstehung der gemischten Verfassung. Die Quelle der Lehre der gemischten Verfassung war im Grunde genommen Polybios unter den Antiken und Machiavelli unter den Modernen. Buch VI der *Historien* von Polybios kann als Grundtext angesehen werden, auf den Montesquieu seine Interpretation der römischen Verfassung baut. Hinter der römischen Verfassung steht auch die Lehre von Cicero, von der er dank anderer Quellen – vor allem Augustinus – Kenntnis genommen hat. Sein naturrechtlicher Standpunkt fasziniert den jungen Montesquieu und fließt in das Modell der gemischten Verfassung ein.

4. Montesquieu unterwirft weder explizit noch implizit die Richter der legislativen Gewalt. Im Gegenteil finden sich Gründe, die die Annahme stützen, dass Montesquieu die Richter als Interpreten des *Esprit des lois*, also als Interpreten des Geistes der Rechtsordnung betrachtet. Es wurde darauf hingewiesen, dass Montesquieu die Naturrechtslehre von Cicero in seinen späteren Werken nicht mehr ausdrücklich erwähnt, sowie er auch darauf verzichtet, die Fragmente der Di-

gesten über die *iustitia* zu glossieren. Über die Gerechtigkeit hat er geschwiegen, gleichzeitig kommentiert er aus dem Titel *De iustitia et iure*, enthalten in den Digesten, einen einzigen Satz; wobei er die Richter als die Stimme des Rechts bezeichnet, die das Recht verwirklicht. Darauf stützt sich die These, dass Montesquieu durch die Interpretation der Rolle der Richter, als Gegengewicht zur politischen Macht, das Ideal der natürlichen Gerechtigkeit weiterhin anerkannte und zu verwirklichen suchte. Die Aktualisierung der Naturrechtslehre, durch die gemischte Verfassung und durch die gegenseitige Beschränkung der Gewalten, entsprang dem Bedürfnis die politische Freiheit zu gewährleisten. Ein Ideal das nicht auf nationalem Recht beruht, sondern dem „Menschengeschlecht" insgesamt zusteht. Schließlich folgt Montesquieu Machiavellis *Discorsi*.

5. Eine Verstärkung der These der römischen Erfahrung, als Grundlage für die Lehre Montesquieus, findet sich in der Auseinandersetzung mit Jean Domat, der wenige Jahrzehnte vor Montesquieu den Begriff „Esprit" verwendet. Domat begründet die Rechtswissenschaft des Privatrechts, auf der Basis des römischen Rechts, das als Naturrecht (das heißt als natürliche Beschränkung) für den Gesetzgeber galt. Laut Domat war das öffentliche Recht willkürlich und unterstand der Verfügungsgewalt des Herrschers. Es wurde argumentiert, dass Montesquieus Denken eine Ergänzung zur Lehre von Jean Domat darstellt. Montesquieu beginnt nämlich seine Gedanken an der Stelle zu entwickeln, an der Domat seine Arbeit beendet hatte. Montesquieu begründete eine Rechtswissenschaft des öffentlichen Rechts, um die öffentliche Staatsgewalt teilen und somit den Gesetzgeber rechtlich beschränken zu können.

6. Römische Geschichte und gemischte Verfassung waren wie ein Set von Grenzen, die Montesquieu gegen den Zentralismus des französischen politischen Systems geltend machte. Als eine solche Grenze wirkt auch die Religionsfreiheit, die Montesquieu als fundamentale politische Freiheit in Rom festgestellt. Auch in diesem Fall dient Rom als Gegenbeispiel zum französischen Zentralismus und zu jener gefährlichen, von Montesquieu kritisierten Tendenz, die Glaubensfreiheit in eine Staatsreligion zurückzuführen (1713 wurde die *Bulla Unigenitus* erlassen).

7. Laut Montesquieu war die Tugend der Römer eng mit ihrem politischen System verknüpft. Diese Verflechtung zwischen Tugend und Rechtsordnung macht sich in seiner strengen Kritik an den Zeitgenossen Frankreichs bemerkbar, die auf ihre Tugend (zurückgehend auf die Bescheidenheit der antiken Franken), sowie auf ihre politische Freiheit verzichteten. Die Kritik am Epikureismus Roms, der den republikanischen Geist korrumpierte, vermischt sich mit der Kritik des politischen Expansionismus. Die politische Expansion Roms war der Grund seiner Dekadenz: moralisch, wie auch politisch betrachtet. Anhand des römischen

Vorbilds übt Montesquieu Kritik an den Sitten und Bräuchen seiner Zeit, sowie am politischen Zentralismus der Krone.

8. Die Souveränität wurde nicht nur horizontal geteilt, wie es sich aus dem Kapitel über die Verfassung Englands ergibt, sondern auch vertikal. Auch in diesem Fall beruht die Theorie Montesquieus auf der römischen Erfahrung und insbesondere auf der Rezeption des römisch föderalistischen Ideals, durch den mittelalterlichen Jurist Bartolus de Saxoferrato. Bartolus ist die Quelle Montesquieus für die Theorie der politischen Größe und des Föderalismus. Der Föderalismus fungiert dabei als eine weitere Beschränkung der zentralistischen politischen Macht.

Abschließend lässt sich feshalten, dass Montesquieu vielmehr der Vertreter einer geteilten Souveränität war, als ein aufgeklärter Theoretiker der Gewaltenteilung. Die Beschränkungen, welche Montesquieu vorsah um die zentralistische politische Macht zu mäßigen, können folgendermaßen zusammengefasst werden:

1. Beschränkung durch die Teilung der Souveränität, in verschiedene gleichgeordnete Organe. Gemäß dieser Perspektive ist die Gerichtsbarkeit ein Gegengewicht, wie andere Organe auch.

2. Beschränkung durch Zwischenkörper, die an der Souveränität teilhaben. Der Adel gilt als der wichtigste Zwischenkörper.

3. Beschränkung durch Universalismus, den Begriff des „Menschengeschlechts" – welcher aus der Lehre Ciceros stammt.

4. Beschränkung durch Religion.

5. Beschränkung der politischen Größe eines Staates: Nur der Föderalismus kann verhindern, dass ein großer Staat in Despotie ausartet.

6. Beschränkung durch Tradition und Geschichte (die Institutionen der Germanen als Quelle der französischen Rechtsordnung).

7. Beschränkung durch das Verfassungsrecht, dessen Geist die Juristen interpretieren sollen.[426]

> „Mehrere Dinge regieren die Menschen: Klima, Religion, Gesetze, Staatsmaximen, Beispiele aus der Geschichte, Sitten, Lebensstil. Aus all dem bildet sich als ihr Ergebnis ein Ge-

---

426 Diese Beschränkungen sind in der Definition des *Esprit général* enthalten. Siehe Montesquieu, *Vom Geist der Gesetze*, ebenda, S. 295; *De l'Esprit des lois*, L. XIX, c. IV, ebenda, S. 558: „Plusieurs choses gouvernent les hommes: le climat, la religion, les lois, les maximes du gouvernement, les exemples des choses passées, les mœurs, les manières; d'où il se forme un esprit général qui en résulte. À mesure que, dans chaque nation, une de ces causes agit avec plus de force, les autres lui cèdent d'autant. La nature et le climat dominent presque seuls sur les sauvages; les manières gouvernent les Chinois; les lois tyrannisent le Japon; les mœurs donnoient autrefois le ton dans Lacédémone; les maximes du gouvernement et les mœurs anciennes le donnoient dans Rome."

meingeist. In dem Maße, wie bei jeder Nation eine dieser Ursachen mit grösserer Stärke einwirkt, werden die anderen dementsprechend zurückgedrängt. Über die Wilden herrschen fast ausschließlich Natur und Klima. Die Chinesen werden vom Lebensstil regiert, die Japaner von den Gesetzen tyrannisiert. In Sparta gaben einst die Sitten den Ton an, in Rom taten es die Sitten und die Staatsmaximen."

Die Beschränkungen, die Montesquieu aus der römischen Erfahrung ableitet, dienen zur Verteidigung der Autonomie der Bürger gegenüber der zentralen Macht. Die Autonomie, für die sich Montesquieu einsetzt, lässt sich in diese vier Punkte zerlegen: 1. Autonomie der Richter. 2. Autonomie der Zwischenkörper. 3. Autonomie der Gläubigen – Religionsfreiheit. 4. Autonomie der Selbstverwaltungen.

Die politische Freiheit verwirklicht sich durch die Beschränkung der Macht. Der Versuch rechtliche Beschränkungen der politischen Macht zu finden, ist der Kern der Gedanken Montesquieus und seiner Argumentation. Diese These lässt sich mit dem Blick in die Zukunft bekräftigen. Am Beispiel von Alexis de Tocqueville, der Montesquieu eingehend studiert, interpretiert und seine Lehre für das neue demokratische Szenario der Nachwelt aktualisiert hat, kann dieses Motiv Montesquieus noch einmal verdeutlicht werden.

III. Der erste und der zweite Montesquieu

1 Tocqueville als Erbe von Montesquieu

Im dritten und damit letzten Teil dieser Arbeit wird der Beweis folgender These angestrebt: Tocqueville hat die wesentlichen Aspekte der Lehre Montesquieus erfasst, richtig eingeordnet und in seine Arbeit integriert. Der Umstand, dass Tocqueville seinen Vorläufer Montesquieu nicht durch Brille des englischen Modells gelesen hat, sondern durch die Brille der Tradition, stützt die hier vorgeschlagene Interpretation. In seine Überlegungen hat nicht die Idee der systematischen verfassungsrechtlichen Theorie englischen Ursprungs Eingang gefunden, sondern die Theorie der Beschränkung der Souveränität, in der Gestalt von Grenzen, die über eine rein institutionelle Ebene hinausgehen. Tocquevilles Sichtweise auf Montesquieu ist nicht von dem englischen Verfassungsmodell innerhalb des *Esprit des lois* geprägt. Auf der Suche nach rechtlichen Begrenzungen der Allmacht des Volkes bezieht auch er sich auf die juristische Tradition. Das Erbe Montesquieus, das in Tocquevilles Gedanken sichtbar wird zeigt, dass diese von der Tradition inspirierten Beschränkungen, und nicht die Gewaltenteilung englischen Ursprungs, in der demokratischen Nachwelt wirken. Der Einfluss Roms auf Montesquieu – vor der Französischen Revolution – setzt sich fort in den Gedanken Tocquevilles, der – nach der Revolution – seine Gedanken innerhalb eines neuen historischen und politischen Settings entwickelt. Dieser rote Faden – zwischen der Tradition, Montesquieu und Tocqueville – ist bis heute noch nicht Gegenstand einer vollständigen, richtig eingeordneten, wissenschaftlichen Forschung geworden und soll in dieser Arbeit zumindest annäherungsweise nachvollzogen werden.

Einige Parallelen zwischen den beiden Autoren sind augenscheinlich: Beide sind Richter; Montesquieu, als Vorsitzender des Parlamentsgerichtshofes in Bordeaux, Tocqueville, als Richter unter der Restauration und der Julimonarchie.[427] Beide geben diese Funktion auf, um eine Reise zu unternehmen. 1726 verkauft Montesquieu sein Richteramt, um in die Niederlande, nach Österreich, Italien und England aufzubrechen. Auch Tocqueville verzichtet auf seine Position als Richter und verlässt im April 1831 den Hafen Le Havres in Richtung Amerika.[428]

427 Für eine Biographie Tocquevilles siehe A. Jardin, *Alexis de Tocqueville 1805–1859*, Paris, Hachette, 1984 Die übersetzten Zitate aus der *Démocratie en Amérique* innerhalb dieses Kapitels stammen überwiegend aus der Reclam-Ausgabe. Im Fließtext finden sich allerdings an einigen Stellen eigenhändig aus dem Original übersetzte Textpassagen.

428 Näheres zur Reise Tocquevilles siehe G. W. Pierson, *Tocqueville and Beaumont in America*, New York, Oxford University Press, 1938.

https://doi.org/10.1515/9783110673036-016

Beide ziehen das Interesse an der Wissenschaft der Ausübung des Richteramts vor. Beide verwenden eine rechtsvergleichende Methode, sowohl aus einer diachronischen als auch aus synchronischen Perspektive.[429] In seinem Werk *Considérations sur les causes de la grandeur des Romains et de leur decadence* widmet sich Montesquieu dem römischen öffentlichen Recht. Tocqueville zieht in seinem Werk *L'ancien régime et la Révolution* (1856) Vergleiche zwischen der Rechtsordnung des alten Staates und der Rechtsordnung Frankreichs nach der Revolution. In dem viel zitierten Werk *De la démocratie en Amérique* stellt er das demokratische Szenario Amerikas der demokratischen Entwicklung des zeitgenössischen Frankreichs gegenüber.[430] Montesquieu hingegen beschäftigt die Degeneration des öffentlichen Rechts und die moralische Korruption der französischen Gesellschaft des 18. Jahrhunderts und erkennt Parallelen zu dem Despotismus Persiens.[431] Beide fokussieren ihre Suche nach Beschränkungen der politischen Macht nicht allein auf die institutionelle Ebene, sondern gehen von einer unauflösbaren Verflechtung zwischen Recht und Gesellschaft aus, welche sie auch zu nicht institutionellen Formen der Beschränkung führen.

Dieses Kapitel wird aufzeigen, dass Tocqueville die Lehre Montesquieus einer Aktualisierung unterzogen hat, um sie seiner Zeit anzupassen, in der er eine länderübergreifende, demokratische Entwicklung konstatierte. Für diese Aktualisierung wendet sich Tocqueville den Beschränkungen zu, die Montesquieu etwa ein Jahrhundert zuvor in der juristischen Tradition und der römischen Geschichte gefunden hatte. Die nun folgende Untersuchung wird für das Verständnis beider Persönlichkeiten aufschlussreich sein und deutlich machen, dass beide Denker die judikative Gewalt nicht als machtlosen „Mund des Gesetzes" verstanden haben, sondern als souveräne Gegengewalt, gegenüber der politischen Macht – monarchisch, im Fall von Montesquieu und demokratisch, im Fall von Tocqueville.

---

429 Siehe dazu F. Furet – F. Mélonio, *Intoduction* à A. de Tocqueville, *Œuvres complètes*, Paris, Gallimard, 2004, S. 6. Im Hinblick auf die vergleichende Perspektive Montesquieus siehe B. Binoche, *Introduction à De l'Esprit des lois de Montesquieu*, ebenda, 2015, S. 85 – 87.

430 Den Vergleich strebt Tocqueville bereits sichtbar in der Einführung zur *Démocratie en Amérique I* an.

431 Siehe J. Häsler, *Historische Argumente in den Lettres persanes*, in *Montesquieu zwischen den Disziplinen. Einzel- und kulturwissenschaftliche Zugriffe*, ebenda, S. 120 – 121.

1.1 Der Einfluss Montesquieus auf Tocqueville in der Literatur

In diesem Abschnitt werden die literarischen Hinweise behandelt, die auf ein Erbe von Montesquieu auf Tocqueville schließen lassen. Es wird sich herausstellen, dass der juristische Kern dieses Erbes in der Tradition verankert ist. Dieser juristische Kern findet sich bei Montesquieu und spiegelt sich in der Perspektive Tocquevilles wider.

Wenige Autoren haben den Ähnlichkeiten zwischen Montesquieu und Tocqueville Beachtung geschenkt, was sich dadurch erklären lässt, dass die Epochen der beiden durch die Französische Revolution getrennt und daher in scheinbarem Widerspruch stehen.[432] Eine vollständige Abhandlung wurde der engen Verbindung zwischen den beiden außergewöhnlichen Denkern bisher nicht gewidmet und nur wenige Interpreten weisen auf diese Parallelen überhaupt hin. Die Autoren, die das montesquieuische Erbe auf Tocqueville thematisieren, – einige erkennen es und andere streiten es ab – werden an dieser Stelle kurz vorgestellt.

Pierre-Paul Royer-Collard ist der erste, der Tocqueville mit Montesquieu vergleicht. Nach der Veröffentlichung der *De la démocratie en Amérique I* würdigt er Tocqueville mit den Worten, dass sich nach Montesquieu bisher nichts Vergleichbares ergeben hätte und bezeichnet ihn als den „zweiten Montesquieu".[433]

George Wilson Pierson hingegen verneint ein Erbe von Montesquieu auf Tocqueville,[434] da seiner Ansicht nach, wenn gleich Tocqueville Montesquieu durchaus gelesen hätte, die Ähnlichkeiten der beiden Autoren nur oberflächlicher Natur wären.

Laut John Stuart Mill hätte die *Démocratie en Amérique* ebenso auch von Montesquieu geschrieben werden können, wenn dieser ihr die Vernunft und Aufgeklärtheit hätte hinzufügen können, welche die Menschheit, dank der in fünfzig Jahren gemachten Erfahrungen seit seiner Zeit dazugewonnen hätte; eine Zeit, die Jahrhunderten gleichkomme.[435]

Jean-Claude Lamberti wiederum stellt fest, dass Tocqueville die Lehre Montesquieus auf die Demokratie seiner Zeit übertragen und dessen Methode und

---

432 Siehe dazu E. Laboulaye, *L'Etat et ses limites, suivi d'essais politiques*, Paris, Carpentier, 1863, S. 158–160. Vergleiche mit L. Díez del Corral y Pedruzo, *El pensamiento político de Tocqueville. Formación intelectual y ambiente histórico*, Madrid, Alianza Editorial, 1989, S. 239.

433 Siehe G. W. Pierson, *Tocqueville and Beaumont in America*, New York, Oxford University Press, 1938, S. 4.

434 G. W. Pierson, *Tocqueville and Beaumont in America*, ebenda, S. 4.

435 J.S. Mill, *Essay on Bentham*, in *Utilitarianism and on Liberty*, hrsg. von M. Warnorck, Malden, Blackwell, 2003, S. 81.

politische Grundsätze angewendet habe.[436] Auch Díez del Corral y Pedruzo erkennt die trennende Epoche, die zwischen dem ersten und dem zweiten Montesquieu steht und für die Entwicklung ihrer Unterschiede verantwortlich ist.[437]

Jacob Peter Mayer geht davon aus, dass Tocqueville von der gleichen Sorge einer zentralistischen, politischen Macht getrieben war, wie Montesquieu.

Dem entsprechend meinen auch François Furet und Françoise Mélonio den Einfluss Montesquieus auf Tocqueville in der einhelligen Kritik des politischen Zentralismus in Frankreich auszumachen.[438] Die zentralistischen Tendenzen der Krone, die Montesquieu kritisiert, werden von Tocqueville als Ursprung der Französischen Revolution betrachtet. Laut Tocqueville hatte die Revolution diese Neigung jedoch nicht aufgehoben, sondern, im Gegenteil, sogar zu ihrer Stärkung geführt.

Zusammenfassung

Alle aufgeführten Autoren betonen die Ähnlichkeit zwischen den beiden französischen Denkern, wenn gleich auch nicht alle von einer geistigen Erbschaft von Montesquieu auf Tocqueville ausgehen.[439] Keiner dieser vertieft diese Erkenntnis in einem vollständigen Werk und keiner stellt die Verbindung, die Montesquieu mit Tocqueville zusammenführt – die traditionelle Lehre der geteilten Souveränität – in das Zentrum der Untersuchung. Dem möglichen Grund für die

---

436 J. C. Lamberti, *Introduction* à Tocqueville, *La démocratie en Amérique I et II*, in *Œuvres complètes*, Bd. II, Paris, Gallimard, 1992, S. XXV: Tocqueville „a opéré, à la fois, une transposition démocratique de Montesquieu, et un retour à sa méthode et à ses principes politique, en écartant les déformations du libéralisme qui avaient précédé, accompagné ou suivi la Révolution."

437 L. Díez del Corral y Pedruzo, *El pensamiento político de Tocqueville. Formación intelectual y ambiente histórico*, Madrid, Alianza Editorial, 1989, S. 327. Vergleiche mit E. Faguet, *Politiques et moralistes du XIXe siècle*, Paris, Lècene, Oudin et C., 1891, S. 257–258.

438 F. Furet – F. Mélonio, *Introduction* à A. de Tocqueville, *Œuvres complètes*, Bd. III, Paris, Bibliothèque de la Pléiade, Gallimard, 2004, S. XXXIII: „Au soir de sa vie, il applique plus que jamais sa mêthode, à la fois déductive et comparatiste, librement inspirée de Montesquieu: il suggère que si la révolution s'est déclenchée en France et non pas ailleurs, c'est qu'elle a eu, avant elle, un commencement, qu'elle a caché sous le nom d',Ancien Régime'". Siehe auch F. Furet, *Prèface* zu Tocqueville, *La Démocratie en Amérique*, I, Paris, Flammarion, 1981, S. 16.

439 Siehe A. Merlino, *Tocqueville lettore di Montesquieu*, in „Percorsi costituzionali", 2017, S. 919–933.

Vernachlässigung der zahlreichen Ähnlichkeiten dieser außergewöhnlichen Persönlichkeiten wird auf den kommenden Seiten nachgegangen.

1.2 Ein Gegenargument

Ein vermeintlich überzeugendes Argument widerspricht dem Einfluss Montesquieus auf Tocqueville: Als Tocquevilles Freund, Louis Bouchitté, dessen Werke als eine Verlängerung der montesquieuischen Lehre bezeichnet, weist Tocqueville einen solchen Einfluss entschieden zurück. In einem Brief an Bouchitté, vom 9. August 1956, behauptet Tocqueville sich mit den Schriften Montesquieus seit langer Zeit nicht mehr beschäftigt zu haben.[440] Er gibt an, dass, wenn von Einfluss die Rede sein könne, dieser unbewusst und „gegen seinen eigenen Willen" erfolgt sei; er habe in den letzten Jahrzehnten andere Autoren bevorzugt gelesen, deren Stil weit entfernt von dem Montesquieus wäre; beispielhaft nennt er Voltaire. Es scheint, als habe sich Tocqueville durch die Zuschreibung seines Freundes beleidigt gefühlt. Den Brief schließt er eilig mit den Worten „ich habe jetzt keine Zeit, um Ihnen mehr darüber zu sagen. Adieu!".[441] Tocqueville spricht sich selbst gegen einen direkten Einfluss Montesquieus aus. Es lässt sich jedoch eine Interpretation entwickeln, die erklärt, warum diesen Zeilen bei der Bewertung des montesquieuischen Einflusses keine entscheidende Bedeutung beigemessen werden darf. Und zwar ergibt sich das aus diesen Gründen:

1. Die Zurückweisung Tocquevilles findet sich in einem privaten Brief. In den veröffentlichten Schriften Tocquevilles sind keine vergleichbaren Aussagen enthalten.[442]

2. Es wäre nicht verwunderlich, wenn Tocqueville, der sich selten auf andere Autoren beruft, auf diese Weise die Originalität seiner Ausführungen und die Unabhängigkeit von seinen Vorläufern betonen wollte. Es ist anzunehmen, dass Tocqueville vermeiden wollte, dass seine Werke als bloße Wiederholung der Gedanken Montesquieus eingeordnet werden könnte. Zutreffend weist André Jardin darauf hin, dass dieser – wenn gleich Tocqueville vorgibt, er habe Montesquieu

---

440 A. de Tocqueville *Lettre à Bouchitté* 9. August 1856, in *Œuvres complètes de Tocqueville*, VII, hrsg. von G. Beaumont, Paris, Michel Lévy Frères, 1864–1866, S. 400–402 (deutsche eigene Übersetzung).

441 A. de Tocqueville, *Lettre à M. Bouchitté*, ebenda, S. 401–402.

442 Die aktuelle Forschung konnte beweisen, dass private Briefe und Schriften kein adäquates Mittel sind, um Tocquevilles Gedanken zu interpretieren, da sie Ideen und Anmerkungen beinhalten, die privater und nicht ausgereifter Natur waren und aus diesem Grund nicht veröffentlicht wurden. Außerdem können private Briefe verstärkt psychologische Elemente enthalten.

schon lange nicht mehr gelesen – offensichtlich die Methode Montesquieus angewandt und seine Grundideen implementiert hat.[443]

3. In der ersten Hälfte des 19. Jahrhunderts, also zu Lebzeiten Tocquevilles, bestand keine Notwendigkeit Montesquieu zu lesen, um von seiner Lehre beeinflusst zu werden. Montesquieus Ideen waren sozusagen „in der Luft".[444] Die einflussreichsten und angesehensten Autoren des Liberalismus haben sich ständig auf Montesquieu bezogen. Darunter Benjamin Constant, der wichtigste Verfassungsrechtler Frankreichs, der zu Beginn des 19. Jahrhunderts in seinem *Principes de politique* (1815) die Lehre Montesquieus wiederholte, um die Dreiteilung der Gewalten zu propagieren.[445] Genauso stand selbst François Guizot, der bedeutendste liberale Politiker, unter dem Einfluss der verfassungsrechtlichen Theorie Montesquieus.[446] Es ist also undenkbar, dass sich Tocqueville nicht intensiv mit dem Nachlass Montesquieus beschäftigte, denn sein liberales Milieu betrachtete Montesquieu als eine unabdingbare Referenz, die weder unabsichtlich übersehen noch willentlich ignoriert werden konnte.

Der entscheidende Unterschied zwischen den beiden Autoren liegt vor allem in ihrer Zugehörigkeit zweier grundlegend verschiedener Epochen: Der „erste Montesquieu" lebte zur Zeit des alten Staates und entwickelte seine Gedanken innerhalb des monarchischen Systems, zu einem Zeitpunkt, als die Demokratie als realisierbare Staats- und Regierungsform noch undenkbar erschien. Der „zweite Montesquieu" (Tocqueville) übte seine wissenschaftliche Tätigkeit innerhalb eines ganz neuen politischen Rahmens aus – nämlich während dem Aufstieg der Demokratie, die dieser in Amerika für bereits vollendet hielt. Tocqueville zufolge war die demokratische Entwicklung das unausweichliche Zukunftsmodell Europas. Die These, die im Folgenden vertreten wird ist, dass Tocqueville Montesquieus Lehre (welche dieser aus der Tradition gezogen hatte)

---

443 Siehe A. Jardin, *Introduction* à A. de Tocqueville, *L'ancien régime et la révolution. Fragments et notes inédites sur la révolution*, Bd. II, Paris, Gallimard, 1953, S. 17. Jardin weist auf die spärlichen fachliterarischen Verweise in *L'Ancien régime et la révolution* hin und bemerkt: „Tocqueville a été toute sa vie un lecteur assidu des grands écrivains du XVIIIe siècle; et, s'il nous affirme n'avoir point rouvert Montesquieu depuis 1850, cela ne l'empêche point de le citer dans *L'ancien Régime.*"
444 L. Díez del Corral y Pedruzo, *El pensamiento político de Tocqueville. Formación intelectual y ambiente histórico*, ebenda, S. 322.
445 B. Constant, *Principes de politique applicables a tous les gouvernemens représentatifs et particulèrement a la constitution actuelle de la France*, Paris, A. Eymery, 1815, S. 15–29.
446 F. Guizot, *Des moyens de gouvernement et d'opposition dans l'état actuel de la France*, Paris, l'Advocat, 1821, S. 144–147.

diesen neuen Umständen angepasst hat.[447] Diese Anpassung erfolgte nicht nur hinsichtlich der verfassungsrechtlichen, staatlichen Gewaltenteilung, sondern auch im Hinblick auf Beschränkungen nicht institutioneller Natur, die in der neuen Welt ein Gegenmittel zu der politischen Allmacht darstellen konnten. Tocquevilles Elaboration entspricht dem Anliegen und der Methode Montesquieus.

Zusammenfassung

Dieser Abschnitt hat die Behauptung Tocquevilles, dass dieser Montesquieu seit Jahren nicht gelesen habe und somit nicht von ihm beeinflusst hätte werden können, als wenig glaubwürdig eingestuft und die These aufgestellt, dass Tocqueville den Anschein der Originalität seiner Werke erhalten wollte. Außerdem gab es keine Möglichkeit der Lehre Montesquieus zu entrinnen – denn sein liberales Milieu betrachtete Montesquieu als eine unabdingbare Referenz. Es wurde darauf hingewiesen, dass der wesentliche Unterschied zwischen den beiden Denkern in der trennenden Epoche der Französischen Revolution liegt. Das politische Szenario, der Kontext, in dem ihr Leben und ihre Arbeit stattfand, unterscheidet sich dramatisch. Dennoch haben beide Autoren die gleiche Methode angewendet und den gleichen Feind, den Despotismus, im Visier gehabt.

1.3 Ein Schritt über Montesquieu hinaus: das neue demokratische Szenario

Dieser Abschnitt wird das demokratische Szenario und die unterschiedlichen Entwicklungsstadien Europas und der Vereinigten Staaten beschreiben und aufzeigen, wie Tocqueville, der sich in diesem veränderten Kontext befindet und das Aufkommen der modernen Massendemokratien mitverfolgt, diese beurteilt. Seine Analyse, so wird sich zeigen, ist von dem Gedanken der Verflechtung zwischen juristischen und gesellschaftlichen Elementen der Demokratie geprägt. Tocquevilles Sympathie für die Demokratie rührt daher, dass er sie als die einzige Alternative zum Despotismus betrachtet. Die Auseinandersetzung mit dem historischen Begleitumständen ermöglicht es, den veränderten Zusammenhang zu

447 Siehe dazu u. a. M. Richter, *Modernity and its Distinctive Threats to Liberty: Montesquieu and Tocqueville on New Form of Illegitimate Domination*, in *Alexis de Tocqueville. Zur Politik in der Demokratie*, ebenda, S. 61–80 und insbesondere S. 66.

begreifen, der Tocquevilles Denken und Werk – gegenüber Montesquieu – maßgeblich mitgestaltet. Der soziale und politische Kontext, in dem Tocqueville seine Gedanken entwickelt, ist gänzlich anders als die Ära, in der Montesquieu 100 Jahre zuvor seine Lehre entworfen hat.

1.3.1 Das demokratische Szenario in der Einführung der *Démocratie en Amérique:* Europa im Spiegel der amerikanischen Demokratie

Um die Hauptthese dieses Kapitels zu stützen, der zufolge Tocqueville die Rechtslehre von Montesquieu aufgenommen, erfasst und sie dann an das neue demokratische Szenario adaptiert hat, kündigt sich bereits in der Einführung der *Démocratie en Amérique I* an. Aus ihr geht hervor, dass er sein Heimatland Frankreich während der gesamten Abhandlung zu keinem Zeitpunkt aus den Augen verliert und seine Gedanken immer auch und vor allem um Frankreichs Zukunft kreisen.

Einige Autoren haben die These vertreten, dass sich der erste Band der *Démocratie en Amérique* vorwiegend mit der amerikanischen Demokratie befasse, während der zweite Band die damalige französische, politische Entwicklung abbilden würde. Das Argument, das diese Autoren zur Begründung ihrer Behauptung anführen ist, dass der erste Band direkt nach dem Aufenhalt in Amerika entstanden und daher von frischen Eindrücken geprägt worden wäre.[448] Einer solchen Interpretation widerspricht die Einführung des ersten Bandes allerdings vehement, da ihr zu entnehmen ist, dass sowohl Amerika wie auch Frankreich konstante Bezugspunkte seiner Arbeit darstellen und er neben der amerikanischen Erfahrung immer auch das zeitgenössische Frankreich vor Augen hatte.

Tocqueville wendet sich der „neuen Welt“ zu, der nicht nur die Vereinigten Staaten angehören, sondern letztlich der gesamte Globus. Diese neue Welt ist laut ihm einer unaufhaltsamen Entwicklung unterworfen ist – dem Aufstieg der Demokratie. In Amerika hatte sich dieser Prozess bereits vollzogen und wird von ihm als „fait accompli“ (vollendete Tatsache) bezeichnet.[449] In seiner Einführung teilt Tocqueville dem Leser mit, dass er während der Exkursion in den Vereinigten

448 Siehe J. Laski, *Intrduction* à A. de Tocqueville, *La Démocratie en Amérique*, I, in *Œuvres complètes*, Paris, Gallimard, 1961, S. IX–XL und insbesondere S. XXVII; Vittorio De Caprariis, *Profilo di Tocqueville*, Neapel, Guida 1962, S. 31–32; Jack Lively, *The social and political Thought of Alexis de Tocqueville*, Oxford, Clarendon 1962, S. 153–154, Marvin Zetterbaum, *Tocqueville and the Problem of Democracy*, Stanford, 1967, S. 85–86.

449 Siehe F. Furet, *Le systeme conceptuel de la „Démocratie en Amérique“*, in *Alexis de Tocqueville. Zur Politik in der Demokratie*, ebenda, S. 19–51.

Staaten besonders von der Gleichheit der gesellschaftlichen Bedingungen beeindruckt gewesen wäre, die innerhalb der amerikanischen politischen und sozialen Strukturen existiere. Er erklärt, dass ihm sofort und eindeutig klargeworden wäre, dass sich diese bedeutsame Tatsache umfassend auf das Leben der gesamten Gesellschaft auswirken und auch gleichermaßen das öffentliche Recht („l'esprit public") beeinflussen würde.[450] An dieser Betrachtungsweise lässt sich abermals der Einfluss Montesquieus erkennen, schließlich hatte jener die Verflechtung zwischen Gesellschaft und öffentlichem Recht in seiner Analyse bereits ausführlich ausgearbeitet. Es stellt auch kein Zufall dar, dass Tocqueville, den von Domat in die juristische Sprache eingeführten und von Montesquieu geprägten Ausdruck „esprit" verwendet. In der entsprechenden Passage, die den Ausgangspunkt Tocquevilles Überlegungen darstellt, ist Montesquieu bereits anwesend.

Die Gleichheit der gesellschaftlichen Bedingungen übt in Amerika sowohl Einfluss auf die Regierungsform, als auch auf die Erschaffung eines neuen Menschenbildes aus, so Tocquevilles Beobachtung.[451] Die Verschmelzung von Gesellschaft und Recht, die er im demokratischen Amerika konstatiert, beschränkt sich aber nicht ausschließlich auf den amerikanischen Staat; in Frankreich und dem Rest Europas beobachtet er ähnliches. Um den Wortschatz Tocquevilles zu verwenden gilt „die Gleichheit der gesellschaftlichen Bedingungen",

---

450 A. de Tocqueville, *De la démocratie en Amérique*, in *Œuvres complètes*, Bd. II, Paris, Gallimard, 1992, S. 3: „Parmi les objets nouveaux qui, pendant mon séjour aux États-Unis, ont attiré mon attention, aucun n'a plus vivement frappé mes regards que l'égalité des conditions. Je découvris sans peine l'influence prodigieuse qu'exerce ce premier fait sur la marche de la société; il donne à l'esprit public une certaine direction, un certain tour aux lois; aux gouvernants des maximes nouvelles, et des habitudes particulières aux gouvernés." Siehe A. de Tocqueville, *Über die Demokratie in Amerika*, hrsg. von J.P. Mayer, Stuttgart, Reclam, 1985, S. 15: „Von all dem Neuen, das während meines Aufenthaltes in den Vereinigten Staaten meine Aufmerksamkeit auf sich zog, hat mich nichts so lebhaft beeindruckt wie die Gleichheit der gesellschaftlichen Bedingungen. Alsbald wurde mir der erstaunliche Einfluß klar, den diese bedeutende Tatsache auf das Leben der Gesellschaft ausübt; sie gibt dem öffentlichen Geist eine bestimmte Richtung und den Gesetzen ein bestimmtes Wesen; sie gibt den Regierenden neue Grundsätze und den Regierten besondere Gewohnheiten."

451 A. de Tocqueville, *De la démocratie en Amérique*, ebenda, S. 3: „Bientôt je reconnus que ce même fait étend son influence fort au-delà des mœurs politiques et des lois, et qu'il n'obtient pas moins d'empire sur la société civile que sur le gouvernement: il crée des opinions, fait naître des sentiments, suggère des usages et modifie tout ce qu'il ne produit pas." *Über die Demokratie in Amerika*, ebenda, S. 15: „Bald erkannte ich, daß diese Tatsache weit über das politische Leben und die Gesetze hinaus von Einfluß ist und daß sie die bürgerliche Gesellschaft nicht weniger beherrscht als die Regierung: sie erzeugt Meinungen, läßt Gefühle entstehen, weckt Gewohnheiten und verwandelt alles, was sie nicht hervorbringt."

als Prinzip der Regierung in der neuen Welt. Tocqueville war überzeugt, dass diese Form der Egalität im Begriff wäre, sich auch in Europa zu etablieren und gibt an, dass ihn diese absehbare Entwicklung zu der Konzipierung seines Buches veranlasst habe.[452] Diese Aussage spricht für eine Sichtweise Tocquevilles, die sowohl Amerika als auch Frankreich gleichermaßen im Blick hatte und widerlegt gleichzeitig die Hypothese, der zufolge der erste Band weitaus mehr Amerika betreffen würde als Frankreich. Die Entwicklung der Demokratie in Europa präsentiert sich Tocqueville als unaufhaltsame Tatsache, weshalb ihm jede Auflehnung sinn- und zwecklos zu sein schien. Tocqueville beruft sich, als rhetorisches Mittel, auf die göttliche Vorsehung, der zufolge die Demokratie eindeutig gewollt sei. Der Versuch, sich gegen die Demokratie aufzulehnen, würde bedeuten, sich dem Willen Gottes zu widersetzen.[453] Damit tadelt er die konservativen politischen

---

452 A. de Tocqueville, *De la démocratie en Amérique*, ebenda, S. 3: „Ainsi donc, à mesure que j'étudiais la société américaine, je voyais de plus en plus, dans l'égalité des conditions, le fait générateur dont chaque fait particulier semblait descendre, et je le retrouvais sans cesse devant moi comme un point central où toutes mes observations venaient aboutir. Alors je reportai ma pensée vers notre hémisphère, et il me sembla que j'y distinguais quelque chose d'analogue au spectacle que m'offrait le nouveau monde. Je vis l'égalité des conditions qui, sans y avoir atteint comme aux États-Unis ses limites extrêmes, s'en rapprochait chaque jour davantage; et cette même démocratie, qui régnait sur les sociétés américaines, me parut en Europe s'avancer rapidement vers le pouvoir. De ce moment j'ai conçu l'idée du livre qu'on va lire." *Über die Demokratie in Amerika*, ebenda, S. 15: „So sah ich, je mehr ich mich mit der amerikanischen Gesellschaft beschäftigte, in der Gleichheit der gesellschaftlichen Bedingungen immer deutlicher das schöpferische Prinzip, das allen Einzeltatsachen zugrunde zu liegen schien, und ich stieß immer wieder auf diese Gleichheit als einen zentralen Punkt, in den alle meine Beobachtungen einmündeten. Darauf kehrte ich mit meinen Gedanken zu unserem Erdteil zurück, und ich hatte den Eindruck, hier etwas Ähnliches wahrzunehemen. Ich sah, wie die Gleichheit der geschäftlichen Bedingungen, ohne – wie in Amerika – ihre äußersten Grenzen erreicht zu haben, ihnen täglich immer näherrückte; und mir schien die gleiche Demokratie, die über die amerikanische Gesellschaft herrscht, in Europa sich rasch der Herrschaft zu nähern. Da entschloß ich mich, das vorliegende Buch zu schreiben."

453 A. de Tocqueville, *De la démocratie en Amérique*, ebenda, S. 7: „Il n'est pas nécessaire que Dieu parle lui-même pour que nous découvrions des signes certains de sa volonté; il suffit d'examiner quelle est la marche habituelle de la nature et la tendance continue des événements; je sais, sans que le Créateur élève la voix, que les astres suivent dans l'espace les courbes que son doigt a tracées. Si de longues observations et des méditations sincères amenaient les hommes de nos jours a reconnaître que le développement graduel et progressif de l'égalité est à la fois le passé et l'avenir de leur histoire, cette seule découverte donnerait à ce développement le caractère sacré de la volonté du souverain maître. Vouloir arrêter la démocratie paraîtrait alors lutter contre Dieu même, et il ne resterait aux nations qu'à s'accommoder à l'état social que leur impose la Providence. Les peuples chrétiens me paraissent offrir de nos jours un effrayant spectacle; le mouvement qui les emporte est déjà assez fort pour qu'on ne puisse le suspendre, et il n'est pas encore assez rapide pour qu'on désespère de le diriger: leur sort est entre leurs mains; mais bientôt il leur

Kräfte seiner Zeit, die den alten Staat und folglich auch die Privilegien des französischen Adels und des Klerus wiederherstellen wollten.

Die Etablierung von Massendemokratien war zur Zeit Montesquieus vollkommen undenkbar. Montesquieu sorgt sich um die Entartung der französischen Monarchie in einen Despotismus, während die Monarchie aus Tocquevilles Perspektive ein untergehendes Staatsmodell darstellt. Er betrachtet die vorrevolutionären, politischen Strukturen als vollständig erloschen und das Gleichgewicht, innerhalb des feudalen Systems, zwischen Adel und Monarch, welches Montesquieu unterstützt hatte, war nunmehr sinnlos und überholt, da es von dem neuen politischen Prinzip der Volkssouveränität abgelöst wurde.

1.3.2 Der unaufhaltsame Aufstieg der Demokratie

Tocqueville war überzeugt, dass die demokratische Entwicklung Europas unaufhaltsam wäre. Die Möglichkeit der Rückkehr, in eine Zeit des alten Staates, bestand ihm zufolge nicht mehr. Die politische Welt Montesquieus – anders als seine Lehre – war laut Tocqueville definitiv untergegangen. Die demokratische Entwicklung erschien Tocqueville als ein Faktum, das in die Geschichte inskribiert war und deren Wurzeln nicht in der amerikanischen Welt, sondern in der europäischen Geschichte gründeten. Auch diese Auffassung Tocquevilles spricht für seine einheitliche Betrachtung der Demokratien in Europa und Amerika.[454]

échappe. Instruire la démocratie, ranimer s'il se peut ses croyances, purifier ses mœurs, régler ses mouvements, substituer peu à peu la science des affaires à son inexpérience, la connaissance de ses vrais intérêts à ses aveugles instincts; adapter son gouvernement aux temps et aux lieux; le modifier suivant les circonstances et les hommes. tel est le premier des devoirs imposé de nos jours à ceux qui dirigent la société. Il faut une science politique nouvelle à un monde tout nouveau."

454 A. de Tocqueville, *De la démocratie en Amérique*, S. 4: „Une grande révolution démocratique, s'opère parmi nous: tous la voient, mais tous ne la jugent point de la même manière. Les uns la considèrent comme une chose nouvelle, et, la prenant pour un accident, ils espèrent pouvoir encore l'arrêter; tandis que d'autres la jugent irrésistible, parce qu'elle leur semble le fait le plus continu, le plus ancien et le plus permanent que l'on connaisse dans l'histoire." *Über die Demokratie in Amerika*, ebenda, S. 15–16: „Eine große demokratische Revolution ist bei uns im Gange; alle nehmen sie wahr, aber nicht alle beurteilen sie auf die gleiche Weise. Die einen betrachten sie als etwas Neues, Zufälliges und hoffen, sie noch aufhalten zu können; andere halten sie dagegen für unwiderstehlich, weil sie ihnen als die stetigste, die älteste und die anhaltendste Entwicklung erscheint, die in der Geschichte bekannt ist." Man vergleiche mit den Überlegungen zur demokratischen Revolution in Frankreich und auf dem europäischen Kontinent, in A. de Tocqueville, *Etat social et politique de la France avant et depuis 1789*, in *Œuvres complètes*, III, Paris, Gallimard, 2004, S. 3–40.

Er ist sich sicher, dass bereits seit Jahrhunderten alles auf eine demokratische Entwicklung hinausgelaufen ist. Die soziale Mobilität wäre eine Voraussetzung dafür gewesen: Diese hatte sich erst innerhalb der Kirche manifestiert (wo der Knecht zum Priester aufsteigen und sich auf die Ebene des Adels stellen und manchmal sogar über den Rang der Könige emporstieg); dann in den Reihen der Juristen (die aus den Gerichtshöfen austraten, sich am Hofe des Adels ansiedelten und dort bestimmte Funktionen ausübten); und schließlich dann in der Wissenschaft, im Handel und durch die Käuflichkeit der Ämter. Diese Einschätzung erinnert stark an Montesquieu, der den Handel und die Käuflichkeit der Ämter sowohl für den sozialen Aufstieg, wie auch für das Verderben der Sitten verantwortlich macht. Durch die Käuflichkeit der Adelsämter führte die Aristokratie die „Gleichheit" in die Sphäre der Regierung ein.[455] Der Protestantismus beschleunigte den Vormarsch der Demokratie: Er hatte nämlich jedem Gläubigen eine direkte Verbindung zu Gott zugestanden. Schließlich wurde die soziale Mobilität dann auch noch durch die Gleichstellungspolitik der Könige vorangetrieben, besonders durch die „am stärksten gleichstellendsten und konstantesten" von ihnen, nämlich der französischen Krone. Diese drückten Adel und Volk gleichermaßen zu Boden und ließen schlussendlich dem eigenen Hofstaat wie auch sich selbst dasselbe Schicksal, das der Nivellierung jeglicher Unterschiede, zukommen.[456]

455 Vergleiche mit A. de Tocqueville, *L'Ancien Régime et la Révolution*, II, XI, in *Œuvres complètes*, III, ebenda, S. 144. Die Käuflichkeit der Ämter wird hier als eine Begrenzung der Zentralisierungspolitik der französischen Krone verstanden: „La centralisation avait déjà le même naturel, les mêmes procédés, les mêmes visées que de nos jours, mais non encore le même pouvoir. Le gouvernement, dans son désir de faire de l'argent de tout, ayant mis en vente la plupart des fonctions publiques, s'était ôté ainsi à luimême la faculté de les donner etde les retirer à son arbitraire. L'une deses passions avait ainsi grandement nui au succès de l'autre : son avidité avait fait contre-poids à son ambition. Il en était donc réduit sans cesse pour agir à employer des instruments qu'il n'avait pas façonnés lui-même et qu'il ne pouvait briser. Il lui arrivait souvent de voir ainsi ses volontés les plus absolues s'énerver dans l'exécution. Cette constitution bizarre et vicieuse des fonctions publiques tenait lieu d'une sorte de garantie politique contre l'omnipotence du pouvoir central. C'était comme une sorte de digue irrégulière et mal construite qui divisait sa force et ralentissait son choc."

456 A. de Tocqueville, *De la démocratie en Amérique*, ebenda, S. 5: „Durant les sept cents ans qui viennent de s'écouler, il est arrivé quelquefois que, pour lutter contre l'autorité royale ou pour enlever le pouvoir à leurs rivaux, les nobles ont donné une puissance politique au peuple. Plus souvent encore, on a vu les rois faire participer au gouvernement les classes inférieures de l'État, afin d'abaisser l'aristocratie. En France, les rois se sont montrés les plus actifs et les plus constants des niveleurs. Quand ils ont été ambitieux et forts, ils ont travaillé à élever le peuple au niveau des nobles; et quand ils ont été modérés et faibles, ils ont permis que le peuple se plaçât au-dessus d'eux-mêmes. Les uns ont aidé la démocratie par leurs talents, les autres par leurs

Das Urteil Tocquevilles über die Rolle der französischen Könige deckt sich mit der Kritik Montesquieus an der zentralisistischen Monarchie seiner Zeit und entspricht Tocquevilles These der Kontiuität zwischen *ancien régime* und postrevolutionärer Epoche, im Sinne des Zentralismus. Die Spuren Montesquieus sind darüber hinaus auch in der Einschätzung der wirtschaftlichen Entwicklung auffindbar. Mit dem Aufkommen des Grundbesitzes, anstelle der feudalen Besitzverhältnisse, entstanden „neue Bedürfnisse und Wünsche“ (für Tocqueville vollzog sich diese Entwicklung bereits innerhalb des alten Staates und war keine Folge der Revolution).[457] Alles hatte auf die Gleichstellung hingearbeitet: die

vices. Louis XI et Louis XIV ont pris soin de tout égaliser au-dessous du trône, et Louis XV est enfin descendu lui-même avec sa cour dans la poussière.“ *Über die Demokratie in Amerika*, ebenda, S. 17: „Während der verflossenen siebenhundert Jahre ist es zuweilen vorgekommen, daß die Adligen dem Volk politische Macht gegeben haben, um so gegen die königliche Autorität zu kämpfen oder ihren Rivalen die Macht zu entreißen. Häufiger noch sah man, daß die Könige die unteren Klassen an der Regierung teilnehmen ließen, um die Macht der Aristokratie zu schwächen. In Frankreich zeigten sich die Könige als die geschäftigsten und beharrlichsten Gleichmacher. Waren sie voller Ehrgeiz und mächtig, so versuchten sie das Volk auf das Niveau der Adligen zu erheben; waren sie maßvoll und schwach, so ließen sie zu, daß das Volk sich über sie selbst stellte. Die einen haben die Demokratie durch ihre Fähigkeiten gefördert, die anderen durch ihre Fehler. Ludwig XI. und Ludwig XIV. wollten unterhalb des Throns alles gleichmachen, Ludwig XV. ist schließlich selbst mit seinem Hofstaat in den Staub gestiegen.“

457 Vergleiche mit A. de Tocqueville, *L'ancien régime et la Révolution*, in *Œuvres complètes*, III, ebenda S. 77–78: „Pourquoi donc les mêmes droits féodaux ont-ils excité dans le cœur du peuple en France une haine si forte qu'elle survit à son objet même et semble ainsi inextinguible? La cause de ce phénomène est, d'une part, que le paysan français était devenu propriétaire foncier, et, de l'autre, qu'il avait entièrement échappé au gouvernement de son seigneur. Il y a bien d'autres causes encore, sans doute, mais je pense que celles-ci sont les principales. Si le paysan n'avait pas possédé le sol, il eût été comme insensible à plusieurs des charges que le système féodal faisait peser sur la propriété foncière. Qu'importe la dîme à celui qui n'est que fermier? Il la prélève sur le produit du fermage. Qu'importe la rente foncière à celui qui n'est pas propriétaire du fonds? Qu'importent mêmes les gênes de l'exploitation à celui qui exploite pour un autre?“ Laut Tocqueville machte gerade die Zuweisung von Eigentum an die französischen Kleinbauern – und zwar vor 1789 und nicht danach – die ihnen von einem seiner politischen Funktionen entbundenen Adel auferlegten Lasten und Belastungen unerträglich. Tocqueville erinnert daran, dass „der Feudalismus Frankreichs größte übriggebliebene zivile Institution gewesen war. Nachdem er aufgehört hatte, auch eine politische Institution zu sein, wurde er nur umso stärker gehaßt und so kann man sagen, dass die Zerstörung eines Teiles der mittelalterlichen Institutionen die übriggebliebenen nur hundert Mal verhasster gemacht hat.“ Das Problem des Verhältnisses zwischen Erde und Freiheit stellt den Anlass für einen weiteren, dieses Mal expliziten Verweis auf Montesquieu dar. Tocqueville kommentiert den „tiefen Ausspruch Montesquieus“, („le mot si profond de Montesquieu“), nach welchem „nicht die Fruchtbarkeit des Bodens den Ertrag eines Grundstücks bestimmt, sondern die Freiheit seines Besitzers“. Siehe A. de Tocqueville, *L'Ancien Régime et la Révolution*, II, XI, in *Œuvres complètes*, III, ebenda S. 156.

Perfektionierungen im Bereich der Industrie und des Handels, das Verlangen nach „Luxus“, die „Liebe zum Krieg“, „die Vorherrschaft der Mode“, sowie die „oberflächlichen Leidenschaften des menschlichen Herzens“ hatten zusammengespielt, um „die Reichen zu verarmen und die Armen zu bereichern“.[458] Für Tocqueville ist „die Geschichte Europas seit dem Mittelalter nichts anderes als der Werdegang eines kontinuierlichen und unaufhaltsamen Prozesses hin zur Gleichheit der Bedingungen gewesen, zu welchem alle beigetragen haben, auch jene, die sich ihm entgegenstellen wollten.“ Diese Überlegungen Tocquevilles geben augenscheinlich den Standpunkt Montesquieus betreffend den *commerce* wieder.[459]

1.3.3 Die Verflechtung zwischen Recht und Gesellschaft

Aus der soeben bemühten Darstellung sollte hervorgegangen sein, dass Tocqueville das demokratische Szenario als eine Verflechtung zwischen politischen und sozialen Faktoren betrachtet und er die rechtsvergleichende Methode Montesquieus anwendet, um diesen Sachverhalt zu schildern. Auch seine Untersuchung beschränkt sich nicht auf die institutionelle Ebene, sondern schließt die historischen, sozialen und politischen Begleitumstände mit ein.

Tocqueville bezieht sich in seiner Analyse des „demokratischen Sozialstaates“ auf ein soziales Phänomen, welches seiner Meinung nach das Fundament der westlichen Gesellschaft darstellt. Die Thematik des „demokratischen Sozialstaates“ wird zu allererst in der *Introduction* angesprochen (wo er als „fait générateur dont chaque fait particuler semblait descendre“ bezeichnet wird) und kommt dann in jenem Abschnitt wieder zur Sprache, das als das innovativste Kapitel der *Démocratie en Amérique I* gilt: nämlich das Kapitel III.[460] Der „demokratische Sozialstaat“ wird hier als Sinnbild einer sich auch in Europa vollziehenden Transformation präsentiert; in Anbetracht der Lektion Montesquieus bemerkt Tocqueville die sehr enge Verbindung zwischen „Sozialstaat“ und politischer Verfassung (welche in der Terminologie Montesquieus als „allgemeiner Geist“ bezeichnet wird). Im Einklang mit der Vorstellung Montesquieus vom

---

458 A. de Tocqueville, *De la démocratie en Amérique*, ebenda, S. 5.

459 Es muss daran erinnert werden, dass unter dem Ausdruck *commerce* zur Zeit Montesquieus nicht nur der Handel, sondern die gesamten wirtschaftlichen Verhältnisse verstanden wurden.

460 A. M. Battista, *„Lo Stato Sociale Democratico“ nelle analisi di Tocqueville e nelle valutazioni dei contemporanei*, „Il pensiero politico“, 1973, S. 336–395 und in A. M. Battista, *Studi su Tocqueville*, Florenz, Centro Editoriale Toscano, 1989, S. 65.

„allgemeinen Geist" skizziert Tocqueville die laufende demokratische Entwicklung bzw. den „demokratischen Sozialstaat" folgendermaßen:[461]

> „Gewöhnlich ist die Gesellschaftsordnung das Ergebnis historischer Tatsachen, manchmal auch das Ergebnis von Gesetzen, meistens wirkt beides zusammen; besteht aber eine bestimmte Gesellschaftsordnung erst einmal, so können wir in ihr den Grund sehen, in dem die meisten Gesetze, die meisten Gewohnheiten und Vorstellungen wurzeln, die das Leben der Völker bestimmen; und was nicht der Gesellschaftsordnung entspringt, ist doch von ihr beeinflußt. Daher müssen wir, wenn wir die Gesetze und die Sitten eines Volkes kennenlernen wollen, zunächst seine Gesellschaftsordnung ins Auge fassen."

Tocqueville ist kein Vertreter der Demokratie an sich. Er erklärt, dass er nicht beabsichtige die Tatsachen an die Ideen anzupassen, sondern die Ideen entlang der Tatsachen zu entwickeln. Als eine solche Tatsache versteht Tocqueville offenbar die Demokratie. Bei dem Versuch, seine Ideen entlang der demokratischen Tatsache zu entwickeln, verwendet er die Methode Montesquieus (entsprechend dem *esprit général*) und stellt eine Gleichung zwischen demokratischer Regierungsform einerseits und Sitten, Bräuche, Gewohnheiten und Eigenschaften der zivilen Gesellschaft andererseits auf; deren beide Pole in einem wechselseitigen Einflussverhältnis stehen.[462] Der Begriff des *esprit général* bezeichnet die Ansicht

---

461 A. de Tocqueville, *Über die Demokratie in Amerika*, ebenda, S. 34; *De la démocratie en Amérique*, I,I,III, in *Œuvres complètes*, ebenda, S. 50: „L'état social est ordinairement le produit d'un fait, quelquefois des lois, le plus souvent de ces deux causes réunies; mais une fois qu'il existe, on peut le considérer lui-même comme la cause première de la plupart des lois, des coutumes et des idées qui règlent la conduite des nations; ce qu'il ne produit pas, il le modifie. Pour connaître la législation et les mœurs d'un peuple, il faut donc commencer par étudier son état social."

462 A. de Tocqueville, *De la démocratie en Amérique,* ebenda, S. 16 – 17: „Dans la première partie de cet ouvrage, j'ai donc essayé de montrer la direction que la démocratie, livrée en Amérique a ses penchants et abandonnée presque sans contrainte à ses instincts, donnait naturellement aux lois, la marche qu'elle imprimait au gouvernement, et en général la puissance qu'elle obtenait sur les affaires. J'ai voulu savoir quels étaient les biens et les maux produits par elle. J'ai recherché de quelles précautions les Américains avaient fait usage pour la diriger, et quelles autres ils avaient omises, et j'ai entrepris de distinguer les causes qui lui permettent de gouverner la société. Mon but était de peindre dans une seconde partie l'influence qu'exercent en Amérique l'égalité des conditions et le gouvernement de la démocratie sur la société civile, sur les habitudes, les idées et les mœurs; mais je commence à me sentir moins d'ardeur pour l'accomplissement de ce dessein. Avant que je puisse fournir ainsi la tâche que je m'étais proposée, mon travail sera devenu presque inutile. Un autre doit bientôt montrer aux lecteurs les principaux traits du caractère américain, et, cachant sous un voile léger la gravité des tableaux, prêter à la vérité des charmes dont je n'aurais pu la parer. Je ne sais si j'ai réussi à faire connaître ce que j'ai vu en Amérique,

Montesquieus, nach der sowohl die Regierungsform, als auch soziale Faktoren wie Sitten, Bräuche, Religion, Handel (*commerce*), Moral, Geschichte, Klima und geografische Faktoren zu der spezifischen Form der Rechtsordnung beitragen. Auf Basis dieser Annahme entwickelt Montesquieu die drei abstrakten Regierungsformen: Monarchie, Republik und Despotismus. Wie aus dem folgenden Abschnitt hervorgehen wird, konnte Tocqueville sich der montesquieuischen Theorie der Regierungsformen nicht anschließen.

1.3.4 Demokratie als einzige Alternative zum Despotismus

Nach der Französischen Revolution war die Einteilung in Monarchie, aristokratische und demokratische Republik und Despotismus anachronistisch. Die einzige Tatsache, die der neuen politischen Wirklichkeit entsprach, war laut Tocqueville die Demokratie und die Gefahr einer Degeneration in Despotismus. Aus diesem Grund verstand er sich nicht als grundsätzlicher Vertreter der Demokratie, sondern fühlte sich gezwungenermaßen veranlasst seine Unterstützung für die Demokratie auszusprechen, da sie seiner Ansicht nach die alleinige Alternative zum Schreckenszenario des Despotismus darstellte. Diese These wird bereits in der Einführung der *Démocratie en Amérique I* bestätigt, in der Tocqueville angibt, dass er keinesfalls beabsichtigt habe ein Loblied auf die Demokratie zu schreiben. Er weist den Leser darauf hin, dass er darauf verzichten wolle ein allgemeines Urteil über die Demokratie als Regierungsform abzugeben, stattdessen würde er sie als unbestreitbaren, unveränderlichen Fakt behandeln und gibt diese Tatsache auch als Grund seiner Auseinandersetzung mit der amerikanischen Rechtsordnung an. Denn dort hätte die Demokratie bereits ihre Vollkommenheit erreicht. In Amerika hätte sich die demokratische Entwicklung schon vollzogen, die dem zukünftigen Europa noch bevorstehe.[463] Tocqueville hatte nicht die Absicht einen

mais je suis assuré d'en avoir eu sincèrement le désir, et de n'avoir jamais cédé qu'à mon insu au besoin d'adapter les faits aux idées, au lieu de soumettre les idées aux faits."

463 A. de Tocqueville, *Introduction* à *De la démocratie en Amérique*, ebenda, S. 15: „On se tromperait étrangement si l'on pensait que j'aie voulu faire un panégyrique; quiconque lira ce livre sera bien convaincu que tel n'a point été mon dessein; mon but n'a pas été non plus de préconiser telle forme de gouvernement en général; car je suis du nombre de ceux qui croient qu'il n'y a presque jamais de bonté absolue dans les lois; je n'ai même pas prétendu juger si la révolution sociale, dont la marche me semble irrésistible, était avantageuse ou funeste à l'humanité; j'ai admis cette révolution comme un fait accompli ou prêt à s'accomplir, et, parmi les peuples qui l'ont vue s'opérer dans leur sein, j'ai cherché celui chez lequel elle a atteint le développement le plus complet et le plus paisible, afin d'en discerner clairement les conséquences naturelles, et d'apercevoir, s'il se peut, les moyens de la rendre profitable aux hommes. J'avoue que dans

„Panegyrikus" zu verfassen.[464] Vor die Wahl zwischen dem „Despotismus eines Einzelnen" und der „Souveränität aller" gestellt, würde er, ohne zu zögern, die „Souveränität aller" wählen. Auf diesem Weg gab es für ihn aber keine halben, keine unvollständigen Sachen, wie dies manche liberalen politischen Denker (zum Beispiel Guizot) angenommen hatten.[465]

Tocqueville nahm Abstand von den Verfassungsrechtlern seiner Zeit, wie Benjamin Constant, der versuchte dem König ein monarchisches Element zu erhalten und ein aristokratisches Element der höheren Kammer des Parlaments anzuvertrauen. Benjamin Constant war Unterstützer einer starken Exekutive und einer hohen Erbschaftskammer, um das monarchische und aristokratische Element mit dem Prinzip der Volkssouveränität, im Sinne der Lehre der gemischten Verfassung, zu kombinieren. Constant hat damit die reine verfassungsrechtliche Theorie Montesquieus (aus dem Kapitel über die englische Verfassung, im *Esprit*

l'Amérique j'ai vu plus que l'Amérique; j'y ai cherché une image de la démocratie elle-même, de ses penchants, de son caractère, de ses préjugés, de ses passions; j'ai voulu la connaître, ne fût-ce que pour savoir du moins ce que nous devions espérer ou craindre d'elle." *Über die Demokratie in Amerika*, ebenda, S. 30–31: „Wer annimmt, ich wollte ein Loblied auf Amerika anstimmen, täuscht sich sehr; wer dieses Buch liest, wird sich überzeugen, daß ich das durchaus nicht beabsichtigte; ebensowenig hatte ich vor, die Regierungsform der Amerikaner im allgemeinen anzupreisen; denn ich gehöre zu denen, die glauben, daß es in den Gesetzen kaum jemals etwas absolut Gutes gibt; ich habe nicht einmal daran gedacht, zu entscheiden, ob die soziale Revolution, die ich für unwiderstehlich halte, für die Menschheit vorteilhaft oder verderblich ist; ich habe diese Revolution als eine vollzogene oder noch sich vollziehende Tatsache genommen und habe mich unter den Völkern, die sie bei sich erlebt haben, dasjenige ausgesucht, bei dem sie die Entwicklung am vollständigsten und am friedlichsten durchgemacht hat, um hier klar ihre natürliche Folgen zu untersuchen und womöglich die Mittel zu finden, wie man sie für die Menschen fruchtbar machen kann. Ich gestehe, daß ich in Amerika mehr gesehen habe als Amerika; ich habe dort ein Bild der reinen Demokratie gesucht, ein Bild ihrer Neigungen, Besonderheiten, ihrer Vorurteile und Leidenschaften; ich wollte sie kennenlernen, und sei es nur, um wenigstens zu erfahren, was wir von ihr zu erhoffen oder zu befürchten haben."

464 Im Hinblick auf Anna Maria Battista kann gesagt werden, dass die Interpretation eines nostalgischen Tocquevilles mit Vorbehalt zu betrachten ist: Die Nostalgie der Privatperson Tocqueville für die Welt des Adels, welche es nicht mehr gab und auch nie mehr geben wird, beeinträchtigte das Urteil des Historikers Tocqueville nicht. Siehe A. M. Battista, *„Lo Stato Sociale Democratico" nelle analisi di Tocqueville e nelle valutazioni dei contemporanei*, ebenda, S. 82–83; Vgl. mit H. J. Laski, *A. De Tocqueville and Democracy*, in *The Social and Political Ideas of Some Representative Thinkers of the Victorian Age*, Pennsylvania State University, Harrap, 1933, S. 100–115; H. Laski, *Introduction* zu Tocqueville, *De la démocratie en Amérique*, vol I, ebenda, S. IXff.

465 Zum Dialog zwischen Guizot und Tocqueville siehe L. Díez del Corral y Pedruzo, *El pensamiento político de Tocqueville. Formación intelectual y ambiente histórico*, ebenda, S. 369–371.

des lois) auf seine Zeit angewendet. [466] Tocqueville befand es für unnützlich die Gegengewichte der Volkssouveränität in der Erhaltung monarchischer oder aristokratischer Elemente zu suchen, denn für ihn waren diese mit dem Zerfall des alten Staates endgültig untergegangen und die Hoffnung der Menschen während der Restauration, nach einer dauerhaften Allianz zwischen Monarchie und Freiheit, erloschen. Tocqueville konnte keinen Mittelweg innerhalb der demokratischen Entwicklung erkennen und so waren lediglich zwei mögliche Alternativen denkbar: Entweder mussten jedem Bürger die gleichen Rechte zugeschrieben werden, oder aber allen keine. In der neuen demokratischen Staatsordnung durften sich also keine Nuancen und keine rechtlichen Ungleichheiten zwischen den Bürgern ergeben. Die einzige Alternative zu der vollständigen Gleichheit der Einzelnen – ohne jedoch eine echte Option darszustellen – wäre laut Tocqueville die unmittelbare Zuwendung zu einer despotischen Regierungsform, die mit dem Verlust jeglicher Freiheit und aller bürgerlichen Rechte einherginge.[467]

1848 schreibt Tocqueville eine einführende Anmerkung in der XII. Ausgabe der *Démocratie en Amérique:* „In der Vergangenheit gab es die Monarchie. Heute ist diese zerstört." „Es geht heutzutage nicht mehr darum zu wissen, ob wir in Frankreich eine Monarchie oder eine Republik haben werden, sondern darum, ob wir eine unruhige oder eine ruhige, eine regelmäßige oder eine unregelmäßige, eine friedfertige oder eine kriegstolle, eine liberale oder eine repressive, eine die heiligen Rechte des Besitzes und der Familie bedrohende oder eine diese anerkennende und heiligende Republik haben werden. Dies ist ein schweres Problem, welches nicht nur Frankreich betrifft, sondern die ganze zivile Welt. Wenn wir uns

---

466 B. Constant, *Principes de politique applicables a tous les gouvernemens représentatifs et particulèrement a la constitution actuelle de la France*, ebenda, S. 15–29.

467 A. de Tocqueville, *De la démocratie en Amérique*, I,I,III, ebenda, S. 58: „Il est impossible de comprendre que l'égalité ne finisse pas par pénétrer dans le monde politique comme ailleurs. On ne saurait concevoir les hommes éternellement inégaux entre eux sur un seul point, égaux sur les autres; ils arriveront donc, dans un temps donné, à l'être sur tous. Or, je ne sais que deux manières de faire régner l'égalité dans le monde politique: il faut donner des droits à chaque citoyen, ou n'en donner à personne. Pour les peuples qui sont parvenus au même état social que les Anglo-Américains, il est donc très difficile d'apercevoir un terme moyen entre la souveraineté de tous et le pouvoir absolu d'un seul." *Über die Demokratie in Amerika*, ebenda, S. 44: „Wir können nicht gut annehmen, die Gleichheit werde sich nicht eines Tages, wie auf anderen Gebieten, so auch im politischen Bereich durchsetzen. Wir können uns nicht vorstellen, die Menschen werden in einem einzigen Punkt immer ungleich, im Übrigen aber gleich sein; sie werden vielmehr zu gegebener Zeit auch in diesem Punkt gleich sein. Ich sehe nur zwei Möglichkeiten, wie man die Gleichheit in der Politik zur Herrschaft bringen kann: man muß entweder jedem Bürger Rechte geben oder aber keinem. Für die Völker mit demokratischer Gesellschaftsordnung ist es daher sehr schwer, zwischen der Souveränität aller und der absoluten Gewalt eines einzigen einen Mittelweg zu finden."

selbst retten, so retten wir gleichzeitig alle uns umgebenden Völker. Wenn wir uns zu Grunde richten, so richten wir diese gemeinsam mit uns zu Grunde."[468]

Die klassischen Parameter zur Beschreibung des Despotismus waren nämlich weggefallen und somit entstand das Bedürfnis nach einer „neuen Politikwissenschaft", nach einer Wissenschaft des öffentlichen Rechts, die angemessen für das neue Setting war. Laut Tocqueville konnte sich „die neue Art der Unterwerfung, zu der die demokratischen Völker tendierten, in unterschiedlicher Art und Weise realisieren, wenn nämlich das Bedürfnis nach Freiheit und Wahlfreiheit abhanden kommt." Die Gefahr bestand nicht mehr in der Degeneration der Monarchie (welche „heute zerstört ist"), hin zum Despotismus, stattdessen lag die neue Gefahr „in der kollektiven Veräußerung der eigenen Rechte zum Vorteil der Zentralmacht".[469]

---

468 Aus dem Vorwort zur XII. Ausgabe von A. de Tocqueville, *De la démocratie en Amérique*, Paris, Pagnerre, 1848, S. 1–6 und im Besonderen S. 2–3. Der originale französische Text: „La royauté existait alors. Aujourd'hui elle est détruite. Les institutions de l'Amérique, qui n'étaient qu'un sujet de curiosité pour la France monarchique, doivent être un sujet d'étude pour la France républicaine. Ce n'est pas la force seule qui asseoit un gouvernement nouveau; ce sont de bonnes lois. Après le combattant, le législateur. L'un a détruit, l'autre fonde. À chacun son œuvre. Il ne s'agit plus, il est vrai, de savoir si nous aurons en France la royauté ou la république ; mais il nous reste à apprendre si nous aurons une république agitée ou une république tranquille, une république régulière ou une république irrégulière, une république pacifique ou une république guerroyante, une république libérale ou une république oppressive, une république qui menace les droits sacrés de la propriété et de la famille ou une république qui les reconnaisse et les consacre. Terrible problème, dont la solution n'importe pas seulement à la France, mais à tout l'univers civilisé. Si nous nous sauvons nous-mêmes, nous sauvons en même temps tous les peuples qui nous environnent. Si nous nous perdons, nous les perdons tous avec nous."

469 A. M. Battista, *„La Democrazia in America" di Tocqueville. Problemi interpretativi*, in „La cultura", 1971, S. 165–200, in A. Battista, *Studi su Tocqueville*, ebenda, S. 46. Battista bemerkt, dass in der *Démocratie en Amérique* der Begriff „Volkssouveränität" als Synonym für „demokratische Sozialstruktur" verwendet wird, also für „eine Form der Macht, welche ein effektiver Ausdruck des Willens der Bürger ist, deren Implikationen im Falle einer Tyrannei der Mehrheit zum Tragen kommen". In der *Démocratie en Amérique II* „ändert sich diese Perspektive total; man findet keinen einzigen Hinweis auf die Unterdrückung der Minderheit durch das Volk und auf die Risiken der politischen Demokratie; im Gegenteil überwiegt das Bedürfnis, welches im Kapitel IV des II. Abschnittes sehr klar ausgedrückt wird, gerade diese freie Teilnahme zu stärken". Diese „freie Teilnahme" entspricht demnach nicht mehr der „politische Projektion" der Gleichheit der Bedingungen, sondern im Gegenteil einem „Gegenmittel für die entfremdenden Tendenzen, welche mit dem egalitären Sozialstaat einhergehen" (S. 47, eigene Übersetzung).

Zusammenfassung

Das Kapitel hat folgendes ergeben:

1. Tocquevilles *Démocratie en Amérique* ist ein Werk, das die französischen Intellektuellenkreise maßgeblich geprägt hat, denn es behandelt und betrifft nicht nur die Vereinigten Staaten, sondern immer und gleichzeitig auch Europa. Die demokratische Entwicklung Frankreichs hat Tocqueville vorausgesehen, in dem er dem Beispiel der amerikanischen, bereits realisierten Demokratie gefolgt ist. Die Demokratie stellt für Tocqueville eine Tatsache dar, die unveränderbar und irreversibel ist: Der alte Staat war seiner Ansicht nach definitiv untergegangen. Diese Gewissheit ist der Grund dafür, dass Tocqueville die Lehre von Montesquieu nicht unaktualisiert wiederholen konnte. Obwohl die Französische Revolution und ihre demokratische Entwicklung für eine klare Trennung zwischen den zwei Epochen und somit für eine Trennung zwischen den beiden Autoren spricht, lässt sich eine klar erkennbare Kontinuität ihrer Gedanken ausmachen.

2. Die Etablierung der Demokratie hat bei Tocqueville den Status eines unaufhaltsamen, schicksalhaften Vorgangs. Monarchie und Aristokratie waren endgültig untergegangen. Weder in Amerika noch in Europa schien ihm ihre Wiederherstellung möglich.

3. Tocqueville übernimmt die Perspektive Montesquieus, die sich in dem Begriff des *esprit général* ausdrückt und die Verflechtung zwischen Rechtsordnung und Gesellschaft beschreibt. Der Dreiteilung der Regierungsformen und die Kombination von monarchischem, aristorkatischem und demokratischem Element kann er sich allerdings nicht anschließen, da die Prämisse seiner Untersuchung aus der Anerkennung einer, für ihn unbestreitbaren Tatsache hervorgeht: die Entstehung der Demokratie – als einzig mögliches politisches Szenario für die Gegenwart. Tocqueville zufolge mache die Mäßigung des Prinzips der Volkssouveränität – mithilfe von aristokratischen und monarchischen Elementen – keinen Sinn, da beide der Vergangenheit angehörten. Aus diesem Grund rezipiert er nicht die Rekonstruktion der öffentlichen Rechtsordnung, wie sie Montesquieu in dem berühmten Kapitel über die Verfassung Englands geschildert hatte. Die Rezeption Tocquevilles der Lehre Montesquieus schließt also die sogenannten englischen Wurzeln der montesquieuischen Lehre aus. In diesem Punkt unterscheidet sich Tocqueville von der Verfassungslehre des Liberalismus seiner Zeit (Constant und Guizot), die das englische Modell Montesquieus in der verfassungsrechtlichen Wirklichkeit des 19. Jahrhunderts realisieren wollten: Durch die Erhaltung eines monarchischen (König) und des aristokratischen (Erbschaftskammer) Elements, in Kombination mit einer vom Volk gewählten Kammer, sollte dieses in der Gegenwart implementiert werden.

4. Laut Tocqueville ist die Verteidigung der Demokratie ein obligatorischer Weg, da sich, auf Grund der fehlenden Option einer aristokratischen und monarchischen Variante, keine echte Alternative ergeben würde: Er verteidigt die Demokratie als einzig realistischen Gegenentwurf zum Despotismus. Obwohl sich das Szenario, im Vergleich zu Montesquieus Lebzeiten, verändert hatte, besteht die Gefahr des Despotismus gleichermaßen. Neben den unübersehbaren Ähnlichkeiten der beiden Autoren verbindet sie ein wesentlicher Standpunkt: Beide haben die politische zentralistische Tendenz ihrer jeweiligen Zeit als Gefahr erkannt. Montesquieu fürchtet den wachsenden Zentralismus der Krone und seine nivellierenden Aktionen gegen die Zwischenkörper. Tocqueville betrachtet diese zentralisitische Tendenz der Macht als die einzige Eigenschaft des alten Staates, die die Französische Revolution überlebt hatte und welche sich innerhalb der Nachwelt fortsetzte. Der Feind, den Montesquieu bekämpfte, war laut Tocqueville weiterhin lebendig – nur in einer veränderten und abgewandelten Gestalt.

In dem nächsten Abschnitt werden die Beschränkungen behandelt, die Montesquieu in der römischen Geschichte gefunden und die Tocqueville in das neue demokratische Szenario übersetzt hat. Es wird ersichtlich werden, dass sich Tocqueville um eine Aktualisierung dieser Beschränkungen bemühte, um der Gefahr eines Despotismus entgegenzuwirken. Die neue Form von Despotismus ist Gegenstand des nächsten Abschnitts.

2 Eine neue Form von Despotismus

In dem vorhergehenden Kapitel wurde das neue demokratische Szenario geschildert, das Tocqueville vor Augen hatte und es wurden Argumente aufgeführt, die aufgezeigt haben, welche Teile der montesquieuischen Lehre von Tocqueville in seine Analyse übernommen (*l'esprit général*) und welche außen vorgelassen wurden (die klassische Kombination von Monarchie, Aristokratie und Demokratie am Beispiel der englischen Verfassung). Die Fragestellung Montesquieus lautete: Wie kann die Degeneration der französischen Monarchie in Despotismus verhindert werden? Für Tocqueville ergab sich ein verändertes Problem: Kann Demokratie ein Nährboden für eine neue Form von Despotismus sein? Der folgende Abschnitt setzt sich mit der neuen Form von Despotismus auseinander, dessen Gefahr Tocqueville innerhalb der Demokratie aufdeckt und deren Betrachtung von dem Einfluss der montesquieuischen Lehre geprägt ist. Diese Untersuchung wird die Übernahme und Aktualisierung Tocquevilles, der Lehre Montesquieus, verdeutlichen und gliedert sich in zwei Teile:

1. Es wird explizit auf die Gefahr des neuen Despotismus eingegangen, so wie ihn Tocqueville, im ersten Band der *Démocratie en Amérique*, identifiziert und fürchtet. Dieses erste Werk von 1835 hebt die potenzielle Gefahr der Allmacht der Mehrheit hervor.

2. Der ersten Beobachtung wird die Gefahr des neuen Despotismus, so wie im zweiten Band der *Démocratie en Amérique* von Tocqueville erörtert, gegenübergestellt. Im Vergleich zum ersten Band lässt sich eine gravierende Veränderung feststellen: Während in ersterem die Gefahr eines allmächtigen Volkes geschildert wird, das durch die Macht der Mehrheit souverän herrscht, ergibt sich in letzterem das Bild eines ohnmächtigen Volkes, das sich aus schwachen, entmachteten und atomisierten Individuen zusammensetzt. In Verbindung mit diesem Perspektivwechsel Tocquevilles wird aufgezeigt, welcher Teil der montesquieuischen Lehre in seine Betrachtung Eingang fand.

2.1 Die neue despotische Gefahr in der *Démocratie en Amérique I*

Innerhalb der *Démocratie en Amérique I* sorgt sich Tocqueville um die Gefahr des Despotismus in der politischen Mehrheit, die sich seiner Ansicht nacht in der legislativen Gewalt konkretisiert hatte.

Tocqueville begreift das Prinzip der Volkssouveränität nicht als eine Gewährleistung gegen den Despotismus. Er befürchtet im Gegenzug, es könnte sich

https://doi.org/10.1515/9783110673036-017

Gleichheit ohne politische Freiheit im Rahmen eines demokratischen Systems entwickeln.[470] Dies zeigt sich besonders eindrücklich im siebten Kapitel des zweiten Teils des ersten Bandes der *Démocratie en Amérique*. Auf diesen Seiten beschreibt Tocqueville die Gefahr einer despotischen Entwicklung der Demokratie, in der die politische Mehrheit ohne rechtliche Beschränkungen über die Minderheit herrschen kann. Tocqueville schreibt, dass die uneingeschränkte *empire de la majorité* (Herrschaft der Mehrheit) im Wesen der Demokratie selbst begründet wäre, da innerhalb dieser jede politische Gewalt in der Mehrheit seinen Ursprung habe.[471] Aus dieser Aussage lässt sich ein Argument entnehmen, das gegen den Einfluss Montesquieus spricht, wie auch eines, das für einen solchen Einfluss spricht.

Tocquevilles Auffassung von Despotismus unterscheidet sich von der Auffassung Montesquieus. Die despotische Gefahr bei Tocqueville besteht, anders als bei Montesquieu, nicht mehr in der willkürlichen Macht eines Einzelnen,[472] sondern in der Mehrheit des Volkes, welche im Parlament über eine institutionelle, mehrheitliche, politische Vertretung verfügt. Dieses Argument ist allerdings mehr formal zu verstehen, denn es betrifft vielmehr die institutionelle Form der demokratischen Herrschaft, als ihre Substanz. Entscheidender ist, was Tocqueville unter dem Ausdruck „empire de la majorité" versteht. Bei der Entstehung dieses Begriffs verwendet Tocqueville dieselbe Methode, die Montesquieu ange-

470 Betreffend der Vorstellung Tocquevilles über die Entstehung eines politischen Systems, basierend auf einer Trennung zwischen Gleichheit und Freiheit, siehe J. P. Mayer, *Alexis de Tocqueville. Analytiker des Massenzeitalters*, München, C.H. Beck, 1977, S. 40. Laut Jacob Peter Mayer ist eine solche Gefahr (Gleichheit ohne Freiheit) das Leitmotiv der Überlegungen Tocquevilles.

471 A. de Tocqueville, *De la démocratie en Amérique*, I, II,VII, in *Œuvres complètes*, ebenda, S. 282: „Il est de l'essence même des gouvernements démocratiques que l'empire de la majorité y soit absolu; car en dehors de la majorité, dans les démocraties, il n'y a rien qui résiste."

472 Montesquieu, *De l'Esprit des lois*, II, I, ebenda, S. 239: „Il y a trois espèces de gouvernements: le républicain, le monarchique et le despotique. Pour en découvrir la nature, il suffit de l'idée qu'en ont les hommes les moins instruits. Je suppose trois définitions, ou plutôt trois faits: l'un que le gouvernement républicain est celui où le peuple en corps, ou seulement une partie du peuple, a la souveraine puissance; le monarchique, celui où un seul gouverne, mais par des lois fixes et établies; au lieu que, dans le despotique, un seul, sans loi et sans règle, entraîne tout par sa volonté et par ses caprices." Vom *Geist der Gesetze*, ebenda S. 104: „Drei Formen von Regierungen gibt es: die republikanische, die monarchische und die despotische. Zur Aufdeckung ihrer Natur genügt die Vorstellung, die ganz ungebildete Menschen davon haben. Ich setze drei Definitionen voraus, oder vielmehr drei Tatsachen: Republikanisch ist diejenige Reierung, bei der das Volk als Körperschaft beziehungsweise bloß als Teil des Volkes die souveräne Macht besitzt. Monarchie ist diejenige Regierung, bei der ein einzelner Mann regiert, jedoch nach festliegenden und verkündeten Gesetzen, wohingegen bei der despotischen Regierung ein einzelner Mann ohne Regel und Geesetz alles nach seinem Willen und Eigensinn abrichtet."

wendet hat, als dieser die Verflechtung von Gesellschaft und Recht betrachtete. Tatsächlich ist die „Mehrheit“ bei Tocqueville eine politische wie auch soziologische Kategorie. Die Mehrheit beherrscht das öffentliche Recht und übt ihre ungebremste Macht auch in dem institutionellen Kontext der parlamentarischen Vertretung und innerhalb der Gesellschaft aus. Indem sie maßgeblich Einfluss auf die gesamtgesellschaftliche Meinungsbildung nimmt, erzwingt sie einen Meinungskonformismus, der von Tocqueville als „Tyrannei der Meinung“ bezeichnet wird. Eine solche Tyrannei lenke den politischen Glauben der Bürger in einen „Kreis“, eine Spirale, aus der der Einzelne nur schwer austreten könne. Die Angleichung und Konformität der bürgerlichen Meinung stellt er er auch an seinem demokratischen Paradebeispiel der Vereinigten Staaten fest. In den Vereinigten Staaten, in dem Musterbeispiel einer vollentwickelten Demokratie, ist die „Macht der Mehrheit“ nicht nur „vorherrschend“, sondern auch „unwiderstehlich“.[473] Die „moralische Vorherrschaft“ der Mehrheit gründet laut Tocqueville „auf der Idee, dass viele Menschen zusammen mehr Wissen und Weisheit besitzen als ein Einzelner, sowie, dass die Anzahl bedeutender als die Qualität der Gesetzgeber ist. Dies ist die auf den Intellekt angewandte Theorie der Gleichheit. Diese Lehre greift den Stolz des Menschen in seiner letzten Zufluchtsstätte an: deshalb ist die Minderheit nur schwer damit einverstanden und gewöhnt sich nur mit der Zeit daran.“[474] Die Annahme, dass aus der bloßen Quantität der Mitwirker eines Entscheidungsprozesses ein qualitativ höherwertiges Ergebnis entspringen könnte, sei falsch.

Die Mehrheit genießt im demokratischen Sozialstaat eine „unermessliche Macht“ und eine fast ebenso große „Meinungsmacht“. Das Fehlen von Unterschieden zwischen den einzelnen Bestandteilen einer „gleichen Gesellschaft“ sowie die Homogenisierung der Individuen verhindern in den Vereinigten Staaten einen „natürlichen und permanenten Kontrast zwischen den Interessen seiner einzelnen Bewohner“. Es fehlt also der Dissens. In einer pluralistischen Gesellschaft, wie jener des *ancien régime*, beschränkte sich die Macht selbst, „in einer Demokratie wie jener der Vereinigten Staaten findet sich aber nur eine einzige Macht wieder, ein einziges Element von Kraft und Erfolg, nichts weiter“. Dem Triumphmarsch der Mehrheit stellen sich weder „Hindernisse“ noch Begrenzungen entgegen: „Die Konsequenzen einer solchen Situation sind bedrohlich und gefährlich für die Zukunft“.[475] Die Mehrheit lebt in einer „fortwährenden

473 Ebenda, S. 283.

474 A. de Tocqueville, *De la démocratie en Amérique*, I, II,VII, in *Œuvres complètes*, II, ebenda, S. 284.

475 A. de Tocqueville, *De la démocratie en Amérique*, I, II,VII, in *Œuvres complètes*, II, ebenda, S. 285. Man siehe den ersten Brief, welchen Tocqueville aus den Vereinigten Staaten Chabrol

Anbetung ihrer selbst". Sie „zieht einen gewaltigen Kreis um die öffentliche Meinung herum. Innerhalb dieses Kreises ist der Schriftsteller frei, wehe ihm aber wenn er es wagt, ihn zu überschreiten". Und weiter: „Wenn er es wagen würde, diesen Kreis zu überschreiten, so würde er nicht durch eine öffentliche Verbrennung bestraft, sondern allerlei Problemen und tagtäglichen Verfolgungen ausgesetzt werden". Eine politische Karriere bliebe ihm verschlossen, weil er „die einzige Autorität, welche ihm eine solche eröffnen könnte, beleidigt hat". Wer es wagen würde, aus dem von der Mehrheit errichteten „gewaltigen Kreis" auszubrechen, würde weder in Ketten gelegt, noch von einem Henker bestraft werden, stattdessen aber einen zivilen Tod erleiden. „Heutzutage", so Tocqueville, „hat die Zivilisation auch den Despotismus perfektioniert, auch wenn man denken könnte, dass dieser nicht weiter zu verbessern ist". Der Despotismus, „welcher aus der Alleinherrschaft eines Einzelnen entsteht, quälte den Körper heftig um an die Seele heranzukommen; diese trennte sich alsdann vom Körper um dieser Gewalteinwirkung zu entkommen und schwebte glorreich über diesem. In den

zukommen ließ: A. de Tocqueville, *Lettre à Chabrol del 10 giugno 1831*, in A. de Tocqueville, *Voyage en Amérique*, in *Œuvres complètes*, Bd. I, Bibliothèque de la Pléiade, Paris, Gallimard, 1991, S. 29 – 31. Laut Mayer ist diesem Brief bereits der Plan des Werkes von Tocqueville über die Vereinigten Staaten zu entnehmen. Tocqueville schreibt darin: „Imaginez-vous mon cher ami, si vous le pouvez, une société formée de toutes les nations du monde: Anglais, Français, Allemands... Tous gens ayant une langue, une croyance, des opinions différentes ; en un mot une société sans racines, sans souvenirs, sans préjugés, sans routines, sans idées communes, sans caractère national, plus heureuse cent fois que la nôtre; plus vertueuse? j'en doute. Voilà le point de départ. Qui sert de liens à des éléments si divers, qui fait de tout cela un peuple? L'intérêt, c'est là le secret. L'intérêt particulier qui perce à chaque instant, l'intérêt qui du reste se produit ostensiblement et s'annonce lui-même comme une théorie sociale. Nous voilà bien loin des Républiques anciennes, il le faut avouer, et pourtant ce peuple-ci est républicain et je ne doute pas qu'il le soit longtemps encore. Et la République est pour lui le meilleur des gouvernements. Je ne m'explique ce phénomène qu'en pensant que l'Amérique se trouve, quant à présent, dans une situation physique si heureuse que l'intérêt particulier n'est jamais contraire à l'intérêt général, ce qui, certes, n'est pas le cas en Europe." Laut Tocqueville existiert in den Vereinigten Staaten keine öffentliche Macht; eine solche ist dort auch nicht notwendig. Tocqueville beschreibt Chabrol, die „industrielle Natur" der Amerikaner, sowie deren „vorherrschende Leidenschaft" für die Bereicherung: „Il ne faut pas donc chercher ici ni cet esprit de famille ni ces anciennes traditions d'honneur et de vertu qui distinguent si éminemment plusieurs de nos vieilles sociétés d'Europe. Un peuple qui ne semble vivre que pour s'enrichir ne saurait être un peuple vertueux dans la stricte acception de ce mot; mais il est *rangé*; tous les vices à la richesse oisive, il ne les a pas. Ses habitudes sont régulières; on a ici fort peu ou point de temps à sacrifier aux femmes et on ne semble les estimer que comme mères de famille et directrices du ménage. Les moeurs sont pures, ceci est incontestable. Le *roué* d'Europe est absolument inconnu en Amérique. La passion de faire fortune entraîne et domine toutes les autres".

demokratischen Republiken verhält sich die Tyrannei jedoch nicht so: sie lässt den Körper unbeachtet und zielt geradewegs auf die Seele ab".[476]

2.2 Eine ähnliche Methode

Tocquevilles Szenario ist, im Vergleich zu Montesquieus, deutlich verändert, aber die Methode, die Tocqueville verwendet, ist die selbe. Montesquieu subsumiert unter den Begriff des *esprit général* die Dialektik zwischen der politischen Macht und der Gesellschaft. Despotismus geht Montesquieu zufolge deshalb sowohl mit der Degeneration des politischen Systems als auch mit der Korruption der bürgerlichen Sitten einher. Tocqueville gebraucht die selbe Methode, um das demokratische Szenario zu analysieren. Die Tyrannei der Mehrheit hat einen Wandel der Gesellschaft zur Folge und verbleibt nicht in einer Änderung der institutionellen Strukturen.[477] Die Tyrannei der Mehrheit drückt sich nicht nur in jenen institutionellen Formen aus, welche der Idee des rousseauischen Sozialvertrages entstammen – ihre Macht erstreckt sich weit darüber hinaus und beherrscht die öffentliche Meinung. Ein Beweis für dieses soziale Fundament der demokratischen, politischen Strukturen findet man in einer der bedeutenstend Quellen für Tocqueville, in dem Roman *Le rouge et le noir. Chronique du XIXe siècle*

---

476 A. de Tocqueville, *De la démocratie en Amérique*, I, II,VII, ebenda, S. 293. Hierzu Tocqueville: „Les princes avaient pour ainsi dire matérialisé la violence; les républiques démocratiques de nos jours l'ont rendue tout aussi intellectuelle que la volonté humaine qu'elle veut contraindre. Sous le gouvernement absolu d'un seul, le despotisme, pour arriver à l'âme, frappait grossièrement le corps; et l'âme, échappant à ces coups, s'élevait glorieuse au-dessus de lui; mais dans les républiques démocratiques, ce n'est point ainsi que procède la tyrannie; elle laisse le corps et va droit à l'âme. Le maître n'y dit plus: Vous penserez comme moi, ou vous mourrez; il dit: Vous êtes libre de ne point penser ainsi que moi; votre vie, vos biens, tout vous reste; mais de ce jour vous êtes un étranger parmi nous. Vous garderez vos privilèges à la cité, mais ils vous deviendront inutiles; car si vous briguez le choix de vos concitoyens, ils ne vous l'accorderont point, et si vous ne demandez que leur estime, ils feindront encore de vous la refuser. Vous resterez parmi les hommes, mais vous perdrez vos droits à l'humanité. Quand vous vous approcherez de vos semblables, ils vous fuiront comme un être impur; et ceux qui croient à votre innocence, ceux-là mêmes vous abandonneront, car on les fuirait à leur tour. Allez en paix, je vous laisse la vie, mais je vous la laisse pire que la mort."

477 Siehe dazu die im Teil I dieser Arbeit enthaltenen Überlegungen über Tacitus, als Quelle für Montesquieu, in dem geschildert wird, dass die *Germania* ihm als Beispiel, sowohl für das politische System (die geteilte Souveränität), als auch für die mit ihm korrellierenden Sitten und Bräuche (die Bescheidenheit) dienlich war.

Marie-Henry Beyle, alias Stendhal.[478] Am Ende des ersten Kapitels dieses Romans beschreibt Stendhal eine Provinzstadt im letzten Jahr der Restauration, eine Kleinstadt welche durch den Konformismus der „rechtschaffenen Menschen" geprägt ist. So Stendhal: „In Wirklichkeit üben die rechtschaffenen Menschen die abstoßendste Art von Despotismus aus; aus genau diesem Grund ist es für jene, die in der großen Republik namens Paris gelebt haben, unerträglich in solch einer Kleinstadt zu leben. In den französischen Kleinstädten ist die Tyrannei der öffentlichen Meinung – und was für eine Meinung! – genauso dumm wie in den Vereinigten Staaten."[479]

Montesquieu fand in der Vergangenheit Roms die Quelle für seine politischen Ideen. In der Römischen Republik begegnet ihm die politische Freiheit und in der republikanischen Degeneration trifft er auf die despotische Gefahr seiner Zeit.

---

478 Man siehe R. Boyd, *Politesse and public opinion in Stendhal's Red and Black*, „European Journal of Political Theory", 2005, S. 367–392. Laut Boyd war Stendhal der unmittelbare Vorläufer von Tocqueville. Tocqueville lernte Stendhal und Mérimée im etwas „bohèmen" Salon der Madame Ancelot kennen. Man siehe A. Jardin, *Introduction*, in *Œuvres complètes*, vol I, Bibliothèque de la Pléiade, Paris, Gallimard, 1991, S. XXVIII.

479 Man siehe D. Quaglioni, *Fine del viaggio, I „colloqui americani" di Tocqueville*, in *Viaggi e politica*, hrsg. von L. Campos Boralevi und S. Lagi, Florenz, Firenze University Press, 2010, S. 235–250. Stendhal war eine grundlegende Quelle für Tocqueville: Die französische Gesellschaft der Restauration hatte Barrieren nach Kastenzugehörigkeit zwischen den Menschen errichtet, welche sich vor allem als soziale Begrenzungen hinsichtlich der Möglichkeit zu heiraten manifestierten. Julien Sorel, der Protagonist dieses Romanes von Stendhal, lebt in einer solchen Kastengesellschaft. Das französische Original des hier zitierten Textes findet sich in Stendhal, *Le rouge et le noir*, in *Œuvres romanesques complètes*, Bd. I, Paris, Gallimard, 2005: „Dans le fait, ces gens sages y exercent le plus ennuyeux despotisme ; c'est à cause de ce vilain mot que le séjour des petitesvilles est insupportable pour qui a vécu dans cette grande république qu'on appelle Paris. La tyrannie de l'opinion, et quelle opinion! est aussi bêtedans les petites villes de France qu'aux États-Unis d'Amérique." Siehe A. de Tocqueville, *Voyage au lac Onéida*, in *Œuvres complètes*, I, Bibliothèque de la Pléiade, Paris, Gallimard, 1991, S. 352–359. Siehe auch R. Celikates, *Nachwort*, in A. de Tocqueville, *Fünfzehn Tage in der Wildnis*, aus dem Französischen von H. Jatho, Zürich – Berlin, Diaphanes, 2014, S. 105–112. Tocqueville berichtet, dass ein Reisebuch mit dem Titel *Voyage au lac Onéida* „eine tiefe Spur in seiner Seele hinterlassen hatte". Ein junges Ehepaar hatte hierin Zuflucht auf einer kleinen Insel des Sees Onéida gefunden, um den Folgen der Französischen Revolution zu entgehen. Folgende Passage von Tocqueville ist in diesen Kontext einzuordnen: „Montesquieu, visitant la Grande-Bretagne en 1729, écrit bien: ‚Je suis ici dans un pays qui ne ressemble guère au reste de l'Europe; mais il n'ajoute rien'". Montesquieu hatte nicht gesehen, dass in England die Barrieren zwischen den sozialen Klassen zerstört worden waren. Demnach hätte er seine vergleichende Untersuchung auf die politischen Institutionen beschränkt, ohne in die Essenz der englischen Gesellschaft einzudringen. Montesquieu so wie Tocqueville ihn liest, scheint jener der *Lettres persanes* und nicht jener der englischen Verfassung zu sein. Siehe A. de Tocqueville, *L'Ancien Régime et la Révolution*, II, IX, in *Œuvres complètes*, Paris, Gallimard, 2004, S. 122.

Tocqueville richtet seinen Blick in Richtung Amerika, als Zukunftsmodell für Europa. Beide Autoren fragen nach den Entstehungsgründen einer absoluten Herrschaft und nach den rechtlichen Begrenzungen, die es braucht, um eine solche Entwicklung zu unterbinden. Die Beschränkungen, die Tocqueville auserkor, um die Gefahr einer Despotie der Mehrheit zu mindern, werden im zweiten Teil seines ersten Buches (1835), in Folge des siebten Kapitels, aufgeführt und lassen sich folgendermaßen zusammenfassen:

1. Beschränkung durch Universalismus (die Gerechtigkeit des *genre humain*).
2. Beschränkung der legislativen Gewalt, in Form der Gewaltenteilung.
3. Beschränkung durch die judikative Gewalt.
4. Beschränkung durch Föderalismus.

Diese vier unterschiedlichen Arten der Beschränkung, die innerhalb des ersten Buches der *Démocratie en Amérique* dargelegt werden, sind Gegenstand der folgenden Abhandlung. Darüber hinaus wird die enge Verwandtschaft der toquevillianischen und der montesquieuischen Beschränkungen aufgedeckt, die daher rührt, dass Tocqueville – auf der Suche nach den Beschränkungen für die demokratische Macht – die Lehre Montesquieus heranzieht.

3 Beschränkungen der Macht in der *Démocratie en Amérique I*

Tocquevilles Weg auf der Suche nach Mitteln gegen die despotische Macht führt über Montesquieu. Wenn man Tocqueville auf seinen Spuren folgt, gelangt man nicht zu dem Modell der englischen Verfassung, sondern zu der Lehre Montesquieus, über die Gegengewichte der politischen Macht, welche in der römischen Tradition ihren Anfang nahm.

3.1 Beschränkung durch Universalismus

In dem ersten Teil dieser Arbeit konnte gezeigt werden, dass die Idee der natürlichen Gerechtigkeit den geistigen Hintergrund der montesquieuischen Lehre bildet. Diese Idee geht zurück auf seine Auseinandersetzung mit dem römischen Recht und der Philosophie Ciceros. Die Gerechtigkeit, die im Sinne des römischen Rechts und der römischen Philosophie einem unbedingten Recht des Menschengeschlechts entspricht, ist eine ideelle Beschränkung des nationalen Rechts.[480] Die Idee der Gerechtigkeit und des universalen Werts des Menschengeschlechts sind wirkungsvolle Beschränkungen gegen einen drohenden Despotismus, deren Wurzeln in das alte Rom zurückreichen und die Tocqueville in der postrevolutionären Nachwelt wiederentdeckt. Im Denken Tocquevilles wird die Idee der Gerechtigkeit zu einer der Volksouveränität innewohnenden Begrenzung. Bisher wurde der grundlegende Einfluss des Denkens Montesquieus auf die Ausführungen Tocquevilles zur Gerechtigkeit nicht klar ermittelt. Montesquieu hatte die römische *iustitia* zwar mit Stillschweigen bedacht, doch befand sie sich stets auf dem Grund seines Denkens.

Der neue Despotismus unterscheidet sich von dem alten Despotismus in der Hinsicht, dass er keine Regierungsform ist, sondern dieser entspringt. Auf einer der markantesten Seiten der *Démocratie en Amérique I* schreibt Tocqueville:[481]

---

480 Im D.1.1.1 wird das Naturrecht, das aus der natürlichen Gerechtigkeit stammt, als Recht definiert, das für jeden Menschen – unabhängig von Herkunft und sozialer Stellung – gilt.

481 A. de Tocqueville, *Über die Demokratie in Amerika*, ebenda, S. 145; *De la Démocratie en Amérique*, I,II,VII, S. 287–288: „Je regarde comme impie et détestable cette maxime, qu'en matière de gouvernement la majorité d'un peuple a le droit de tout faire, et pourtant je place dans les volontés de la majorité l'origine de tous les pouvoirs. Suis-je en contradiction avec moi-même? Il existe une loi générale qui a été faite ou du moins adoptée, non pas seulement par la majorité de

https://doi.org/10.1515/9783110673036-018

> „Ich halte den Grundsatz, daß im Bereich der Regierung die Mehrheit eines Volkes das Recht habe, schlechthin alles zu tun, für gottlos und abscheulich, und dennoch leite ich alle Gewalt im Staat aus dem Willen der Mehrheit ab. Widerspreche ich mir damit selbst? Es gibt ein allgemeines Gesetz, das nicht bloß von der Mehrheit irgendeines Volkes, sondern von der Mehrheit aller Menschen, wenn nicht aufgestellt, so doch angenommen worden ist. Dieses Gesetz ist die Gerechtigkeit. Das Recht eines jeden Volkes findet seine Grenze an der Gerechtigkeit."

Und weiter:[482]

> „Eine Nation ist gleichsam ein Geschworenenkollegium, das die gesamte Menschheit zu vertreten und die Gerechtigkeit, die ihr Gesetz ist, zu verwirklichen hat. Soll das Geschworenenkollegium, das die Gesellschaft vertritt, mehr Macht haben als die Gesellschaft selbst, deren Gesetze es anwendet? Wenn ich daher einem ungerechten Gesetz den Gehorsam verweigere, spreche ich keineswegs der Mehrheit das Recht ab, zu befehlen; ich appelliere lediglich von der Souveränität des Volkes an die Souveränität der Menschheit."

Aus dieser Passage ist das Echo der Tradition und des *humanum genus*, als gemeinsame juristische Grundlage, zu vernehmen. Wie Diego Quaglioni zutreffend geschrieben hat, spürt man eine „familiäre Luft"[483], die einen beim Lesen von Tocqueville an Montesquieu erinnert. Tocqueville baut seine Gedanken auf der Prämisse eines allgemeinen juristischen Prinzips auf, welches „nicht nur von der Mehrheit dieses oder jenes Volkes angenommen wurde", sondern „von der Mehrheit aller Menschen" – die Gerechtigkeit. Diese Idee Tocquevilles, so die hier vertretene These, stammt unmittelbar aus Montesquieus Auffassung des *genre humain*, was von einer Passage Tocquevilles über das Menschengeschlecht unterstützt wird, in der sich ein *pensée* (Gedanke) Montesquieus wiederholt: [484]

---

tel ou tel peuple, mais par la majorité de tous les hommes. Cette loi, c'est la justice. La justice forme donc la borne du droit de chaque peuple."

482 A. de Tocqueville, *Über die Demokratie in Amerika*, ebenda, S. 145. *De la Démocratie en Amérique*, Ebenda, S. 288: „Une nation est comme un jury chargé de représenter la société universelle et d'appliquer la justice qui est sa loi. Le jury, qui représente la société, doit-il avoir plus de puissance que la société elle-même dont il applique les lois? Quand donc je refuse d'obéir à une loi injuste, je ne dénie point à la majorité le droit de commander; j'en appelle seulement de la souveraineté du peuple à la souveraineté du genre humain."

483 D. Quaglioni, *Fine del viaggio. I „colloqui americani" di Tocqueville, in Viaggi e politica*, hrsg. Von L. Campos Boralevi und S. Lagi, Firenze University Press, S. 236.

484 Eigene deutsche Übersetzung aus der französischen ursprünglichen Version, zitiert aus J. P. Mayer, *Introduction* zu Montesquieu, *Des l'Esprit des lois. Le grands thèmes*, ebenda, S. 26–27: „Si je savais quelque chose qui me fût utile, et qui fût préjudiciable à ma famille, je la rejetterais de mon esprit. Si je savais quelque chose utile à ma famille, et qui ne le fût pas à ma patrie, je chercherais à l'oublier. Si je savais quelque chose utile à ma patrie, et qui fût préjudiciable à

„Wenn ich etwas in Erfahrung bringen würde, das mir nützlich wäre, aber gleichzeitig meiner Familie schaden würde, so würde ich es aus meinem Geiste verbannen. Wenn ich hingegen etwas in Erfahrung bringen würde, das meiner Familie nützlich wäre aber nicht meinem Vaterlande, so würde ich versuchen es zu vergessen. Wenn ich schließlich etwas in Erfahrung bringen würde, das meinem Vaterlande nützlich wäre, aber Europa schaden würde, oder etwas, das Europa nützlich wäre, aber dem Menschengeschlecht schaden würde, so würde ich es als ein Verbrechen ansehen."

Die Idee des Menschengeschlechts, als Grundlage der montesquieuischen Philosophie, kann mit folgender Aussage verfestigt werden:[485]

„Oh, unsterblicher Gott! Das Menschengeschecht ist eure würdigste Kreation. Das Menschengeschlecht zu lieben bedeutet dich zu lieben und am Ende meines Lebens widme ich dir diese Liebe."

Im ersten Teil dieses Werkes wurde die Auffassung Montesquieus des Naturrechts betrachtet, das in den *Lettres persanes* von Roxane verkörpert wird. Roxane verstand sich als Vertreterin der natürlichen Gesetze innerhalb des Serrails, in dem sie, entzogen von jeglicher Freiheit, ihr Dasein fristete. Ohne praktische Mittel, um ihre Gerechtigkeit durchzusetzen, sah sie sich zum Suizid gezwungen, als einzigen Ausweg aus der Gefangenschaft.[486] Montesquieu verweist auf die Ohnmacht der natürlichen Gerechtigkeit in der politischen Praxis, wenn entsprechende Mittel ihrer Durchsetzung fehlen.[487] Daher war er bestrebt, die rechtlichen Mittel

---

l'Europe, ou bien qui fût utile à l'Europe et préjudiciable au genre humain, je la regarderais comme un crime."

485 Eigene deutsche Übersetzung aus dem französischen Original, zitiert aus J. P. Mayer, *Introduction* zu Montesquieu, *De l'Esprit des lois. Le grands thèmes*, ebenda, S. 25: „Dieu immortel! Le genre humain est votre plus digne ouvrage, l'aimer c'est vous aimer, et en finissant ma vie je vous consacre cet amour." Auch Robert Shackleton war von diesem überzeugt. Laut ihm war Universalismus aber mit den religiösen Überzeugungen Montesquieus verbunden. R. Shackleton, *La religion de Montesquieu*, in „Actes du congrès Montesquieu", Bordeaux, Delmas, 1956, S. 287–336; wieder veröffentlicht in R. Shackleton, *Essays on Montesquieu and on the Enlightenment*, David Gilson and Martin Smith ed., Oxford: Voltaire Foundation, 1988, S. 109 – 116. Laut Shackleton war Montesquieu entsprechend seiner Religionspraxis ein Katholik, der geistigen Orientierung folgend hingegen ein Deist. Diese „christlichen Sympathien", die seine Kindheit prägten, hätte er im Laufe seines Lebens wiedergefunden. Dieses Argument von Shackleton konnte bereits widerlegt werden, denn in Montesquieus Werken lässt sich keine Grundlage einer katholischen Zugehörigkeit erkennen. Darüber hinaus schließt sein Selbstverständnis als Universalist ein gleichzeitiges Bekenntnis der katholischen Religion aus.

486 Montesquieu, *Lettres persanes*, in *Œuvres complètes*, I, Lettre CLXI, ebenda, S. 372.

487 Montesquieu, *De la politique*, in *Œuvres complètes*, I, ebenda, S. 112: „Il est inutile d'attaquer directement la politique en faisant voir combien elle répugne à la morale, à la raison, à la justice.

zu finden, um jene naturrechtliche Gerechtigkeit, die bislang lediglich in Form eines theoretischen Konstrukts bestand, zu gewährleisten. Alles weist darauf hin, dass die selbe Motivation auch für Tocqueville galt: Die Berufung auf die natürlichen Rechte des Menschengeschlechts waren auch ihm nicht genug, um die despotische Gefahr innerhalb der Demokratie zu bannen. Auch Tocqueville, nachdem er die Wirklichkeit der Demokratie im Konkreten und Realen deskriptiv und analytisch betrachtete, hat das Gegengift nicht in einer idealistischen Vorstellung einer inhaltslosen Gerechtigkeit gefunden.[488] Tocqueville und Montesquieu übersetzen beide die metaphysische Idee Gerechtigkeit in praxistaugliche Beschränkungen der politischen Macht.

3.2 Beschränkung durch Gewaltenteilung

In diesem Abschnitt wird das Erbe der montesquieuischen Gewaltenteilung behandelt, welches sich in den Gedanken Tocquevilles abbildet. Tocqueville, so die These, hat die Theorie der Gewaltenteilung aufgegriffen, um diese an das demokratische Setting anzupassen. Tocqueville ist Montesquieus Idee der institutionellen Balance gefolgt – dies aber keineswegs im Sinne des englischen Modells, sondern auf den Spuren der römischen Tradition.

Obwohl die Kombination der drei Elemente der gemischten Verfassung bei Tocqueville entfallen, lässt sich erkennen, dass exekutive und judikative Gewalt fundamentale Rollen innerhalb des ersten Bandes der *Démocratie en Amérique* für die Beschränkung der Macht spielen.[489] Es wurde bereits aufgezeigt, dass die despotische Gefahr innerhalb der Demokratie – sowohl in Amerika als auch in Europa – aus der Tyrannei der Mehrheit resultiert, die ihre Macht im Rahmen der Legislativen ausübt. Ist die legislative Gewalt keinerlei Einschränkungen unterworfen – ist sie absolut – droht die Degeneration in einen Despotismus. Innerhalb des siebten Kapitels über die Tyrannei der Mehrheit lobt Tocqueville die institutionelle, verfassungsrechtliche Gewaltenteilung der Amerikaner und hebt besonders ihre starke exekutive und unabhängige judikative Gewalt hervor, die ihm

Ces sortes de discours persuadent tout le monde et ne touchent personne. La politique subsistera toujours pendent qu'il y aura des passions indépendantes du joug des lois."

488 A. M. Battista, *Il primo Tocqueville sulla „democrazia politica"*, in „Quaderni fiorentini per la storia del pensiero giuridico", 1981 und neu gedruckt in *Studi su Tocqueville*, ebenda S. 146–191.

489 Gleiches lässt sich nicht von dem zweiten Band der *Démocratie en Amérique* behaupten, denn in dem Werk von 1840 ändert sich der Standpunkt Tocquevilles und somit auch die Rolle Montesquieus. Siehe dazu das folgende Kapitel über Tocqueville und *La Démocratie en Amérique II.*

als geeignete Prävention gegen die Allmacht der Legislative erscheinen. Tocqueville äußert den Wunsch die selben Beschränkungen auch in die europäische Rechtsordnung zu implementieren. Folgende Argumente belegen den Einfluss Montesquieus auf Tocqueville, im Hinblick auf die Theorie der Gewaltenteilung.

1. In Folge des Kapitels über die Allmacht der Mehrheit verwendet Tocqueville den typischen Wortschatz Montesquieus, um die exekutive und judikative Gewalt in den Vereinigten Staaten zu beschreiben. Um die neue Welt zu interpretieren blickt er durch die Brille Montesquieus und erkennt in Amerika eine starke exekutive Gewalt und eine unabhängige judikative Gewalt. Das Gleichgewicht zwischen den Staatsgewalten, im Sinne Montesquieus, hatte sich somit in dem neuen Kontinent bereits realisiert und verhinderte dort die Degeneration der Demokratie. Um auf die These der englischen Wurzeln der montesquieuischen Philosophie zurückzukommen, wird darauf hingewiesen, dass Tocqueville dem englischen Modell Montesquieus keinerlei Bedeutung beigemessen hat und stattdessen die Idee des Gleichgewichts zwischen den Gewalten – wie sie Montesquieu im antiken Rom vorgefunden hatte – verfochten hat, was unter anderem in der Ablehnung des monarchischen und aristokratischen Elements deutlich wird.

2. Tocqueville bezieht sich in seinem Kapitel über die Gewaltenteilung (über das institutionelle Gleichgewicht Amerikas) auf die Interpretation Montesquieus, die von James Madison und Thomas Jefferson in den *Federalist Papers* entwickelt wurde. Beide Autoren versuchten ein System des *check and balances* aufzustellen, um die despotische Gefahr der Mehrheit zu verhindern. Da die Amerikaner bei ihrer Verfassungsgebung sich an der montesquieuischen Lehre orientiert haben, hätten sie laut Tocqueville die Gefahr des Despotismus abgewendet.

3. Mit Blick auf Amerika wünscht sich Tocqueville die selben Beschränkungen für den europäischen Raum. Das Lob der amerikanischen *check and balances* klingt wie eine Zusage an die verfassungsrechtlichen Theorien, die im 19. Jahrhundert eine starke exekutive Gewalt für Frankreich gefordert haben, um die Macht der Legislativen zu bremsen.

Auf den nachfolgenden Seiten wird diesem Einfluss Montesquieus auf Tocqueville nachgegangen, mit Rücksichtnahme auf die Tatsache, dass sich die Sicht Tocquevilles auf die Rolle der exekutiven Gewalt – als Beschränkung der Allmacht der Mehrheit – innerhalb der beiden Bände der *De la dêmocratie en Amérique* transformiert. Während er im ersten Band die französischen und amerikanischen Hoffnungen auf eine starke exekutive Gewalt teilt, betrachtet er im zweiten Teil die Exekutive als bedrohliche Spitze der despotischen Herrschaft der Mehrheit.

3.2.1 *Check and balances*

Tocqueville zitiert Madison und Jefferson hinsichtlich der Beschreibung der Gewaltenteilung in Amerika. Diese Referenz unterstützt die These, dass Tocqueville die *check and balances* zwischen den drei Gewalten durch die Brille der amerikanischen Interpretation Montesquieus (*Federalist Papers*) betrachtet. Wie auch Madison fürchtet Tocqueville die Tyrannei der Mehrheit ebenso wie die eines Einzelnen.[490] Bei Tocqueville ist ein Echo zu entnehmen, das auf einen, Anfang Februar 1788, im *Federalist* veröffentlichten Artikel mit dem Titel *The Structure of the Government Must Furnish the Proper Checks and Balances Between the Different Departments* zurückgeht. Laut Madison würde man keine Regierung und damit auch keine Begrenzungen brauchen, wenn die Menschen Engel wären – was selbstredend ein utopischer Zustand ist.[491] Madison wurde von der politischen Philosophie Montesquieus inspiriert.[492] Madison hat wie Tocqueville die

490 A. de Tocqueville, *De la démocratie en Amérique*, I, II,VII, ebenda, S. 289: „La toute-puissance me semble en soi une chose mauvaise et dangereuse. Son exercice me paraît au-dessus des forces de l'homme, quel qu'il soit, et je ne vois que Dieu qui puisse sans danger être tout-puissant, parce que sa sagesse et sa justice sont toujours égales à son pouvoir. Il n'y a donc pas sur la terre d'autorité si respectable en elle-même, ou revêtue d'un droit si sacré, que je voulusse laisser agir sans contrôle et dominer sans obstacles. Lors donc que je vois accorder le droit et la faculté de tout faire à une puissance quelconque, qu'on l'appelle peuple ou roi, démocratie ou aristocratie, qu'on l'exerce dans une monarchie ou dans une république, je dis: là est le germe de la tyrannie, et je cherche à aller vivre sous d'autres lois." A. de Tocqueville, *Über die Demokratie in Amerika*, ebenda, S. 147: „Ich halte die Allmacht für in sich schlecht und gefährlich. Ihre Ausübung scheint mir die Kräfte jedes Menschen zu übersteigen; und nur Gott kann, soweit ich sehe, gefahrlos allmächtig sein, da seine Weisheit und seine Gerechtigkeit jederzeit ebenso groß sind wie seine Macht. Es gibt auf Erden keine an sich selbst so ehrwürdige, keine mit so geheiligtem Recht ausgestattete Macht, daß ich sie unkontrolliert handeln und ungehindert herrschen lassen wollte. Sobald ich daher sehe, daß man das Recht und die Möglichkeit, schlechthin alles zu tun, irgendeiner Macht zugesteht, man mag sie nun Volk oder König, Demokratie oder Aristokratie nennen, man mag sie in einer Monarchie oder in einer Republik ausüben, sobald ich das sehe, sage ich: Das ist der Keim zur Tyrannei, und ich werde versuchen, unter anderen Gesetzen zu leben."

491 Dieser Artikel wird von Tocqueville am Ende des Kapitels VII zitiert, welches der Allmacht der Mehrheit gewidmet ist. Man beachte R. K. Matthews, *If Men Were Angels: James Madison and the Heartless Empire of Reason*, Lawrence, University Press of Kansas, 1995, S. 1–297.

492 Siehe J. Madison, *The Structure of the Government Must Furnish the Proper Checks and Balances Between the Different Departments*, in *Federalist*, Nr. 51, 6th February 1788. Tocqueville zitierte einen Brief von Jefferson an Madison vom 15. März 1789, in welchem Jefferson nicht die Exekutive, sondern die Legislative als das Hauptobjekt seiner Sorgen ansah: „Die Tyrannei der Gesetzgeber – so Jefferson – stellt in Wirklichkeit die größte Gefahr dar." Siehe dazu A. de Tocqueville, *De la démocratie en Amérique*, in *Œuvres complètes*, II, I,II,VII, ebenda, S. 299–301.

Gefahr des Despotismus in der unbeschränkt waltenden legislativen Gewalt erkannt. Madison hielt Ausschau nach Gegengewichten zur legislativen Gewalt. Tocqueville zitiert Madison, dessen Quelle wiederum Montesquieu war. Madison hielt die Unabhängigkeit der Gerichtsbarkeit von der Legislativen für notwendig, um eine Allmachtposition letzterer zu vermeiden: „It is equally evident, that the members of each department should be as little dependent as possible on those of the others, for the emoluments annexed to their offices. Were the executive magistrate, or the judges, not independent of the legislature in this particular, their independence in every other would be merely nominal." Sein Anliegen ware es jegliche Machtkonzentration zu vermeiden; dazu reichte die Volkssouveränität aber nicht aus: „A dependence on the people is, no doubt, the primary control on the government; but experience has taught mankind the necessity of auxiliary precautions." Zusätzliche Sicherheitsvorkehrungen waren also nötig. Man musste „den Ehrgeiz durch den Ehrgeiz bremsen" und „die Staatsgewalten voneinander trennen". So Madison weiter: „This policy of supplying, by opposite and rival interests, the defect of better motives, might be traced through the whole system of human affairs, private as well as public. We see it particularly displayed in all the subordinate distributions of power, where the constant aim is to divide and arrange the several offices in such a manner as that each may be a check on the other – that the private interest of every individual may be a sentinel over the public rights. These inventions of prudence cannot be less requisite in the distribution of the supreme powers of the State."[493]

Darüber hinaus zitiert Tocqueville einen Brief von Jefferson an Madison vom 15. März 1789, in dem Jefferson seine Sorge um die uneingeschränkte Macht der legislativen Gewalt ausdrückt. Laut Jefferson ist die Tyrannei der Gesetzgeber die größte Gefahr innerhalb der demokratischen Welt. Tocqueville gibt an, dass er Jefferson gern zitiere, da er der wichtigste Interpret der Demokratie sei. Die Idee

---

Tocqueville hat dies folgendermaßen kommentiert: „J'aime, en cette matière, à citer Jefferson de préférence à tout autre, parce que je le considère comme le plus puissant apôtre qu'ait jamais eu la démocratie." Die Idee der Hindernisse und Begrenzungen, welche man der Macht in den Weg legen muss, wird von Tocqueville mit den Worten Montesquieus wiedergegeben – man müsse die Macht bremsen, um ihr dadurch Zeit zu geben, sich zu mäßigen: „Je pense donc qu'il faut toujours placer quelque part un pouvoir social supérieur à tous les autres, mais je crois la liberté en péril lorsque ce pouvoir ne trouve devant lui aucun obstacle qui puisse retenir sa marche et lui donner le temps de se modérer lui-même." Ebenda, S. 289. *Über die Demokratie in Amerika*, ebenda, S. 147: „Ich bin der Meinung, daß man an irgendeiner Stelle immer eine staatliche Gewalt einsetzen muß, die allen anderen übergeordnet ist, aber ich sehe darin eine Gefahr für die Freiheit, wenn diese Gewalt auf kein Hindernis stößt, das ihren Gang aufhalten und ihr Zeit geben kann, sich selbst zu mäßigen."

493 Ebenda.

der Hindernisse und Beschränkungen, welche der Macht in den Weg gelegt werden müssten, wird von Tocqueville mit den Worten Montesquieus wiedergegeben: Man müsse die Macht bremsen, um ihr dadurch Zeit zu geben sich selbst zu mäßigen.[494] Madison und Jefferson folgend, übernimmt Tocqueville also nicht einfach die englische Interpretation der verfassungsrechtlichen Lehre Montesquieus, gemäß derer die Richter dem Gesetz unterworfen sind. In der *Démocratie en Amérique I* nimmt Tocqueville die amerikanische Interpretation von Montesquieu an: 1835 geht es ihm um eine institutionelle Interpretation, im Sinne der Gewaltenteilung. Von diesem Standpunkt aus sind Exekutive und Judikative beide Gegengewichte zur Legislativen. Diese Perspektive von Tocqueville war jedoch dazu prädistiniert sich zu ändern.

3.2.2 *Check and balances* in der europäischen Rechtslehre

Der Verdacht Madisons bezüglich der absoluten Macht der legislativen Gewalt wurde von der französischen verfassungsrechtlichen Lehre des 19. Jahrhunderts geteilt. Der höchste Vertreter der liberalen Schule, Royer-Collard, war überzeugt, dass es notwendig wäre, um einen demokratischen Despotismus zu verhindern, dem König eine starke exekutive Gewalt zukommenzulassen, sowie die Erbschaftskammer zu erhalten.[495] Er fürchtete sich vor der Volkssouveränität, als die stärkste Form der absoluten Herrschaft. In seiner Interpretation bezieht er sich auf die englische Lesart der montesquieuischen Gewaltenteilungstheorie: bestehend aus König, einer höchsten Kammer (Erbschaft) und einer Gerichtsbarkeit, die dem Gesetz unterworfen ist. Die gleiche Idee wurde von Benjamin Constant formuliert, der die *puissance illimité* (unbegrenzte Gewalt) für gefährlich hielt.

Tocqueville teilt die Sorge Constants, aber nicht die von ihm vorgesehene Lösung. Für die Gemeinsamkeit in der Analyse spricht, dass Tocqueville die Worte

---

494 Siehe dazu A. de Tocqueville, *De la démocratie en Amérique*, in *Œuvres complètes*, II, I,II,VII, ebenda, S. 299–300. Tocqueville hat dies folgendermaßen kommentiert: „J'aime, en cette matière, à citer Jefferson de préférence à tout autre, parce que je le considère comme le plus puissant apôtre qu'ait jamais eu la démocratie". Die Idee der Hindernisse und Begrenzungen, welche man der Macht in den Weg legen müsse, wird von Tocqueville mit den Worten Montesquieus wiedergegeben – man müsse die Macht bremsen, um ihr dadurch Zeit zu geben, sich zu mäßigen: „Je pense donc qu'il faut toujours placer quelque part un pouvoir social supérieur à tous les autres, mais je crois la liberté en péril lorsque ce pouvoir ne trouve devant lui aucun obstacle qui puisse retenir sa marche et lui donner le temps de se modérer lui-même." Ebenda, S. 289. *Über die Demokratie in Amerika*, ebenda, S. 147.

495 P.-P. Royer-Collard, *Discours sur l'hérédité de la Parie*, Paris, A. Henri, Impr. De la Chambre des Députés, séance du 4 octobre 1831, S. 12–18.

Constants in seinem Aufsatz über die Allmacht der Mehrheit wiederholt. Bevor Tocqueville über die Gefahr der Allmacht schreibt, hatte diese Befürchtung vor ihm schon Constant ausgedrückt:[496]

> „Sobald man feststellt, dass die Volkssouveränität unbegrenzt ist, wird ein Grad der Macht geschaffen, der an sich zu groß ist. Eine solche Macht wird unabsichtlich in die menschliche Gesellschaft getragen. Diese unbegrenzte Macht ist ein Schlechtes an sich, unabhängig von welchen Händen sie verwaltet wird. Schreibt man diese Macht einem Einzigen, mehreren oder allen zu, ist sie gleichermaßen schlecht."

Während die Amerikaner Monarchie und Aristokratie aus ihrem Staatswesen ausgeschlossen hatten, folgte die französische Rechtslehre dem Modell, welches Montesquieu in dem Kapitel über die englische Verfassung vorgestellt hatte: einer Kombination von aristokratischem, demokratischem und monarchischem Element.[497] In der *Démocratie en Amérique I* lehnt Tocqueville das englische Modell der montesquieuischen Interpretation ab und wendet sich Montesquieu als Vertreter des Gleichgewichtes der Gewalten zu. Und trotzdem übernimmt er die institutionelle Gewaltenteilung, entsprechend der römischen Erfahrung. Auf diese Weise wirken die Beschränkungen, die Montesquieu in der Tradition fand, in der postrevolutionären Nachwelt in Frankreich. 1835 vertritt Tocqueville jedoch die Auffassung einer Rolle der Richter, die sich auf gleicher Ebene mit legislativer und exekutiver Gewalt befindet und dort als aktives Gegengewicht waltet. Er bleibt aber der amerikanischen und französischen (Constant) Auffassung der Gewalteilung treu und ist dabei, verglichen mit den zeitgenössischen Juristen, nicht besonders innovativ.[498]

---

496 Deutsche eigene Übersetzung. Siehe B. Constant, *Principes de politique applicables a tous les gouvernemens représentatifs et particulèrement a la constitution actuelle de la France*, ebenda, S. 15: „Lorsqu'on établit que la souveraineté du peuple est illimité, on crée et l'on jette au hasard dans la société humaine un degré de pouvoir trop grand par lui-même, et qui est un mal, en quelques mains qu'on la place. Confiez-le à un seul, à plusieurs, à tous, vous le trouverez également un mal."

497 Ebenda, S. 15 – 29. Siehe auch F. Guizot, *Des moyens de gouvernement et d'opposition dans l'état actuel de la France*, Paris, l'Advocat, 1821, S. 144 – 147.

498 A. M. Battista, *Il primo Tocqueville sulla „democrazia politica"*, in „Quaderni fiorentini per la storia del pensiero giuridico", 1981, S. 10 – 52.

3.3.1 Beschränkung durch die judikative Gewalt

Laut Tocqueville ist die judikative Gewalt nicht „Mund des Gesetzes", sondern eine eigenmächtige Gegengewalt, die sich den Beschlüssen der Legislativen widersetzen kann. Aus dieser Perspektive betrachtet, aktualisiert Tocqueville die Lehre Montesquieus: Sein Vorläufer hatte die judikative Gewalt als Gegengewicht verstanden und damals auf die exekutive Gewalt des Königs bezogen. Tocqueville, der sich unter neuen Umständen befindet, schreibt der Gerichtsbarkeit die Funktion als Gegengewicht der legislativen Gewalt zu und schließt sich der Betrachtung einer politischen Rolle des Richters an, der für ihn keinesfalls nur Sprachrohr des Gesetzes ist.

Die Körperschaft der Juristen, eine Konkretisierung des juristischen Geistes, stellt für Tocqueville eine intermediäre Körperschaft dar, welche jene Rolle übernimmt, die im *ancien régime* durch den Adel ausgeübt wurde. Auch diese grundlegende Idee Tocquevilles geht zurück auf Montesquieu und dessen Auffassung bezüglich der intermediären Körperschaften und des juristischen Geistes, verankert in der Tradition. Somit stellt es keinen Zufall dar, dass die Abhandlung Tocquevilles ihren Höhepunkt im Lob des amerikanischen Richters findet, welcher an den Priester-Juristen des antiken Roms erinnert, also an den Interpreten und Bewahrer der Rechtsordnung, in dem sich der Geist von Mäßigung und Begrenzung der öffentlichen Staatsgewalt ausdrückt.

Der „juristischen Geist" („esprit légiste") stellt „die stärkste Barriere" („la plus forte barrière") gegen die Exzesse der Demokratie dar. Der juristische Geist manifestiert sich in der Körperschaft der Juristen und „richtet sich naturgemäß gegen den revolutionären Geist"; sie sei „eine Art von privilegierter Klasse unter den Intellektuellen". Vor allem aber bilden die Juristen „von Natur aus eine Körperschaft". Zudem „verärgert sie die Handlungsweise der Massen und sie verachten insgeheim die Regierung des Volkes". Eine der tragenden Säulen der Demokratie bestehe also aus einer Körperschaft von Juristen, die insgeheim nicht demokratisch sei und eine „konservative Geisteshaltung" habe. Sie „lieben die Regierung der Demokratie, ohne aber dessen Tendenzen und Schwächen mitzutragen". Die Körperschaft der Juristen bildet einen „corps d'élite" und wird von Tocqueville als die wichtigste aller intermediären Körperschaften angesehen. Die beschränkende Funktion des aristokratischen Geistes in der Lehre Montesquieus wird bei Tocqueville von dem juristischen Geist erfüllt.[499]

499 A. de Tocqueville, *De la démocratie en Amérique*, in *Œuvres completes*, I, II, VIII, ebenda, S. 304–305.

Die Körperschaft der Juristen „ist das einzige aristokratische Element, welches ohne Mühe mit den natürlichen Elementen der Demokratie zusammenkommen und sich harmonisch und dauerhaft mit ihnen verbinden kann".[500] Das subjektive Recht und die politische Freiheit werden durch das *esprit légiste* und eine neue Aristokratie, nämliche die Juristen, gewährleistet. So Tocqueville:[501]

> „Die Juristenschaft stellt das einzige aristokratische Element dar, das sich mit den natürlichen Elementen der Demokratie mühelos, glücklich und dauerhaft verbinden kann. Ich sehe die Fehler, die dem Juristengeist anhaften, durchaus, dennoch bezweifle ich, daß die Demokratie ohne diese Verbindung von juristischer und demokratischer Geisteshaltung die Gesellschaft lange beherrschen kann, und ich vermag nicht zu glauben, eine Republik könne heutzutage hoffen, am Leben zu bleiben, wenn der Einfluß der Juristen im Staat nicht stets proportional zu der Macht des Volkes wächst."

Dem lässt Tocqueville eine Seite über den Juristen innerhalb des Systems des *Common Law* folgen: Der amerikanische oder englische Jurist verfüge demzufolge über „Sinn für das Antike" und beschränke sich nicht auf die Betrachtung „von dem was legal ist". Diese Tatsache „wirkt sich auf die Mentalität der Juristen" und folglich „auf den Werdegang der Gesellschaft" aus. „Der englische oder amerikanische Jurist sucht nach dem, was gemacht wurde; der französische hingegen nach dem, was man hatte machen wollen." Der englische oder amerikanische Jurist bezieht sich auf das „Urteil seiner Väter" und gewinnt dadurch im Vergleich zum französischen Juristen mehr „Vorsicht". Das Recht stellt für den amerikanischen Juristen nämlich in erster Linie Geschichte dar; es findet sich in Präzedenzfällen und im Prinzip des *stare decisis*. Diese Ausführungen evozieren die römische Tradition und gipfeln in der Idee des Juristen-Priesters: Die Juristen stellen in Amerika „eine eigenständige Klasse" dar, weil sie privilegierte Interpreten – *sacerdotes* – der Rechtswissenschaft sind. In Frankreich sind die Gesetze „schwer verständlich, aber von jedermann einsehbar"; in den Vereinigten Staaten

---

500 Es sei an die Gedanken Gorlas erinnert und an die subjektiven Rechte, als Früchte des „aristokratischen Geistes". L. Gorla, *Commento a Tocqueville: l'idea dei diritti*, Mailand, Giuffrè, 1948, S. 1 ff.

501 A. de Tocqueville, *Über die Demokratie in Amerika*, ebenda, S. 166; *De la démocratie en Amérique*, I,II,VIII, ebenda, S. 306: „Le corps des légistes forme le seul élément aristocratique qui puisse se mêler sans efforts aux éléments naturels de la démocratie, et se combiner d'une manière heureuse et durable avec eux. Je n'ignore pas quels sont les défauts inhérents à l'esprit légiste; sans ce mélange de l'esprit légiste avec l'esprit démocratique, je doute cependant que la démocratie put gouverner longtemps la société, et je ne saurais croire que de nos jours une république put espérer de conserver son existence, si l'influence des légistesdans les affaires n'y croissait pas en proportion du pouvoir du peuple."

kommt der Klasse der Juristen hingegen das exklusive Recht zu, das in den „Präzedenzfällen" ausgedrückte Recht zu interpretieren. So Tocqueville:[502]

> „Der französische Jurist ist nur ein Gelehrter; der englische und amerikanische Jurist gleicht dagegen gewissermaßen den Priestern Ägyptens; wie diese ist er der einzige Deuter einer Geheimwissenschaft."

Laut Tocqueville erinnert der amerikanische Jurist an einen äyptischen Priester, dem die Interpretation des Rechts gewährt wurde.[503] Die Körperschaft der Juristen stellt für Tocqueville nicht nur die erste der intermediären Körperschaften dar, sie ist auch die Körperschaft, in welcher die durch den demokratischen Prozess weggefegte Aristokratie wiederauflebt. So wie die Aristokratie für Montesquieu eine natürliche Begrenzung des Souveräns, als Quelle des Rechts war, so ist die Körperschaft der Juristen für Tocqueville „das einzige Gegengewicht in der Demokratie":[504]

> „Wenn man mich fragt, wo ich die amerikanische Aristokratie ansetze, würde ich ohne Zögern antworten, jedenfalls nicht bei den Reichen, die durch gar kein gemeinschaftliches Band zusammengeschlossen sind. Die amerikanische Aristokratie ist unter den Anwälten und in den Gerichten zu suchen. Je mehr man darüber nachdenkt, was in den Vereinigten Staaten vor sich geht, um so mehr überzeugt man sich davon, dass in diesem Lande die Juristenschaft das mächtigste, ja sozusagen das einzige Gegengewicht gegen die Demokratie ist. Gerade in den Vereinigten Staaten wird man leicht gewahr, wie sehr der Juristengeist durch seine Qualitäten, ja ich sage, sogar durch seine Fehler, geeignet ist, die der Volksregierung anhaftenden Mängel zu neutralisieren."

---

502 A. de Tocqueville, *Über die Demokratie in Amerika*, ebenda, S. 166; *De la démocratie en Amérique*, I,II,VIII, ebenda, S. 307: „Le légiste français n'est qu'un savant; mais l'homme de loi anglais ou américain ressemble en quelque sorte aux prêtres de l'Égypte; comme eux, il est l'unique interprète d'une science occulte."

503 Man bedenke, dass Montesquieu den römischen Richter als *voix du droit* bezeichnet und die Richter in Rom ihn an die *sacerdotes* erinnern, welche die Rechtsordnung interpretiert haben. Tocquevilles Beschreibung des amerikanischen Richters, als Priester, hat mit Ägypten nicht viel zu tun. In dieser Passage findet sich stattdessen ein Echo der römischen Tradition. Siehe dazu Montesquieu, *Collectio iuris*, in *Œuvres complètes de Montesquieu*, 11, ebenda, S. 1–2.

504 A. de Tocqueville, *Über die Demokratie in Amerika*, ebenda, S. 169; *De la démocratie en Amérique*, ebenda, S. 308: „Si l'on me demandait où je place l'aristocratie américaine, je répondrais sans hésiter que ce n'est point parmi les riches, qui n'ont aucun lien commun qui les rassemble. L'aristocratie américaine est au banc des avocats et sur le siège des juges. Plus on réfléchit à ce qui se passe aux États-Unis, plus l'on se sent convaincu que le corps des légistes forme dans ce pays le plus puissant et, pour ainsi dire, l'unique contrepoids de la démocratie. C'est aux États-Unis qu'on découvre sans peine combien l'esprit légiste, par ses qualités, et je dirai même par ses défauts, est propre à neutraliser les vices inhérents au gouvernement populaire."

Die Körperschaft der Juristen ist also die erste Körperschaft, welche die Macht des Volkes einschränkt, und zwar indem sie diese „bremst", „mäßigt" und ihr „Einhalt gebietet". Sie ordnet an, dass langsam, „avec lenteur" vorgegangen wird. Es ist der Wortschatz von Montesquieu („arrêter", „modèrer", „lenteur"...), der von Tocqueville in einem neuen Kontext verwendet wird. Die Juristenschaft begrenzt die Leidenschaften des amerikanischen Volkes und kann ihnen auf subtile Weise Einhalt gebieten:[505]

> „Läßt sich das amerikanische Volk von seinen Leidenschaften benebeln oder gibt es sich der Verführung seiner Ideen hin, dann legen die Juristen ihm einen fast unmerklichen Zaum an, der es zähmt und zurückhält. Die Juristen setzen seinen demokratischen Instinkten insgeheim ihre aristokratischen Neigungen entgegen. Seiner Neuerungssucht ihre übertriebene Achtung für das Hergebrachte; seiner Maßlosigkeit im Planen ihre bescheidenen Entwürfe; seiner Mißachtung der Norm ihren Sinn für Formen; seiner flammenden Begeisterung ihre Gewohnheit, mit Überlegung vorzugehen."

Im ersten Teil dieser Arbeit wurde nachgewiesen, dass sich Montesquieu nie anmaßte, die judikative Staatsgewalt zu einer Körperschaft von Unterwürfigen zu reduzieren, welche den Willen des Gesetzgebers lediglich zu wiederholen hätten. Mit dem Ausdruck „Mund des Gesetzes" wollte Montesquieu nicht die totale Unterwerfung der Richterschaft unter den Wortlaut der Gesetze ausdrücken, sondern wollte hingegen die judikative in die exekutive Staatsgewalt eingliedern und fand dabei heraus, dass der Ursprung der französischen Gerichtshöfe innerhalb des königlichen Hofes liegt und diese sich als Verlängerung der königlichen Souveränität und Gerichtsbarkeit entwickelt hatten.[506]

Wenn die Judikative wirklich nur den Willen der Legislativen wiederholen würde, wenn ihre Aufgabe wirklich einzig darin läge, dass von der Legislativen „Gewollte" auf mechanische Art und Weise durchzusetzen, dann würde sie keine Staatsgewalt, sondern die *longa manus* der Legislativen sein. Daraus müsste folgen, dass Montesquieu nur zwischen zwei Staatsgewalten differenzierte: die Exekutive und die Legislative (mit der Judikativen als ihre Ergänzung).

---

505 A. de Tocqueville, *Über die Demokratie in Amerika*, ebenda, S. 169 – 170; *De la démocratie en Amérique*, ebenda, S. 308 – 309: „Lorsque le peuple américain se laisse enivrer par ses passions, ou se livre à l'entraînement de ses idées, les légistes lui font sentir un frein presque invisible qui le modère et l'arrête. A ses instincts démocratiques, ils opposent secrètement leurs penchants aristocratiques; à son amour de la nouveauté, leur respect superstitieux de ce qui est ancien; à l'immensité de ses desseins, leurs vues étroites; à son mépris des règles, leur goût des formes; et à sa fougue, leur habitude de procéder avec lenteur."

506 Dazu siehe man die ersten drei Unterkapitel des ersten Kapitels dieser Arbeit.

Tocqueville beobachtet die Tendenz in den Vereinigten Staaten, die Judikative der Legislativen unterzuordnen, mit großer Sorge. Wenn sich diese Tendenz nämlich durchsetzen würde, so verlöre die Judikative ihre Autonomie und wäre der Mehrheit, also der Legislativen unterstellt. Anders ausgedrückt, würde eine Kompromittierung der Unabhängigkeit der Judikativen in einer demokratischen Regierung nicht nur der „Körperschaft der Richter" einen Todesstoß versetzen, sondern auch der demokratischen Republik, weil diese dadurch ihrer wertvollsten Begrenzung beraubt werden würde und einer Degeneration in Despotimus nichts mehr im Wege stehen würde.

In diesen Seiten Tocquevilles findet die Theorie der Gewaltenteilung Montesquieus ihre deutlichste Fortführung. Einen Montesquieu, welcher die Judikative zu einem „Mund des Gesetzes", zu einer unterwürfigen Maschine reduziert, die den Willen der Herrscher ergeben wiederholt, hat es nur in der Phantasie jener Juristen gegeben, die nach ihm gelebt haben und sich im Gleichklang mit den Plänen einer unbeschränkten Souveränität befanden. Tocqueville dazu:[507]

> „Ich übersehe nicht, dass in den Vereinigten Staaten beim Volk eine geheime Bestrebung im Gange ist, die richterliche Macht einzuschränken; in den meisten Verfassungen der einzelnen Staaten kann die Regierung die Richter auf Antrag beider Kammern absetzen. Manche Verfassungen lassen die Richter wählen und unterwerfen sie häufigen Wiederwahlen. Ich wage vorauszusagen, dass diese Neuerungen früher oder später verderbliche Folgen zeitigen werden und dass man eines Tages bemerken wird, dass die Beschneidung der richterlichen Unabhängigkeit nicht nur die richterliche Gewalt, sondern die demokratische Republik selbst in Frage stellt."

Der leidenschaftliche Appell an die Unabhängigkeit der Körperschaft der Richter – eine Körperschaft, welche über die Natur und die Gewohnheiten der ehemaligen Aristokratie verfügt – gründet in der Lehre Montesquieus. In den Vereinigten Staaten, so Tocqueville, bliebe der juristische Geist, der *esprit légiste*, nicht in den Gerichtshöfen eingesperrt – er entwickle sich stattdessen zu einem „allgemeinen Geist".[508] Dort fänden sich Juristen nämlich in den gesetzgebenden

507 A. de Tocqueville, *Über die Demokratie in Amerika*, ebenda, S. 170; *De la démocratie en Amérique*, S. 309: „Je n'ignore pas qu'il existe aux États-Unis une secrète tendance qui porte le peuple à réduire la puissance judiciaire; dans la plupart des constitutions particulières d'État, le gouvernement, sur la demande de deux Chambres, peut enlever aux juges leur siège. Certaines constitutions font élire les membres des tribunaux et les soumettent à de fréquentes réélections. J'ose prédire que ces innovations auront tôt ou tard des résultats funestes et qu'on s'apercevra un jour qu'en diminuant ainsi l'indépendance des magistrats, on n'a pas seulement attaqué le pouvoir judiciaire, mais la république démocratique elle-même."

508 Tocqueville verwendet diesen Ausdruck Montesquieus kein einziges Mal. Díez del Corral hat nachgewiesen, dass es Tocqueville daran gelegen war, die Originalität seines Denkens zu betonen

Versammlungen, wie auch in der Verwaltung wieder und würden auf diese Weise Legislative und Exekutive beeinflussen, so dass auch die Politik juristische Ideen und Fachterminologie implementiere. Die Körperschaft der Juristen hätte in den Vereinigten Staaten die Mauern von Bildungseinrichtungen und Gerichtshöfen überwunden. Dank der Gerichtshöfe könnten die Juristen auch in der politischen, demokratischen Welt wirken, so Tocqueville: „Die Gerichtshöfe sind die sichtbarsten Organe, denen sich die Körperschaft der Jurist bedient, um auf die Demokratie einzuwirken.“[509] Die Einrichtung des Geschworenengerichts „macht die Mentalität und die Sitten der Juristen allen Klassen vertraut“. Die juristische Fachsprache „durchdringt somit die gesamte Gesellschaft; sie dringt in die niedrigsten Klassen ein und das gesamte Volk übernimmt teilweise die Gewohnheiten und Vorlieben der Richter.“[510] Die Juristen stellen für Tocqueville „das wichtigste Gegengewicht der Demokratie“ dar[511] – ihr Geist beseelt die gesamte Gesellschaft, „er manipuliert sie insgeheim“ und „wirkt ohne Unterlass“ auf die Gemüter der Bürger.

3.3.2 Richterstand als Gegengewicht

Das sechste Kapitel des ersten Abschnitts der *Démocratie en Amérique I* ist gänzlich der judikativen Staatsgewalt gewidmet. Tocqueville begründet seine Entscheidung, der Judikativen „ein eigenes Kapitel“ zu widmen, mit der „politischen Bedeutung“, welche er dieser in den Vereinigten Staaten beimisst: „In den Vereinigten Staaten stellt der Richter eine der wichtigsten politischen Kräfte dar.“[512] Er besäße dort eine durchdringende Macht, die jedoch „eingegrenzt“ worden sei.

---

und nicht das Risiko einzugehen, als ein „Nachahmer“ angesehen zu werden. Man siehe L. Díez del Corral y Pedruzo, *El pensamiento político de Tocqueville. Formación intelectual y ambiente histórico*, ebenda.

509 A. de Tocqueville, *De la démocratie en Amérique*, I,II,VIII, ebenda, S. 309–310.

510 Das Urteil von Tocqueville über das Geschworenengericht ist zweideutig. Einerseits würde es dem Volk ermöglichen am „juristischen Geist“ teilzuhaben; andererseits wäre es aber auch eine „politische Institution“ und „eine Konsequenz des Dogmas der Volksherrschaft“. In dieser Hinsicht ist es für Tocqueville mit dem „allgemeinen Wahlrecht“ verwandt. Geschworenengerichte (vor allem jenes im Zivilprozess: durch den Zivilprozess dringt das Gericht nämlich „tief in die Lebensgewohnheiten ein“) und allgemeines Wahlrecht „stellten zwei gleichsam wirkungsvolle Methoden dar, um der Mehrheit zum Sieg zu verhelfen“. A. de Tocqueville, *De la démocratie en Amérique*, I,II,VIII, ebenda, S. 312–313.

511 Ebenda, S. 308 und 310.

512 A. de Tocqueville, *De la démocratie en Amérique*, I,I,VI, ebenda, S. 109.

Aus dem Vergleich zwischen Vereinigten Staaten und Frankreich geht folgendes hervor: In Frankreich nahmen die Richter „ganz offen" eine politische Rolle ein und überschritten dadurch die Grenzen ihrer Befugnisse; hingegen haben „die Amerikaner alle Charakterzüge der judikativen Staatsgewalt, durch welche diese normalerweise erkennbar ist, erhalten". So Tocqueville:[513]

> „Wenn das Parlament von Paris demonstrierte und sich weigerte, ein königliches Edikt zu registrieren, wenn es einen pflichtvergessenen Beamten zur Rechenschaft zog, so trat damit ein politisches Handeln der richterlichen Gewalt klar zutage. Aber derartiges finden wir in den Vereinigten Staaten nicht. Die Amerikaner haben der richterlichen Gewalt alle herkömmlichen Kompetenzen bewahrt; die richterliche Gewalt ist streng auf den Bereich beschränkt, in dem sie sich gewöhnlich bewegt."

Tocqueville hebt drei Eigenschaften der judikativen Staatsgewalt in den Vereinigten Staaten hervor. Erstens: Ein Richter ergibt sich nur im Rahmen und auf der Basis eines Prozesses. Er darf kein Gesetz außerhalb eines Prozesses anfechten. Wenn ein Richter nun über die Gerechtigkeit oder Ungerechtigkeit eines Gesetzes entscheiden muss, so macht er dies, „um zu einem Urteil in dem Prozeß zu gelangen".[514] Wenn er über dasselbe Gesetz ein Urteil außerhalb eines Prozesses

513 A. de Tocqueville, *Über die Demokratie in Amerika*, ebenda, S. 79; *De la démocratie en Amérique*, ebenda, S. 110: „Lorsque le Parlement de Paris faisait des remontrances et refusait d'enregistrer un édit; lorsqu'il faisait citer lui-même à sa barre un fonctionnaire prévaricateur, on apercevait à découvert l'action politique du pouvoir judiciaire. Mais rien de pareil ne se voit aux États-Unis. Les Américains ont conservé au pouvoir judiciaire tous les caractères auxquels on a coutume de le reconnaître. Ils l'ont exactement renfermé dans le cercle où il a l'habitude de se mouvoir."

514 Ebenda: „Le premier caractère de la puissance judiciaire, chez tous les peuples, est de servir d'arbitre. Pour qu'il y ait lieu à action de la part des tribunaux, il faut qu'il y ait contestation. Pour qu'il y ait juge, il faut qu'il y ait procès. Tant qu'une loi ne donne pas lieu à une contestation, le pouvoir judiciaire n'a donc point occasion de s'en occuper. Elle existe, mais il ne la voit pas. Lorsqu'un juge, à propos d'un procès, attaque une loi relative à ce procès, il étend le cercle de ses attributions, mais il n'en sort pas, puisqu'il lui a fallu, en quelque sorte, juger la loi pour arriver à juger le procès. Lorsqu'il prononce sur une loi, sans partir d'un procès, il sort complètement de sa sphère, et il pénètre dans celle du pouvoir législatif." *Über die Demokratie in Amerika*, ebenda, S. 79: „Das erste Merkmal der richterlichen Gewalt ist bei allen Völkern: Der Richter schlichtet einen Streit. Es muß ein Streit bestehen, sollen die Gerichte tätig werden. Ohne Prozeß, gibt es keine Richter. Solange ein Gesetz keinen Anlaß zum Streit gibt, hat der Richter keine Möglichkeit, sich damit zu befassen. Der Richter ist zwar da, aber er sieht das Gesetz nicht. Wenn ein Richter im Laufe eines Verfahrens ein Gesetz angreift, das zu diesem Verfahren in Beziehung steht, so dehnt er zwar den Kreis seiner Befugnisse aus, er überschreitet ihn aber nicht, denn er muß zu diesem Gesetz irgendwie Stellung nehmen, um zu einem Urteil in dem Prozeß zu gelangen. Spricht sich aber der Richter für ein Gesetz aus, ohne dabei von einem Verfahren auszugehen, so überschreitet er seine Befugnisse und greift den Bereich der gesetzgebenden Gewalt über."

fällen würde, so hätte er seinen Zuständigkeitsbereich überschritten und wäre in jene der legislativen Staatsgewalt eingedrungen. „Ohne Prozeß gibt es keine Richter."

Die zweite Eigenschaft der judikativen Staatsgewalt in den Vereinigten Staaten betrifft die Vorgangsweise der Richter, „sie [die richterliche Gewalt] befindet nur über den konkreten Fall, nicht über allgemeine Grundsätze". „Greift dagegen ein Richter einen allgemeinen Grundsatz unmittelbar an, und verletzt er ihn, ohne einen konkreten Fall im Auge zu haben, so überschreitet er den Bereich, den man übereingekommen ist, ihm einzuräumen". Verstößt ein Richter gegen ein allgemeines Prinzip, so „repräsentiert [er] nicht mehr die judikative Staatsgewalt."[515] Und schließlich drittens, „handelt der Richter nicht", „wenn er nicht dazu aufgerufen wird":[516]

> „Die richterliche Gewalt würde dieser passiven Natur des Richteramtes zuwiderhandeln, wollte sie von sich aus die Initiative ergreifen und sich zum Zensor der Gesetze aufschwingen."

Diese Passage ist wesentlich, um richtig einzuordnen, was Montesquieu ausdrücken wollte, als er die judikative Gewalt als „invisible et nulle" bezeichnet. Er war der Ansicht, die *parlements* sollten keine politische Initiative ergreifen und sich an ihre Überprüfung des Einklangs der Gesetze mit den *lois fondamentales* halten.[517]

Die „immense politische Macht" der Gerichtsbarkeit in Amerika unterscheidet den amerikanischen Richter von den Richtern anderer Nationen. Wie festgestellt wurde, ist sie jedoch eingegrenzt, „in einem Kreis gefangen". Heißt konkret, dass sie nicht in den Bereich der Legislativen vordringen und ein Gesetz ohne Prozess, ohne konkreten Fall oder ohne berufen worden zu sein, anfechten kann. Dies sind ihre Grenzen, innerhalb derer sie sich frei bewegen kann. In ihrem vorgesehenen, definierten Bereich ist ihre politische Macht jedoch „immens", weil die Amerikaner ihrer Richterschaft die Befugnis zugesprochen haben, dass ihr

515 Ebenda.

516 A. de Tocqueville, *Über die Demokratie in Amerika*, ebenda, S. 81; *De la démocratie en Amérique*, ebenda, S. 111: „Le pouvoir judiciaire ferait en quelque sorte violence à cette nature passive, s'il prenait de lui-même l'initiative et s'établissait en censeur des lois."

517 Wie bereits erwähnt, haben die *parlements* im 18. Jahrhundert diese Befugnis überschritten, indem sie den Versuch wagten die Königsreformen zu verhindern, und zwar nicht auf Grund ihrer Rechtswidrigkeit gegenüber den *lois fondamentales*, sondern wegen eigener steuerrechtlicher Privilegien. Dieser Konflikt richtete das Gleichgewicht zwischen dem König und den Parlamentsgerichtshöfen (zwei Organen der exekutiven Gewalt) zugrunde. Montesquieu hat die politische Rolle der Gerichtshöfe nicht negiert, er unterstützte sie – innerhalb ihrer Kompetenzen und Befugnisse.

Urteile „auf die Verfassung und nicht auf das Gesetz zu gründen ist". So Tocqueville:[518]

> „Der amerikanische Richter gleicht also vollständig den richterlichen Organen anderer Völker. Dennoch besitzt er eine ungeheure politische Macht. Woher kommt das? Er wird im gleichen Bereich tätig, er bedient sich der gleichen Mittel wie andere Richter; wieso besitzt er eine Macht, die diese nicht haben? Der Grund liegt allein in folgender Tatsache: Die Amerikaner erkennen den Richtern das Recht zu, ihre Entscheidung weit mehr auf die Verfassung als auf die Gesetze zu stützen. Mit anderen Worten, ein amerikanischer Richter braucht ein Gesetz nicht anzuwenden, das er für verfassungswidrig hält."

In den Vereinigten Staaten wagt es niemand, ein von der Richterschaft ausgesprochenes, auf der Verfassung begründetes Urteil, anzufechten, da dieser Akt einem Angriff auf die Volkssouveränität gleichkommen würde. In diesem unwahrscheinlichen Fall wäre der Richter gezwungen, sein Urteil an die geänderte Verfassung anzupassen. Die Veränderbarkeit der Verfassung liegt in Amerika theoretisch in den Händen des Volkes, während in Frankreich die Verfassung für die Ewigkeit bestimmt war. Dort war die Verfassung „unveränderlich" und galt als ein „eigenständiges Werk", das „den Gesetzgeber und die einzelnen Bürger verpflichtete". Als Grund für diese Unterscheidung nennt Tocqueville folgendes:[519]

> „Es liegt auf der Hand, inwiefern diese Unterschiede die rechtliche Stellung und die rechtlichen Befugnisse der richterlichen Gewalt in den drei genannten Ländern beeinflussen. Könnten die Gerichte in Frankreich ein Gesetz unangewendet lassen, weil sie es für verfassungswidrig halten, so würde die verfassunggebende Gewalt in Wirklichkeit bei ihnen liegen, da sie allein berechtigt wären, eine Verfassung auszulegen, deren Wortlaut nicht ge-

518 A. de Tocqueville, *Über die Demokratie in Amerika*, ebenda, S. 81; *De la démocratie en Amérique*, ebenda, S. 111: „Le juge américain ressemble donc parfaitement aux magistrats des autres nations. Cependant il est revêtu d'un immense pouvoir politique. D'où vient cela? Il se meut dans le même cercle et se sert des mêmes moyens que les autres juges; pourquoi possède-t-il une puissance que ces derniers n'ont pas? La cause en est dans ce seul fait: les Américains ont reconnu aux juges le droit de fonder leurs arrêts sur la constitution plutôt que sur les lois. En d'autres termes, ils leur ont permis de ne point appliquer les lois qui leur paraîtraient inconstitutionnelles."

519 A. de Tocqueville, *Über die Demokratie in Amerika*, ebenda, S. 83–84; *De la démocratie en Amérique*, ebenda, S.112: „Il est facile de voir en quoi ces différences doivent influer sur la position et sur les droits du corps judiciaire dans les trois pays que j'ai cités. Si, en France, les tribunaux pouvaient désobéir aux lois, sur le fondement qu'ils les trouvent inconstitutionnelles, le pouvoir constituant serait réellement dans leurs mains, puisque seuls ils auraient le droit d'interpréter une Constitution dont nul ne pourrait changer les termes. Ils se mettraient donc à la place de la nation et domineraient la société, autant du moins que la faiblesse inhérente au pouvoir judiciaire leur permettrait de le faire."

ändert werden kann. Sie würden sich so an die Stelle des Volkes setzen und – soweit die der richterlichen Gewalt immanente Schwäche das zuläßt – den Staat beherrschen."

Demnach käme der Richterschaft eine „verfassungsgebende Macht" zu, wenn ihr in einem Regime mit unwandelbarer Verfassung die exklusive Befugnis zugesprochen werden würde, die Verfassung zu interpretieren.[520] In den Vereinigten Staaten kann die Verfassung, als Ausdruck des Volkswillens, immer abgeändert werden. Durch Änderung der Verfassung kann das Volk „die Richterschaft zum Gehorsam verpflichten". Solange sie aber in Kraft ist, „ist es richtig, dass die Richter ihr gehorchen", bzw. sich an jene Vorschriften halten, die sie am stärksten binden: Dies ist „ein Naturrecht des Richters".[521] Im Verlauf des gesamten kurzen Kapitels über die judikative Staatsgewalt wiederholt Tocqueville immer wieder das Bild des „natürlichen Kreises", in welchem er „die immense Macht der Richter" eingeschlossen sieht:[522]

„Die Amerikaner haben also ihren Gerichten eine ungeheure politische Macht anvertraut; aber weil sie die Richter gleichzeitig dazu verpflichteten, die Gesetze nur mit richterlichen Mitteln anzugreifen, haben sie die Gefahren dieser Macht weitgehend gebannt."

Derart konfiguriert stellt die judikative Staatsgewalt „eine der stärksten je gegen die Tyrannei der Volksversammlungen errichtete Barriere" dar, also ein essentielles Gegengewicht. Er schließt das Thema dann folgendermaßen ab:[523]

„In ihren engen Grenzen räumt die Befugnis den amerikanischen Richter ein, über die Verfassungswidrigkeit von Gesetzen zu urteilen und stellt eines der mächtigsten Bollwerke dar, das jemals gegen Tyrannei gesetzgebender Körperschaften errichtet worden ist."

---

520 Tocqueville hat angegeben, sich darüber im Klaren zu sein, dass wenn man in Frankreich den Richtern das Verfassungsmäßigkeitsurteil entzöge, es dadurch in Folge „indirekt" der Legislativen zugesprochen würde. Es sei demnach „besser, die Macht zur Änderung der Verfassung des Volkes Menschen zuzusprechen, welche – auch wenn auf unvollkommene Art und Weise – den Volkswillen darstellen, als anderen, die nur sich selbst repräsentieren."
521 Ebenda, S. 113.
522 A. de Tocqueville, *Über die Demokratie in Amerika*, ebenda, S. 85; *De la démocratie en Amérique*, ebenda, S. 113: „Les Américains ont donc confié à leurs tribunaux un immense pouvoir politique; mais en les obligeant à n'attaquer les lois que par des moyens judiciaires, ils ont beaucoup diminué les dangers de ce pouvoir."
523 *Über die Demokratie in Amerika*, ebenda, S. 87; *De la démocratie en Amérique*, ebenda, S. 115: „Resserré dans ses limites, le pouvoir accordé aux tribunaux américains de prononcer sur l'inconstitutionnalité des lois forme encore une des plus puissantes barrières qu'on ait jamais élevées contre la tyrannie des Assemblées politiques."

Tocqueville, das sollte aus dem Abschnitt hervorgegangen sein, verstand die amerikanischen Richter als grundlegendes Gegengewicht innerhalb der Demokratie und als unverzichtbare Beschränkung der potentiell despotischen Macht des Volkes. Auch in dieser Einschätzung ist Montesquieu anwesend und dient Tocqueville als Quelle, um das Potential der judikativen Gewalt richtig einzuordnen.

3.4 Beschränkung durch Dezentralisierung

Ein weiteres Argument, um den enormen Einfluss der Lehre Montesquieus auf Tocqueville zu beweisen, besteht in der Rezeption der Theorie der Größe. Im ersten Teil dieser Arbeit wurde nachgewiesen, dass Montesquieu diese Theorie aus der mittelalterlichen Tradition und dem römischen Recht, genauer gesagt der Interpretation von Bartolus, entnommen hat.[524] Tocqueville wiederum, so die These, übernahm diese traditionsreiche Idee von Montesquieu. Es wird gezeigt, dass Tocqueville – während er den politischen Zentralismus in den Vereinigten Staaten (eine starke Exekutive) lobt – gleichzeitig ein Unterstützer einer Dezentralisierung der Verwaltung ist. Ihm zufolge müsse sich politischer Zentralismus und administrativer Dezentralismus verbinden, um einer Machtkonzentration, im Rahmen des öffentlichen Rechts, entgegenzuwirken. Wie schon bei Montesquieu sollte sich auch Tocqueville zufolge die Staatssouveränität teilen, nicht nur auf horizontaler (exekutive, judikative, legislative) sondern auch auf vertikaler Ebene. Im Blick darauf lobt Tocqueville den amerikanischen Föderalismus, der eine starke politische Exekutive mit der Autonomie der verschiedenen örtlichen Selbstverwaltungen (betreffend der Staaten, Regionen, Großstädte und *townships*) verbindet. Dieses Lob des amerikanischen Föderalismus führt wiederum auf Montesquieu zurück, der in seiner Kritik den Expansionismus und Zentralismus der Römer als Zeichen der Dekadenz angeprangert und die Theorie von Bartolus übernommen hatte.

Montesquieu schreibt in seinem Kapitel über den Föderalismus, dass eine Republik, wenn sie zu klein wäre, die Gefahr läuft von anderen ausländischen Staaten eingenommen zu werden. Wenn sie hingegen zu groß wäre, würde sie von einer internen Degeneration bedroht werden. Diese beiden Gefahren bestünden laut Montesquieu für jede Staatsform. Er ging davon aus, dass sowohl ein zu

524 Siehe G. Salvemini, *La teoria di Bartolo da Sassoferrato sulla costituzioni politiche*, in *La dignità cavalleresca nel Comune di Firenze e altri scritti*, ebenda.

kleiner, als auch ein zu großer Terretorialstaat eine Gefahr für sich darstelle; völlig ungeachtet der jeweiligen Staatsform.

Gemäß Tocqueville gibt es jedoch eine Regierungsform, die die Vorteile eines großen, wie kleinen Staates beinhalte – nicht aber ihre Nachteile, nämlich die föderative Republik. Sie kombiniert die Eigenschaften der Einheit eines Staates und die Unabhängigkeit kleinerer politischer Objekte. Er bezeichnet eine solche Kombination als politische Gesellschaft, die mehrere Gesellschaften in sich vereint (société de sociétés). Schließlich weist er darauf hin, dass es ausreichend wäre, einen Blick auf die Vereinigten Staaten zu werfen, um die Vorteile eines föderalen Systems zu erkennen.[525] Im achten Kapitel des ersten Abschnitts der *Démocratie en Amérique I* behauptet Tocqueville, im Einklang mit Montesquieu, dass die politische Freiheit größere Entwicklungschancen in einer territorial eng begrenzten Republik habe und die Freiheit die natürliche Bedingung der kleinen Nationen darstelle. Montesquieu kritisiert in seinen *Considérations sur les causes de la grandeur des Romains et de leur décadence* die expansionistische Entwicklung des römischen Staates, da die politische Freiheit nur innerhalb eines kleinen Territoriums erhalten werden könne. Tocqueville wiederholt diese Ansicht, als er die kleinen Nationen als „Wiege der politischen Freiheit" bezeichnet. Mit der Vergrößerung des Staates würde der Verlust politischer Freiheit einhergehen.[526]

Darüber hinaus geht auch Tocqueville davon aus, dass es, aus einer historischen Perspektive betrachtet, kein Beispiel einer Republik gäbe, die ihre republikanische Rechtsordnung bei einer territorialen Erweiterung erhalten konnte. Bei der Anwendung der historischen Methode Montesquieus – der Vergleich mit der expansionistischen Erfahrung der Römer – kommt auch Tocqueville zu dem Schluss, dass mit steigender Größe der Republik sich auch die Gefahr ihres Untergangs erhöhe.[527] Politische Expansionsbestrebungen, welche die territoriale

525 Montesquieu, *De l'Esprit des lois*, in *Œuvres complètes*, II, ebenda, S. 369.

526 A. de Tocqueville, *De la démocratie en Amérique*, I,I, VIII, S. 179: „Les petites nations ont donc été de tout temps le berceau de la liberté politique. Il est arrivé que la plupart d'entre elles ont perdu cette liberté en grandissant; ce qui fait bien voir qu'elle tenait à la petitesse du peuple et non au peuple lui-même." Eigene Übersetzung: „Die kleinen Nationen waren also für lange Zeit die Wiege der politischen Freiheit. Es ist geschehen, dass die meisten von ihnen durch ihre Ausdehnung diese Freiheit verloren haben. Dies beweist deutlich, dass ihnen ihre Kleinheit mehr bedeutete als ihr Volk."

527 A. de Tocqueville, *De la démocratie en Amérique*, I,I, VIII, S. 179: „L'histoire du monde ne fournit pas d'exemple d'une grande nation qui soit restée longtemps en république, ce qui a fait dire que la chose était impraticable. Pour moi, je pense qu'il est bien imprudent à l'homme de vouloir borner le possible et juger l'avenir, lui auquel le réel et le présent échappent tous les jours, et qui se trouve sans cesse surpris à l'improviste dans les choses qu'il connaît le mieux. Ce qu'on peut dire avec certitude, C'est que l'existence d'une grande république sera toujours infiniment

Erweiterung einer Republik zum Ziel haben, nehmen laut Tocqueville ein „unglorreiches Ende" („un vaine fumée de gloire").[528] Der Wille zur Ausdehnung und zur Vergrößerung gewährt der Dekadenz in Form der Größe „einem neuen Element der nationalen Fruchtbarkeit Eingang in die Welt: Die Kraft".[529] Laut Tocqueville tendieren die europäischen Staaten zur Expansion und laufen deswegen Gefahr zu degenerieren. Das amerikanische föderative System ist jedoch, ganz entsprechend der Sichtweise Montesquieus, in der Lage die Vorteile der Größe mit

---

plus exposée que celle d'une petite.Toutes les passions fatales aux républiques grandissent avec l'étendue du territoire, tandis que les vertus qui leur servent d'appui ne s'accroissent point suivant la même mesure." Eigene Übersetzung: „Die Geschichte der Welt kennt kein Beispiel einer großen Nation, die für lange Zeit eine Republik geblieben ist; dies hat zur Behauptung geführt, dass dies unmöglich sei. Meinerseits glaube ich, dass es für den Menschen unvorsichtig ist, das Mögliche zu beschränken und die Zukunft beurteilen zu wollen, weil ihm das Reale und Gegenwärtige jeden Tag entgehen und er bezüglich jener Dinge, die er am besten kennt, überrascht und überrumpelt wird. Man kann mit Sicherheit sagen, dass die Existenz einer großen Republik immer unendlich mehr gefährdet als die einer kleinen sein wird. Alle Leidenschaften, welche für eine Republik fatal sind, wachsen mit der Ausdehnung ihres Territoriums, da die Tugenden, auf welche sich diese stützen, überhaupt nicht in demselben Ausmaß mitwachsen."

528 Ebenda, S. 178.

529 Ebenda, S. 181: „Ceci introduit dans le monde un nouvel élément de prospérité nationale, qui est la force. Qu'importe qu'un peuple présente l'image de l'aisance et de la liberté, s'il se voit exposé chaque jour à être ravagé ou conquis? Qu'importe qu'il soit manufacturier et commerçant, si un autre domine les mers et fait la loi sur tous les marchés? Les petites nations sont souvent misérables, non point parce qu'elles sont petites, mais parce qu'elles sont faibles; les grandes prospèrent, non point parce qu'elles sont grandes, mais parce qu'elles sont fortes. La force est donc souvent pour les nations une des premières conditions du bonheur et même de l'existence. De là vient qu'à moins de circonstances particulières, les petits peuples finissent toujours par être réunis violemment aux grands ou par s'y réunir d'eux-mêmes. je ne sache pas de condition plus déplorable que celle d'un peuple qui ne peut se défendre ni se suffire." Eigene Übersetzung: „Dies führt ein neues Element des nationalen Wohlergehens in die Welt ein, nämlich die Kraft. Was hat ein Staat denn davon, wenn er wohlhabend und frei, jeden Tag aber der Gefahr ausgesetzt ist, zerstört oder erobert zu werden? Welche Bedeutung hat es denn, wenn er geschäftig und handelstüchtig ist, aber ein anderes Volk die Meere beherrscht und die für alle Märkte gültigen Regeln aufstellt? Kleine Nationen erleiden oft Elend, nicht weil sie klein, sondern weil sie schwach sind; große Nationen gedeihen hingegen, nicht weil sie groß, sondern weil sie stark sind. Kraft stellt somit für Nationen oft eine der ersten Bedingungen des Glücks und sogar der Existenz dar. Kraft hat zur Folge, dass – außer wenn besondere Bedingungen vorliegen – die kleinen Völker oft gegenüber den großen gewaltsam zugrunde gehen oder aber sich selbst zerstören. Ich kenne keinen schlimmeren Zustand als den eines Volkes, das sich weder verteidigen noch sich selbst genügen kann."

jenen der Kleinheit zu verbinden. „Grandeur" und „petitesse" hätten den Vereinigten Staaten Glück gebracht:[530]

> „Das förderale System wurde erschaffen, um die unterschiedlichen Vorteile, welche aus der Größe und der Kleinheit der Nationen entstanden sind, zu vereinen. Man muss nur einen Blick auf die Vereinigten Staaten von Amerika werfen, um wahrzunehmen, welche Vorzüge ihnen aus der Aneignung dieses Systems erwachsen sind."

Zudem beinhaltet das amerikanische föderative System eine Begrenzung der Tyrannei: die Autonomie der *townships*. Die Lehre der intermediären Körperschaften erfährt somit im System des Föderalismus eine weitere Konkretisierung. Das Recht der Union ist allgemein, das Recht der jeweiligen Einzelstaaten stattdessen spezifisch und eigen. Dadurch „ist die Union frei und glücklich wie eine kleine Nation, aber auch glorreich und stark wie eine Große."[531]

Das achte Kapitel des ersten Abschnitts muss in Verbindung mit dem fünften Kapitel gelesen werden: Auf diesen Seiten stellt Tocqueville dem amerikanischen Modell den europäischen, politischen und administrativen Zentralismus entgegen. In den Vereinigten Staaten sei der politische Zentralismus extrem; genauso extrem sei aber auch die dortige administrative Dezentralisierung, als Gegengewicht im Rahmen der Dialektik zwischen Souveränität und Autonomie.[532] Auch wenn der Zentralismus Vorteile mit sich bringen könne, so überwiegen für Tocqueville doch die Nachteile. [533] Die despotische Gefahr geht in den Vereinigten

---

530 Eigene Übersetzung. A. de Tocqueville, *De la démocratie en Amérique*, ebenda, S. 181–182: „C'est pour unir les avantages divers qui résultent de la grandeur et de la petitesse des nations que le système fédératif a été créé. Il suffit de jeter un regard sur les États-Unis d'Amérique pour apercevoir tous les biens qui découlent pour eux de l'adoption de ce système."

531 A. de Tocqueville, *De la démocratie en Amérique*, ebenda, S. 184.

532 Bezüglich Souveränität und Autonomie verweise ich auf D. Quaglioni, *La sovranità nella Costituzione*, in *Lezioni sui princìpi fondamentali della Costituzione*, hrsg. von C. Casonato, Turin, Giappichelli, S. 13–33.

533 A. de Tocqueville, *De la démocratie en Amérique*, ebenda, I,I,V, S. 103: „J'admettrai, du reste, si l'on veut, que les villages et les comtés des États-Unis seraient plus utilement administrés par une autorité centrale placée loin d'eux, et qui leur resterait étrangère, que par des fonctionnaires pris dans leur sein. Je reconnaîtrai, si on l'exige, qu'il régnerait plus de sécurité en Amérique, qu'on y ferait un emploi plus sage et plus judicieux des ressources sociales, si l'administration de tout le pays était concentrée dans une seule main. Les avantages politiques que les Américains retirent du système de la décentralisation me le feraient encore préférer au système contraire. Que m'importe, après tout, qu'il y ait une autorité toujours sur pied, qui veille à ce que mes plaisirs soient tranquilles, qui vole au-devant de mes pas pour détourner tous les dangers, sans que j'aie même le besoin d'y songer; si cette autorité, en meme temps qu'elle ôte ainsi les moindres épines sur mon passage, est maîtresse absolue de ma liberté et de ma vie; si elle monopolise le mou-

Staaten nicht von der politischen Zentralisierung allein aus, sondern von einer gleichzeitig existierenden politischen und administrativen Zentralisierung.[534]

Während in Amerika die Dezentralisierung der Verwaltung, auf einer vertikalen Ebene, die Rolle eines Gegengewichts zum politischen Zentralismus einnimmt, verbindet sich in Europa politischer und administrativer Zentralismus. Diese Verbindung stellt laut Tocqueville die eigentliche despotische Gefahr dar. Wenn die administrative Zentralisierung mit der politischen Zentralisierung einhergeht, werden dem Menschen sein Gemeinsinn und sein Wille entzogen; er wird isoliert und zum Sklaven gemacht.

In diesen Seiten findet auch das Beispiel des orientalischen Despotismus Chinas von Montesquieu Eingang. China gilt Montesquieu als Modell des Despotismus, als Prototyp der enormen Zentralisierung. Es ist unvermeidlich in der Beschreibung Chinas das Spiegelbild Frankreichs zu erkennen. Der Hinweis auf den orientalischen Expansionismus Chinas bei Toqueville ist ein weiteres Argument für die These, dass dieser von Montesquieus Auffassung des Despotismus stark geprägt wurde.[535]

---

vement et l'existence à tel point qu'il faille que tout languisse autour d'elle quand elle languit, que tout dorme quand elle dort, que tout périsse si elle meurt?" *Über die Demokratie in Amerika*, ebenda, S. 71: „Was liegt schließlich daran, dass eine Autorität stets einsatzbereit da ist, um über die Ungestörtheit meiner Vergnügungen zu wachen, die mir alle Gefahren vorweg beiseiteräumt, ohne dass ich daran zu denken brauche – wenn diese Autorität, die mir die winzigsten Dornen vom Wege entfernt, gleichzeitig meine Freiheit und mein Leben absolut beherrscht, wenn sie jede Regung und das Dasein derart ausschließlich bestimmt, dass alles in Untätigkeit verharren muß, wenn sie selbst untätig ist, dass alles schläft, wenn sie schläft, alles zugrunde geht, wenn sie stirbt?"

534 A. de Tocqueville, *De la démocratie en Amérique*, ebenda, S. 96: „On comprend que la centralisation gouvernementale acquiert une force immense quand elle se joint à la centralisation administrative. De cette manière elle habitue les hommes à faire abstraction complète et continuelle de leur volonté; à obéir, non pas une fois et sur un point, mais en tout et tous les jours. Non seulement alors elle les dompte par la force, mais encore elle les prend par leurs habitudes; elle les isole et les saisit ensuite un à un dans la masse commune." *Über die Demokratie in Amerika*, S. 64: „Es leuchtet ein, daß die Zentralisierung der Regierung eine gewaltige Macht erhält, wenn sie sich mit der Verwaltungszentralisierung verbindet. Solcherweise gewöhnt sie die Menschen daran, von ihrem Willen vollkommen und beständig abzusehen; nicht nur einmal und in einem Punkte, sondern durchweg und täglich zu gehorchen. Sie bändigt sie alsdann nicht nur durch Gewalt, sondern sie packt sie außerdem bei ihren Gewohnheiten; sie gibt sie der Vereinzelung preis und bemächtigt sich daraufhin jedes Einzelnen in der allgemeinen Masse." Man siehe J. P. Mayer, *Alexis de Tocqueville. Analytiker des Massenzeitalters*, ebenda, S. 27–29.

535 A. de Tocqueville, *De la Démocratie en Amérique*, ebenda, I,I, V, S. 101: „La Chine me paraît offrir le plus parfait emblème de l'espèce de bien-être social que peut fournir une administration très centralisée aux peuples qui s'y soumettent. Les voyageurs nous disent que les Chinois ont de la tranquillité sans bonheur, de l'industrie sans progrès, de la stabilité sans force, et de l'ordre

Im Gegensatz zu der Größe des orientalischen Modells lobt Tocqueville die kleine Größe der Gemeinden Amerikas. Das fünfte Kapitel der *Démocratie en Amérique I* (I. Abschnitt) behandelt die Struktur der amerikanischen, demokratischen Rechtsordnung und beginnt nicht mit der Regierungsform, sondern mit dem Wesen der Gemeinden. Die Gemeinden werden von ihm als Quelle des demokratischen Aufbaus der Rechtsordnung beschrieben, auf deren erster Stufe er die Gemeinde und erst auf letzter Stufe den Staat positioniert. [536] Die Freiheit der Gemeinden ist in der Tradition begründet. Sie entsteht ganz spontan, und ist mit den Sitten und Bräuchen einer Gesellschaft eng verbunden. Die kommunalen Einrichtungen stellen für die Freiheit das dar, „was die Grundschule für die Wissenschaft darstellt: Sie stehen dem Volke zur Verfügung".[537]

Zusammenfassung

Nachdem Tocqueville die Gefahr der Allmacht der Mehrheit als neue Form von Despotismus erkannte, war er bemüht die rechtlichen Mittel zu finden, um diese Bedrohung zu entschärfen. Die Mittel fand er in der Lehre Montesquieus und lassen sich wie folgt zusammenfassen:

1. Beschränkung durch die Gerechtigkeit des Menschengeschlechts. Diese Beschränkung ist ideeller Natur und steht auf einer unantastbaren, erhöhten Ebene, verglichen mit dem nationalen Gesetz. Diese Vorstellung von Gerechtigkeit findet sich auch im Geiste Montesquieus und bleibt, ohne den Einsatz rechtlicher Mittel, eine rein abstrakte und metaphysische Idee, weshalb der Einsatz praxistauglicher Instrumente unabdingbar ist.

---

matériel sans moralité publique. Chez eux, la société marche toujours assez bien, jamais très bien. J'imagine que quand la Chine sera ouverte aux Européens, ceux-ci y trouveront le plus beau modèle de centralisation administrative qui existe dans l'univers." *Über die Demokratie in Amerika*, ebenda, S. 69: „China erscheint mir als das vollkommenste Sinnbild eines sozialen Wohlergehens, dass eine stark zentralisierte Verwaltung den Völkern, die sich ihr unterwerfen, verschaffen kann. Die Reisenden berichten, die Chinesen besäßen Ruhe ohne Glück, Fleiß ohne Fortschritt, Festigkeit ohne Kraft, materielle Ordnung ohne öffentliche Moral. Ihre Gesellschaft befindet sich immer in ziemlich gutem, nie in sehr gutem Zustand. Ich denke mir, dass die Europäer, wenn China sich ihnen öffnet, dort das schönste Muster einer Zentralisierung der Verwaltung finden, das es in der Welt gibt."

536 A. de Tocqueville, *De la démocratie en Amérique*, ebenda I,I, V, S. 64: „Au premier, degré se trouve la commune, plus haut le comté, enfin l'État." Ebenda, S. 64. *Über die Demokratie in Amerika*, ebenda, S. 50: „Auf der ersten Stufe finden wir die Gemeinde, darüber die Grafschaft und endlich den Staat."

537 Ebenda.

2. Beschränkung durch die Teilung der Gewalten. Tocqueville verwendet den Wortschatz Montesquieus, um sich für eine starke exekutive Gewalt in der neuen demokratischen Welt einzusetzen – als Gegengewicht zu der Volkssouveränität. Diese lobt er explizit in Amerika und erkennt ebenfalls die Notwendigkeit eines institutionellen Gleichgewichts, obwohl er die Kombination von Aristokratie, Demokratie und Monarchie ablehnt. Bei der Suche nach geeigneten Beschränkungen spielt die amerikanische Interpretation Montesquieus von Madison eine entscheidende Rolle. Bei der Betonung der exekutiven Gewalt, als Gegengewicht zur legislativen Gewalt, kommt dem Prinzip der verfassungsrechtlichen Balance zwischen den Gewalten eine wesentliche Funktion zu. Mit anderen Worten: Tocqueville folgt einem „institutionellen Gleichgewicht" im Sinne der von den Amerikanern und von Constant vorgeschlagenen Interpretation der Gewaltenteilung.

3. Beschränkung durch die judikative Gewalt. Es ist eindeutig, dass Tocqueville für die Judikative die Rolle einer Beschränkung der Macht vorsah und nicht eine untergeordnete Rolle, als „Mund des Gesetzes". Bei einer präzisen Lesart der Gedanken Montesquieus ist die Aufgabe der judikativen Gewalt keine bloße Wiederholung des Willens des Gesetzgebers, sondern eine eigenständige politische Gewalt, die in der Lage ist, den Willen der Legislativen zu bremsen. Tocqueville nimmt nicht nur den Richterstand, sondern auch den juristischen Geist in seine Analyse auf, der bereits bei Montesquieu Erwähnung fand.

4. Beschränkung durch Dezentralisierung. Auf Basis der förderalistischen Lehre Montesquieus versucht Tocqueville nicht nur eine horizontale Beschränkung der Macht abzuleiten, sondern auch eine vertikale. Insofern fungiert die örtliche Selbstverwaltung als Gegengewicht zur zentralen Macht. Diese Beschränkung wird auf Basis der montesquieuischen Kritik an dem Expansionismus und an der Größe des Staates begründet. Die Selbstverwaltungen sind Zwischenkörper, ebenso wie der Richterstand. Diese Theorie stammt aus der mittelalterlichen Tradition und insbesondere von dem Juristen Bartolus.

Alle Beschränkungen, die Tocqueville formuliert, wurden von Montesquieu ein Jahrhundert zuvor der römischen Geschichte entnommen. Diese, von der römischen Geschichte abgeleiteten Beschränkungen, sind die folgenden: 1. Das Naturrecht und das Ideal der stoischen Gerechtigkeit, als Prämisse Montesquieus. 2. Das Modell der geteilten, „tacitistischen" Souveränität, die die Enstehung einer absoluten, zentralisierten Macht verhindern sollte und sich in der römischen Republik verwirklichte. 3. Die Funktion der judikativen Gewalt, als Beschränkung der politischen Macht und das *voix du droit*. 4. Die Theorie der Größe, die Montesquieu der römischen Erfahrung und der Rezeption von Bartolus entnahm.

4 Das Bild des Despotismus in der *Démocratie en Amérique II*

In diesem Teil wird die Veränderung der Gedanken Tocquevilles rekonstruiert, die sich innerhalb seines 1840 veröffentlichten zweiten Bandes vollzieht und parallel dazu den sich fortsetzenden Einfluss der montesquieuischen Lehre. Während Tocqueville in seinem ersten Band (1835) die despotische Gefahr in der Allmacht der Mehrheit und in einer übermächtigen Rolle des Volkes erkennt, ändert sich seine Perspektive in dem fünf Jahre später veröffentlichten Werk radikal. In letzterem Werk wird das Volk nicht mehr als allmächtig gefürchtet, stattdessen besteht es nun aus atomisierten, von jeglichem sozialen Zusammenhang abgetrennten und schwachen Individuen. Als Monaden sind sie der absoluten und immensen Natur der neuen politischen Macht der Mehrheit gegenüber ohnmächtig. In dieser neuartigen Betrachtung des Despotismus kann Tocqueville die exekutive Gewalt nicht mehr als eine mögliche Beschränkung der legislativen Gewalt einordnen, sondern als Ausdruck des selben, neuen demokratischen Despotismus. Exekutive und Legislative stammen in dieser veränderten Perspektive aus ein und derselben Quelle, nämlich aus der Volkssouveränität. Aber sie stellen sich als unlösbare Einheit dar, die überhalb der Masse von Individuen steht. Während im ersten Band der *Démocratie en Amérique* dem Bedürfnis nach Beschränkung der politischen Macht durch die Dreiteilung der Gewalten entsprochen wird, überlebt im zweiten Teil nur mehr die judikative Gewalt, als mögliche Beschränkung der Macht. Darüber hinaus betont Tocqueville die Notwendigkeit anderer Beschränkungen, die nicht nur verfassungsrechtlicher, sondern außerinstitutioneller Natur sind. Auch in dieser neuen Perspektive zeigt sich deutlich der Einfluss der montesquieuischen Lehre.

4.1 Eine immense Vormundschaftsgewalt

In der *Démocratie en Amérique II* von 1840 kommt der exekutiven Gewalt nicht mehr die Funktion eines Gegengewichts zu. Lediglich die judikative Gewalt wird von Tocqueville nunmehr als reelle und wirkungsvolle Beschränkung der Legislativen betrachtet. Er glaubt nicht mehr an die institutionelle Gewaltenteilung.

Auch in diesem Fall handelt es sich nicht um eine ausschließlich rechtliche Überlegung, sondern um eine gleichzeitig juristische und soziologische Analyse Tocquevilles. Sowohl in Amerika wie auch in Europa sieht er nun eine Gesellschaft aus Individuen, die in die Privatsphäre zurückgetreten sind und die der Staatsgewalt schwach und ohnmächtig gegenüberstehen. Die Menschen begnü-

https://doi.org/10.1515/9783110673036-019

gen sich mit gewöhnlichen, kleinbürgerlichen Freuden, kümmern sich um familiäre Bedürfnisse, sind entpolitisiert und der politischen Gesellschaft entfremdet. Sie stehen als Gleiche nebeneinander, gehören aber keiner gemeinsamen politischen Gestalt an. Über die Menschen erhebt sich eine enorme Vormundschaftsgewalt, die eine paternalistische Gewalt ausübt und die Ziele und Freuden dieser bis ins Detail bestimmt. Diese Form von Despotismus ist „mild" und degradiert die Menschen in die Position eines bevormundeten Kindes: Die despotische Macht bestimmt über ihr Glück, ihre Sicherheit, ihre Bedürfnisse, ihre Vergnügungen, ihre Geschäfte, ihre Erbfolge und schlussendlich wird auch ihr Denken von ihr übernommen. Den Individuen wird ihr freies Urteilsvermögen entzogen.[538]

---

538 A. de Tocqueville, *De la démocratie en Amérique*, II, IV,VI, in *Œuvres complètes*, ebenda, S. 836 – 837: „Je veux imaginer sous quels traits nouveaux le despotisme pourrait se produire dans le monde: je vois une foule innombrable d'hommes semblables et égaux qui tournent sans repos sur eux-mêmes pour se procurer de petits et vulgaires plaisirs, dont ils emplissent leur âme. Chacun d'eux, retiré à l'écart, est comme étranger à la destinée de tous les autres: ses enfants et ses amis particuliers forment pour lui toute l'espèce humaine; quant au demeurant de ses concitoyens, il est à côté d'eux, mais il ne les voit pas; il les touche et ne les sent point; il n'existe qu'en lui-même et pour lui seul, et, s'il lui reste encore une famille, on peut dire du moins qu'il n'a plus de patrie. Au-dessus de ceux-là s'élève un pouvoir immense et tutélaire, qui se charge seul d'assurer leur jouissance et de veiller sut leur sort. il est absolu, détaillé, régulier, prévoyant et doux. Il ressemblerait à la puissance paternelle si, comme elle, il avait pour objet de préparer les hommes à l'âge viril; mais il ne cherche, au contraire, qu'à les fixer irrévocablement dans l'enfance; il aime que les citoyens se réjouissent, pourvu qu'ils ne songent qu'à se réjouir. Il travaille volontiers à leur bonheur; mais il veut en être l'unique agent et le seul arbitre; il pourvoit à leur sécurité, prévoit et assure leurs besoins, facilite leurs plaisirs, conduit leurs principales affaires, dirige leur industrie, règle leurs successions, divise leurs héritages, que ne peut-il leur ôter entièrement le trouble de penser et la peine de vivre?" *Über die Demokratie in Amerika*, ebenda, S. 343 – 344: „Ich will entwerfen, unter welchen neuen Zügen der Despotismus sich in der Welt einstellen könnte: Ich sehe eine unübersehbare Menge ähnlicher und gleicher Menschen, die sich rastlos um sich selbst drehen, um sich kleine und gewöhnliche Freuden zu verschaffen, die ihr Herz ausfüllen. Jeder von ihnen ist, ganz auf sich zurückgezogen, dem Schicksal aller anderen gegenüber wie unbeteiligt: seine Kinder und seine besonderen Freunde sind für ihn die ganze Menschheit; was seine übrigen Mitbürger angeht, so ist er zwar bei ihnen, aber er sieht sie nicht; er berührt sie, aber er spürt sie nicht; er lebt nur in sich und für sich selbst, und wenn ihm auch noch eine Familie bleibt, so kann man doch zumindest sagen, ein Vaterland hat er nicht mehr.. Über diesen Bürgern erhebt sich eine gewaltige Vormundschaftsgewalt, die es allein übernimmt, ihr Behagen sicherzustellen und über ihr Schicksal zu wachen. Sie ist absolut, ins Einzelne gehend, pünktlich, vorausschauend und milde. Sie würde der väterlichen Gewalt gleichen, hätte sie – wie diese – die Vorbereitung der Menschen auf das Mannesalter zum Ziel; sie sucht aber, im Gegenteil, die Menschen unwiderruflich in der Kindheit festzuhalten; sie freut sich, wenn es den Bürgern gut geht, vorausgesetzt, daß diese ausschließlich an ihr Wohlergehen denken. Sie arbeitet gern für ihr Glück; aber sie will allein daran arbeiten und allein darüber entscheiden; sie sorgt für ihre Sicherheit, sieht und sichert ihren Bedarf, erleichtert ihre Vergnügungen, führt ihre wich-

Die „Gleichheit hat die Menschen auf all dies vorbereitet." Eine Gleichheit, die laut Tocqueville keinerlei Freiheit in sich birgt. Zwar bricht der neue Despotismus den Willen des Individuums nicht, „er erweicht, biegt und lenkt ihn aber". Diese Form des Despotismus zwingt nicht zu handeln, sondern „stellt sich andauernd dem Handeln entgegen; er zerstört nicht, verhindert aber das gebären, er tyrannisiert nicht, sondern behindert, schränkt ein, entnervt, löscht, macht benommen und reduziert jede Nation schlussendlich zu einer Herde von schüchternen und betriebsamen Tieren, deren Hirte ihre Regierung ist". Dieser Despotismus neuer Art stellt nicht die Marotte eines Tyrannen dar und ist auch nicht auf eine einzige Regierungsform zurückzuführen; auch steht er außerhalb des dreiteiligen Schemas „Monarchie-Republik-Despotismus". Er lässt sich sehr gut mit dem Prinzip der Volkssouveränität, mit der Regierung des Volkes oder eines Teiles desselben vereinen.[539] Somit ändert sich zwar der Blick Tocquevilles, nicht aber der Gegenstand seiner Überlegung. Das Problem besteht weiterhin in der Demokratie und in ihrer inhärenten despotischen Gefahr. Der Despotismus nimmt in dieser Abhandlung aber nicht mehr die Form der Allmacht der Mehrheit an, sondern die Form eines obhütendes Dirigismus des Staates über das atomisierte Volk. Das Bild des Volks ändert sich: Es ist nicht mehr im Besitz der Macht, sondern, im Gegenteil, ohnmächtig. Der staatliche Dirigismus entsteht auf demokratischer Basis und wird durch selbige verstärkt. Aus einem formellen Standpunkt aus betrachtet, haben die einzelnen Bürger tatsächlich dem demokratischen Despotismus, durch den Mechanismus der politischen Vertretung, zugestimmt.[540] Für ein derart

tigsten Geschäfte, leitet ihre gewerblichen Unternehmungen, regelt ihre Erbfolge und teilt ihren Nachlaß; könnte sie ihnen nicht vollends die Sorge, zu denken, abnehmen und die Mühe, zu leben?"

539 A. de Tocqueville, *De la démocratie en Amérique*, ebenda, S. 837–838: „J'ai toujours cru que cette sorte de servitude, réglée, douce et paisible, dont je viens de faire le tableau, pourrait se combiner mieux qu'on ne l'imagine avec quelques-unes des formes extérieures de la liberté, et qu'il ne serait pas impossible de s'établir à l'ombre même de la souverainetè du peuple." *Über die Demokratie in Amerika*, ebenda, S. 344–345: „Ich bin immer der Überzeugung gewesen, daß diese Art einer geregelten, milden und friedlichen Knechtschaft, die ich eben gezeichnet habe, sich mit einigen der äußeren Formen der Freiheit besser verbinden könnte, als man denkt, und daß es ihr nicht unmöglich wäre, sich sogar im Schatten der Volkssouveränität niederzulassen."

540 A. M. Battista, *Tocqueville. Un tentativo di sintesi*, in „Trimestre", 1985, in *Studi su Tocqueville*, ebenda, S. 193. Vergleiche mit S. Drescher, *Tocqueville's Two Democracies*, in „Journal of the History of Ideas", 1964, S. 201–216. Drescher schreibt, dass „the revolutionary period had given men exaggerated confidence in themselves. But it had also destroyed the traditional opinions and institutions which enabled men to consort for mutual protection and common action. The ultimate effect of this atomization would be to decrease the tempo of all political and intellectual activity." Und weiter: „In 1840 it is the tutelary administrative power, not the envious majority, which constitutes the chief barrier ‚which the most original minds, and the most energetic cha-

geändertes politisches Szenario allerdings konnte die exekutive Gewalt keine Beschränkung mehr darstellen; deshalb blieb nurmehr die Beschränkung durch die Gerichtsbarkeit, als institutionelles Mittel. Für Tocqueville ergeben sich unter diesen Umständen folgende institutionelle und zivilgesellschaftliche Beschränkungen:

1. Beschränkung durch die Gerichtsbarkeit und den juristischen Geist.
2. Beschränkung durch intermediäre Körperschaften.
3. Beschränkung durch Religion.

4.2 Beschränkung durch die Gerichtsbarkeit

Es wird gezeigt, dass die Konstante in der Entwicklung der Gedanken Tocquevilles, die sich in der *De la démocratie en Amérique* II offenbart, die judikative Gewalt ist – als einzige institutionelle Beschränkung gegen die dirigistische Macht des Staates. Da exekutive und legislative Gewalt in diesem zweiten Werk Ausdruck des demokratischen Despotismus sind, greift das Prinzip der Dreiteilung der Gewalten ins Leere. Das einzige Gegengewicht findet Tocqueville in der judikativen Gewalt und übernimmt in diesem Punkt die Lehre Montesquieus. Diese Einschätzung steht diametral der Rolle des Richters, als Interpret des Wortlauts, gegenüber und spricht für das Verständnis des Richters als wahre politische Gegenkraft.

Die These, die hier vertreten werden soll, besteht aus der Annahme, dass Tocqueville die authentische Bedeutung der Lehre Montesquieus in seine Analyse übernahm und nicht dem irreführenden Wortlaut folgte, welche die Rezeption der englischen These implizieren würde. Ein geeignetes Argument findet man in einer Aussage Tocquevilles, in dem späteren Werk *l'ancien régime et la révolution.* Dort lehnt Tocqueville ausdrücklich den dominanten Einfluss Englands auf die Gedanken Montesquieus ab. Tocqueville gibt dort an, dass Montesquieu, als dieser 1729 England besucht hatte, dieses Land nicht wirklich gesehen und verstanden

racters' cannot penetrate. In spite of the fact that the interdependence of equals who wished to achieve power denied to stultify independent ideas, he now insisted that ultimately, ‚Feelings and ideas are not expanded, the heart is not enlarged, the human mind does not develop except by the reciprocal action of men upon each other'. Not only great men, but the whole of society seemed in danger of suffocation." Schließlich behauptet Drescher in dem Werk von 1840, dass „the nature of tyranny has changed." Der Bürger wäre nicht mehr Teil der allmächtigen Mehrheit, sondern „has become weightless and mechanical, one atom of a predictable mass without weight or power, without will or purpose."

hätte.[541] Diese Aussage Tocquevilles negiert die Rolle der englischen Rechtsordnung in der Lehre Montesquieus, da diese einerseits der exekutiven Gewalt eine übermächtige Rolle zuordnet und andererseits die judikative Gewalt als Verlängerung der legislativen Gewalt betrachtet. Mit einer solchen Haltung widerspricht Tocqueville den verfassungsrechtlichen Theorien, die auf der Basis der englischen Grundlage der montesquieuischen Gedanken vertreten wurden.

Es wurde im Vorhergehenden bereits dargelegt, dass Autoren wie Royer-Collard, Constant und Guizot das englische Modell Montesquieus benutzten, um während der Phase der Restauration eine starke exekutive Gewalt des Königs zu verteidigen. Man kann argumentieren, dass Tocqueville – im Gegensatz zu der englischen Interpretation seiner Zeitgenossen – bemüht war die zugrundeliegenden Motive der Gedanken Montesquieus zu erkennen und auch, angepasst an die neuen sozialen und politischen Umstände, zu übernehmen. Während Montesquieu die Beschränkungen der Macht in einem möglichen Gleichgewicht der sozialen Kräfte und institutionellen Gewalten, im Rahmen der Monarchie suchte, war laut Tocqueville ein solcher Versuch ab gegebenem Zeitpunkt unmöglich und sinnlos geworden, da Exekutive und Legislative der selben Gewalt (der Volkssouveränität) entsprachen und nicht zwei Elementen der gemischten Verfassung. Aus diesem Grund hat Tocqueville die Lehre Montesquieus aktualisiert. Seine Hoffnung lag in der Gerichtsbarkeit, als einzige Barriere gegen die Allmacht der Volkssouveränität; eine Rolle, die im alten Staat von der Aristokratie erfüllt wurde.

In dem zweiten Band der *Démocratie en Amérique* wirkt die Idee Montesquieus der Gerichtsbarkeit und ihrer Aufgabe sichtbar nach. Bei Tocqueville erhält sie den Auftrag, für die politische Freiheit innerhalb der Demokratie zu sorgen. Die Gerichtsbarkeit ist für ihn das einzige überlebende Element aus der montesquieuischen Theorie der gemischten Verfassung, das sich gegen despotische Ansprüche widersetzen kann.[542] Somit liegen die Hoffnungen Tocquevilles,

---

541 A. de Tocqueville, *L'ancien régime et la Révolution*, II, IX, ebenda, S. 122. Tocqueville zitiert einen Brief von Montesquieu, den dieser am 29. Dezember 1729 aus England an Père Cérati geschickt hatte, worin dieser die englische Rechtsordnung schildert.

542 A. de Tocqueville, *De la démocratie en Amérique*, II, IV, VII, S. 844: „Il est de l'essence du pouvoir judiciaire de s'occuper d'intérêts particuliers et d'attacher volontiers ses regards sur de petits objets qu'on expose à sa vue; il est encore de l'essence de ce pouvoir de ne point venir de lui-même au secours de ceux qu'on opprime, mais d'être sans cesse à la disposition du plus humble d'entre eux. Celui-ci, quelque faible qu'on le suppose, peut toujours forcer le juge d'écouter sa plainte et d'y répondre: cela tient à la constitution même du pouvoir judiciaire." *Über die Demokratie in Amerika*, ebenda, S. 352–353: „Es liegt im Wesen der richterlichen Gewalt, daß sie sich mit Einzelinteressen beschäftigt und ihre Aufmerksamkeit bereitwillig auf kleine Gegenstände richtet, die man ihr unterbreitet; es liegt ferner im Wesen der richterlichen Gewalt, daß sie den

für die Gewährleistung der politischen Freiheit der Individuen, nicht in der exekutiven und legislativen Gewalt, die eine despotische Gefahr in sich tragen, sondern in einer, von dieser unabhängigen und nicht konformen Gerichtsbarkeit.[543] In dieser Hoffnung lebt die Idee Montesquieus, betreffend der judikativen Gewalt als *voix du droit*, wieder auf, die als Barriere der politischen Macht funktionieren soll, um das individuelle Recht gegen einen möglichen Angriff der öffentlichen Gewalt zu verteidigen.[544] Bei der Aktualisierung der Lehre Montesquieus kommt Tocqueville zu der Ansicht, dass die Gerichtsbarkeit und nicht die schriftlichen Verfassungen[545] die Grundrechte der Individuen verteidigen, da diese nicht in der Verfügung der öffentlichen Gewalt steht und von dieser unberührt bleibt. Die Gerichtshöfe wurden von ihm deshalb als „Freunde der Freiheit" bezeichnet, die vor allem in demokratischen Epochen das Ziel verfolgen würden, die individuellen, sujektiven Rechte gegen die soziale Macht („pouvoir sociale") einzufordern.[546]

Unterdrückten nicht von sich aus zu Hilfe kommt, daß sie aber ständig auch dem Niedrigsten unter ihnen zur Verfügung steht. Dieser kann, wie schwach auch immer, den Richter allezeit zwingen, seine Klage anzuhören und ihr zu entsprechen; das gehört zum Wesen der richterlichen Gewalt."

543 A. de Tocqueville, *De la démocratie en Amérique*, II, IV, VII, S. 844: „Un semblable pouvoir est donc spécialement applicable aux besoins de la liberté, dans un temps où l'œil et la main du souverain s'introduisent sans cesse parmi les plus minces détails des actions humaines, et où les particuliers, trop faibles pour se protéger eux-mêmes, sont trop isolés pour pouvoir compter sur le secours de leurs pareils." *Über die Demokratie in Amerika*, ebenda, S. 353: „Eine solche Gewalt dient den Bedürfnissen der Freiheit daher ganz besonders in einer Zeit, da Auge und Hand des Souveräns sich unaufhörlich in die geringfügigsten Einzelheiten der menschlichen Handlungen einmischen und die Einzelnen – zu schwach, um sich selbst zu schützen – zu isoliert sind, als daß sie auf den Beistand ihrer Mitmenschen zählen könnten."

544 A. de Tocqueville, *De la démocratie en Amérique*, II, IV, VII, S. 844: „La force des tribunaux a été, de tout temps, la plus grande garantie qui se puisse offrir à l'indépendance individuelle, mais cela est surtout vrai dans les siècles démocratiques ; les droits et les intérêts particuliers y sont toujours ené péril, si le pouvoir judiciaire ne grandit et ne s'étend à mesure que les conditions s'égalisent." *Über die Demokratie in Amerika*, ebenda, S. 353: „Die Macht der Gerichte ist zu allen Zeiten der sicherste Schutz gewesen, der sich der individuellen Unabhängigkeit bieten konnte; für die demokratischen Zeiten gilt das aber ganz besonders; die persönlichen Rechte sind da immer in Gefahr, wenn nicht die richterliche Gewalt in dem Maße wächst und sich erweitert, in dem die gesellschaftlichen Bedingungen sich einander angleichen."

545 Unter der Monarchie von Louis Phillip wurde von den zwei Kammern des Parlaments eine *octroyée* Verfassung erlassen. Diese Verfassung enthielt individuelle Rechte.

546 A. de Tocqueville, *De la démocratie en Amérique*, II, IV, VII, S. 847: „Surtout dans les temps démocratiques où nous sommes que les vrais amis de la liberté et de la grandeur humaine doivent, sans cesse, se tenir debout et prêts à empêcher que le pouvoir social ne sacrifie légèrement les droits particuliers de quelques individus à l'exécution générale de ses desseins. Il n'y a point

4.3 Beschränkung durch intermediäre Körperschaften

In diesem Abschnitt wird argumentiert, dass Tocqueville die intermediären Körperschaften, wie sie von Montesquieu als verfassungsrechtliche Beschränkungen festgestellt wurden, aktualisiert hat. Montesquieu betrachtet die Aristokratie als die grundlegendste intermediäre Körperschaft, die in der Lage war die zentralistische Macht der Krone zu bremsen. Diese Idee gründet auf der Doktrin der geteilten Souveränität und auf Basis gemischten Verfassung innerhalb der römischen Republik, die Montesquieu inspiziert hatte. Die Tatsache, dass Tocqueville eben jene Ideen an das neue Szenario angleicht, spricht für eine Übertragung der Tradition, wie sie Montesquieu vermittelt hatte.

Montesquieu folgt Bodin, für den die intermediären Körperschaften wesentlicher Teil der monarchischen Rechtsordnung sind, wenngleich er den König als Quelle aller politischen Gewalt verstand. [547] Als intermediäre Körperschaften verstand dieser vor allem den Adel und die Parlamentsgerichtshöfe. Tocquevilles Ausgangspunkt bestand in der Annahme, dass das aristokratische Element nachhaltig untergegangen war und begab sich deshalb auf die Suche nach alternativen Begrenzungen. Im vorhergehenden Kapitel wurde darauf hingewiesen, dass Tocqueville die Gerichtshöfe innerhalb der demokratischen Regierung als Ersatz der Aristokratie verstand. In den freien Versammlungen der Büger, innerhalb derer das Individuum seine subjektive Weltanschauung teilen kann, erkannte Tocqueville eine weitere intermediäre Körperschaft. Durch die Vereinigung mit anderen Menschen würden die Individuen zu einer kritischen Masse heranwachsen, die gegenüber der politischen Macht bestehen könne.

---

dans ces temps-là de citoyen si obscur qu'il ne soit très dangereux de laisser opprimer, ni de droits individuels si peu importants qu'on puisse impunément livrer à l'arbitraire." *Über die Demokratie in Amerika*, ebenda, S. 355: „Gerade in den demokratischen Zeiten, in denen wir leben, müssen sich die wahren Freunde der Freiheit und der menschlichen Größe immer standhaft und bereit zeigen, zu verhindern, daß die staatliche Gewalt der allgemeinen Durchführung ihrer Pläne die persönlichen Rechte einiger Individuen leichtfertig zum Opfer bringt. In diesen Zeiten ist kein Bürger so unbedeutend, daß man ihn gefahrlos unterdrücken, ist kein individuelles Recht so unwichtig, daß man es ungestraft der Willkür ausliefern dürfte."

547 Montesquieu, *De l'Esprit des lois*, L. II c. IV, ebenda, S. 247. Montesquieu schreibt hier: „Les pouvoirs intermédiaires, subordonnés et dépendants, constituent la nature du gouvernement monarchique, c'est-à-dire de celui qui gouverne par des lois fondamentales." *Vom Geist der Gesetze*, ebenda, S. 114: „Vermittelnde, nachgeordnete und abhängige Zwischenkörper machen die Natur der monarchistischen Regierung, bei der ein einziger bei zugrunde liegenden Gesetzen regiert." Andererseits fügt er hinzu, sich immer auf Bodin beziehend: „Dans la monarchie, le prince est la source de tout pouvoir politique et civil." *Vom Geist der Gesetze*, ebenda, S. 114: „In der Tat ist der Herrscher in der Monarchie Quell jeglicher staatlichen und zivilen Gewalt."

Auch in diesem Fall wird der Perspektivwechsel Tocquevilles, der sich innerhalb seiner beiden Werke vollzieht, deutlich: In dem Band von 1835 wird eine herausragende Tätigkeit des Volkes als politisches Subjekt gefürchtet, während er das Volk in dem zweiten Band von 1840 als schwach, ohnmächtig und atomisiert ansieht und zu eben jener Tätigkeit (der Volksversammlung) ermutigt. Diese Veränderung wirkt sich ebenfalls auf die Beschreibung und Einschätzung des Despotismus und deshalb auch auf die Formulierung weiterer Beschränkungen aus, die dabei immer von der Lehre Montesquieus inspiriert wurden.

Im zweiten Buch des *Esprit des lois* hatte Montesquieu die intermediären Körperschaften als notwendigerweise mit der Monarchie verbunden dargestellt; achtzig Jahre später „unterstrich Tocqueville gleichermaßen die Bedeutung der intermediären Körperschaften; es handelte sich hierbei aber nicht mehr um die Körperschaften der Richter, des Hochadels oder der hohen klerikalen Würdenträger". Den Vereinigungen innerhalb der Zivilgesellschaft kam nun die Aufgabe zu, „die antike Aristokratie zu ersetzen".[548] Tocqueville dazu: „In vergangenen Jahrhunderten hat es noch nie einen Herrscher gegeben, der so absolut und so mächtig war, dass er alle Teile eines großen Reiches alleine, ohne die Unterstützung durch intermediäre Körperschaften, hätte verwalten können."[549]

Die Kritik an der Zentralisierung der Krone und der Zerstörung der Körperschaften findet sich bereits in den *Lettres persanes* von Montesquieu, die damals vor allem Ludwig XIV. galt. Auch für Montesquieu waren die intermediären Körperschaften – um es mit Tocquevilles Worten auszudrücken – „Sterbende".[550] Die französische Monarchie hatte den Adel erniedrigt, ihm seine politische Rolle

548 J. P. Mayer, *Introduction* zu Montesquieu, *De l'Esprit des lois. Les grands thèmes*, ebenda, S. 20. Man vergleiche mit A. de Tocqueville, *L'Ancien Régime et la Révolution*, in *Œuvres complètes*, Paris, Gallimard, 2004, S. 144: „Il faudra regretter toujours qu'au lieu de plier cette noblesse sous l'empire des lois, on l'ait abattue et déracinée. En agissantainsi, on a ôté à la nation une portion nécessaire de sa substance et fait à la liberté une blessure qui ne se guérira jamais."

549 A. de Tocqueville, *De la démocratie en Amérique*, II, IV, VI, ebenda, S. 834–835: „On n'a jamais vu dans les siècles passés de souverain si absolu et si puissant qui ait entrepris d'administrer par lui-même, et sans les secours de pouvoirs secondaires, toutes les parties d'un grand empire; il n'y en a point qui ait tenté d'assujettir indistinctement tous ses sujets aux détails d'une règle uniforme, ni qui soit descendu à côté de chacun d'eux pour le régenter et le conduire. L'idée d'une pareille entreprise ne s'était jamais présentée à l'esprit humain, et, s'il était arrivé à un homme de la concevoir, l'insuffisance des lumières, l'imperfection des procédés administratifs, et surtout les obstacles naturels que suscitait l'inégalité des conditions l'auraient bientôt arrêté dans l'exécution d'un si vaste dessein."

550 Man beachte, dass die *Parlements* ihr Einspruchsrecht unter Louis XIV. verloren hatten.

entzogen, aber seine Privilegien erhalten. Die Krone hatte außerdem versucht die Gerichtsbarkeit der gleichen Prozedur zu unterziehen, Montesquieu dazu:[551]

> „Die Parlamente gleichen jenen Ruinen, die man zwar mit Füßen tritt, die einem aber stets die Erinnerung an irgendeinen Tempel wachrufen, der berühmt ist durch die alte Religion der Völker. Sie tun wenig anderes mehr, als Recht sprechen, und ihr Ansehen ist immer sehr schwach, wenn nicht irgendein unvorhergesehener Umstand demselben Kraft und Leben verleiht. Diese großen Körperschaften mußten das Geschick aller menschlichen Dinge erfahren: sie mußten der Zeit weichen, die alles zerstört; der Sittenverderbnis, die alles schwächt; der höheren Gewalt, die alles niederschlägt."

Diese Passage der *Lettres persanes* ist eine scharfe Kritik, die dieser an den französischen Monarchen übt und auch in seinen späteren Werken – wie den *Considérations*, dem *Esprit des lois*, sowie vor allem in seinen Überlegungen zu den intermediären Körperschaften – sichtbar wird. Betreffend der veränderten Situation nach der Französischen Revolution meint Tocqueville auf den abschließenden Seiten der *Démocratie en Amérique II* (1840) folgendes:[552]

---

551 Montesquieu, *Persische Briefe*, hrsg. von W. Killy, Frankfurt am Main – Hamburg, Fischer, 1964, S. 165; Montesquieu, *Lettres persanes*, Brief Nr. XCII in *Œuvres complètes*, I, ebenda, S. 268: „Les parlements ressemblent à ces ruines que l'on foule aux pieds, mais qui rappellent toujours l'idée de quelque temple fameux par l'ancienne religion des peuples. Ils ne se mêlent guère plus que de rendre la justice; et leur autorité est toujours languissante, à moins que quelque conjoncture imprévue ne vienne lui rendre la force et la vie. Ces grands corps ont suivi le destin des choses humaines; ils ont cédé au temps qui détruit tout, à la corruption des mœurs qui a tout affaibli, à l'autorité suprême qui a tout abattu."

552 A. de Tocqueville, *Über die Demokratie in Amerika*, ebenda, S. 351; *De la Démocratie en Amérique*, II,IV,VII, ebenda, S. 842–843: „Je crois fermement qu'on ne saurait fonder de nouveau, dans le monde, une aristocratie; mais je pense que les simples citoyens en s'associant, peuvent y constituer des êtres très opulents, très influents, très forts, en un mot des personnes aristocratiques. On obtiendrait de cette manière plusieurs des plus grands avantages politiques de l'aristocratie, sans ses injustices ni ses dangers. Une association politique, industrielle, commerciale ou même scientifique et littéraire, est un citoyen éclairé et puissant qu'on ne saurait plier à volonté ni opprimer dans l'ombre, et qui, en défendant ses droits particuliers contre les exigences du pouvoir, sauve les libertés communes." Zur Bedeutung des letzten Abschnitts der zweiten *Démocratie en Amérique* siehe A. M. Battista, *Studi su Tocqueville*, ebenda, S. 50–52. Wie dieser italienische Gelehrte richtig feststellt, gab es einen Perspektivenwechsel zwischen der ersten und der zweiten *Démocratie en Amérique:* In der ersten Ausgabe (1835) hat sich Tocqueville darum bemüht die Grenzen der Volkssouveränität und der möglicherweise auf diese folgenden „Tyrannei der Mehrheit" ausfindig zu machen; in der *Démocratie en Amérique II* konzentrierte er sich hingegen auf die Bedeutung von Freiheit und Teilnahme, verstanden als „Gegenmittel" gegen die „Entäußerung der Volkssouveränität zum Vorteil der staatlichen Zentralgewalt."

> „Ich bin der festen Überzeugung, daß man in der Welt nicht erneut eine Aristokratie würde begründen können; aber ich glaube die einfachen Bürger können, wenn sie sich zusammenschließen, sehr machtvolle, einflußreiche und starke Wesen, mit einem Wort: aristokratische Personen bilden. Man würde auf diese Weise einige der größten politischen Vorteile der Aristokratie ohne ihre Ungerechtigkeiten und Gefahren erhalten. Eine politische, industrielle, kaufmännische oder sogar wissenschaftliche und literarische Vereinigung ist ein gebildeter und mächtiger Bürger, den man nicht im verborgenen unterdrücken kann und der in der Verteidigung seiner individuellen Rechte gegen den Zugriff des Staates die allgemeinen Freiheiten sichert."

Diese Passage ist ein unmissverständlicher Beweis für den Versuch Tocquevilles, das alte aristokratisches Element durch eine aktive Rolle der Zivilgesellschaft zu ersetzen. Mit dem Ersatz der alten Aristokratie, durch die Zivilgesellschaft und der freien Vereinigung der Bürger, beabsichtigt Tocqueville die Gleichheit der sozialen Bedingungen zu erhalten, die den Ausgangspunkt seiner Untersuchung für die Reise nach Amerika darstellten und ihm zufolge die politische Freiheit der Individuen garantierte.[553] Montesquieu stellt eine Brücke dar, die die alte Lehre von Bodin der Zwischenkörper mit Tocqueville verbindet. Man kann argumentieren, dass die Stärkung der freien Vereinigungen der Bürger das Bild des freien germanischen Volkes Tacitus', das Montesquieu als Quelle seiner Gedanken zugrunde lag, wiederaufleben lässt.[554] Verbunden mit dieser aktiven Rolle der Bevölkerung ist die Verteidigung Tocquevilles der absoluten Pressefreiheit, die von ihm als „demokratisches Mittel der Freiheit" bezeichnet wird.[555] Dieses Instrument steht dem isolierten Individuum zur Verfügung und ermöglicht ihm, sich mit dem *genre humain* (er verwendet abermals einen Begriff von Montesquieu) zu verbinden.[556]

---

553 A. de Tocqueville, *De la Démocratie en Amérique*, II, IV, VII, ebenda, S. 842–843: „Il ne s'agit point de reconstruire une société aristocratique, mais de faire sortir la liberté du sein de la société démocratique où Dieu nous fait vivre." *Über die Demokratie in Amerika*, ebenda, S. 349: „So geht es nicht darum, eine aristokratische Gesellschaft wiederherzustellen, sondern die Freiheit aus dem Schoße der demokratischen Gesellschaft, in der Gott uns leben läßt, hervorgehen zu lassen."

554 Zu diesen bürgerlichen Vereinigungen zählte Tocqueville auch die örtliche Selbstverwaltung, die die Dezentralisierung der staatlichen Verwaltung realisiert. An dieser Stelle übernimmt er das montesquieuische Prinzip der Dezentralisierung der Verwaltung.

555 A. de Tocqueville, *De la Démocratie en Amérique*, II, IV, VII, ebenda, S. 844: „La presse est, par excellence, l'instrument démocratique de la liberté." *Über die Demokratie in Amerika*, ebenda, S. 352: „Die Presse ist recht eigentlich das demokratische Werkzeug der Freiheit."

556 A. de Tocqueville, *De la Démocratie en Amérique*, II, IV, VII, ebenda, S. 844: „De nos jours, un citoyen qu'on opprime n'a donc qu'un moyen de se défendre; c'est de s'adresser à la nation tout entière, et, si elle lui est sourde, au genre humain; il n'a qu'un moyen de le faire, c'est la presse. Ainsi la liberté de la presse est infiniment plus précieuse chez les nations démocratiques que chez

4.4 Begrenzung durch Religion

Ein weiteres, nicht rein juristisches Mittel zur Begrenzung der Volkssouveränität, hat Tocqueville in der Religion gefunden.

Montesquieu hat die Römer gelobt, da sie die Religion der eroberten Völker nie verändert oder gar vernichtet haben. Er schreibt der Religion eine beschränkende Wirkung zu, die sie zwar innerhalb jeder Regierungsform habe, die aber im Besonderen innerhalb einer despotischen Regierung zum Tragen käme, in der sie von ihm als die einzige Barriere betrachtet wird, da sie sich dem Willen des Despoten entzieht.[557] Auch Tocqueville teilt diese Auffassung: Ihm zufolge sollte die Demokratie mit einem Glaubenssystem verbunden sein, um als Beschränkung der absoluten Macht der Mehrheit zu dienen. Laut Tocqueville übt Religion eine soziale Funktion aus und ist ein Gegengewicht zur politischen Mehrheit. Die Religion erhebt den Menschengeist über die Sinnesfreuden, zwingt ihm höhere Ziele auf und verpflichtet ihn moralisch zum *genre humain.*[558] Die Demokratie

---

toutes les autres; elle seule guérit la plupart des maux que l'égalité peut produire." *Über die Demokratie in Amerika*, ebenda, S. 352: „Heutzutage hat ein Bürger, den man unterdrückt, daher nur ein Verteidigungsmittel; er muß an die gesamte Nation appellieren, und, wenn die ihn nicht hört, an die Menschheit; dazu gibt es nur ein Mittel, die Presse. Daher ist die Pressefreiheit bei den demokratischen Nationen ungleich kostbarer als bei allen anderen; sie allein heilt die Mehrzahl der Übel, die die Gleichheit hervorbringen kann."

557 Montesquieu, *De l'Esprit des lois*, L. III c. X, ebenda, S. 260: „Il y a pourtant une chose que l'on peut quelquefois opposer à la volonté du prince: c'est la religion. On abandonnera son père, on le tuera même, si le prince l'ordonne: mais on ne boira pas de vin, s'il le veut et s'il l'ordonne. Les lois de la religion sont d'un précepte supérieur, parce qu'elles sont données sur la tête du prince comme sur celle des sujets. Mais quant au droit naturel, il n'en est pas de même; le prince est supposé n'être plus un homme." *Vom Geist der Gesetzte*, ebenda, S. 130: „Dennoch kann man manchmal dem Willen des Herrschers etwas entgegensetzen, nämlich die Religion. Man wird seinen Vater verlassen, ja sogar töten, wenn der Herrscher es befiehlt, aber man wird keinen Wein trinken, wenn er es befiehlt. Die Gesetze der Religion sind Vorschriften höherer Art, weil sie über die Köpfe des Herrschers wie der Untertanen hinweg gegeben worden sind. Allerdings gilt für das natürliche Recht nicht dasselbe: es wird vorausgesetzt, daß der Herrscher mehr als Mensch sei."

558 A. de Tocqueville, *De la Démocratie en Amérique*, II, IV, VII, ebenda, S. 533: „Le plus grand avantage des religions est d'inspirer des instincts tout contraires. Il n'y a point de religion qui ne place l'objet des désirs de l'homme au-delà et au-dessus des biens de la terre, et qui n'élève naturellement son âme vers des régions fort supérieures à celles des sens. Il n'y en a point non plus qui n'impose à chacun des devoirs quelconques envers l'espèce humaine, ou en commun avec elle, et qui ne le tire ainsi, de temps à autre, de la contemplation de lui-même. Ceci se rencontre dans les religions les plus fausses et les plus dangereuses." *Über die Demokratie in Amerika*, ebenda, S. 228: „Der größte Vorzug der Religionen besteht darin, daß sie ganz entgegengesetzte Triebe wecken. Es gibt keine Religion, die das Wünschen der Menschen nicht auf Ziele jenseits der irdischen Güter richtete und die nicht natürlicherweise seine Seele in Bereiche

sollte laut Tocqueville mit einer Religionsvorstellung vereinbart werden. Religion sei sogar eine Voraussetzung der Demokratie, da sie ein bestimmtes Menschenbild beinhalte. Mit dem Ausdruck Religion bezieht sich Tocqueville auf keine bestimmte Konfession, sondern integriert darin jegliche religiöse Vorstellung, die die Menschen als von Gott gleich geschaffen sieht. Jedoch befürchtet er, dass dieses Glaubenssystem durch einen neuen, fast mystischen Glauben an die absolute Gewalt der Mehrheit ersetzt werden könnte. Der religiöse Geist erscheint ihm als eine von der politischen Macht nicht antastbare Begrenzung, welche der zwingenden Kraft der Mehrheit entzogen ist.[559] Montesquieu und Tocqueville betrachten die Religion als Glaubenssystem, das eine wirkungsvolle Beschränkung gegen eine mögliche Degeneration der Demokratie in den Despotismus verkörpert. Die Demokratie müsse deshalb mit der Religion kombiniert werden, denn durch den Verlust der Religion wäre der Weg zur vollständigen Untertänigkeit geebnet.[560] Religion stellt diesem Verständnis nach eine Barriere gegen Despotismus dar.[561] Tocqueville und Montesquieu teilen diese Auffassung.[562]

---

hoch über den der Sinne emporhebe. Auch gibt es keine, die nicht einem jeden irgendwelche Pflichten gegenüber dem Menschengeschlecht oder im Verein mit ihm auferlegte und die ihn auf diese Weise nicht aus der Betrachtung seiner selbst herausrisse. Das findet sich bei den irrigsten und gefährlichsten Religionen."

559 A. de Tocqueville, *Démocratie en Amérique*, II, IV, VII, ebenda, S. 523: „Si, à la place de toutes les puissances diverses qui gênaient ou retardaient outre mesure l'essor de la raison individuelle, les peuples démocratiques substituaient le pouvoir absolu d'une majorité, le mal n'aurait fait que changer de caractère. Les hommes n'auraient point trouvé le moyen de vivre indépendants; ils auraient seulement découvert, chose difficile, une nouvelle physionomie de la servitude. Il y a là, je ne saurais trop le redire, de quoi faire réfléchir profondément ceux qui voient dans la liberté de l'intelligence une chose sainte, et qui ne haïssent point seulement le despote, mais le despotisme. Pour moi, quand je sens la main du pouvoir qui s'appesantit sur mon front, il m'importe peu de savoir qui m'opprime, et je ne suis pas mieux disposé à passer ma tête dans le joug, parce qu'un million de bras me le présentent." *Über die Demokratie in Amerika*, ebenda, S. 224: „Wenn die demokratischen Völker an die Stelle aller verschiedenen Mächte, die den Aufschwung der individuellen Vernunft außerordentlich hinderten oder verzögerten, die absolute Macht einer Mehrheit stellen würden, so hätte das Übel nur ein anderes Aussehen bekommen; die Menschen hätten nicht das Mittel für ein unabhängiges Leben gefunden; sie hätten nur – was nicht leicht ist – eine neue Abart der Knechtschaft entdeckt. Ich kann es nicht oft genug wiederholen: hier ist ein tiefes Problem für die, welche die Geistesfreiheit für etwas Heiliges halten und nicht nur den Despoten hassen, sondern auch den Despotismus. Wenn ich die Hand der Macht auf meinem Haupte lasten fühle, kümmert es mich persönlich wenig, zu wissen, wer mich unterdrückt; und ich beuge mich nicht deswegen lieber unter das Joch, weil eine Million Arme es mir darbieten."

560 A. de Tocqueville, *De la Démocratie en Amérique*, II, IV, VII, ebenda, S. 532: „Quand la religion est détruite chez un peuple, le doute s'empare des portions les plus hautes de l'intelligence et il paralyse à moitié toutes les autres. Chacun s'habitue à n'avoir que des notions confuses et changeantes sur les matières qui intéressent le plus ses semblables et lui-même; on défend mal

ses opinions ou on les abandonne, et, comme on désespère de pouvoir, à soi seul, résoudre les plus grands problèmes que la destinée humaine présente, on se réduit lâchement à n'y point songer. Un tel état ne peut manquer d'énerver les âmes; il détend les ressorts de la volonté et il prépare les citoyens à la servitude." *Über die Demokratie in Amerika*, ebenda, S. 227: „Wird die Religion in einem Volke zerstört, so bemächtigt sich der Zweifel der höchsten Bereiche des Geistes und lähmt alle anderen zur Hälfte. Jeder gewöhnt sich an verworrene und veränderliche Kenntnisse in den Dingen, die seine Mitmenschen und ihn selbst am meisten angehen; man verteidigt seine Ansichten unzulänglich, oder man gibt sie preis, und da man nicht hofft, die größten Fragen über die Bestimmung des Menschen allein lösen zu können, findet man sich feige damit ab, daran nicht zu denken."

561 Aus diesem Grund würde laut Tocqueville vollkommene Gedankenfreiheit in den philosophischen und politischen Gedanken herrschen, nicht aber im religiösen Bereich, der vom Dogma regiert würde. Er verbindet Religion und Dogma und sagt dazu folgendes: „Il faut donc toujours, quoi qu'il arrive, que l'autorité se rencontre quelque part dans le monde intellectuel et moral. Sa place est variable, mais elle a nécessairement une place. L'indépendance individuelle peut être plus ou moins grande; elle ne saurait être sans bornes. Ainsi, la question n'est pas de savoir s'il existe une autorité intellectuelle dans les siècles démocratiques, mais seulement où en est le dépôt et quelle en sera la mesure." A. de Tocqueville, *De la démocratie en Amérique*, II,I,II, ebenda, S. 520. *Über die Demokratie in Amerika*, ebenda, S. 221: „Immer muß also, was auch immer geschehen mag, die Autorität in der intellektuellen und sittlichen Welt Platz haben. Die Stelle, die sie dort einnimmt, ist veränderlich, aber notwendig. Die individuelle Unabhängigkeit kann mehr oder weniger groß, nie aber könnte sie grenzenlos sein. Die Frage lautet also nicht, ob eine geistige Autorität in demokratischen Jahrhunderten existiert, sondern wo sie gelagert ist und welches ihr Maß sein wird." Vergleiche mit A. M. Battista, *Lo spirito liberale e lo spirito religioso. Tocqueville e il dibattito sulla scuola*, Mailand, Jaka Book, 1976, S. 33–35.

562 Laut Mayer ist eines der Herzstücke des Werkes von Tocqueville in einem Brief zu finden, den dieser am 24. Juli 1836, von Bern aus, seinem Freund Egène Stoffels zukommen lässt: „Du scheinst meine allgemeinen Ideen, auf denen mein Programm beruht, wohl verstanden zu haben. Was mir am meisten und immer in meinem Lande augefallen ist, besonders aber seit einigen Jahren, war, auf der einen Seite Männer gruppiert zu sehen, die Moral, Religion und Ordnung würdigten; und auf der anderen Seite Männer, die die Freiheit, die Gleichheit der Menschen vor dem Gesetz liebten. Dieses Schauspiel hat mich immer als eines der außerordentlichsten in Erstaunen versetzt und zugleich als eines der bedauerlichsten, die sich den Blicken eines Menschen darbieten können, denn alle Dinge, die wir in dieser Weise trennen, dessen bin ich sicher, sind unauflöslich vereinigt in den Augen Gottes. Das sind heilige Dinge, wenn ich mich so ausdrücken darf, weil die Größe und das Glück des Menschen in dieser Welt nur aus einer totalen Vereinigung all dieser Dinge resultieren können. Daher glaube ich, daß es eine der schönsten Unternehmungen unserer Zeit wäre, zu zeigen, daß diese Dinge keineswegs unvereinbar sind; daß sie im Gegenteil wie durch ein notwendiges Band derart zusammengehalten werden, daß alles einzelne geschwächt würde, wenn es sich von den anderen Dingen trennte. Dies ist meine Grundidee." Siehe dazu J. P. Mayer, *Alexis de Tocqueville. Analytiker des Massenzeitalters*, ebenda, S. 22–24: „Es ging nicht darum" – so Tocqueville im letzten Abschnitt seines Werkes – „eine aristokratische Gesellschaft wiederaufleben zu lassen, sondern die Freiheit aus dem Inneren der demokratischen Gesellschaft, in

4.5 Esprit Tacitien: Die Indianer der Demokratie

Im ersten Teil dieser Arbeit wurde gezeigt, dass Tacitus' Geschichtsschreibung die wesentlichste Quelle Montesquieus für die Entwicklung seiner Lehre war. Die Hoffnungen der politischen Freiheit Frankreichs bestanden für ihn in einem Modell der politischen Freiheit, innerhalb einer geteilten Souveränität, die sich den zentralistischen Tendenzen der Macht entgegenstellt. In diesem Abschnitt wird nachvollzogen, dass dieselbe Quelle auch die Lehre Tocquevilles bestimmt.

Montesquieu hat die Freiheit der ursprünglichen Franken unter Chlodwig vermisst, das Erbe der von Tacitus beschriebenen Germanen. Tocqueville verbindet ähnliche Assoziationen mit den Indianern Amerikas. Wie das politische Modell der freien Franken und ihre freien, nicht zentralisierten Institutionen von der zentralistischen Degeneration der französischen Monarchie einverleibt wurden, erging es auch den Indianern Amerikas. Die Indianer sind Sinnbild der Freiheit, die unter der Gefahr des neuen Despotismus untergegangen sind. Das tacitianische Ideal lebt in jenen Zügen wieder auf, mit denen Tocqueville die Indianer Amerikas charakterisiert. Sie waren zur Ausrottung verurteilt, weil sie als Träger eines Freiheitsgeistes, nicht in die Strukturen der Massengesellschaft integriert werden konnten.[563]

Tocqueville hatte den Abenteuer-Roman *The last oft the Mohicans* von James F. Cooper, sowie den Roman *Atala und René* von François René de Chateaubriand gelesen.[564] Tocqueville nachempfunden ist die Kritik an den „mittelprächtigen Freuden" und der Korruption der Sitten, die sich parallel mit dem Aufkommen der individualistischen Moral des Bügertums entwickelt hatten. Für Tocqueville waren die Indianer keine Wilden. Er erkannte eine Ähnlichkeit zwischen ihnen und den alten Franken und ihrer ursprünglichen französischen Monarchie, deren

welcher uns Gott ermöglicht zu leben, hervorkommen zu lassen". Siehe dazu A. de Tocqueville, *De la démocratie en Amérique*, ebenda, II, IV, VII, S. 841.

563 A. de Tocqueville, *De la démocratie en Amérique*, I,II,X, ebenda, S. 378 und 381–882: Eigene Übersetzung: „Nachdem mir die Ähnlichkeit zwischen den politischen Institutionen unserer Väter – den Franken – und jenen der Nomadenstämme Nordamerikas, also zwischen den von Tacitus beschriebenen Sitten und jenen, deren Zeuge ich selbst werden konnte, aufgefallen ist, kann ich nicht anders als zu denken, dass dieselbe Ursache dieselben Effekte in diesen beiden Erdteilen hervorgebracht hat und dass es an Stelle des Glaubens an eine scheinbare Verschiedenheit in den menschlichen Dingen möglich ist, eine kleine Anzahl von schöpferischen Sachverhalten ausfindig zu machen, aus denen dann alle anderen hervorgegangen sind. Ich bin versucht, in all dem, was wir germanische Institutionen nennen, die Sitten der Barbaren zu sehen; zudem neige ich dazu, die Ideen der Barbaren in den grundlegenden Ideen des Feudalsystems zu erblicken."

564 F. de Chateaubriand, *Atala und René*, Berlin, Elv, 2011.

Freiheit und ihre Institutionen den Wäldern der *Germania* Tacitus' entsprangen. Die alten Institutionen Frankreichs (die ursprüngliche Monarchie) wurden von der zentralistischen Tendenz der französischen Könige vernichtet. Die Ehre der Franken gehörte Montesquieu entsprechend der Vergangenheit an. Für Tocqueville bestand die gleiche Situation für die Freiheit der Indianer, die diese ebenfalls verloren hatten. Das tacitistische Modell, welches Montesquieu zum Vorbild hatte, spigelt sich in der Minderheit der Indianer Amerikas und in den Überlegungen Tocquevilles wider. Die Indianer symbolisieren die politische Freiheit, die freien und politischen Institutionen, die Bescheidenheit, wie sie sich auf der Basis des politischen Systems ausdrückt. Sie wecken Erinnerungen an das geteilte Souveränitätsmodell der Franken und stellen ein System der Beschränkungen der Macht dar, welches Tocqueville sich für die Zukunft der Demokratie wünscht. Tocqueville zufolge ist die demokratische Entwicklung nicht zum Despotismus predästiniert, denn wäre dies der Fall, hätte er nicht ein solches Werk verfasst. Sein Ziel war es stattdessen, die despotischen Gefahren innerhalb der Demokratie aufzuzeigen, um diese abzuwenden. Am Ende des siebten Kapitels der *Démocratie en Amérique* schreibt er hoffnungsvoll:[565]

„Die ersten geben die Freiheit auf, weil sie sie für gefährlich, die zweiten, weil sie sie für unmöglich halten. Wäre ich dieser letzteren Überzeugung, so würde ich das vorliegende Buch nicht geschrieben haben; ich hätte mich darauf beschränkt, insgeheim über das Schicksal der Menschheit zu seufzen. Ich wollte die Gefahren, mit denen die Gleichheit die menschliche Unabhängigkeit bedroht, deutlich herausstellen, weil ich der festen Überzeugung bin, daß diese Gefahren die schrecklichsten und zugleich unvorhergesehensten von allen sind, welche die Zukunft birgt. Aber ich halte sie nicht für unüberwindlich."

Seine Hoffnungen gründen auf dem politischen Modell, welches von Tacitus formuliert und von Montesquieu herangezogen wurde. In ihm erkennt er eine reelle Chance, die politische Freiheit aufrechtzuerhalten. Beide Autoren, Montesquieu wie auch Tocqueville, waren bestrebt den Gefahren ihrer Zeit mit traditionellen Mitteln zu begegnen. Beide begeben sich in die barbarische Welt und suchen in ihren freien Institutionen nach Lösungsansätzen für die zeitgenössi-

565 A. de Tocqueville, *De la démocratie en Amérique*, II,II,VII, ebenda, S. 849. *Über die Demokratie in Amerika*, ebenda, S. 359: „Si j'avais eu cette dernière croyance, je n'aurais pas écrit l'ouvrage qu'on vient de lire; je me serais borné à gémir en secret sur la destinée de mes semblables. J'ai voulu exposer au grand jour les périls que l'égalité fait courir à l'indépendance humaine, parce que je crois fermement que ces périls sont les plus formidables aussi bien que les moins prévus de tous ceux que renferme l'avenir. Mais je ne les crois pas insurmontables."

schen, despotischen Bedrohungen. Die Hoffnungen für die Zukunft liegen in der Geschichte, als Erinnerung an den „Augenblick einer Gefahr".[566]

Zusammenfassung

Die Aktualisierung der Lehre Montesquieus von Tocqueville für die demokratische Welt besteht aus juristischen und nicht juristischen Beschränkungen. Da Tocqueville in dem zweiten Band der *Démocratie en Amérique* seine Meinung über die exekutive Gewalt ändert, legt er seine Hoffnungen gänzlich in die Gerichtsbarkeit, als Gegengewicht zur Volkssouveränität. Tocqueville verwendet die Lehre Montesquieus und nimmt zugleich die römische Interpretation an, indem er die judikative Gewalt zu einem fundamentalen Gegengewicht zur despotischen Mehrheit erklärt. Die Lehre Montesquieus drückt sich somit in einer unabhängigen und mächtigen Rolle der judikativen Gewalt aus, die als Interpret der Rechtsordnung entsprechend ihrer Voraussetzungen, Prinzipien und, falls notwendig, gegen das Gesetz und den Willen des Gesetzgebers handeln kann. Außerdem übernimmt Tocqueville von Montesquieu einige nicht rein juristische Beschränkungen und erkennt daher in der Religion und in dem Zusammenschluss der Zivilbevölkerung, die sich als ein neuer Zwischenkörper formiert, die Hoffnung für die Zukunft der demokratischen Welt.

566 Siehe hierzu Walter Benjamin, *Über den Begriff der Geschichte*. Werke und Nachlass – Kritische Gesamtausgabe, Bd. 19, hrsg. von Gérard Raulet, Suhrkamp, Berlin, 2010 (1940).

Schlussfolgerungen

I

Diese Arbeit hat versucht eine Interpretation der montesquieuischen Gedanken zu belegen, die sich nicht mit der herrschenden Auslegung deckt. Im ersten Kapitel wurde die These der englischen Quelle für Montesquieus Lehre und ihre Argumente vorgestellt, welche sich folgendermaßen zusammenfassen lassen:

1. Kurz bevor Montesquieu das Kapitel über die Gewaltenteilung verfasst, hält er sich für einen längeren Zeitraum in England auf.

2. Montesquieu bewundert den aus England stammenden Politiker Bolingbroke.

3. Der Titel des Kapitels über die Gewaltenteilung „De la constitution d'Angleterre" im *Esprit des lois* ist ein eindeutiges Indiz für seine Inspirationsquelle.

Es wurden Gründe vorgetragen, die die mangelnde Bedeutung dieser Argumente belegen. Zudem wurden die Implikationen der englischen Interpretation aufgezeigt, welche nicht nur historisches Gewicht haben, sondern darüber hinaus mit der Unterwerfung der judikativen unter die legislative Gewalt einhergehen. Die Annahme der englischen Quelle hat die Reduktion der montesquieuischen Gedanken zur Folge, die auf der Dreiteilung der Staatsgewalt, auf einer zentralen Rolle des Gesetzes als Quelle der Rechtsordnung und auf der Bezeichnung der Richter als „Mund des Gesetzes" aufbaut. Die judikative Gewalt wird demnach wortgemäß interpretiert, nämlich als Organ, welches lediglich den Willen des Gesetzgebers zu wiederholen hat.

Die vorliegende Schrift hat eine alternative Auslegung angeboten. Es konnte nachgewiesen werden, dass eine ursprüngliche Quelle der Gedanken Montesquieus existiert, die in seinen Schriften klar zum Ausdruck kommt und trotzdem von seinen Interpreten vernachlässigt und teilweise sogar ignoriert wurde. Diese Quelle ist in der Auseinandersetzung Montesquieus mit der römischen Geschichte zu finden: genauer gesagt in dem Werk *De origine et situ Germanorum* (*Germania*) von Tacitus. Im Hintergrund des Titels „De la constitution d'Angleterre" des Kapitels über die Gewaltenteilung von Montesquieu verbirgt sich eine tieferliegende Quelle, derer sich dieser bedient hatte. In der Rechtsordnung der Germanen hatte Montesquieu ein Modell der politischen Freiheit vor sich, welches sich durch eine kollektive, geteilte und dezentralisierte Souveränität auszeichnete und deren Sitten und Bräuche beispielhaft für Bescheidenheit und eine nüchterne Moral standen. In dem Bild, das Tacitus von den Germanen gezeichnet und welche er in seinem Werk als „frei" beschrieben hatte, erkennt Montesquieu die Ahnen der Franken wieder, die im 5. Jahrhundert Gallien erobert hatten. Die Annahme der

https://doi.org/10.1515/9783110673036-020

tacitistischen Quelle ändert die Einordnung der Lehre Montesquieus grundlegend: Während die Perspektive der englischen Quelle eine einheitliche, staatliche Souveränität vorsieht, die von verschiedenen Organen ausgeübt wird, geht mit der tacitistischen Quelle eine geteilte, kollektiv ausgeübte Souveränität einher.

Die juristischen Auswirkungen der tacitistisch-römischen Interpretation für die Rechtslehre Montesquieus bestehen darin, dass der judikativen Gewalt nicht die Aufgabe der reinen Wiederholung des Willens des Gesetzgebers zukommt, sondern dass sie als Teil der Souveränität, als ein reelles Gegengewicht zur politischen Macht begriffen wird. Insofern ist die Judikative kein willenloses, dem Gesetzgeber unterworfenes Organ, wie es Anhänger der englischen These behaupten.

Um Tacitus als Quelle für Montesquieu zu bestätigen, wurden folgende Argumente angeführt:

1. Montesquieu selbst erklärt in einer vernachlässigten Passage, dass die Gewaltenteilung ihre Quelle in den von Tacitus beschriebenen Wäldern der *Germania* hat.

2. Tacitus ist einer der wenigen Autoren, auf den Montesquieu so häufig und wertschätzend Bezug nimmt. Er hebt insbesondere dessen Kritik an den zentralistischen Tendenzen des römischen Kaisers, wie auch dessen Würdigung der freien Institutionen der Germanen hervor.

3. Montesquieu stimmt mit Tacitus in dessen Urteil über die römische Rechtsordnung unter dem Kaiser überein. Die Bewunderung für Tacitus als Kritiker des Zentralismus des Kaisers lässt eine antiabsolutistische Haltung erkennen und mutet in Frankreich während des 18. Jahrhunderts wie ein Fausthieb gegen den König und seine absoluten Machtansprüche an.

4. Die Referenz auf Tacitus muss im Zusammenhang mit der Historiographie und den politischen Bestrebungen des 18. Jahrhunderts beurteilt werden. Nur vor dem Hintergrund der damaligen historiographischen und politischen Gegebenheiten gewinnt der Bezug auf Tacitus eine klare Bedeutung und kann als entscheidendes Argument herangezogen werden, um die These der geteilten Souveränität zu bestätigen. Mit Bezug auf Tacitus kann sowohl die sogenannte *thèse royale* (die Souveränität gehört exklusiv dem König), wie auch die *thèse nobiliaire* widerlegt werden. Erstere geht von der Legitimation des Königs aus; als rechtlichen Nachfolger des römischen Kaisers; zweitere von der Souveränität des Adels als Nachfolger der eroberten Franken – auf Basis des Blutes und auf Grund der Eroberung. Mit Verweis auf Tacitus gelingt es Montesquieu, beide Thesen zu entkräftigen und mithilfe seines germanischen politischen Paradigmas der Entstehung einer absoluten Souveränität entgegenzuwirken.

5. Die Auseinandersetzung mit der Historiographie des einflussreichen Denkers Bossuet, der der vorhergehenden Generation Montesquieus angehört, un-

termauert die römisch-tacitistische These. Montesquieu beruft sich auf Tacitus, um der Geschichtsschreibung Bossuets – mit dem erklärten Ziel einer katholischen Staatsreligion – eine von jeglicher Teleologie befreite Geschichte Roms entgegenzuhalten. Tacitus dient Montesquieu gleichermaßen als politisches und als historiographisches Vorbild.

Dank der Auseinandersetzung mit der tacitistischen Quelle Montesquieus konnte folgendes festgehalten werden:

1. Dem Lob der Bescheidenheit der Germanen wohnt eine Kritik an der wirtschaftlichen Entwicklung Frankreichs des 18. Jahrhunderts inne. Er bemängelt die an Profit und wirtschaftlicher Expansion orientierte Gesellschaft und geht davon aus, dass die Korruption von bescheidenen Sitten und Bräuchen mit einer Degeneration der Rechtsordnung einhergeht. Darüber hinaus würden die wirtschaftlichen Absichten des Einzelnen von den Bestrebungen des Staates zur politischen Expansion begleitet werden. Diese kritische Haltung Montesquieus widerspricht einer Interpretation englischer Art. Seine Kritik an dem *commerce* ist eine indirekte Kritik an dem Staat England, der damals als Paradebeispiel für eine erfolgreiche wirtschaftliche Entwicklung und als Heimat des Handels galt.

2. Das Lob der Bescheidenheit ist auch eine Eigenschaft des Stoizismus Ciceros. Montesquieu hat Cicero als einen seiner Lieblingsautoren betrachtet. Ciceros Stoizismus beinhaltet, zusammen mit dem Lob der Bescheidenheit, auch das Prinzip der Gerechtigkeit und das Naturrecht als Bestandteil der Rechtsordnung. Es wurde der Frage nachgegangen, wie sich ein solches Lob auf Ciceros mit der Theorie der Gewaltenteilung im Sinne der herrschenden Interpretation (der Richter als „Mund des Gesetzes") vereinbaren lässt. Dabei wurde gezeigt, dass das Naturrecht ein Ideal des jungen Montesquieus darstellte, welches in den späteren Schriften zwar keine direkte Erwähnung mehr fand, aber immer im Hintergrund seiner Reflexionen stand. Das Naturrecht entspricht einer wesentlichen philosophischen Grundposition Montesquieus und verwirklicht sich in der Theorie der geteilten Souveränität.

Der naturrechtliche Standpunkt steht im Widerspruch zu der Theorie des Richters als „Mund des Gesetzes", da eine solche Position voraussetzt, dass der Richter lediglich das Gesetz dem Wortlaut entsprechend anwendet, ohne Fragen über die Gerechtigkeit des Gesetzes stellen zu dürfen. Aus der Anerkennung der naturrechtlichen Wurzeln Montesquieus juristischer Gedanken und der Annahme, dass diese immer in seinem Denken präsent waren, folgt, dass er keinesfalls beabsichtigte, die Richter dem Willen des Gesetzgebers zu unterwerfen – wie es oft behauptet wurde.

II

In Folge der im ersten Kapitel dargelegten Überlegungen und der Auseinandersetzung mit dem Einfluss Tacitus' auf Montesquieu gewinnt das Urteil Montesquieus über die römische Republik und deren öffentliche Rechtsordnung eine konkrete juristische Bedeutung. Die Studien Montesquieus der römischen Geschichte, die vor allem innerhalb der *Considérations sur les causes de la grandeur des Romains et de leur décadence* und des *Esprit des lois* abgehandelt werden, übersteigen ein rein akademisches, wissenschaftliches Interesse und haben juristischen Wert.

Im zweiten Teil dieser Arbeit wurde geklärt, dass Montesquieu in der römischen Republik und in ihrem System der geteilten Souveränität – zwischen Konsuln, Senat und Volksversammlungen – ein rechtliches Vorbild erkannt hat, welches die Bedürfnisse und Hoffnungen Montesquieus für seine Zeit erfüllen konnten. Die Aufnahme der geteilten Souveränität in seine Lehre beinhaltet eine klare Kritik gegen den Zentralismus des Königs Frankreichs und ist ein Versuch, die verschiedenen politischen Kräfte Frankreichs in ein balanciertes und institutionelles Gleichgewicht zu führen. Dieser Versuch hatte das Ziel, die Entstehung einer absoluten Gewalt zu verhindern.

Es ist daher undenkbar, dass Montesquieu, wie es von der englischen Interpretationslinie vertreten wird, die Richter dem Gesetz unterwerfen wollte und somit das einzige Mittel, das der Adel besaß, um sich dem Willen des Herrschers zu widersetzen, begraben hätte. Die englische These setzt eine demokratische und parlamentarische Entwicklung der Rechtsordnung voraus, die sich erst nach der Französischen Revolution realisierte.[567] Die vorgetragenen Argumente, die für die Bedeutung der historischen Studien Roms für die Entwicklung der montesquieuischen juristischen Lehre sprechen, waren:

1. Montesquieu erkennt in Rom ein Modell der gemischten Verfassung und der geteilten Souveränität, welches für ihn einer Gewährleistung der politischen Freiheit des Einzelnen entspricht. Die politische Freiheit des Individuums – nämlich das subjektive Recht – kann nicht durch einen Katalog subjektiver Rechte erhalten werden, sondern durch die Fragmentierung der Souveränität.

2. Die römische Republik ist für Montesqieu ein Modell des institutionellen Gleichgewichts, aber auch Beispiel eines harmonischen Zusammenwirkens verschiedener sozialer Kräfte. Konsuln, Senat und Volksversammlung sind keine

567 Es wurde gezeigt, dass die englische These im Rahmen der Französischen Revolution entstanden ist und im 19. Jahrhundert von Autoren wie Constant und Guizot unterstützt wurde, um ein Rechtssystem für das neue, demokratisch orientierte Szenario zu entwickeln.

Organe mit verschiedenen Funktionen, die gemeinsam eine einheitliche Souveränität ausüben, sondern jedes ist mit einer eigenständigen Souveränität ausgestattet.

3. Der Lebenslauf Montesquieus zeigt deutlich, dass seine Studien des römischen Rechts und der römischen Geschichte den deutlich größeren Raum eingenommen haben, als es vergleichsweise sein Aufenthalt in England tat.

4. Cicero und sein stoizistisches Ideal stehen im Hintergrund der Wertschätzung der römischen Republik. Die römischen Autoren, die Montesquieu geschätzt hat, sind alle Unterstützer einer geteilten Souveränität innerhalb der Republik und Kritiker der Zentralisierung der Macht innerhalb einer Gewalt gewesen. Die Argumente für diese Interpretation liegen nicht allein in dem Vertrauen, das Montesquieu Titus Livius, Diogenes von Halikarnas und Tacitus entgegen gebracht hat, sondern fußen auch auf den Schriften der Autoren, die sich mit der Lehre der gemischten Verfassung eingehend beschäftigt haben: Polybios, Cicero und in moderneren Zeiten Machiavelli. Montesquieu beruft sich auf die Lehre dieser Autoren, um die römische Republik als Modell einer gemischten Verfassung hervorzuheben und die Notwendigkeit einer geteilten Souveränität für das Frankreich seiner Zeit zu unterstreichen. Er bezieht sich auf die römische Geschichte und das römische Recht, um eine Wissenschaft des öffentlichen Rechts zu begründen. Damit die Studien Roms richtig eingeordnet werden können, ist die Auseinandersetzung mit dem Juristen Jean Domat nützlich: Montesquieu hat die Werke Domats, des einflussreichsten Rechtsgelehrten der Generation vor Montesquieu, eingehend studiert. Auch Domat hat sich von dem römischen Recht und der römischen Geschichte in der Entwicklung seiner Rechtslehre inspirieren lassen. Das römische Recht entspricht bei Domat dem Naturrecht, doch sein Geltungsbereich beschränkt sich bei ihm ausschließlich auf das Privatrecht. Das öffentliche Recht bleibt der Willkür des Gesetzgebers ausgeliefert. Montesquieu schließt, ebenfalls dank der römischen Erfahrung, diese Lücke, welche Domat offen gelassen hatte.

Die Beschränkungen der staatlichen Macht, welche Montesquieu in der römischen Geschichte ausfindig macht, liegen nicht nur in der Teilung der Souveränität, sondern auch in der Tradition des römischen Rechts und den *Digesten* Justinians. Ein zusätzliches Argument, das gegen die Auslegung der Richter als „Mund des Gesetzes“ spricht, konnte in einem Kommentar Montesquieus betreffend der *Digesten* Justinians aufgespürt werden. Angeregt durch eine Glosse, zu Beginn der *Digesten*, erinnert Montesquieu daran, dass der Richter in Rom die *voix du droit* (Stimme des Rechts) verkörpert hat. Insofern ist der Richter also dazu bestimmt, durch eine juristische selbstbestimmte Interpretation der Rechtsordnung eine Stimme zu geben. Das Wissen um die historischen Studien Montesquieus ermöglicht es, die Judikative als relevantes Gegengewicht zu erkennen:

Der Richter ist nicht Mund des Gesetzes, sondern selbstbestimmter und vom Willen des Gesetzgebers unabhängiger Interpret der Rechtsordnung.

Die römische Erfahrung führt Montesquieu neben der Ableitung institutioneller, verfassungsrechtlicher Beschränkungen darüber hinaus auch zu der Erwägung sozialer Grenzen, die nicht allein juristischer Natur sind. Montesquieu lobt die Bescheidenheit der Römer in der Republik, die sich nach seiner Beobachtung jedoch mit der Vergrößerung Roms und dem Übergang zum Kaisertum erheblich reduziert hatte. Im ersten Kapitel konnte mit Hilfe der tacitistischen Interpretation festgestellt werden, dass Montesquieu die Barbaren (Germanen) für das einzige Volk hielt, welches seine Werte auch während des Kaisertums bewahren konnte. Auch wurde gezeigt, dass Montesquieu einen Zusammenhang zwischen politischer und moralischer Korruption ausmachte: Der Zentralismus in Frankreich, wie auch damals in Rom, geht mit dem Niedergang von Sitten und Bräuchen einher und birgt die Gefahr der Degeneration und sogar des Untergangs des Staates. Am Beispiel Roms beschreibt er, wie die expansionistische Politik eines Reiches zu seinem Ableben führen kann und hält den Franzosen gleichzeitig warnend den Spiegel vor.

Die Römer waren in ihrer Zeit von ähnlichen Gefahren bedroht, wie das zeitgenössische Frankreich: politisch zentralisierende Tendenzen, expansionistische Ansprüche des Staates und auf der sozialen Ebene eine an Luxus und Profit orientierte öffentliche Moral.

Der Zentralismus machte sich sowohl in den Sitten und Bräuchen, wie auch in der Religion bemerkbar. Auch in diesem Fall wurde das republikanische Rom von Montesquieu als Vorbild eines religiösen Pluralismus betrachtet und gegen die politischen Bestrebungen des Königs eingesetzt, der eine Einheit zwischen Staat und katholischem Bekenntnis zu erreichen versuchte. Montesquieu nahm das römische Beispiel zur Hand, um die Unabhängigkeit des Gewissens und die Religionsfreiheit des Einzelnen zu schützen. Auch wollte er die Autonomie der örtlichen Selbstverwaltung stärken und wendete dafür eine föderalistische Rechtslehre an. Es konnte gezeigt werden, dass der Föderalismus als politisches Modell in dem römischen Recht und in der mittelalterlichen Tradition verankert ist. Während die Gewaltenteilung die staatliche Macht auf einer horizontalen Ebene beschränkt, wirkt die Machtbeschränkung des Föderalismus mittels der örtlichen Selbstverwaltung auf einer vertikalen Ebene. Die föderalistische Lehre Montesquieus stammt aus einer Interpretation von Bartolus: die mittelalterliche Tradition lebt damit in Montesquieu weiter. Der zweite Teil dieser Arbeit hat mit zahlreichen Argumenten belegt, dass Montesquieus Theorie der Gewaltenteilung nicht durch das rationale Modell Englands inspiriert wurde, sondern in der römischen Geschichte wurzelt. Aus seinen historischen Studien hat Montesquieu

Beschränkungen der Macht abgeleitet, welche die gegenwärtig drohende Gefahr einer absoluten und unbeschränkten Macht bannen sollten.

III

Im dritten Teil wurde am Beispiel von Tocqueville auf das geistige Erbe der montesquieuischen Lehre hingewiesen und damit ein weiterer Nachweis erbracht, um die römisch-tacitistische Quelle Montesquieus zu bestätigen.

Im 19. Jahrhundert, zur Zeit Tocquevilles, haben die wichtigsten Verfassungsgelehrten die englische These übernommen, um in dem Kontext der Restauration einen Kompromiss zwischen verschiedenen Kräften voranzutreiben. Liberale Autoren, wie z. B. Constant, beriefen sich auf die Autorität Montesquieus, um für eine Balance zwischen König, Adel und Volksvertretung in Frankreich einzutreten. Tocqueville, der in Folge seines Aufenthalts in Amerika die Demokratie als einzig mögliche Zukunft Europas hielt, konnte diesen Absichten nichts abgewinnen. Es wurde belegt, dass Tocqueville die Demokratie in Amerika für eine Tatsache hielt, die bereits realisiert wurde und sich zwangsläufig auch in Europa durchsetzen würde. Die Umstände hatten sich seit der Französischen Revolution dramatisch verändert: Während Montesquieu mit allen Mitteln die zentralistische Degeneration der Monarchie in eine absolutistische Form zu verhindern suchte, sah sich Tocqueville der Gefahr einer zur Allmacht der Mehrheit degenerierenden Demokratie gegenüber. Dieser neue Despotismus wurde im ersten Band der *Démocratie en Amérique* von Tocqueville als Schreckenszenario vorgestellt und konnte, in Form der politischen Allmacht der Mehrheit, seine Gewalt sowohl in der Gesellschaft, als auch innerhalb des institutionellen Rahmens des Parlaments durch das von der Mehrheit erlassene Gesetz ausüben.

Es wurde bewiesen, dass die philosophische, stoizistische Idee der Gerechtigkeit des Menschengeschlechts stets, wenn auch nicht immer explizit in Montesquieus Denken präsent war. Das stoizistische Ideal, als eine dem Gesetz übergeordnete Rechtsquelle, war Montesquieu jedoch nicht genug. Um die Monarchie vor einer Degeneration zu bewahren, waren konkrete juristische Beschränkungen unverzichtbar.

Auch Tocqueville bemühte sich, nicht nur philosophische, sondern auch juristische Beschränkungen zu finden und beruft sich auf die montesquieuische Theorie der Gewaltenteilung, um die Unabhängigkeit der exekutiven und judikativen Gewalt zu stärken und die legislative Gewalt zu bremsen. 1835 bewegt sich Tocqueville noch in dem Schema der Gewaltenteilung, jedoch ohne die Interpretation der englischen These, der Gerichtsbarkeit als „Mund des Gesetzes“, zu übernehmen.

Tocqueville übernimmt die Lesart der römisch-tacitistischen Auslegung betreffend der judikativen Gewalt als reales Gegengewicht zur legislativen Gewalt und schließt sich zudem der föderalistischen Rechtslehre Montesquieus an. Die judikative Gewalt und die Dezentralisierung der Macht erfüllen bei Tocqueville dieselbe Funktion wie bei Montesquieu, lediglich das Szenario hatte sich verändert.

Im zweiten Band der *Démocratie en Amérique* transformiert sich das Bild des Despotismus von Tocqueville. Nicht nur innerhalb der legislativen Gewalt läge demnach eine despotische Gefahr, sondern auch in der immensen Vormundschaftsgewalt des Staates, welche von der exekutiven und legislativen Gewalt gemeinsam ausgeübt wurde. Dieser enormen Gewalt sah er ein isoliertes und machtloses Individuum gegenüberstehen. Um einen Despotismus demokratischen Ursprungs fernzuhalten, konnte Tocqueville, anders als vor ihm Montesquieu, keine aristokratischen und monarchischen Elemente heranziehen, da beide seit der Französischen Revolution endgültig der Vergangenheit angehörten. Tocqueville unterzog die Lehre Montesquieus einer Aktualisierung und schreibt den Vereinen und der Zivilgesellschaft die Rolle der Zwischenkörper zu, die die alte Aristokratie als beschränkendes Gegengewicht ersetzen sollten. Als weiteres machtbeschränkendes Element identifiziert Tocqueville die Religion. Tocqueville war der Ansicht, dass die demokratische Gesellschaft auf einem religiösen Fundament beruhen müsse, um sich erhalten zu können. Auch Montesquieu teilte diese Auffassung und hielt die Religion für eine wesentliche, machtbeschränkende Komponente.

Der dritte Abschnitt dieser Arbeit hat die Parallelen der beiden Autoren herausgearbeitet und die von ihnen erwogenen Mittel zur Bekämpfung ihres gemeinsamen Feindes, der absoluten und unbeschränkt agierenden Macht, vorgestellt. Die beiden – Richter, Reisende und Wissenschaftler – fanden Begrenzungen der absoluten Macht nicht in der aufgeklärten Vernunft des Zeitgeistes, sondern in der Vergangenheit. Die tacitistische Quelle der Lehre Montesquieus macht sich in den Reflexionen von Tocqueville bemerkbar und zeichnet Montesquieu als Vertreter einer traditionellen Rechtslehre aus, die sich erhalten hat und die wir heutzutage noch benötigen.

Bibliographie

Althusser Louis, *Machiavelli – Montesquieu – Rousseau. Zur politischen Philosophie der Neuzeit*, Hamburg, Argument Verlag, 1987.

Andrivet Patrick und Volpilhac-Auger Catherine, *Introduction* zu Montesquieu, *Considérations sur les causes de la grandeur des Romains et de leur décadence*, in *Ouvres complètes de Montesquieu*, 2, hrsg. von C. Volpilhac-Auger, Oxford, Voltaire Foundation – Napoli, Istituto Italiano per gli Studi filosofici, 2000, S. 3–35.

Andrivet Patrick, *„Rome enfin que je hais…"?*, Orléans, Paradigme, 2012.

Andrivet Patrick, *La liberté coupable ou Les anciens Romains selon Bossuet*, Orléans, Paradigme, 2006.

Arendt Hannah, *Denktagebuch. 1950 bis 1973*, I. Band, Heft VIII (7), hrsg. von U. Ludz und I. Nordmann, München – Zürich, Piper, 2002.

Arendt Hannah, *The Origins of Totalitarianism*, Cleveland and New York, The World Publishing Company, 1962.

Barria-Poncet Eleonora, *L'Italie de Montesquieu. Entre lectures et voyages*, Paris, Garnier, 2013.

Barrière Pierre, *Un grand Provincial: Charles Louis de Secondat, Baron de la Brède et de Montesquieu*, Bordeaux, Delmas, 1946.

Battista Anna Maria, *„La democrazia in America" di Tocqueville. Problemi interpretativi*, in „La cultura", 1971, S. 165–200.

Battista Anna Maria, *„Lo Stato Sociale Democratico" nelle analisi di Tocqueville e nelle valutazioni dei contemporanei*, in „Il pensiero politico", 1973, S. 336–395.

Battista Anna Maria, *Il primo Tocqueville sulla „democrazia politica"*, in „Quaderni fiorentini per la storia del pensiero giuridico", 1981, S. 10–52.

Battista Anna Maria, *La "Germania" di Tacito nella Francia illuminista*, in *La fortuna di Tacito dal sec. XV ad oggi*, „Atti del colloquio di Urbino 9–11 ottobre" 1978, hrsg. von F. Gori und C. Questa, Studi Urbinati, LIII, 1979, S. 9–61.

Battista Anna Maria, *La "Germania" di Tacito nella Francia illuminista*, mit einer Einleitung von D. Quaglioni, Urbino, QuattroVenti, 1999.

Battista Anna Maria, *Lo spirito liberale e lo spirito religioso. Tocqueville e il dibattito sulla scuola*, Mailand, Jaka Book, 1976.

Battista Anna Maria, *Studi su Tocqueville*, Florenz, Centro Editoriale Toscano, 1989.

Battista Anna Maria, *Tocqueville. Un tentativo di sintesi*, in „Trimestre", 1985, S. 171–244.

Bayle Pierre, *Dictionnaire historique et critique*, Rotterdam, Fabri et Barillot, 1715.

Behrends Otto, *Der römische Gesetzesbegriff und das Prinzip der Gewaltenteilung*, in *Zum römischen und neuzeitlichen Gesetzesbegriff, 1. Symposion der Kommission, „Die Funktion des Gesetzes in Geschichte und Gegenwart"*, vom 26. und 27. April 1985, hrsg. von O. Behrends und C. Link, Göttingen, Vandenhoeck & Ruprecht, 1987, S. 34–122.

Benerkassa George, *Montesquieu*, Paris, Puf, 1968.

Benjamin Walter, *Über den Begriff der Geschichte* (1940), in *Werke und Nachlass – Kritische Gesamtausgabe*, Bd. 19, hrsg. von Gérard Raulet, Suhrkamp, Berlin, 2010.

Berlin Isaiah, *Vico and the Ideal of the Enlightenment*, in *Against the Current: Essays in the History of Ideas*, New York, Viking Press, 1980, S. 640–653.

Berman Harold J., *Law and Revolution, I. The Formation of the Western Legal Tradition*, Cambridge (Mass.) and London, Harvard University Press, 1983.

https://doi.org/10.1515/9783110673036-021

Berman Harold J., *Law and Revolution, II. The Impact of the Protestant Reformations on the Western Legal Tradition*, Cambridge (Mass.) and London, Harvard University Press, 2003.
Binder Julius, *Die Plebs. Studien zur römischen Rechtsgeschichte*, Leipzig, Deichert, 1909.
Binoche Bertrand, *Introduction zu De l'esprit des lois de Montesquieu*, Paris, Publications de la Sorbonne, 2015.
Bloch Marc, *Apologie de l'histoire ou métier d'historien*, mit einer Einleitung von J. Le Goff, Malakoff, A. Colin, 2018
Bloch Marc, *La société féodale*, Paris, Albin Michel, 1939.
Bluche François, *L'origine des magistrats du Parlement de Paris au XVIIIe siècle*, Paris, Klincksieck, 1956.
Bodin Jean, *Les six livres de la republique*, Paris, chez Iacques du Puys, 1576.
Bodin Jean, *Über den Staat*, hrsg. von G. Niedhart, Stuttgart, Reclam, 1976.
Bolingbroke, *Works, with a life*, I, Philadelphia, Carey and Hart, 1841.
Boulainviller Henri, *Œuvres Philosophiques*, La Haye, Martinus Nijhoff, 1973.
Boulainvilliers Henri, *Histoire de l'ancien gouvernement de la France, avec XV lettres historiques sur les Parlements ou Etats-Géneraux*, La Haye et Amsterdam, Aux dépends de la Compagnie, 1727.
Boyd Richard, *Politesse and public opinion in Stendhal's Red and Black*, in „European Journal of Political Theory", 2005, S. 367–392.
Brèthe de la Gressaye Jean, *Introduction* zu *De l'Esprit des lois*, I, Paris, Les Belles Lettres, 1950–1961, S. II–XXXV.
Brèthe de la Gressaye Jean, *Buchbesprechung* von S. Goyard-Fabre, *La philosophie du droit de Montesquieu*, Paris, Libraire Klincksieck 1973, in „Revue internationale de droit comparé", 1974, S. 689–691.
Caillois Roger, *Préface* zu Montesquieu, *Œuvres complètes*, I, hrsg. von R. Caillois, Paris, Gallimard, 1949–1951, IX–XL.
Calasso Francesco, *Introduzione al diritto comune*, Mailand, Giuffrè, 1970.
Capograssi Giuseppe, *L'attualità di Vico*, in *Opere*, hrsg. von M. D'Addio e E. Vidal, Bd. IV, Mailand, Giuffré, 1959.
Carcassonne Elie, *Montesquieu et le problème de la constitution française au XVIII siècle*, Genf, Slatkine Reprints, 1978.
Cassola Filippo, *Storia di Roma dalle origini a Cesare*, Roma, Jouvence, 1985.
Chabod Federico, *Alle origini della rivoluzione francese*, hrsg. von F. Borrelli, Florenz, Passigli, 1998.
Chaimowicz Thomas, *Freiheit und Gleichgewicht im Denken Montesquieus und Burkes*, Wien – New York, Springer Verlag, 1985.
Cicero, *De legibus*, hrsg. von F. Cancelli, Mailand, Mondadori, 1969.
Cicero, *De natura deorum – Über das Wesen der Götter*, übersetzt und hrsg. von U. Blank-Sangmeister, Stuttgart, Reclam, 2011.
Cicero, *De republica – Vom Staat*, übersetzt und hrsg. von M. Albrecht, Stuttgart, Reclam, 2013.
Cobban Alfred, *The „Parlements" of France in the Eighteenth Century*, in „History", 1950, S. 64–80.
Constant Benjamin, *Principes de politique applicables a tous les gouvernemens représentatifs et particulèrement a la constitution actuelle de la France*, Paris, A. Eymery, 1815.

Cotta Sergio, *Montesquieu, la séparation des pouvoirs et la constitution fédérale des Etats-Unis*, in „Revue Internationale d'histoire politique et constitutionelle", 1951, S. 225–247.
Cox Iris – Lewis Andrew, *Introduction* zu Montesquieu, *Collectio iuris*, in *Œuvres complètes*, 11–12, hrsg. von I. Cox und A. Lewis, Oxford – Neapel, Voltaire Foundation – Istituto Italiano per gli Studi filosofici, 2005, S. XI–XLII.
Croce Benedetto, *La storia come pensiero e come azione*, Bari, Laterza, 1957.
De Forbonnais Véron, *Considérations sur les finances d'Espagne*, Dresden, chez les Freres Estienne, 1755.
De Martino Francesco, *Storia della costituzione romana*, Neapel, Jovene, 1972.
De Vertot René Aubert, *Dissertation dans laquelle on tâche de demesler la veritable origine des François par un parallèle del leurs moeurs avec celle des Germains* in „Mémoire de l'Académie Royale des Innscriptions et Belles Lettres", II, Paris, 1717, 567–602.
Dedieu Joseph, *Montesquieu et la tradition politique anglaise en France. Les sources anglaises de l'Esprit des Lois*, Paris, Lecoffre-Gabalda, 1909.
Dedieu Joseph, *Montesquieu*, Paris, Alcan, 1913.
Dedieu Joseph, *Montesquieu, l'homme et l'oeuvre*, Paris, Boivin, 1943.
Desgraves Louis, *La bibliothèque de la Brède et le Catalogue. Introduction* zu *Catalogue de la bibliothèque de La Brède*, hrsg. von L. Desgraves und C. Volpilhac- Auger, Neapel – Paris – Oxford, Liguori, 1999, 1–15.
Desgraves Louis, *Montesquieu*, Paris, Fayard, 1986.
Díez del Corral y Pedruzo Luis, *El pensamiento político de Tocqueville. Formación intelectual y ambiente histórico*, Madrid, Alianza Editorial, 1989.
Domat Jean, *Les loix civiles dans leur ordre naturel*, Paris, M. Brunet, 1713.
Drescher Seymour, *Tocqueville: homme politique*, in *Alexis de Tocqueville. Zur Politik in der Demokratie*, Baden-Baden, Nomos, 1981, S. 115–120.
Drescher Seymour, *Tocqueville's Two Democracies*, in „Journal of the History of Ideas", 1964, S. 201–216.
Dreyer Boris, *Polybios. Leben und Werk im Banne Roms*, Hildesheim, Olms, 2011.
Dubos Jean-Baptiste, *Histoire critique de l'établissement de la Monarchie Française dans les Gaules*, Amsterdam, J. Wetsten und J. Smith, 1735.
Egret Jean, *Louis XV et l'opposition parlementaire. 1715–1774*, Paris, Armand Colin, 1970.
Ehrard Jean, *Actualité d'un demi-silence: Montesquieu et l'idée de souverainité*, in „Rivista di storia della filosofia", 1994, 9–20.
Ehrard Jean, *L'Esprit des mots, Montesquieu en lui même et parmi les siens*, Genf, Droz, 1998.
Erhard Jean, *„Rome enfin que je je hais…?"*, in *Storia e ragione*, hrsg. von A. Postigliola, Neapel, Liguori, 1986, S. 23–32.
Erhard Jean, *Préface* à *Considérations sur les causes de la grandeur des Romains et de leur décadence*, Paris, Garnier-Flammarion, 1968.
Faguet Émile, *Politiques et moralistes du XIXe siècle*, Paris, Lècene, Oudin et C., 1891.
Felice Domenico, *Introduzione* zu Voltaire, *Commentario sullo* „Spirito delle leggi", Pisa, Ets, 2011, S. 2–25.
Felice Domenico, *Oppressione e libertà. Filosofia e anatomia del dispotismo nel pensiero di Montesquieu*, Pisa, Ets, 2000.
Fletcher Dennis, *The Fortunes of Bolingbroke in France in the Eighteenth Century*, in „Studies on Voltaire and the Eighteenth Century", 1966, S. 207–232.

Ford Franklin, *Robe and Sword. The Regrouping of the French Aristocracy after Louis XIV*, Cambridge (Mass.), Harvard University Press, 1953.
Fritz Kurt, *The Theory of the Mixed Constitution in Antiquity*, New York, Columbia University Press, 1954.
Frosini Vittorio, *La lettera e lo spirito della legge*, Mailand, Giuffré, 1998.
Furet François – Mélonio Françoise, *Introduction* zu Tocqueville, *Œuvres complètes*, Bd. III, Paris, Gallimard, 2004, IX – LXXVII.
Furet François – Richet Denis, *La Révolution française*, Paris, Fayard, 1973.
Furet François, *Le systeme conceptuel de la „Démocratie en Amérique"*, in *Alexis de Tocqueville. Zur Politik in der Demokratie*, Baden-Baden, Nomos, 1981, S. 19 – 52.
Furet François, *Prèface* zu Tocqueville, *La démocratie en Amérique*, I, Paris, Flammarion, 1981, S. 7 – 46.
Gaxotte Pierre, *La Révolution française*, Paris, Fayard, 1970.
Gaxotte Pierre, *Louis XV*, Paris, Fayard, 1958.
Giarizzo Giuseppe, *David Hume: politico e storico*, Turin, Einaudi, 1962.
Goldzink Jean, *La solitude de Montesquieu. Le chef-d'œuvre introuvable du libéralisme*, Paris, Fayard, 2011.
Gorla Luigi, *Commento a Tocqueville: l'idea dei diritti*, Mailand, Giuffrè, 1948.
Goyard-Fabre Simone, *La philosophie du droit de Montesquieu*, Paris, Libraire Klincksieck, 1973.
Goyard-Fabre Simone, *Montesquieu ou la Constitution de la liberté*, Paris, Ellipses, 1997.
Granpré-Molière Jean-Jacques, *La théorie de la constitution anglaise chez Montesquieu*, Leide, Presse universitaire, 1972.
Grossi Paolo, *L'ordine giuridico medievale*, Rom – Bari, Laterza, 2003.
Guarino Antonio, *Dal „regnum" alla „respublica"*, in „Labeo", IX, S. 346 – 355.
Guarino Antonio, *La formazione della „respublica" romana*, in „Revue international de Droits de l'antiquité", 1948, S. 95 – 112.
Guarino Antonio, *Le origini quiritarie*, in *Pagine di diritto romano*, III, Neapel, Jovene, 1994, S. 20 – 30.
Guarino Antonio, *Storia del diritto romano*, Neapel, Jovene, 1993.
Guizot François, *Des moyens de gouvernement et d'opposition dans l'état actuel de la France*, Paris, l'Advocat, 1821.
Hamilton Alexander – Madison James – Jay John, *The Federalist Papers*, hrsg. von C. R. Kesler, Penguin Books, 2003.
Hart Jeffrey, *Viscount Bolingbroke: Tory Humanist*, London, Routledge & Kegan Paul, 1966.
Haskins Gonthier Ursula, *Montesquieu and England: Enlightened Exchanges*, London, Pickering and Chatto, 2010.
Häsler Jens, *Historische Argumente in den Lettres persanes*, in *Montesquieu zwischen den Disziplinen. Einzel- und kulturwissenschaftliche Zugriffe. Internationale Konferenz aus Anlass des 250. Todestages von Charles-Louis de Montesquieu an der Universität Potsdam, Forschungszentrum Europäische Aufklärung*, hrsg. von E. Mass, Berlin, Duncker & Humblot, 2010, S. 117 – 124.
Hazard Paul, *La pensée européenne du XVIIIe siècle*, Paris, Boivin, 1946.
Hereth Michael, *Montesquieu zur Einführung*, Hamburg, Junius, 1995.
Hereth Michael, *Politische Bedingungen der Wirtschaft. Die Ökonomie vergangener Republiken, ferner Despotien und der Monarchien in Montesquieus Vom Geist der*

Gesetze, in *Montesquieu zwischen den Disziplinen. Einzel- und kulturwissenschaftliche Zugriffe. Internationale Konferenz aus Anlass des 250. Todestages von Charles-Louis de Montesquieu an der Universität Potsdam, Forschungszentrum Europäische Aufklärung*, hrsg. von E. Mass, Berlin, Duncker & Humblot, 2010, S. 201–208.

Hereth Michael, *Zur Aktualität der Gedanken Alexis Tocquevilles*, in *Alexis de Tocqueville. Zur Politik in der Demokratie*, Baden-Baden, Nomos, 1981, S. 9–15.

Hexter Jack H., *Seyssel, Machiavelli and Polybios VI: The Mystery of the Missing Translation*, in „Studies in the Renaissance", 1956, S. 75–96.

Hirschman Albert Otto, *The Passions and the Interests. Political Arguments for Capitalism before its Triumph*, Princeton, Princeton University Press, 1977.

Hölzle Erwin, *Die Idee einer altgermanischen Freiheit vor Montesquieu. Fragmente aus der Geschichte politischer Freiheitsbestrebungen in Deutschland, England und Frankreich* vom 16.–18. Jahrhundert, in „Historische Zeitschrift", 1925, S. 6–116.

Hulliung Mark, *Montesquieu and the Old Regime*, Berkeley – Los Angeles – London, University of California Press, 1976.

Imboden Max, *Montesquieu und die Lehre der Gewaltentrennung*, Berlin, De Gruyter, 1959.

Isnardi Parente Margherita, *Introduzione* zu J. Bodin, *Les six livres de la republique: I sei libri dello Stato*, übersetzt von M. Isnardi Parente (Bd. I) und M. Isnardi Parente und D. Quaglioni (Bd. II und III), Turin, Utet, 1964–1997, S. 11-110.

Isnardi Parente Margherita, *La 'metabolaí politeiôn' rivisitate (Bodin, République, IV)*, in *Rinascimento politico in Europa*, hrsg. von D. Quaglioni und P. Carta, Padua, Cedam, 2008, S. 151–167.

Israel Jonathan, *Revolutionary Ideas: An Intellectual History of the French Revolution*, Princeton, Princeton University Press, 2014.

Jäger Werner, *Politische Partei und parlamentarische Opposition. Eine Studie zum politischen Denken von Lord Bolingbroke und David Hume*, Berlin, Duncker & Humblot, 1971.

Janet Paul, *Histoire de la science politique dans ses rapports avec la morale*, Paris, F. Alcan, 1887.

Jardin André, *Alexis de Tocqueville 1805–1859*, Paris, Hachette, 1984.

Jardin André, *Introduction* zu Tocqueville, *L'ancien régime et la révolution. Fragments et notes inédites sur la révolution*, II, Paris, Gallimard, 1953, S. 1–35.

Jardin André, *Tocqueville, homme politique*, in *Alexis de Tocqueville. Zur Politik in der Demokratie*, Baden-Baden, Nomos, 1981, S. 93–114.

Kirste Stephan, *Einführung in die Rechtsphilosophie*, Darmstadt, WBG, 2010.

Klingner Friedrich, *Römische Geisteswelt*, München, Ellermann, 1965.

Kondylis Panajotis, *Montesquieu und der Geist der Gesetze*, Berlin, Akademie Verlag, 1996.

Kramnick Isaac, *Bolingbroke and His Circle. The Politics of Nostalgia in the Age of Walpole*, Cambridge (Mass.), Harvard University Press, 1968.

Laboulaye Edouard, *L'Etat et ses limites, suivi d'essais politiques*, Paris, Carpentier, 1863.

Lamberti Jean-Claude, *Introduction* zu Tocqueville, *La démocratie en Amérique I et II*, in *Œuvres complètes*, Bd. II, Paris, Gallimard, 1992, S. IX–XXVI.

Landi Lando, *L'Inghilterra e il pensiero politico di Montesquieu*, Padua, Cedam, 1981.

Larrère Catherine – Weil François, *Introduction* zu Montesquieu, *Réflexions sur la Monarchie universelle en Europe*, in *Œuvres complètes*, II, Oxford – Neapel, Voltaire Foundation-Istituto Italiano per gli Studi Filosofici, 2000, S. 321–327.

Larrère Catherine, *Le stoïcisme dans les œuvres de jeunesse de Montesquieu*, in „Cahiers Montesqueiu“, Nr. 5, 1999, S. 163–183.

Larrère Catherine, *Montesquieu: l'éclipse de la souveraineté*, in *Penser la souverainité*, hrsg. von G.M. Cazziniga und C. Zarka, Paris, Vrin, 2002, S. 199–214.

Laski Joseph Harold, *A. De Tocqueville and Democracy*, in *The Social and Political Ideas of Some Representative Thinkers of the Victorian Age*, Pennsylvania State University, Harrap 1933, S. 100–115.

Lemaire André, *Les lois fondamentales de la monarchie française d'après les théoriciens de l'ancien régime*, Paris, E. Thorin et fils, 1907.

Levi-Malvano Ettore, *Montesquieu e Machiavelli*, Paris, Honoré Champion, 1912.

Lintott Andrew, *The Constitution of the Roman Republic*, Oxford, Clarendon Press, 1999, S. 16–26.

Machiavelli Niccolò, *Discorsi sopra la prima deca di Tito Livio*, in *Opere*, hrsg. von R. Rinaldi, Mailand, Mondadori, 2008.

Markovits Francine, *Montesquieu. Le droit et l'histoire*, Paris, Vrin, 2011.

Martin Paul, *Tacite, source privilégiée de Montesquieu*, in *Présence de Tacite. Hommage au Professeur G. Radke*, Tours, Service Publications, 1992, S. 165–188.

Mass Edgar, *Montesquieus Freiheit der Wälder. Germanen, Troglodyten das frühe Recht und ein Werkstattbericht*, in *Arkadien in den romanischen Literaturen. Zu Ehren von Sebastian Neumeister zum 70. Geburtstag*, hrsg. von R. Friedlein – G. Poppenberg – A. Volmer, Heidelberg, Winter, 2008, S. 130–144.

Mastellone Salvo, *Storia ideologica dell'Europa da Savonarola a Adam Smith*, Florenz, Sansoni, 1979.

Matthews Richard, *If Men Were Angels: James Madison and the Heartless Empire of Reason*, Lawrence, University Press of Kansas, 1995.

Mayer Jacob Peter, *Alexis de Tocqueville. Analytiker des Massenzeitalters*, München, C.H. Beck, 1972.

Mazzarino Santo, *Dalla monarchia allo stato repubblicano*, Mailand, Biblioteca Universale Rizzoli, 2001.

Melon Jean-François, *Essai politique sur le commerce*, Nouvelle Edition, Amsterdam, F. Changuion, 1754.

Merlino Antonio, *Interpretazioni di Montesquieu*, mit einer Einleitung von D. Quaglioni, Foligno, Il Formichiere, 2018.

Merlino Antonio, *Montesquieu and Myth of the Troglodytes*, in Myty o Prave, Myty v Prave, hrsg. von T. Gabris und A. Kluknavská, Bratislava, Wolters Kluver, 2018, S. 110–123.

Merlino Antonio, *Montesquieu's Legal Thought. The Separation of Powers*, in „Milestones of Law in the Area of Central Europe 2015“, Bratislava, Univerzita Komenského v Bratislave Právnická fakulta, 2015, S. 445–450.

Merlino Antonio, *Tocqueville lettore di Montesquieu*, in „Percorsi costituzionali“, 2017, S. 919–933.

Merlino Antonio, *Vittorio Frosini e l'eredità di Hans Kelsen in Italia*, in „Annali dell'Istituto storico italo-germanico in Trento“, XXXV, 2009, S. 39–73.

Merten Detlef, *Bundesstaatlicher Föderalismus als vertikale Gewaltenteilung*, in *Montesquieu zwischen den Disziplinen. Einzel- und kulturwissenschaftliche Zugriffe. Internationale Konferenz aus Anlass des 250. Todestages von Charles-Louis de Montesquieu an der*

Universität Potsdam, Forschungszentrum Europäische Aufklärung, hrsg. von E. Mass, Berlin, Duncker & Humblot, 2010, S. 27 – 41.

Mill John Stuart, *Essay on Bentham*, in *Utilitarianism and on Liberty*, hrsg. von M. Warnorck, Malden, Blackwell, 2003.

Momigliano Arnaldo, *L'ascesa della plebe nella storia arcaica di Roma*, in „Rivista storica italiana", 1967, S. 297 – 312.

Momigliano Arnaldo, *Praetor maximus e questioni affini*, in *Studi in onore di G. Grosso*, I, Turin, Giappichelli, 1968, S. 159 – 170.

Momigliano Arnaldo, *The Rise of the plebs in the Archaic Age of Rome*, in *Social Struggles in Archaic Rome: New Perspectives on the Conflict of the Orders*, hrsg. von K. A. Raaflaub, Oxford, Blackwell, 2005, S. 168 – 184.

Mommsen Theodor, *Römische Geschichte*, I, Leipzig – Darmstadt, Bertelsmann Lesering, 1963.

Mommsen Theodor, *Römisches Staatsrecht*, Darmstadt, Wissenschaftliche Buchgesellschaft, 1971.

Monda Davide, *Prefazione* in Montesquieu, *Considerazioni sulle cause della grandezza dei romani e della loro décadenza*, Mailand, Biblioteca Universale Rizzoli, 2011, S. 5 – 17.

Montesquieu, *Analyse du Traité des devoirs*, in *Œuvres complètes*, I, hrsg. von R. Caillois, Paris, Gallimard, 1949 – 1951.

Montesquieu, *Collectio iuris*, hrsg. von Iris Cox und Andrew Lewis in *Œuvres complètes de Montesquieu*, vol 11, Oxford – Neapel, Voltaire Foundation-Istituto Italiano per gli Studi Filosofici, 2005.

Montesquieu, *Considérations sur la richesse de l'Espagne*, in *Œuvres complètes*, II, hrsg. von R. Caillois, Paris, Gallimard, 1949 – 1951.

Montesquieu, *Considérations sur les causes de la grandeur des Romains et de leure decadence*, in *Œuvres complètes*, I, hrsg. von R. Caillois, Paris, Gallimard, 1949 – 1951.

Montesquieu, *De l'Esprit des lois ou du rapport que les lois doivent avoir avec la constitution de chaque gouvernement, les moeurs, le climat, la religion, le commerce, etc. A quoi l'auteur a ajouté des recherches nouvelles sur les lois romaines touchant les successions, sur les lois fraçoises et sur les lois féodales*, in *Œuvres complètes*, II, hrsg. von R. Caillois, Paris, Gallimard, 1949 – 1951.

Montesquieu, *De la politique*, in *Œuvres complètes*, I, hrsg. von R. Caillois, Paris, Gallimard, 1949 – 1951.

Montesquieu, *Discours sur Cicéron*, in *Œuvres complètes*, I, hrsg. von R. Caillois, Paris, Gallimard, 1949 – 1951.

Montesquieu, *Dossier de l'Esprit des lois*, in *Œuvres complètes*, II, hrsg. von R. Caillois, Paris, Gallimard, 1949 – 1951.

Montesquieu, *Größe und Niedergang Roms*, hrsg. von L. Schuckert, Frankfurt am Main, Fischer, 1980.

Montesquieu, *Lettres persanes*, in *Œuvres complètes*, I, hrsg. von R. Caillois, Paris, Gallimard, 1949 – 1951.

Montesquieu, *Lo spirito delle leggi*, italienische Übersetzung von S. Cotta, Turin, Utet, 2005.

Montesquieu, *Mes pensées*, in *Œuvres complètes*, I, hrsg. von R. Caillois, Paris, Gallimard, 1949 – 1951.

Montesquieu, *Œuvres complètes*, Bd. I-II, hrsg. von R. Caillois, Paris, Gallimard, 1949 – 1951.

Montesquieu, *Persische Briefe*, hrsg. von W. Killy, Frankfurt am Main – Hamburg, Fischer Bücherei KG, 1964.

Montesquieu, *Réflexions sur la monarchie universelle*, in *Œuvres complètes de Montesquieu*, in *Œuvres complètes*, II, hrsg. von R. Caillois, Paris, Gallimard, 1949–1951.
Montesquieu, *Réponses et explications données à la Faculté de Théologie*, in *Œuvres complètes*, II, hrsg. von R. Caillois, Paris, Gallimard, 1949–1951.
Montesquieu, *Vom Geist der Gesetze*, Auswahl, Übersetzung und Einleitung von Kurt Weigland, Stuttgart, Reclam, 2011.
Mosher Michael, *Monarchy's Paradox: Honor in the Face of Souvereign Power*, in *Montesquieu's Science of Politics. Essay on the Spirit of the Laws*, hsrg. von D.W. Carrithers, M. Mosher, P.A. Rahe, Boston, Rowman & Littlefield, 2001, S. 159–230.
Mousnier Roland, *La plume, la faucille et le marteau. Institutions et société en France du Moyen Age à la Révolution*, Paris, Presses Universitaires de France, 1970.
Münkler Herfried, *Machiavelli. Die Begründung des politischen Denkens der Neuzeit aus der Krise der Republik Florenz*, Frankfurt am Main, Fischer, 2004.
Münkler Herfried, *Mitte und Maß: Der Kampf um die richtige Ordnung*, Berlin, Rowohlt Berlin, 2010.
Müssig (Seif) Ulrike, *Montesquieu's Mixed Monarchy Model and the Indecisiveness of 19th Century European Constitutionalism between Monarchical and Popular Sovereignty*, in „Historia et Jus", 2013, S. 1–39.
Ottmann Henning, *Geschichte des politischen Denkens. Die Römer*, Stuttgart – Weimar, Metzler, 2002.
Ottmann Henning, *Geschichte des politischen Denkens. Neuzeit*, Berlin – Heidelberg, Springer, 2008.
Pani Mario, *Il costituzionalismo di Roma antica*, Bari, Laterza, 2010.
Pani Mario, *La politica in Roma antica. Cultura e prassi*, Rom, La nuova Italia Scientifica, 1997.
Pescatore Pierre, *La Séparation des pouvoirs et l'office du juge de Montesquieu à Portalis*, Bruxelles, Bruylant, 2009.
Pierson George Wilson, *Tocqueville and Beaumont in America*, New York, Oxford University Press, 1938.
Pii Eluggero, *L'„Esprit de commerce" nel pensiero politico di Montesquieu*, in *Studi politici in onore di Luigi Firpo*, II, hrsg. von S. Ghibau Rota und F. Barcia, Mailand, F. Angeli, 1990, S. 601–618.
Pii Eluggero, *La Rome antique chez Montesquieu. Une questione et quelques notes pour une recherche*, in „Revue Montesquieu", N. 1, 1997, S. 25–38.
Pii Eluggero, *Montesquieu e Véron de Forbonnais. Appunti sul dibattito settecentesco in tema di commercio*, in „Il pensiero politico", 1977, S. 362–389.
Pohlenz Max, *Die Stoa. Geschichte einer geistigen Bewegung*, Göttingen, Vandenhoeck & Ruprecht, 1959.
Polybios, *Die Verfassung der römischen Republik. Historien. VI. Buch*, hrsg. von K. Brodersen und übersetzt von K.F. Eisen, Stuttgart, Reclam, 1973.
Polybios, *Geschichte*. Übersetzt von H. Drexler, 2 Bde., Zürich, 1961/3.
Polybios, *Historien. Auswahl*, hrsg. und übersetzt von K.F. Eisen, Stuttgart, Reclam, 1973.
Pöschl Viktor, *Römischer Staat und griechisches Staatsdenken bei Cicero. Untersuchung zu Ciceros Schrift De Republica*, Darmstadt, Wissenschaftliche Buchgesellschaft, 1976.
Préclin Edmond – Tapié Victor, *Le XVIIIè siècle, Bd. I: La France et le monde de 1715 à 1789*, Paris, Presses Universitaires de France, 1952.

Quaglioni Diego, *Ancora su Machiavelli e la lingua giurisprudenza*, in *Niccolò Machiavelli e la tradizione giuridica europea*, hrsg. von G. M. Labriola und F. Romeo, Neapel, Editoriale Scientifica, 2016, S. 15–33.

Quaglioni Diego, *Dal costituzionalismo medievale al costituzionalismo moderno*, in „Annali del Seminario giuridico della Università di Palermo", 2008, S. 55–67.

Quaglioni Diego, *Fine del viaggio, I „colloqui americani" di Tocqueville*, in *Viaggi e politica*, hrsg. von L. Campos Boralevi und S. Lagi, Florenz, Firenze University Press, 2010, S. 235–250.

Quaglioni Diego, *Presentazione dell'edizione italiana* in H. J. Berman, *Diritto e rivoluzione II. L'impatto delle riforme protestanti sulla tradizione giuridica occidentale*, Bologna, Il Mulino, 2010, S. 4–23.

Quaglioni Diego, *I limiti della sovranità. Il pensiero di Jean Bodin nella cultura politica e giuridica dell'età moderna*, Padua, Cedam, 1992.

Quaglioni Diego, *Introduzione* zu Battista Anna Maria, *La "Germania" di Tacito nella Francia illuminista*, Urbino, QuattroVenti, 1999, S. 5–19.

Quaglioni Diego, *La giustizia nel medioevo e nella prima età moderna*, Bologna, Il Mulino, 2004.

Quaglioni Diego, *La souveraineté partagée au Moyen Age*, in *Le Gouvernement mixte. De l'idéal politique au monstre constitutionnel en Europe (XIIIe–XVIIe siècle)*, hrsg. von M.G. Nikodimov, Saint-Étienne, Publications de l'Université de Saint-Étienne, 2005, S. 15–24.

Quaglioni Diego, *La sovranità nella Costituzione*, in *Lezioni sui princìpi fondamentali della Costituzione*, hrsg. von C. Casonato, Turin, Giappichelli, S. 13–33.

Quaglioni Diego, *La sovranità*, Rom – Bari, Laterza, 2004.

Quaglioni Diego, *Machiavelli e la lingua della giurisprudenza*, in „Il pensiero politico", 1999, S. 171–185.

Quaglioni Diego, *Montesquieu e Véron de Forbonnais. Un contributo di Eluggero Pii*, in „Il pensiero politico", 2001, S. 200–208.

Quaglioni Diego, *Politica e diritto nel Trecento italiano. Il „De tyranno" di Bartolo da Sassoferrato (1314–1357)*, Mit einer kritischen Ausgabe der Abhandlungen „De Guelphis et Gebellinis", „De regimine civitatis" und „De tyranno", Florenz, Olschki, 1983.

Quaglioni Diego, *The Outer and the Inner Aspects of Social Life*, in „Rechtsgeschichte" 2013, S. 189–191.

Rahe Paul, *Le livre qui ne vit jamais le jour: les Considérations sur les Romains de Montesquieu et leur contexte historique*, Übersetzung von C. Spector, „Revue Montesquieu", 2006, S. 67–79.

Rainer Michael Johannes, *Das römische Recht in Europa*, Wien, Manz, 2013.

Rainer Michael Johannes, *Die Römische Republik, Montesquieu und die Amerikanische Verfassung*, in *Calamus. Festschrift für Herbert Graßl zum 65. Geburtstag*, hrsg. von R. Breitwieser, M. Frass und G. Nightingale, Wiesbaden, Harrossowitz Verlag, 2013, S. 394–402.

Rainer Michael Johannes, *Les Constitutions Romaines et la modernité*, in *Vis ac potestas legum. Liber amicorum Zoltán Végh*, P. Lang, 2010, S. 133–138.

Rainer Michael Johannes, *Zur Gewaltenteilung in der römischen Republik und die Bedeutung der Lex Caecilia Didia*, in *Carmina Iuris, Mélanges en l'honneur de Michel Humbert*, Paris, De Boccard, 2012, S. 702–713.

Richter Melvin, *Modernity and its Distinctive Threats to Liberty: Montesquieu and Tocqueville on New Form of Illegitimate Domination*, in *Alexis de Tocqueville. Zur Politik in der Demokratie*, Baden-Baden, Nomos, 1981, S. 61–80.
Richter Melvin, *The Political Theory of Montesquieu*, Cambridge, Cambridge University Press, 1977.
Riklin Alois, *Montesquieu freiheitliches Staatsmodell. Die Identität von Machtteilung und Mischverfassung*, in „Politische Vierteljahresschrift", 1989, S. 425–430.
Riklin Alois, *Was Montesquieu noch nicht wissen konnte. Überlegungen zur Revision der Gewaltenteilungslehre*, in *Montesquieu zwischen den Disziplinen. Einzel- und kulturwissenschaftliche Zugriffe. Internationale Konferenz aus Anlass des 250. Todestages von Charles-Louis de Montesquieu an der Universität Potsdam, Forschungszentrum Europäische Aufklärung*, hrsg. von E. Mass, Berlin, Duncker & Humblot, 2010, S. 239–246.
Roberto Umberto, *Montesquieu, i Germani e l'Identità Politica Europea*, in *Libertà, necessità e storia. Percosi dell' Esprit des lois di Montesquieu*, hrsg. von D. Felice, Neapel, Bibliopolis, 2003.
Rotta Salvatore, *Il pensiero francese da Bayle a Montesquieu*, in *Storia delle idee politiche, economiche e sociali*, IV, Turin, Utet, 1975, S. 177–236.
Rotta Salvatore, *Il pensiero politico francese da Bayle a Montesquieu*, Pisa, Pacini Editore, 1974.
Royer-Collard Pierre-Paul, *Discours sur l'hérédité de la Parie*, Paris, A. Henri, Impr. de la Chambre des Députés, 1831, S. 12–18.
Sabine George Holland, *A History of Political Theory*, New York, Holte, Rinehart and Winston, 1962.
Salvemini Gaetano, *La teoria di Bartolo da Sassoferrato sulla costituzioni politiche*, in *La dignità cavalleresca nel Comune di Firenze e altri scritti*, Mailand, Feltrinelli, 1972, S. 331–350.
Schiavone Aldo, *Ius. L'invenzione del diritto in Occidente*, Turin, Einaudi, 2005.
Schönfeld Karel Menzo, *La fortune d'Aristote: Nochmals Montesquieu und la bouche de la lois*, in *Montesquieu – 250 Jahre „Geist der Gesetze"*, hrsg. von P.L. Weinacht, Baden-Baden, Nomos, 1999, S. 63–71.
Schulz Fritz, *Prinzipien des römischen Rechts*, Berlin, Duncker & Humblot, 1934.
See Henri, *Les Idées Politiques en France au XVIII Siècle*, Paris, Librairie Hachette, 1920.
Seif Ulrike, *Der mißverstandene Montesquieu: Gewaltenbalance, nicht Gewaltentrennung*, in „Zeitschrift für Neuere Rechtsgeschichte", 2000, S. 149–166.
Senarclens Vanessa de, *Montesquieu historien de Rome: un tournant pour la réflexion sur le statut de l'histoire au XVIIIe siècle*, Genf, Librairie Droz, 2003.
Senarclens Vanessa de, *Montesquieu historische Herangehensweise*, in *Montesquieu zwischen den Disziplinen. Einzel- und kulturwissenschaftliche Zugriffe. Internationale Konferenz aus Anlass des 250. Todestages von Charles-Louis de Montesquieu an der Universität Potsdam, Forschungszentrum Europäische Aufklärung*, hrsg. von E. Mass, Berlin, Duncker & Humblot, 2010, S. 125–134.
Shackleton Robert, *Essays on Montesquieu and on the Enlightenment*, hrsg. von David Gilson und Martin Smith, Oxford, Voltaire Foundation, 1988.
Shackleton Robert, *La religion de Montesquieu*, in *Actes du Congrès Montesquieu*, Bordeaux, Delmas, 1956, S. 287–336.

Shackleton Robert, *Le genèse de „L'Esprit des Lois"*, in „Revue d'histoire littéraire de la France", LII, 1952, S. 425–438.
Shackleton Robert, *Montesquieu, Bolingbroke and the Separation of Powers*, in „French Studies", 1949, S. 25–38.
Shackleton Robert, *Montesquieu. A Critical Biography*, New York, Oxford University Press, 1961.
Shklar Judith, *Montesquieu*, Oxford – New York, Oxford University Press, 1987.
Slongo Paolo, *Il movimento delle leggi. L'ordine dei costumi in Montesquieu*, Mailand, F. Angeli, 2015.
Spector Céline, *Commerce* in *Le vocabulaire de Montesquieu*, Paris, Ellipses, 2001.
Spector Céline, *Montesquieu. Liberté, droit et histoire*, Paris, Michalon, 2010.
Stackelberg Jürgen, *Tacitus in der Romania. Studien zur literarischen Rezeption des Tacitus in Italien und Frankreich*, Tübingen, Max Niemeyer Verlag, 1960.
Starobinski Jean, *Montesquieu par lui même*, Paris, Seuil, 1953.
Stendhal, *Le rouge et le noir*, in *Œuvres romanesques complètes*, I, Paris, Gallimard, 2005.
Stephen Leslie, *History of English Thought in the Eighteenth Century*, New York, Brace&World, I, 1962
Strosetzki Christoph, *Die Dekadenz Roms, ihre Ursachen und ihre Dialektik bei Montesquieu*, in *Montesquieu zwischen den Disziplinen. Einzel- und kulturwissenschaftliche Zugriffe. Internationale Konferenz aus Anlass des 250. Todestages von Charles-Louis de Montesquieu an der Universität Potsdam, Forschungszentrum Europäische Aufklärung*, hrsg. von E. Mass, Berlin, Duncker & Humblot, 2010, S. 71–88.
Tacitus, *De origine et situ germanorum*, Liber edidit Alfred Holder, Freiburg –Tübingen, J.C.B. Mohr-P.Siebeck, 1882.
Tarello Giovanni, *Per una interpretazione sistematica di Montesquieu*, in „Materiali per una storia della cultura giuridica", 1971, S. 13–53.
Tarello Giovanni, *Storia della cultura giuridica moderna. Assolutismo e codificazione del diritto*, Bologna, Il Mulino, 1976.
Thaler Michael, *Rechtsphilosophie. Offene Fragen zur Einführung, Einübung und Weiterführung*, 2. überarbeitete und ergänzte Auflage, Wien, Facultas, 2014.
Tocqueville Alexis de, *De la démocratie en Amérique*, in *Œuvres complètes*, II, Paris, Gallimard, 1992.
Tocqueville Alexis de, *Der alte Staat und die Revolution*, Berlin, Johannes G. Hoof, 2014.
Tocqueville Alexis de, *Etat social et politique de la France avant et depuis 1789*, in *Œuvres complètes*, III, Paris, Gallimard, 2004.
Tocqueville Alexis de, *L'ancien régime et la Révolution* (1856), in *Œuvres complètes*, III, Paris, Gallimard, 2004.
Tocqueville Alexis de, *Über die Demokratie in Amerika*, hrsg. von J.P. Mayer, Stuttgart, Reclam, 1985.
Tocqueville Alexis de, *Voyage au lac Onéida*, in *Œuvres complètes*, I, Paris, Gallimard, 1991.
Tocqueville Alexis de, *Voyage en Amérique*, in *Œuvres complètes*, I, Paris, Gallimard, 1991.
Tocqueville Alexis de, *Voyage en Angleterre*, in *Œuvres complètes*, I, Paris, Gallimard, 1991.
Todescan Franco, *Domat et les sources du droit*, in „Archives de Philosophie du Droit", 1980, S. 55–66.
Truc Gonzague, *Introduction à Montesquieu*, in Montesquieu, *Considérations sur les causes de la grandeur des Romains et de leur décadence*, Paris, Garnier, 1967, S. I–XVIII.

Vernière Paul, *Introduction* zu Montesquieu, *Lettres persanes*, Paris, Gallimard, 1960.
Volpilhac-Auger Catherine, *Tacite et Montesquieu*, Oxford, Voltaire Foundation, 1985.
Voltaire, *Lettre à Nicolas Claude Thieriot in Correspondence and Related Documents*, hrsg. von T. Besterman, in *The Complete Works of Voltaire*, Oxford, Voltaire Foundation, 1973, S. 80–82.
Willoweit Dietmar, *Struktur und Funktionen intermediärer Gewalten im Ancien Régime*, in *Gesellschaftliche Strukturen als Verfassungsproblem: intermediäre Gewalten, Assoziationen, öffentliche Körperschafen im 18. und 19. Jahrhundert; Gründungstagung der Vereinigung für Verfassungsgeschichte in Hofgeismar am 3./4. Oktober 1977*, Berlin, Duncker & Humblot, 1978, S. 9–50.

Personenregister

https://doi.org/10.1515/9783110673036-022

Kolibri 360 GmbH
Ferdinand-Jühlke-Straße 7
99095 Erfurt, Deutschland
produktsicherheit@kolibri360.de